MANUAL PRÁTICO DE HIGIENE OCUPACIONAL E PPRA

Avaliação e Controle dos Riscos Ambientais

1ª edição — 2006
2ª edição, autor — 2006
3ª edição — 2011
4ª edição — 2013

TUFFI MESSIAS SALIBA

Engenheiro Mecânico. Engenheiro de Segurança do Trabalho. Advogado. Mestre em Meio Ambiente. Ex-professor dos cursos de Pós-Graduação de Engenharia de Segurança e Medicina do Trabalho. Diretor Técnico da ASTEC — Assessoria e Consultoria em Segurança e Higiene do Trabalho Ltda.

MANUAL PRÁTICO DE HIGIENE OCUPACIONAL E PPRA

Avaliação e Controle dos Riscos Ambientais

4ª edição

LTr®

EDITORA LTDA.

Rua Jaguaribe, 571
CEP 01224-001
São Paulo, SP — Brasil
Fone (11) 2167-1101
www.ltr.com.br

Produção Gráfica e Editoração Eletrônica: RLUX
Projeto de capa: FÁBIO GIGLIO
Impressão: BARTIRA GRÁFICA E EDITORA

LTr 4737.9
Fevereiro, 2013

Dados Internacionais de Catalogação na Publicação (CIP)
(Câmara Brasileira do Livro, SP, Brasil)

Saliba, Tuffi Messias
Manual prático de higiene ocupacional e PPRA : avaliação e controle dos riscos ambientais / Tuffi Messias Saliba. — 4. ed. — São Paulo : LTr, 2013.

Bibliografia.
ISBN 978-85-361-2466-7

1. Direito do trabalho 2. Higiene do trabalho 3. Programa de Prevenção de Riscos Ambientais I. Título.

13-00674 CDU-34:331.471

Índice para catálogo sistemático:

1. Programa de Prevenção de Riscos Ambientais : Higiene do trabalho : Direito do trabalho 34:331.471

SUMÁRIO

CAPÍTULO I
INTRODUÇÃO AO ESTUDO DE HIGIENE OCUPACIONAL

CAPÍTULO II
AGENTES FÍSICOS

CAPÍTULO III
AGENTES QUÍMICOS

CAPÍTULO IV
AGENTES BIOLÓGICOS

CAPÍTULO V
PROGRAMA DE PREVENÇÃO DE RISCOS AMBIENTAIS — PPRA

APÊNDICE

CAPÍTULO I

INTRODUÇÃO AO ESTUDO DE HIGIENE OCUPACIONAL

1 — DEFINIÇÃO

O termo Higiene Ocupacional foi preferido internacionalmente para definir o campo de atuação dessa ciência, após as conclusões extraídas durante a Conferência Internacional de Luxemburgo, ocorrida de 16 a 21 de junho de 1986, a qual contou com a participação de representantes da Comunidade Econômica Europeia — CEE, da Organização Mundial da Saúde — OMS, da Comissão Internacional de Saúde Ocupacional — ICOH e da *American Conference of Governamental Industrial Hygienists* — ACGIH.[1]

Entre as definições conhecidas e mais amplamente difundidas, podemos citar:

- A definição da *American Industrial Hygiene Association* — AIHA: "ciência que trata da antecipação, reconhecimento, avaliação e controle dos riscos originados nos locais de trabalho e que podem prejudicar a saúde e o bem-estar dos trabalhadores, tendo em vista também o possível impacto nas comunidades vizinhas e no meio ambiente".

- O conceito preconizado por Olishifski: "aquela ciência e arte devotada à antecipação, reconhecimento, avaliação e controle dos fatores de risco ou estresses ambientais originados no, ou a partir do, local de trabalho, os quais podem causar doenças, prejudicar a saúde e o bem-estar ou causar significante desconforto sobre os trabalhadores ou entre os cidadãos de uma comunidade".

- A definição da *American Conference of Governamental Industrial Hygienists* — ACGIH: "ciência e arte do reconhecimento, avaliação e controle de fatores ou tensões ambientais originados do, ou no, local de trabalho e que podem causar doenças, prejuízos para a saúde e bem--estar, desconforto e ineficiência significativos entre os trabalhadores ou entre os cidadãos da comunidade".

---

(1) FUNDACENTRO. *Introdução à Higiene Ocupacional*. Ministério do Trabalho e Emprego. São Paulo, 2001.

Pode-se observar pelas definições a tendência da Higiene Ocupacional a reconhecer, avaliar e controlar não só os agentes ambientais capazes de produzir doença do trabalho, como também o bem-estar e o conforto nos ambientes de trabalho e na comunidade.

Embora essas definições de Higiene Ocupacional citadas sejam mais amplas levando-se em consideração os fatores ambientais, o bem-estar e o desconforto, a NR-09 da Portaria n. 3.214/78 que instituiu o PPRA (Programa de Prevenção de Riscos Ambientais) é mais restrita. Assim, no subitem 9.1.1, essa norma define que o PPRA visa a preservar a saúde do trabalhador por meio da antecipação, do reconhecimento, da avaliação e do controle da ocorrência dos riscos ambientais existentes no ambiente de trabalho, considerando a proteção do meio ambiente e dos recursos naturais.

2 — CLASSIFICAÇÃO DOS AGENTES AMBIENTAIS

A NR-09 estabelece que, para efeito de PPRA, consideram-se riscos ambientais os agentes físicos, químicos e biológicos existentes nos ambientes de trabalho, os quais, em função do tempo de exposição, são capazes de causar danos à saúde dos trabalhadores. A norma classifica os agentes ambientais da seguinte forma:

2.1 — Agentes físicos

Consideram-se agentes físicos as diversas formas de energia a que possam estar expostos os trabalhadores, tais como:

— Ruído;

— Vibrações;

— Pressões anormais;

— Temperaturas extremas (calor e frio);

— Radiações (ionizantes e não ionizantes);

— Infrassom, ultrassom.

2.2 — Agentes químicos

Têm-se como agentes químicos as substâncias, os compostos ou os produtos que possam penetrar no organismo pela via respiratória ou que, pela natureza da atividade de exposição, possam ter contato ou ser absorvidos pelo organismo através da pele ou por ingestão. Esses agentes são:

— Poeiras;

— Fumos;

— Névoas;

— Neblinas;

— Gases ou vapores.

2.3 — Agentes biológicos

Os agentes biológicos são as bactérias, os fungos, os bacilos, os parasitas, os protozoários, os vírus, entre outros.

3 — OBJETIVO DA HIGIENE OCUPACIONAL

A Higiene Ocupacional tem a finalidade de reconhecer, avaliar e controlar os fatores de riscos ambientais presentes no ambiente de trabalho, levando-se em conta o meio ambiente e os recursos naturais. Com a alteração da NR-09 em 1994 exigindo a implementação do PPRA, a Higiene Ocupacional tomou impulso nos programas de prevenção das empresas. A nosso ver, houve avanço nesse campo, embora a defasagem temporal das normas do MTE, em especial a NR-15, impeça maior evolução.

3.1 — Reconhecimento

Esta etapa consiste no reconhecimento dos agentes ambientais que afetem a saúde dos trabalhadores, o que implica o conhecimento profundo dos produtos envolvidos no processo, dos métodos de trabalho, do fluxo do processo, do *lay out* das instalações, do número de trabalhadores expostos, etc. Compreende também o planejamento da abordagem do ambiente a ser estudado, seleção dos métodos de coleta, bem como dos equipamentos de avaliação.

3.2 — Avaliação

A avaliação quantitativa e/ou qualitativa investiga os agentes físicos, químicos, biológicos existentes nos postos de trabalhos. Exigem-se conhecimentos de avaliação, que consistem basicamente na calibração dos equipamentos, no tempo de coleta, no tipo de análise química a ser feita. Essa etapa abrange dois ramos da Higiene Ocupacional:

— ***Higiene de campo***: é responsável pela realização do estudo da situação higiênica no ambiente de trabalho, pela análise de postos de trabalho, pela detecção de contaminantes, pelo estudo e pela recomendação de medidas de controle para reduzir a intensidade ou a concentração dos agentes a níveis aceitáveis, além da coleta de amostras e medições dos agentes.

— ***Higiene analítica***: realiza as análises químicas das amostras coletadas, bem como o cálculo e as interpretações dos dados levantados no campo. Assim, por exemplo, uma amostra de poeira coletada deverá ser analisada no Laboratório por difratometria de Raios X para determinação de sílica livre cristalizada.

3.3 — Controle

De acordo com os dados obtidos nas fases anteriores, esta etapa consiste em propor e adotar medidas que visam à eliminação ou à minimização do risco presente no ambiente.

O controle dos agentes ambientais consiste na adoção de medidas relativas ao ambiente e ao homem:

a) **Medidas relativas ao ambiente ou medidas coletivas**: são medidas aplicadas na fonte ou na trajetória, tais como substituição do produto tóxico, isolamento das partes poluentes, ventilação local exaustora, ventilação geral diluidora, limpeza dos locais de trabalho, entre outras. Essa medida é prioritária.

b) **Medidas administrativas**: compreendem, entre outras, a limitação do tempo de exposição, os equipamentos de proteção individual, a educação e o treinamento, os exames médicos (pré-admissional, periódico e demissional).

c) **EPI:** Não sendo possível o controle coletivo ou administrativo ou enquanto essas medidas estiverem sendo implantadas ou, ainda, como complemento de proteção adotada, deve-se utilizar o Equipamento de Proteção Individual, adequado aos riscos.

d) **Exames médicos:** os exames médicos admissional, periódico, demissional, entre outros, avaliam a eficácia das medidas adotadas, além de controlar a saúde dos trabalhadores expostos aos agentes ambientais.

No capítulo IV, as etapas do programa de higiene serão analisadas com mais detalhes.

4 — *A HIGIENE OCUPACIONAL E OUTROS RAMOS DE ATIVIDADES AFINS*

A prevenção da doença do trabalho envolve e exige o engajamento de equipe multidisciplinar, vez que há interface da Higiene Ocupacional com diversos ramos das atividades, entre as quais se destacam:

4.1 — Medicina do Trabalho

A Higiene Ocupacional e a Medicina do Trabalho caminham juntas. O controle médico constitui fator importante na identificação da necessidade de controle dos riscos, bem como na avaliação da eficiência das medidas adotadas. Aliás, segundo a NR-09, o PPRA é parte integrante do conjunto mais amplo das iniciativas da empresa no campo da prevenção da saúde e da integridade dos trabalhadores, devendo estar articulado com o disposto em outras NRs, em especial com o PCMSO — Programa de Controle Médico de Saúde Ocupacional — previsto na NR-07.

4.2 — Meio ambiente

A Higiene Ocupacional tem relação estreita com o meio ambiente. Este cuida dos poluentes na área externa do estabelecimento, ao passo que a Higiene Ocupacional visa ao controle dos poluentes no ambiente de trabalho. Contudo, muitas vezes o controle exercido por um reflete no outro. Assim, por exemplo, a umidificação das vias internas de determinada empresa; a instalação de sistema de exaustão geradora de poeira; o isolamento acústico de uma fonte de ruído; entre outras, são medidas de controle que refletem no ambiente de trabalho e no meio ambiente. É importante ressaltar que os limites de tolerância do meio ambiente visam à proteção da comunidade e são regulamentados por órgãos federais, estaduais e municipais, enquanto na higiene os limites são regulamentados pelo MTE e visam a proteger a saúde do trabalhador.

4.3 — Direito

A Higiene Ocupacional constitui prova técnica em vários ramos do Direito, especialmente na área do trabalho, previdenciária e civil.

No Direito do Trabalho, a exposição aos agentes físicos, químicos e biológicos gera para o empregado exposto o adicional de insalubridade. Assim, a prova pericial visando à caracterização de possível insalubridade exige o reconhecimento e a avaliação quantitativa e qualitativa dos agentes ambientais. Aliás, os limites de tolerância ocupacionais são estabelecidos pela NR-15 da Portaria n. 3.214/78, que trata das atividades e das operações insalubres.

No campo do Direito Previdenciário, a exposição do trabalhador aos agentes físicos, químicos e biológicos pode gerar direito à aposentadoria especial. Desse modo, para a obtenção desse benefício, deve-se fundamentar em laudo técnico de avaliação quantitativa e qualitativa da exposição ocupacional aos referidos riscos. No mesmo sentido, a verificação do nexo de doença do trabalho para fins previdenciários e indenização em ações de reparação de dano (doença) também exige a avaliação quantitativa e qualitativa dos agentes ambientais.

4.4 — Ergonomia

A ergonomia é o conjunto de conhecimento científicos que visa a adaptar as condições de trabalho às características psicofisiológicas dos trabalhadores, de modo a proporcionar o máximo de conforto, segurança e eficiência. Portanto, a Higiene Ocupacional e a ergonomia caminham juntas. Como vimos na definição de higiene, a tendência é a ergonomia ser incluída entre os fatores de riscos ambientais. Em várias situações, o ambiente não oferece condição de risco ocupacional de higiene, porém é bastante desconfortável e contém condições ergonômicas adversas. Muitas vezes, as medidas aplicadas no controle de risco ergonômico refletem na exposição do agente ambiental e vice-versa. Assim, a pausa estabelecida em um estudo ergonômico diminui a exposição do trabalhador ao agente, minimizando o risco.

Desse modo, um programa de Higiene Ocupacional deve contemplar o estudo ergonômico dos postos de trabalho de forma a buscar medidas de controle de conforto, segurança e eficácia.

4.5 — Segurança do Trabalho

A Segurança do Trabalho visa a prevenir os acidentes de trabalho oriundos dos diversos riscos operacionais presentes nos ambientes de trabalho (eletricidade, proteção de máquinas, armazenamento, entre outros). Desse modo, as medidas adotadas na prevenção dos acidentes muitas vezes minimizam a exposição aos agentes ambientais. Portanto, um programa de Segurança do Trabalho deverá incluir também o controle dos riscos ambientais e vice-versa. Aliás, o PCMAT e o PGR incluem medidas de proteção e segurança e higiene ocupacional.

5 — O PROFISSIONAL DE HIGIENE OCUPACIONAL

No Brasil, não há regulamentação da profissão de higienista, todavia, os cursos de Engenharia de Segurança, Técnico de Segurança, Medicina do Trabalho e Enfermagem possuem em suas grades curriculares a disciplina de higiene ocupacional. Ademais, a NR-04 estabelece as atribuições dos Serviços Especializados em Segurança e em Medicina do Trabalho — SESMT — de forma genérica a todos os profissionais que o compõem. Entre essas atribuições, várias são ligadas à Higiene Ocupacional.

A NR-09 determina que a elaboração, a implementação, o acompanhamento e a avaliação do PPRA poderão ser feitos pelo SESMT ou por pessoa ou equipe de pessoas que, a critério do empregador, sejam capazes de desenvolver o **PPRA** — Programa de Prevenção de Riscos Ambientais.

Na caracterização de insalubridade e periculosidade, a lei determina expressamente que a competência é do engenheiro de Segurança do Trabalho ou do médico do trabalho (art 195 da CLT). No mesmo sentido, a Lei n. 8.213/91, em seu art. 58, § 1º, estabelece que a comprovação da efetiva exposição do segurado aos agentes nocivos será feita por meio de documentos emitidos pela empresa com base em laudo técnico de condições ambientais do trabalho expedido pelo médico do trabalho ou pelo engenheiro de Segurança do Trabalho nos termos da legislação trabalhista.

Portanto, aos profissionais do SESMT competem as atribuições legais de exercerem a atividade de Higiene Ocupacional. Contudo, um programa de higiene exige a participação da equipe multidisciplinar, vez que o trabalho requer conhecimentos em diversas matérias, tais como: Química, Física, Biologia, Processo de Trabalho, entre outras.

A Organização Internacional do Trabalho (OIT) e a *American Industrial Hygiene Association* (AIHA) denominam os profissionais atuantes na área de Higiene Ocupacional como higienista ocupacional e técnico em Higiene Ocupacional.

O higienista ocupacional pode ser definido como o profissional com formação universitária nas áreas de Engenharia, Física, Química, Biologia e outras afins e que possui capacitação na antecipação, na identificação, na avaliação e no controle de riscos provenientes do ambiente do trabalho, os quais possam causar prejuízo à saúde e desconforto significativo aos trabalhadores ou habitantes das comunidades vizinhas.

O técnico em Higiene Ocupacional possui formação de nível médio, recebe informação e orientação quanto às fases de antecipação, identificação e controle de riscos, com ênfase na avaliação ambiental.

No Brasil, a exemplo do que acontece nos países desenvolvidos, a preocupação em especializar diversos profissionais nessa área estava presente desde a década de 1930, quando a disciplina de Higiene Ocupacional foi ministrada em vários cursos de especialização das Universidades do Rio de Janeiro e de São Paulo(2).

Finalmente, é importante salientar que, no desempenho da atividade higienista, são necessários conhecimento científico, pesquisa e aperfeiçoamento permanente, de forma a realizar serviços de qualidade. Para tanto, os profissionais podem aperfeiçoar os conhecimentos por meio de cursos de reciclagem, seminários, entre outros.

6 — ENTIDADES DE HIGIENE OCUPACIONAL

Existem várias entidades governamentais e não governamentais no mundo que se dedicam a estudos e publicações científicas sobre higiene ocupacional. Assim, recomenda-se aos leitores consultar por meio da internet os sítios dessas entidades. Dentre essas organizações, destacam-se:

a) National Institute for Occupational Safety and Health (*NIOSH*)

É uma agência federal dos EUA, com o objetivo de realizar pesquisas e elaborar recomendações de prevenção de acidentes e doenças relacionadas ao trabalho. NIOSH faz parte dos Centros de Controle e Prevenção de Doenças (CDC) do Departamento de Saúde e Serviços Humanos do EUA. No sítio do NIOSH, há diversas publicaçoes científicas sobre higiene ocupacional, inclusive os métodos de amostragem e análise dos contaminantes químicos nos ambientes de trabalho.

b) Occupational Safety and Health Administration (OSHA)

É uma agência do Departamento do Trabalho dos Estados Unidos. Seu objetivo é assegurar condições de trabalho seguras e saudáveis para trabalhadores por meio da criação e da aplicação de normas, da formação, da sensibilização, da educação e da assistência. Em seu site, encontram--se disponíveis várias publicações científicas, incluindo métodos analíticos de amostragem de agentes químicos.

c) American Industrial Hygiene Association (AIHA)

É uma das maiores associações internacionais de profissionais de saúde e segurança. Seus principais objetivos são promover certificação de higienistas junto com Câmara Americana de Higiene Industrial;

---

(2) FUNDACENTRO. *Introdução à Higiene Ocupacional*. Ministério do Trabalho e Emprego. São Paulo, 2001. p. 70.

administrar programas abrangentes de educação de profissionais de saúde ocupacional e ambiental que atuam no campo da higiene industrial; desenvolver programas de acreditação de laboratório altamente reconhecidos, com base nos mais elevados padrões internacionais.

d) American Conference of Governmental Industrial Hygienists (ACGIH)

É uma organização de saúde ocupacional, a qual se dedica ao estudo de higiene e saúde ocupacional. A ACGIH publica anualmente os guias dos limites de tolerância (TLV) e os Índices Biológicos de Exposição (BEIs), além de outras publicações científicas.

e) Instituto Nacional de Seguridad e Higiene en el Trabajo (INSHT)

O Instituto Nacional para a Segurança e Saúde no Trabalho (INSHT) é uma entidade do governo central da Espanha, com o objetivo de análise e estudo das Condições de Segurança e Saúde no Trabalho e na promoção e no apoio para a melhoria dela. Em seu site, há várias publicações e normas pertinentes à higiene ocupacional, disponíveis para consulta.

f) Fundação Jorge Duprat Figueiredo de Segurança e Medicina do Trabalho (FUNDACENTRO)

É uma fundação federal ligada ao Ministério do Trabalho e Emprego que visa Produzir e difundir conhecimento sobre Segurança e Saúde no Trabalho e Meio Ambiente, para fomentar, entre os parceiros sociais, a incorporação do tema na elaboração e na gestão de políticas que visem ao desenvolvimento sustentável com crescimento econômico, promoção da equidade social e proteção do meio ambiente. A Fundacentro possui profissionais especializados em higiene ocupacional, bem como laboratórios de alta tecnologia. Além disso, em seu site, podem ser encontradas diversas publicações científicas sobre higiene ocupacional.

g) Associação Brasileira de Higienista Ocupacional (ABHO)

Tem como objetivo promover e valorizar a higiene ocupacional e os profissionais do Brasil, os quais se dedicam a essa atividade. A ABHO tem várias publicações científicas sobre higiene ocupacional, incluindo a publicação anual traduzida do manual limites de tolerância (TLV) e os Índices Biológicos de Exposição (BEIs).

CAPÍTULO II

AGENTES FÍSICOS

A NR-9 define como agentes físicos as diversas formas de energia a que possam estar expostos os trabalhadores, tais como: ruído, vibrações, pressões anormais, temperaturas extremas, radiações ionizantes, radiações não ionizantes, bem como infrassom e ultrassom.

Neste capítulo, serão abordados os procedimentos de avaliação qualitativa e quantitativa desses fatores de risco, bem como as medidas de controle aplicadas.

1 — RUÍDO

1.1 — Conceitos e parâmetros básicos

a) Som

O som é qualquer vibração ou conjunto de vibrações ou ondas mecânicas que podem ser ouvidas. Na Higiene Ocupacional, costuma-se denominar barulho todo som indesejável; o barulho e o ruído são interpretações subjetivas e desagradáveis de um som.

Para a vibração ser ouvida, é necessário que a frequência do som se situe entre 16 e 20.000 Hz e a variação de pressão sonora provocada pela vibração atinja o limiar de audibilidade (2×10^{-5} N/m^2). Alguns autores mencionam a faixa audível entre 20 e 20.000 Hertz(3). Do ponto de vista de Higiene do Trabalho:

> "O ruído é o fenômeno físico vibratório com características indefinidas de variações de pressão (no caso ar) em **função da frequência**, isto é, para uma dada frequência podem existir, em forma aleatória através do tempo, variações de diferentes pressões".

Essa é uma situação real e frequente, daí utiliza-se a expressão ruído, "mas que não necessariamente significa sensação subjetiva do barulho".

---

(3) GERGES, Samir N. Y. *Ruído*: fundamentos e controle. 2. ed. Florianópolis: S.N.Y Gerges, 2000. 686 p.

Do ponto de vista físico, não há diferença entre som, ruído e barulho; no entanto, quanto à resposta subjetiva, ruído ou barulho pode ser definido como um som desagradável ou indesejável. Assim, por exemplo, numa boate a música pode ser considerada som para uns e ruído para outros.

b) Nível de pressão sonora — decibel

O nível de pressão sonora determina a intensidade do som e representa a relação do logaritmo entre a variação da pressão (P) provocada pela vibração e a pressão que atinge o limiar de audibilidade. A partir de pesquisas realizadas com pessoas jovens, sem problemas auditivos, foi revelado que o limiar de audibilidade é de 2 x 10^{-5} N/m^2 ou 0,00002 N/m^2. Desse modo, convencionou-se esse valor como sendo 0 (zero) dB, ou seja, o nível de pressão de referência utilizado pelos fabricantes dos medidores de nível de pressão sonora. Quando a pressão sonora atinge o valor de 200 N/m^2, a pessoa exposta começa a sentir dor no ouvido (limiar da dor) e esse valor corresponde a 140 dB. Portanto, o ouvido humano responde a uma larga faixa de variação da pressão (2 x 10^{5} N/m^2). Sendo assim, torna-se difícil expressar essa grande variação em uma escala aritmética e, desse modo, a escala logarítmica é usada.

A determinação do nível de pressão sonora é feita por meio de uma relação logarítmica, conforme a equação 1:

$$NPS = 20 \log \frac{P}{P_o} \quad (1)$$

sendo:

P = raiz média quadrática (r.m.s.) das variações dos valores instantâneos da pressão sonora:

P_o = pressão de referência que corresponde ao limiar de audibilidade (2 x 10^{-5} N/m^2)

Substituindo o valor de 2 x 10^{-5} N/m^2 (constante) na equação, ela poderá também ser expressa da seguinte maneira:

$$NPS = 20 \log \frac{P}{2x10^{-5}} \qquad NPS = 20 \log P - 20 \log 2x10^{-5}$$

$$NPS = 20 \log P - 20\,(-4,67)$$

$$NPS = 20 \log P + 94$$

c) Frequência do som

A frequência do som corresponde ao número de vibrações na unidade de tempo. Assim, uma vibração completa ou ciclo com tempo de duração, por exemplo, de 0,01 segundo terá a frequência igual a:

$$f = \frac{1{,}0 \textit{ ciclo ou vibração completa}}{0{,}01 \textit{ segundos}} = 100 \textit{ ciclos/seg ou Hertz (Hz)} \text{ ciclos/seg ou Hertz (Hz)} \quad \textbf{(2)}$$

$$f = \frac{1{,}0 \textit{ ciclo ou vibração completa}}{0{,}01 \textit{ segundos}} = f = \frac{1{,}0 \textit{ ciclo ou vibração completa}}{0{,}01 \textit{ segundos}} = f = \frac{1{,}0 \textit{ ciclo ou vibração completa}}{0{,}01 \textit{ segundos}}$$

Como vimos anteriormente, a frequência audível do ser humano está compreendida entre 20 e 20.000 Hz.

d) Nível de Intensidade sonora e nível de potência sonora

Além do nível de pressão sonora, outros parâmetros, como o nível de intensidade e potência sonora, são utilizados em acústica para especificar o ruído de equipamentos, os cálculos de isolamento e a estimativa de ruído que uma fonte produz a uma determinada distância.

O nível de intensidade sonora, também expresso em dB, corresponde à intensidade sonora em um ponto específico e à quantidade média de energia sonora transmitida através de uma unidade de área perpendicular à direção de propagação do som. O nível de intensidade sonora expresso em dB é igual a:

$$NIS = 10 \log \frac{I}{Io} \qquad \textbf{(3)}$$

I = intensidade sonora (energia) que passa por uma área.

Io = intensidade de referência igual a: $10^{-12} \dfrac{Watt}{m^2}$

Já o nível de potência sonora, também expresso em dB, é igual a:

$$NWS = 10 \log \frac{W}{Wo} \qquad \textbf{(4)}$$

sendo:

W = potência sonora da fonte em watts e representa a quantidade de energia acústica produzida por uma fonte sonora por unidade de tempo.

Wo = potência sonora de referência igual a 10^{-12} watts.

e) Nível de decibel compensado ou ponderado

Os estudos de fatores que determinaram a audibilidade subjetiva mostram que a resposta do ouvido humano é diferente nas diversas frequências. Assim, a sensação de ouvir um som em 3.000 Hz é diferente ao ouvi-lo a 500 Hz. Desse modo, com base em estudos de nível de audibilidade, foram desenvolvidas as curvas de decibéis compensados ou ponderados nas frequências A, B, C e D, de forma a simular a resposta do ouvido. Essas curvas de compensação foram padronizadas internacionalmente e introduzidas nos circuitos elétricos dos medidores de nível de pressão sonora. A Figura 1 mostra as curvas de compensação.

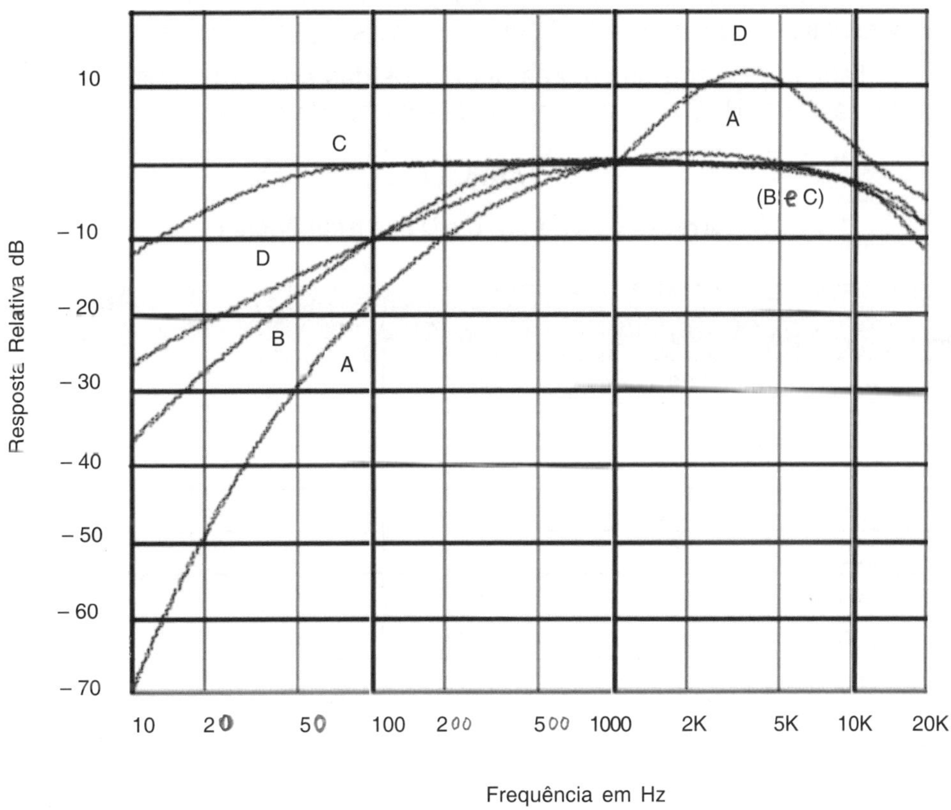

Figura 1 — Gráfico de curvas de compensação.

Pelo gráfico, observa-se que um som de 100 dB emitido numa frequência de 50 Hz, quando compensado pelas curvas, fornecerá as seguintes leituras no medidor de nível de pressão sonora:

Curva "A" — 70 dB

Curva "B" — 88 dB

Curva "C" — 99 dB

Curva "D" — 88 dB

As normas internacionais e o Ministério do Trabalho adotaram a curva de compensação "A" para medições de níveis de ruído contínuo e intermitente, devido à sua maior aproximação à resposta do ouvido humano.

O circuito "A" aproxima-se das curvas de igual audibilidade para baixos níveis de pressão sonora; o circuito "B" para médios níveis de pressão sonora, e o circuito "C" para níveis de pressão sonora mais altos. Hoje, entretanto, somente o circuito "A" é largamente usado, uma vez que os circuitos "B" e "C" não tiveram boa correlação em testes subjetivos. Uma curva especializada, a compensação "D", foi padronizada para medições em aeroporto[(4)].

A Tabela 1 mostra os valores numéricos das correções das curvas de compensação A, B, C e D nas frequências de banda de oitava:

TABELA 1

Correção curva A, B, C e D nas frequências

Bandas de Frequência (Hz)	Curva A (dB)	Curva B (dB)	Curva C (dB)	Curva D (dB)
63	-26,8	-9,3	-0,8	-10,9
125	-16,1	-4,2	-0,2	-5,5
250	-8,6	-1,3	0	-1,6
500	-3,2	-0,3	0	-0,3
1000	0	0	0	0
2000	1,2	-0,1	-0,2	7,9
4000	1,0	-0,7	-0,8	11,1
8000	-1,1	-2,9	-3,0	5,5
16000	-6,6	-8,4	-8,5	-

f) Dose equivalente de ruído ou efeitos combinados

Quando a exposição ao ruído é composta de dois ou mais períodos de exposição de diferentes níveis, devem ser considerados seus efeitos

(4) GERGES, Samir N. Y. *Ruído*: fundamentos e controle. 2. ed. Florianópolis: S.N.Y Gerges, 2000. 53 p.

combinados, em vez dos efeitos individuais (NR-15, anexo 1, item 6). Esse efeito combinado ou dose equivalente é calculado com base na soma das seguintes frações:

$$\frac{C_1}{T_1} + \frac{C_2}{T_2} + \frac{C_3}{T_3} + \ldots\ldots\ldots\ldots\ldots\ldots \frac{C_n}{T_n} \quad \textbf{(5)}$$

sendo:

Cn = tempo total de exposição a um nível específico.

Tn = a duração total permitida a esse nível, conforme limites estabelecidos no anexo 1, NR-15.

O resultado obtido não pode exceder a 1 (um).

Os efeitos combinados podem ser obtidos com maior precisão utilizando-se o audiodosímetro. Esse instrumento indica a dose em percentual. Assim, o limite será excedido quando ela for superior a 100%.

A dose ou o efeito combinado pode ser obtido também com o medidor de NPS. Entretanto, nesse caso, o procedimento é bem trabalhoso, pois é necessário estimar ou cronometrar com exatidão os tempos de exposição a cada nível.

g) Fator de duplicação da dose

É o incremento em decibéis que, quando adicionado a um determinado nível, implica a duplicação da dose de exposição ou redução pela metade do tempo máximo de exposição (NHO-01 FUNDACENTRO). Exemplo: Na NR-15, anexo 1, o incremento de duplicação é igual a 5. Já a ACGIH e o NIOSH adotam o incremento de 3. A maioria das normas tem adotado o fator de duplicação 3, inclusive a NHO-01.

h) Nível equivalente de ruído

Com base na dose, obtém-se o nível equivalente de ruído. Esse nível apresenta a exposição ocupacional do ruído durante o tempo de medição e representa a integração dos diversos níveis instantâneos de ruído ocorridos nesse período. A NR-15 considera o fator de duplicação igual a 5 (q = 5), isto é, a cada incremento de 5 dB no nível equivalente dobra-se a equivalência de energia e, consequentemente, o risco de dano auditivo. Assim, a equação **6** representa o critério adotado pela NR-15:

$$D = \frac{T}{8} x\, 2^{\left(\frac{leq}{5} - 17\right)} \quad \textbf{(6)}$$

sendo:

D = dose equivalente em fração decimal, ou seja, o valor obtido no audiodosímetro deve ser dividido por 100.

T = tempo de medição em horas.

q = 5 (incremento ou fator de duplicação), a cada aumento de 5 dB, a energia sonora irá duplicar-se.

LEQ = nível equivalente de ruído.

O cálculo do LEQ ou nível de exposição é feito explicitando esse fator na equação. Assim, teremos:

$$\frac{D\,x\,8}{T} = 2^{\left(\frac{leq}{5} - 17\right)}$$

Aplicando o logaritmo aos dois membros da equação, teremos:

$$\log \frac{D\,x\,8}{T} = \left(\frac{Leq}{5} - 17\right) x \log 2 \text{, logo:}$$

$$\log \frac{D\,x\,8}{T} = 0{,}0602\; x\; Leq - 5{,}117$$

Explicitando o Leq na equação e desmembrando as frações, teremos:

$$leq = \frac{\log \frac{D\,x\,8}{T} + 5{,}117}{0{,}0602} \Rightarrow \frac{\log \frac{D\,x\,8}{T}}{0{,}0602} + \frac{5{,}117}{0{,}0602}$$

Assim, $Leq = 16.61 \log \frac{D\,x\,8}{T} + 85$

Exemplo: numa avaliação, obteve-se dose igual a 1,6 (160%) durante 7 horas de medição; o nível equivalente nesse caso é igual a:

$$Leq = 16{,}61\; x \log\left(\frac{1{,}60\; x\; 8}{7}\right) + 85 = 89{,}35\; dB$$

Para o fator duplicação q = 3, o Leq é obtido a partir da equação:

$$Leq = 10 \log \frac{D \times 8}{T} + 85$$

i) Nível de exposição normalizado — NEN

Segundo a NHO-01, o NEN é o nível de exposição convertido para uma jornada padrão de 8 horas diárias, para fins de comparação com o limite de exposição.

A NHO-01 define que para fator de duplicação q = 3, o ***NEN é calculado*** a partir da equação **7**:

$$NEN = NE + 10 \log \frac{TE}{480} \qquad \textbf{(7)}$$

sendo:

NE = nível médio de exposição ocupacional diária;

TE = tempo de duração, em minutos, da jornada diária de trabalho.

Para o fator de duplicação q = 5, a equação do cálculo do NEN é a seguinte:

$$NEN = NE + 16.61 \log \frac{TE}{480} \qquad \textbf{(8)}$$

Exemplo: o nível médio de exposição diária é igual a 90,0 dB (A); para exposição (jornada) de 6 horas, o ***NEN*** para o incremento ou fator de duplicação cinco é igual a:

$$NEN = 90 + 16{,}61 . \log \frac{6 \times 60}{480} = 87{,}92 \text{ dB (A)}$$

É importante salientar que essas equações podem ser expressas de outra forma, dependendo das operações matemáticas.

O Decreto n. 3.048/99, anexo IV, determina que a aposentadoria especial será devida, quando o segurado ficar exposto a NEN (nível de exposição normalizado) superior a 85,0 dB(A).

j) Nível de corte

É o nível de ruído mínimo considerado no cálculo da dose de ruído. Normalmente, esse nível é de 80 dB(A), devido ao nível de ação estabelecido pela NR-9.

O cálculo do tempo máximo de exposição para os níveis de ruído abaixo de 85, conforme anexo 1 da NR-15, é dado pela equação **9**:

$$T = \frac{8}{2^{\left(\frac{L}{5} - 17\right)}} \qquad \textbf{(9)}$$

sendo:

T = tempo em horas

L = nível de ruído

Exemplo: para o nível de ruído igual a 80 Db(A), o tempo máximo de exposição diária é:

$$T = \frac{8}{2^{\left(\frac{80}{5} - 17\right)}} = 16 \; horas$$

Exemplo 1

Um trabalhador fica exposto a ruído durante a jornada de trabalho, conforme a Tabela 2:

TABELA 2

Dados de ruído

Nível de Ruído dB (A)	Tempo de Exposição (hs) Cn	Máxima Exposição Diária (hs) Tn
95	1,0	2,0
84	4,0	9,1
86	3,0	7,0

A dose de ruído ou efeito combinado para o fator de duplicação 5 e nível de corte de 85 dB(A) é igual a:

$$D = \frac{1}{2} + \frac{3}{7} = 0,93$$

Nesse cálculo, o nível de ruído de 84 dB (A) ,não foi considerado. Com o valor da dose de ruído igual a 0,93, o valor do Leq é o seguinte:

$$Leq = 16.61 \text{ x } \log 0,93 + 85$$

$$Leq = 84,47 \; dB\,(\text{A})$$

A dose de ruído ou efeito combinado para o fator de duplicação 5 (cinco) e nível de corte de 80 dB (A) é igual a:

$$D = \frac{1}{2} + \frac{3}{7} + \frac{4}{9,1} = 1,37$$

Nesse cálculo, o nível de ruído de 84 dB (A) foi considerado. Com o valor da dose de ruído igual a 1, 37, o valor do Leq é o seguinte:

$$Leq = 16.61 \text{ x } \log 1,37 + 85$$

$$Leq = 87,27\ dB\ (\text{A})$$

Portanto, nesse caso, o nível equivalente de Ruído, considerando-se o valor de 84 dB (A), superou o limite de tolerância estabelecido na NR-15, anexo 1. Cabe salientar, no entanto, que a variação do Leq em função do nível de corte pode ser pequena ou até mesmo não haver alteração, dependendo da natureza da exposição e dos níveis de ruído. Assim, se o trabalhador ficar exposto somente a níveis de ruído superiores a 85 dB (A), o Leq será o mesmo para níveis de corte de 80 ou 85 dB (A).

k) Ruído contínuo e intermitente

Segundo a NR-15 da Portaria n. 3.214/78 e a NHO-01 da FUNDACENTRO, o ruído contínuo ou intermitente é aquele não classificado como impacto. Do ponto de vista técnico, ruído contínuo é aquele cujo NPS varia 3 dB durante um período longo (mais de 15 minutos) de observação. Exemplo: o ruído dentro de uma tecelagem. Já o ruído intermitente é aquele cujo NPS varia de até 3 dB em períodos curtos (menos de 15 minutos e superior a 0,2 segundo). Entretanto, as normas não diferenciam o ruído contínuo ou intermitente para fins de avaliação quantitativa e limites de tolerância desse agente.

l) Ruído de impacto ou impulsivo

A NR 15, anexo 2, da Portaria n. 3.214/78, define ruído de impacto como picos de energia acústica de duração inferior a 1 (um) segundo, a intervalos superiores a 1 (um) segundo.

Quando se utiliza a instrumentação específica pela norma ANSI S1.4, S1.25 ou IEC 804, o ruído impulsivo ou de impacto é automaticamente incluído na medição. A única exigência é que a faixa de medição seja de 80 a 140 dB(A) e que a faixa de detecção de pulso seja de no mínimo 63dB(A).

A NR-15 anexo 2 estabelece limite de tolerância de 120 dB(C) ou 130 dB (linear) para ruído de impacto. Essa norma determina também que não deve ser permitida exposição alguma para ouvidos desprotegidos a níveis de pico acima de 140 dB (linear) ou 130 dB(C).

m) Espectro sonoro

A faixa audível de frequência situa-se entre 20 e 2.000 Hz, sendo inúmeras as possibilidades de distribuição da energia sonora na referida faixa. Daí, a necessidade de se avaliarem as frequências em certos tipos de avaliação de ruído. A análise dessa distribuição de nível de pressão sonora na faixa de frequência é muito importante para determinar a nocividade do ruído e os meios adequados de controle.

Para realizar a análise de frequência, a faixa audível pode ser dividida em: bandas de oitava, terça de oitava e meia oitava, faixa de percentagem, faixa de largura constante, entre outros, sendo a banda de oitava mais usada na Higiene Ocupacional.

Na banda de oitava, a faixa de frequência é dividida da seguinte forma: a relação de uma frequência central e sua consecutiva é igual a 2, ou seja, $f_{i+1}/f_i = 2$. Exemplo: 16 Hz, 31,5 Hz 500Hz, 1000Hz. Na terça de oitava, essa relação é igual a $f_{i+1}/f_i = 2^{1/3}$. Exemplo: 16Hz, 20 Hz, 25 Hz, 31,5 Hz, 40Hz, 50Hz, 63Hz.

1.2 — Efeitos do ruído sobre o organismo

a) Efeitos extra-auditivo do ruído[(5)]

O ruído contribui para distúrbios gastrintestinais e distúrbios relacionados com o sistema nervoso (por exemplo: irritabilidade, nervosismo, vertigens, etc.). Um ruído intenso e súbito acelera o pulso, eleva a pressão arterial, contrai os vasos sanguíneos, contrai os músculos do estômago, entre outras alterações.

Há pessoas que se adaptam ao ruído e, aparentemente ao menos, este não interfere nas suas habilidades manual e mental. Outras há, porém, que são extremamente sensíveis a esse agente, sofrendo alterações diversas em local muito ruidoso. O que ocorre normalmente com aqueles que são extremamente sensíveis é que, após uma fase inicial de adaptação ao ruído, durante a qual vários sintomas se fazem sentir, não sofrem mais alterações de ordem geral no organismo.

---

(5) FUNDACENTRO. *Curso para engenheiros de segurança.* São Paulo, v. 3, p. 663.

Quanto ao ruído na comunidade, é altamente indesejável, principalmente em zonas residenciais, junto às escolas, a clínicas, etc. Um dos aspectos é a sua interferência cor e som, pois um repouso tranquilo é necessário para o bem-estar físico e mental.

b) Efeitos auditivos do ruído

Pode ocorrer a ruptura do tímpano por deslocamento de ar muito forte, como o resultante de uma explosão ou de outros ruídos de impacto violento. A ruptura dessa membrana que separa o ouvido externo do ouvido médio é devida à variação brusca e relativamente acentuada de pressão. É geralmente reversível, pois o tímpano, na maioria dos casos, cicatriza normalmente. A situação pode se tornar mais grave se houver complicações, como infecção no ouvido médio.

Quanto aos níveis que causam ruptura no tímpano, não existe um limite exato, pois a susceptibilidade individual é fator importante. Na maioria dos casos, níveis de 120 dB causam sensação de extremo desconforto; a 130 dB há sensação de prurido no ouvido, com início de dor; e a 140 dB há distinta sensação de dor nos ouvidos. Daí em diante, pode ocorrer ruptura do tímpano, muito provável a 150 ou 160 dB. Tem havido casos raros de deslocamento dos ossículos do ouvido médio, como resultado de explosões violentas.

A perda de audição, resultante de exposição a níveis elevados de ruído, ou seja, por trauma sonoro, pode ser temporária ou permanente.

Quando a diminuição da capacidade auditiva ou hipoacusia for temporária, o indivíduo gradualmente recupera sua audição. O mecanismo da surdez temporária não é bem conhecido, é como uma fadiga auditiva. Um nível de ruído que causa alterações na capacidade auditiva deve ser considerado como uma possível ameaça de surdez profissional.

A surdez permanente por trauma sonoro é devida à destruição das células sensoriais do órgão de Corti, sendo, portanto, uma surdez de percepção.

Essa perda de audição, que é irreversível, pode atingir proporções tais a incapacitar o indivíduo para a comunicação oral.

Pode ocorrer trauma violento como resultado de uma explosão, causando a destruição imediata das células ciliadas do órgão de Corti, o que, no entanto, é extremamente raro. O mais frequente é um processo gradativo. As perdas de audição por trauma sonoro caracterizam-se por iniciarem-se na faixa de frequência entre 3.000 Hz e 6.000 Hz, mais frequentemente 4.000 Hz. O início de um processo de surdez profissional pode ser constatado por meio de um exame audiométrico. A perda de audição ao redor de 4.000 cps aparece no audiograma com um formato característico, a que se deve sua denominação de “gota acústica”.

Como, em casos de surdez profissional, as perdas começam em frequência acima daquelas indispensáveis para a voz humana, o indivíduo inicialmente não percebe problema algum. Depois começa a dificuldade de ouvir sons agudos. Quando a perda começa a afetar as frequências indispensáveis para a conversação é que ele começa a sentir dificuldades que se tornam cada vez mais sérias, até a surdez quase total, se não houver afastamento da exposição. Poderá haver sintomas colaterais como zumbido nos ouvidos, reprodução do ruído industrial após sua cessação, insônia e, raramente, dor.

1.3 — Instrumentos de medição

a) Medidor de nível de pressão sonora

A NR-15 estabelece que os níveis de ruído contínuo ou intermitente devem ser medidos em decibéis (dB), com o instrumento de nível de pressão sonora operando no circuito de compensação "A" e no circuito de resposta lenta. Já a ACGIH recomenda que o nível de pressão sonora deve ser determinado por um medidor de nível de pressão sonora ou dosímetro que atenda, no mínimo, às especificações para medidores de nível de som S1.4 1983, tipo S2A, ou à especificação para dosímetros individuais de ruído, ambos da *American National Standards Institute* (ANSI). O medidor do nível de pressão sonora determina o nível instantâneo de ruído, sendo que os instrumentos mais modernos possuem analisador de frequência integrado, conforme mostra a Figura 2.

Figura 2 — Medidor de nível de pressão sonora integrado com analisador de frequência

b) Analisador de frequência

Esse instrumento é utilizado para determinar as frequências do ruído e, consequentemente, verificar se o NPS concentra-se nas frequências nas quais a resposta subjetiva ao ruído é maior (2.000 a 5.000 Hz). Além disso, a análise de frequência permite especificar os isolamentos acústicos e calcular a atenuação dos protetores auriculares. O analisador de frequência pode ser separado ou integrado ao medidor de NPS, conforme já mostrado.

c) Audiodosímetro (medidor integrador de uso pessoal)

Quando há exposição diária a diferentes níveis de ruído, devem ser considerados os efeitos combinados, em vez dos efeitos individuais de cada um deles.

A determinação da dose ou efeito combinado e o nível equivalente de ruído devem ser feitos, preferencialmente, com medidores integrados de uso pessoal (dosímetros de ruído). Esse equipamento deve ser configurado de acordo com as exigências do critério estabelecido na NR-15, ou seja, jornada de trabalho 8 horas, dose 100% ou 1 para 85 dB (A) e incremento igual a 5 (ver Figura 3)

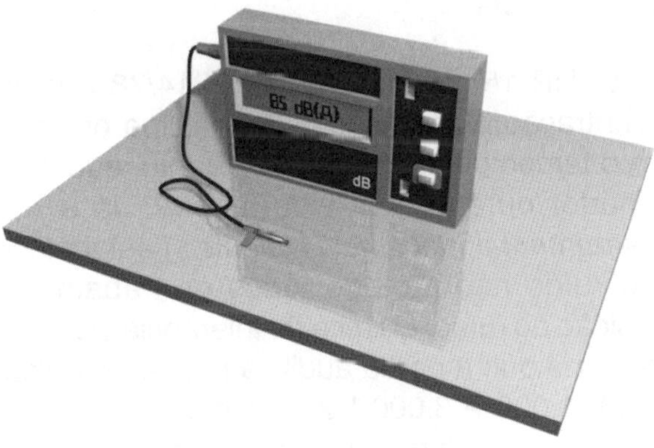

Figura 3 — Audiodosímetro

Os dosímetros normalmente permite a configuração para diversos critérios ou incremento de duplicação q = 5, 3 ou 4, limite de tolerância 85 ou 90 dB(A), nível de corte 80, 85 ou 90 dB(A).

d) Calibrador acústico

Os instrumentos de medição devem ser calibrados antes e depois da medição. Para tanto, utiliza-se uma fonte padrão que emite som na frequência de 1.000 Hz. Esse instrumento, ao ser ajustado ao microfone do medidor, apresenta o nível de pressão sonora de 94 dB, 114 dB ou outro valor, de acordo com a marca do calibrador. Se o valor apresentado for diferente do padrão, o medidor poderá ser ajustado. A Figura 4 ilustra o calibrador acústico.

Figura 4 — Calibrador acústico

Além da calibração de campo, os instrumentos de medição e o calibrador devem ter certificado em laboratório da Rede Brasileira de Calibração(RBC) ou do INMETRO, renovado no mínimo a cada dois anos (NBR 10151/00).

1.4 — Limite de tolerância

O item 15.1.5, NR-15 da Portaria N. 3.214/78 define como limite de tolerância a concentração ou a intensidade máxima ou mínima, relacionada com a natureza e o tempo de exposição ao agente, que não causará dano à saúde do trabalhador durante sua vida laboral. Já a ACGIH (*American Conference Governamental Industrial Hygienists*) estabelece que o limite de tolerância para o ruído não protege todos os trabalhadores dos efeitos adversos da exposição ao ruído. O limite de tolerância visa a proteger a maioria da população de forma que a perda auditiva média produzida pelo ruído nas frequências de 500, 1.000 e 3.000 Hz, durante 40 anos de exposição, não exceda a 2 dB. Assim, os valores dos limites de tolerância são referenciais para um programa de conservação auditiva.

Consequentemente, o limite de tolerância representa as condições às quais se acredita que a maioria dos trabalhadores expostos repetidamente não sofra efeitos adversos à sua capacidade de ouvir e entender uma conversação normal (ACGIH, 2011).

a) Limites de tolerância para ruído contínuo e intermitente

A NR-15 definiu como ruído contínuo ou intermitente aquele que não seja de impacto. Para o ruído contínuo ou intermitente, a NR-15 anexos 1, fixa para cada nível de pressão sonora o tempo diário máximo permitido. Os limites de tolerância e a metodologia de avaliação da NR-15 estão transcritos na Tabela 3:

TABELA 3

Limites de tolerância para ruído contínuo ou intermitente —NR-15 anexo 1

NÍVEL DE RUÍDO dB (A)	MÁXIMA EXPOSIÇÃO DIÁRIA PERMISSÍVEL
85	8 horas
86	7 horas
87	6 horas
88	5 horas
89	4 horas e 30 minutos
90	4 horas
91	3 horas e 30 minutos
92	3 horas
93	2 horas e 40 minutos
94	2 horas e 15 minutos
95	2 horas
96	1 hora e 40 minutos
98	1 hora e 15 minutos
100	1 hora
102	45 minutos
104	35 minutos
105	30 minutos
106	25 minutos
108	20 minutos
110	15 minutos
112	10 minutos
114	8 minutos
115	7 minutos

1. Entende-se por ruído contínuo ou intermitente, para os fins de aplicação de limites de tolerância, o ruído que não seja de impacto.

2. Os níveis de ruído contínuo ou intermitente devem ser medidos em decibéis (dB), com instrumento de nível de pressão sonora operando no circuito de compensação "A" e no circuito de resposta lenta (SLOW). As leituras devem ser feitas próximas do ouvido do trabalhador.

3. Os tempos de exposição aos níveis de ruído não devem exceder os limites de tolerância fixados no Quadro desse anexo.

4. Para os valores encontrados de nível de ruído intermediário, será considerada a máxima exposição diária permissível relativa ao nível imediatamente mais elevado.

5. Não é permitida a exposição a níveis de ruído acima de 115 dB(A) para indivíduos que não estejam adequadamente protegidos.

6. Se durante a jornada de trabalho ocorrerem dois ou mais períodos de exposição a ruído de diferentes níveis, devem ser considerados os seus efeitos combinados, de forma que, se a soma das seguintes frações:

$$\frac{C_1}{T_1} + \frac{C_2}{T_2} + \frac{C_3}{T_3} + \dots\dots\dots\dots\dots\dots \frac{C_n}{T_n} \qquad \textbf{(10)}$$

exceder a unidade, a exposição estará acima do limite de tolerância.

Na equação 10, Cn indica o tempo total em que o trabalhador fica exposto a um nível de ruído específico; Tn indica a máxima exposição diária permissível a esse nível, segundo o Quadro desse Anexo.

7. As atividades ou operações que exponham os trabalhadores a níveis de ruído, contínuo ou intermitente, superiores a 115 dB (A), sem proteção adequada, oferecerão risco grave e iminente.

b) Limites de tolerância para ruídos de impacto

O anexo 2 da NR-15 estabelece os limites de tolerância e o critério de avaliação para ruído de impacto, conforme transcrição a seguir:

1. Entende-se por ruído de impacto aquele que apresenta picos de energia acústica de duração inferior a 1 (um) segundo, a intervalos superiores a 1 (um) segundo.

2. Os níveis de impacto deverão ser avaliados em decibéis (dB), com medidor de nível de pressão sonora operando no circuito linear e no circuito de resposta para impacto. As leituras devem ser feitas próximas do ouvido do trabalhador. O limite de tolerância para ruído de impacto será de 130 dB (linear). Nos intervalos entre os picos, o ruído existente deverá ser avaliado como ruído contínuo.

3. Em caso de não se dispor de medidor de nível de pressão sonora com circuito de resposta para impacto, será válida a leitura feita no circuito

de resposta rápida (FAST) e no circuito de compensação "C". Nesse caso, o limite de tolerância será de 120 dB(C).

4. As atividades ou as operações que exponham os trabalhadores, sem proteção adequada, a níveis de ruído de impacto superiores a 140 dB (LINEAR), medidos no circuito de resposta para impacto, ou superiores a 130 dB (C), medidos no circuito de resposta rápida (FAST), oferecerão risco grave e iminente.

1.5 — Adição de níveis de ruído

As operações com decibéis não são lineares. Assim sendo, 100,0 dB + 90,0 dB não é igual a 190,0 dB, pois a escala do nível de pressão sonora é logarítmica, conforme explicado anteriormente. Desse modo, é necessário calcular a razão média quadrática de cada nível e somá-las. Com o valor obtido, calcula-se o nível de pressão sonora da soma.

Exemplo: duas fontes de ruído A e B, isoladamente, produzem no ponto P os seguintes níveis de ruído:

Fonte A — $NPS_A = 92$ dB

Fonte B — $NPS_B = 86$ dB

Considerando a mesma distância entre as fontes e o ponto P, o nível de pressão sonora total — NPS_{total} é calculado conforme as equações **11** a **14**:

— Cálculo da raiz média quadrática para 92,0 dB (A)

$$NPS = 10\log\left(\frac{P}{P_0}\right)^2 \qquad \textbf{(11)}$$

Substituindo na equação o NPS da fonte A (92 dB), teremos:

$$92 = 10\log\left(\frac{P_a}{P_0}\right)^2 \Rightarrow \frac{92}{10} = \log\left(\frac{P_a}{P_0}\right)^2, \text{ logo:}$$

$$92 = \log\left(\frac{P_a}{P_0}\right)^2,$$ calculando o antilogaritmo da relação média quadrática das pressões, teremos:

$$\left(\frac{P_a}{P_0}\right)^2 = 10^{9,2} \Rightarrow \left(\frac{P_a}{P_0}\right) = 15,84x10^8$$

— Cálculo da raiz média quadrática fonte B (86,0 dB)

$$86 = 10\log\left(\frac{P_b}{P_0}\right)^2 \Rightarrow \frac{86}{10} = \log\left(\frac{P_b}{P_0}\right)^2 \quad \textbf{(12)}$$

logo:

$86 = 10\log\left(\frac{P_b}{P_0}\right)^2$ calculando o antilogaritmo da relação média quadrática das pressões, teremos:

$$\left(\frac{P_b}{P_0}\right)^2 = 10^{8,6} \Rightarrow \left(\frac{P_b}{P_0}\right) = 3{,}98 \times 10^8$$

— Cálculo da razão média quadrática total

$$\left(\frac{P_{total}}{P_0}\right)^2 = \left(\frac{P_a}{P_0}\right)^2 + \left(\frac{P_b}{P_0}\right)^2 \quad \textbf{(13)}$$

$$\left(\frac{P_{total}}{P_0}\right)^2 = 15{,}84 \times 10^8 + 3{,}98 \times 10^8 = 19{,}83 \times 10^8$$

— Nível de pressão sonora total — NPS_{total}

$$NPStotal = 10\log\left(\frac{P_{total}}{P_0}\right)^2 \Rightarrow 10\log 19{,}84 = 93{,}0\ dB\ (A) \quad \textbf{(14)}$$

Para evitar cálculos complexos, a soma dos níveis de ruído podem ser feitas a partir do gráfico da Figura 5:

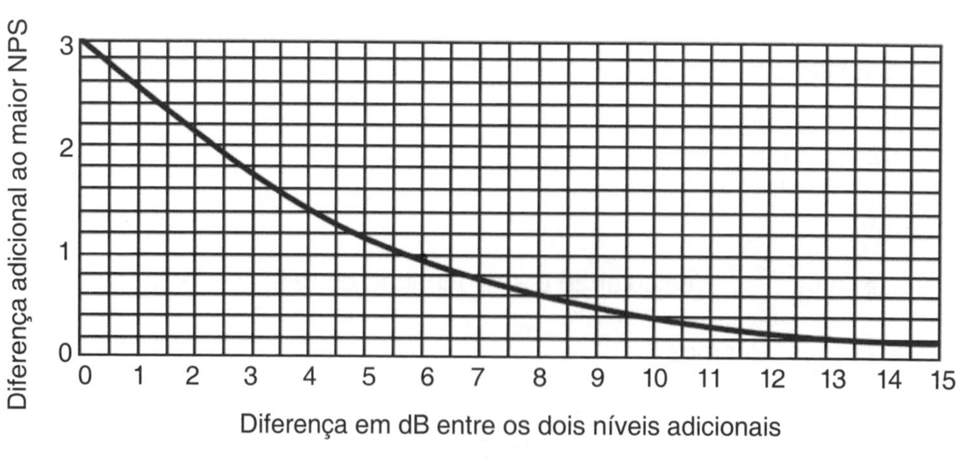

Figura 5 — Gráfico para cálculo dos níveis de ruído

Exemplo:

Considerando as fontes A e B do cálculo NPS_{TOTAL} do exemplo anterior, teremos:

— Diferença dos níveis da fonte A e B;

— Com essa diferença, encontramos no gráfico o valor de 1,3 dB;

— O NPS_{total} é igual ao maior NPS mais o valor obtido no gráfico:

$$NPS_{TOTAL} = 92{,}0 + 1{,}3 = 93{,}3 \; dB\,(A)$$

Quando duas fontes de ruído de mesmo nível encontram-se num mesmo local, o nível total de ruído é X + 3 dB. Toda vez que o número de fonte sonora duplica, o nível de ruído aumenta 3 dB[6].

O cálculo matemático da adição dos níveis de ruído de fontes iguais é dado pela equação **15**:

$$NPS_{TOTAL} = NPS_F + 10 \log N \qquad \textbf{(15)}$$

sendo:

NPS_{TOTAL} = nível de pressão sonora total.

NPS_F = nível de pressão sonora da fonte.

N = número de fontes.

Exemplo:

Considerando duas fontes de NPS = 90 dB cada uma, instalada em um mesmo local, o valor NPS total é:

Com 10 (dez) fontes teremos:

$$NPS_{TOTAL} = 90 + 10 \log 10 = 100 dB$$

Quando as fontes produzirem níveis de ruído diferentes, o cálculo do NPS_{TOTAL} é dado pela equação 16:

$$NPS_{TOTAL} = 10 \log \sum 10^{0,1 NPS_F} \qquad \textbf{(16)}$$

sendo: NPS corresponde ao nível de cada fonte de ruído.

---

(6) MACEDO, Ricardo. *Manual de higiene do trabalho.* Lisboa, 1988. p. 259.

Exemplo:

Num determinado local, três fontes de ruído, isoladamente, produzem os seguintes níveis de ruído: 100 dB, 95 dB e 90 dB. O nível de pressão sonora total com todas as fontes funcionando, simultaneamente, é igual a:

$$NPS_T = 10\ Log \sum 10^{0,1NPS}$$

$$NPS_T = 10\ Log\ (10^{0,1 \times 100} + 10^{0,1 \times 95} + 10^{0,1 \times 90})$$

$$NPS_T = 10\ Log\ (10^{10} + 10^{9,5} + 10^{9,0})$$

$$NPS_T = 101,51\ dB$$

1.6 — Subtração de níveis de ruído — ruído de fundo

A subtração do ruído é muito utilizada na determinação do ruído da fonte. No entanto, o ruído de fundo deve ser pelo menos de 10 dB inferior que o ruído da fonte para que a medição seja precisa. Da mesma forma que a soma, a subtração dos níveis de pressão sonora não é linear, pois a escala é logarítmica. Sendo assim, o cálculo pode ser feito utilizando o gráfico da Figura 6:

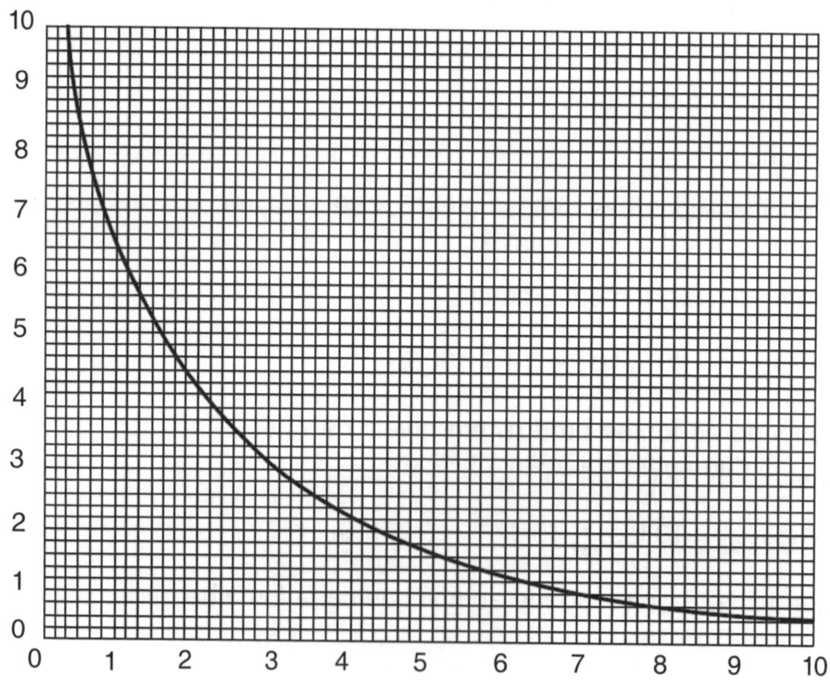

Figura 6 — Gráfico para cálculo dos níveis de pressão sonora

Exemplo:

Foi realizada medição de ruído no ponto * P da sala com três compressores A, B e C, obtendo-se os seguintes dados:

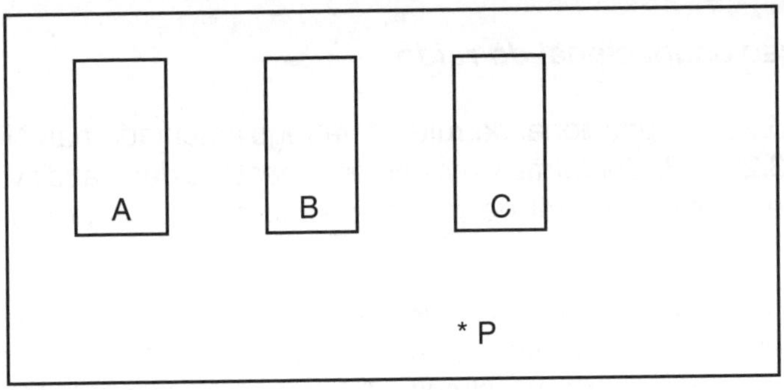

— NPS no ponto P com todos compressores funcionando — 100 dB

Para se obter o NPS somente do compressor A, por exemplo, o procedimento é o seguinte:

— Medição do NPS com o compressor desligado — ruído de fundo, RF; — 93,0 dB;

— Diferença entre NPST e o ruído de fundo (100,0 — 93,0 = 7,0 dB);

— Correção no gráfico — 1,0 dB;

— NPS do compressor A (operando isoladamente) 100,0 – 1,0 = 99,0 dB.

O cálculo da subtração do NPS pode ser feito também por meio da seguinte equação:

$$NPS_F = 10\log\left(10^{\frac{NPS_T}{10}} - 10^{\frac{NPS_F}{10}}\right) \quad \textbf{(17)}$$

Onde:

NPS_F — Nível de pressão sonora da fonte.

NPS_T — Nível de pressão sonora total.

1.7 — Avaliação do ruído

A avaliação do ruído pode ser feita com os seguintes objetivos:

— Avaliação ocupacional de ruído;

— Caracterização de insalubridade;

— Caracterização da aposentadoria especial;

— Avaliação para fins de conforto;

— Avaliação de perturbação do sossego público.

a) Avaliação ocupacional do ruído

A avaliação ocupacional de ruído está regulamentada nas NR-09 e 15 da Portaria n. 3.214/78. Conforme vimos anteriormente, o dano auditivo depende da intensidade do ruído (nível de pressão sonora) e de sua distribuição nas frequências.

A NR-15 anexo 1 determina que as medições dos níveis de ruído contínuo ou intermitente devem ser feitas em decibéis com o instrumento de nível de pressão sonora operando no circuito de compensação "A". Portanto, como vimos no item 1.1 letra f, na avaliação ocupacional, a medição deve ser feita em decibéis compensados, conforme curva de compensação "A", ou seja, o nível de pressão sonora é ponderado (compensado) nas frequências, de forma a aproximar-se da resposta do ouvido humano. Já o ruído de impacto deve ser avaliado na curva "C" ou linear.

Os instrumentos de medição utilizados são: o medidor de nível de pressão sonora e o audiodosímetro e, às vezes, o analisador de frequência. O nível de pressão sonora fornece o ruído instantâneo, enquanto o audiodosímetro fornece a dose de ruído e o nível equivalente de ruído.

A caracterização da exposição ao ruído contínuo ou intermitente é feita pela comparação do nível de ruído com o tempo de exposição estabelecido no Quadro 1, anexo 1, NR-15.

Quando o nível de ruído é variável durante a jornada de trabalho, o trabalhador é itinerante (diversos locais); há necessidade de calcular a dosimetria ou o efeito combinado conforme anexo 1, item 6, de forma que a soma das frações:

$$\frac{C_1}{T_1} + \frac{C_2}{T_2} + \ldots\ldots\ldots\ldots\ldots\ldots \frac{C_n}{T_n} \leq 1 \qquad \textbf{(18)}$$

A NR-09 determina que a dose maior que 0,50 ou 50% exige nível de ação. Como explicado anteriormente, com base no resultado da dose, obtém-se o nível equivalente de ruído com base na equação **19**:

$$Leq = 16{,}61 \log D + 85 \qquad \textbf{(19)}$$

Convém ressaltar que o critério de incremento da dose q = 3 recomendado pela FUNDACENTRO e pela ACGIH, embora mais aceito nas normas internacionais, não deve ser adotado, uma vez que a NR-09 autoriza a adoção de outros limites somente na omissão da NR-15, e isso não ocorre, pois essa norma estabelece limites para ruído. Todavia, a nosso ver, o MTE deveria rever os anexos 1 e 2 da NR-15, adequando as evoluções técnicas das referidas normas.

Exemplo 1 — Cálculo da dose e Leq

Numa avaliação de ruído, verificou-se que a exposição do trabalhador ao ruído era a seguinte:

100,0 dB (A) ———————————— 1 hora

90,0 dB (A) ———————————— 2 horas

60,0 dB (A) ———————————— 5 horas

De acordo com o Quadro 1 do anexo 1 da NR-15, o tempo máximo de exposição diária é de 1 hora para 100 dB (A) e 4 horas para 90,0 dB (A). Com base nesses dados, o efeito combinado é:

$$D = \frac{1}{1} + \frac{2}{4} = 1 + 0{,}5 = 1{,}5$$

Para essa dose, teremos o seguinte nível equivalente de ruído:

$$Leq = 16{,}61 \times \log 1{,}5 + 85 \qquad \textbf{(20)}$$

$$Leq = 2{,}92 + 85 = 87{,}92\ dB\ (A) \qquad \textbf{(21)}$$

Esse valor significa que o trabalhador ficou exposto a 87,92 dB (A) durante jornada de 8 horas.

A dose foi superior a 1,0 e Leq > 85 dB (A), sendo assim, o limite de tolerância estabelecido na NR-15 foi superado. É importante salientar que no valor do Leq já está compreendido o tempo de exposição, devendo ser comparado com o limite de tolerância de 85 dB (A).

Quanto ao procedimento de avaliação ocupacional do ruído, de maneira geral, deverá ser feito da seguinte forma:

— Analisar o processo produtivo da empresa e seu organograma funcional.

— Selecionar e identificar os grupos homogêneos de acordo com a similaridade da exposição dos trabalhadores ao ruído. Exemplos: operador de trator de esteira, supervisor de produção, ajudante geral, entre outros.

— Definir a estratégia de avaliação: número de avaliações a serem realizadas, tempo de avaliação, entre outros. Não há norma brasileira, como ocorre nos agentes químicos, que define o número de medições de ruído em cada grupo homogêneo, *de forma que o* higienista, com sua experiência, é quem deve defini-los em função da natureza da atividade e da forma de exposição, bem como se orientar em normas internacionais. A nota técnica NTP 270 (Instituto Nacional de Seguridad e Higiene en el Trabajo) do Ministério do Trabalho da Espanha, com base na norma francesa NF S31-084 da Association Française de Normalisation, recomenda critério de avaliação ocupacional de ruído, com tratamento estatístico dos dados avaliados. No critério sugerido pela norma, deve-se realizar, no mínimo, 03 (três) em cada GHE; em seguida, calcular a média e o desvio padrão. Com esses dados, se o intervalo de confiança for inferior a 95%, medições complementares devem se efetuadas.

— Os procedimentos de avaliação estão descritos na NR-15 anexo 1, porém, de forma resumida. Assim, é necessário recorrer à NHO-01 da FUNDACENTRO, além de outras normas correlatas. A avaliação do ruído deve representar a jornada de trabalho do indivíduo exposto ao ruído, devendo conter no laudo: Leq, dose, além do memorial de cálculo constando o nível de ruído e seu respectivo tempo. Os audiodosímetros normalmente disponibilizam, por meio de programas, o relatório das medições, fornecendo a variação dos níveis de ruído e histogramas. No entanto, o técnico em higiene deverá tratar esse dado de forma a retratar a exposição do trabalhador no dia da dosimetria. Para tanto, é importante a escolha do período de amostragem, bem como a identificação dos ciclos das operações realizadas pelos trabalhadores durante toda a jornada.

Outro fator importante é o tempo de duração da dosimetria. O ideal é realizar a medição durante toda a jornada; todavia, dependendo do tipo de exposição, esse tempo pode ser reduzido, desde que o técnico tenha conhecimento e experiência para projetá-la corretamente para toda a jornada de trabalho.

Finalmente, é importante recomendar que, durante a avaliação, o técnico faça a análise detalhada da exposição, das medidas de controle existentes, entre outros, de forma a buscar soluções visando a eliminar o risco. Lembramos que o controle é a principal finalidade da avaliação.

b) Avaliação do ruído para caracterização da insalubridade

A perícia, visando à possível caracterização da insalubridade, tem como base legal a NR-15, anexos 1 e 2, sendo na maioria das vezes realizada em perícias judiciais. A metodologia de avaliação é a mesma da avaliação ocupacional, no entanto, o procedimento sofre algumas variações. Assim, por exemplo, muitas vezes, o reclamante já não trabalha na empresa ou o ambiente foi modificado e, desse modo, o perito é obrigado a estudar criteriosamente a exposição, de maneira a estimá-la e, consequentemente, calcular a dose e o Leq. Outro aspecto a ser destacado é que o perito deve analisar as medidas existentes juntamente com os dados de ruído e emitir seu parecer técnico, pois nesse tipo de avaliação o objetivo é caracterizar à exposição ao risco.

c) Avaliação para fins de aposentadoria especial

Essa avaliação da exposição a níveis de ruído prejudiciais à saúde é realizada para fins de comprovação junto à Previdência. Os critérios utilizados são as normas da NR-15, NHO-01 da FUNDACENTRO e normas previdenciárias. Esse tipo de avaliação também é ocupacional, no entanto, com peculiaridades das normas previdenciárias. Durante muitos anos, os limites de tolerância para fins de aposentadoria especial eram divergentes da NR-15 e da ACGIH, isto é, o Decreto n. 5.3831/64 estabelecia 80,0 dB e os Decretos ns. 83.080/79, 2.172/97 e 3.048/99, entre outros, estabeleciam 90,0 dB. Em 18 de novembro de 2003, o Decreto n. 4.882 alterou o limite de tolerância para 85,0 dB (A), uniformizando com as referidas normas.

Quanto ao procedimento de avaliação, a norma previdenciária estabelece que deverá ser de conformidade com a NHO-01 da FUNDACENTRO. Todavia, os limites de tolerância são estabelecidos na NR-15. Essa regra às vezes gera dificuldade de interpretação devido ao fato de a NHO-01 adotar limites com incremento de duplicação igual a 3 dB, ao passo que a NR-15 adota q = 5. Interpretando o dispositivo dessa norma, a nosso ver, não há dúvida de que, na avaliação para fins de aposentadoria, deve ser feita a duplicação de dose 5 dB. No entanto, é importante que os órgãos governamentais uniformizem seus critérios de forma a evitarem-se controvérsias.

Da mesma forma da caracterização da insalubridade, na avaliação visando ao direito à aposentadoria especial, devem-se levar em consideração os níveis de ruído e as medidas de controle existentes, de forma a definir a existência ou não do risco.

d) Avaliação para fins de conforto

O critério utilizado nessa avaliação está regulamentado na NR-17 da Portaria n. 3.214/78 e nas normas da ABNT, em especial NBR-10.152/00.

A NR-17 da Portaria n. 3.214/78, em seu subitem 17.5.2, estabelece que nos locais de trabalho, onde são executadas atividades que exijam solicitação intelectual e atenção constante, tais como escritórios, salas de desenvolvimento ou análises de projetos, entre outros, sejam adotadas condições de conforto:

— Os níveis de ruído estão estabelecidos na NBR-10.152, norma brasileira registrada no INMETRO.

Nas atividades que possuam as características mencionadas anteriormente, mas não apresentem equivalência ou correlação com aquelas relacionadas na NBR-10.152, o nível aceitável para efeito de conforto será de 65 dB(A), e a curva de avaliação de ruído (NC) de valor não superior a 60 dB.

e) Avaliação da perturbação do sossego público

Nessa avaliação, a regulamentação encontra-se em legislação municipal, estadual ou federal e normas técnicas pertinentes, em especial as normas da NBR-10.151 e 10.152 da ABNT, as quais sugerem aos leitores a consulta.

1.8 — Medidas de controle

As medidas de controle do ruído podem ser consideradas basicamente de três maneiras distintas: na fonte, na trajetória e no homem. As medidas na fonte e na trajetória deverão ser prioritárias quando viáveis tecnicamente.

1.8.1 — Controle na fonte ou na trajetória

É o método mais recomendado quando há viabilidade técnica. No entanto, a fase de planejamento das instalações é o momento mais apropriado para a adoção dessa medida, pois se podem escolher equipamentos que produzam menores níveis de ruído e organizar o *lay-out*. Na aplicação dessa medida, cada caso deverá ser cuidadosamente estudado, pois, muitas vezes, determinada a medida pode alterar o princípio de funcionamento das máquinas e dos equipamentos. Desse modo, esse tipo de controle é mais eficaz quando feito pelo fabricante, que deveria indicar o nível de ruído gerado pela máquina ou pelo equipamento. Aliás, essa exigência consta no item 4, anexo I da NR-12, que estabelece que os fabricantes e importadores de motosserras instaladas no país introduzirão, nos catálogos e manuais, os níveis de ruído e vibração e a metodologia utilizada para referida medição. Deve-se salientar, no entanto, que existem inúmeras alternativas para esse tipo de controle:

— substituir o equipamento por outro mais silencioso;

— balancear e equilibrar partes móveis;

— lubrificar eficazmente rolamentos, mancais, etc.;

— reduzir impactos, na medida do possível;

— alterar o processo (substituir sistema pneumático por hidráulico);

— programar as operações de forma que permaneça o menor número de máquinas funcionando simultaneamente;

— aplicar material de modo a atenuar as vibrações;

— regular os motores;

— ajustar as estruturas;

— substituir engrenagens metálicas por outras de plástico ou celeron;

— diminuir a velocidade de escapamento dos fluidos;

— reduzir as rotações das máquinas, embora essa medida possa reduzir a capacidade produtiva;

— instalar abafador (silencioso) nos escapamentos;

— absorver os choques por meio de revestimentos de borracha nas estruturas:

— reduzir a altura de queda de materiais nos receptores como queda de minério em um silo.

1.8.2 — Controle no meio ou na trajetória

Não sendo possível o controle na fonte, o segundo passo é a verificação de possíveis medidas aplicadas no meio ou na trajetória. Quando o som incide sobre uma superfície, ele é absorvido, transmitido e parte refletida, conforme ilustra a Figura 7:

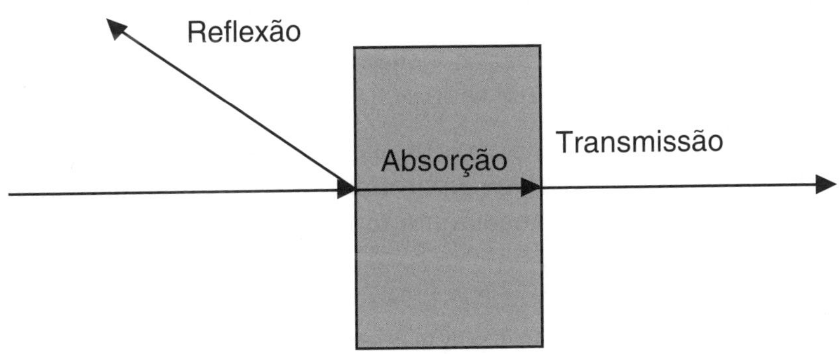

Figura 7 — Medidas de controle no meio ou na trajetória

Portanto, no controle na trajetória o som já foi gerado, e a finalidade das medidas é evitar sua transmissão para outro ambiente ou absorvê-lo de maneira a evitar as reflexões. Sendo assim, esse tipo de controle pode ser alcançado da seguinte forma:

— Pela absorção do som: a energia sonora é absorvida quando o som encontra uma superfície, sendo que os materiais porosos como lã de vidro e cortiça são os melhores absorventes. Os coeficientes de absorção dos materiais variam de acordo com as frequências do som, portanto, na escolha desse tipo de material, é importante analisá-los por meio de uma avaliação adequada.

As reflexões múltiplas do som dão origem ao fenômeno da reverberação, amplificando o som. Assim, uma determinada fonte de ruído produz mais alto nível de ruído em recinto fechado. Ademais, quanto mais refletoras as superfícies, maior é o tempo de reverberação, isto é, o tempo necessário para o nível de ruído cair de 60 dB, a partir do instante em que cessar a fonte sonora. Portanto, o tratamento acústico das superfícies, ou seja, o revestimento com material absorvente de som constitui importante medida de controle na trajetória.

O isolamento acústico consiste em evitar a transmissão de um ambiente para outro, devendo, para essa finalidade, utilizar materiais que possuam alto índice de redução acústica ou perda de transmissão. Os materiais densos e compactos possuem índice de redução acústica mais alto. Além disso, a utilização de paredes duplas ou triplas aumenta o índice de redução, sendo que a distância entre paredes também constitui fator importante a ser observado. Assim, quanto maior a distância entre paredes, maior é a redução. No isolamento acústico, devem-se evitar frestas ou qualquer descontinuidade nas superfícies que permitam a passagem de ar. Acrescente-se, ainda, que o isolamento pode ser da fonte ou do receptor:

Isolar a fonte — significa construir uma barreira que separe a causa do ruído do meio que o rodeia, para evitar que esse som se propague.

Isolar o receptor — significa construir barreiras que separem a causa e o meio do indivíduo exposto ao ruído.

Convém ressaltar que o isolamento de uma fonte é mais eficiente utilizando-se paredes isolantes (material denso e compacto) revestidas internamente com material absorvente (cortiça, lã de vidro, etc.), conforme ilustra a Figura 8.

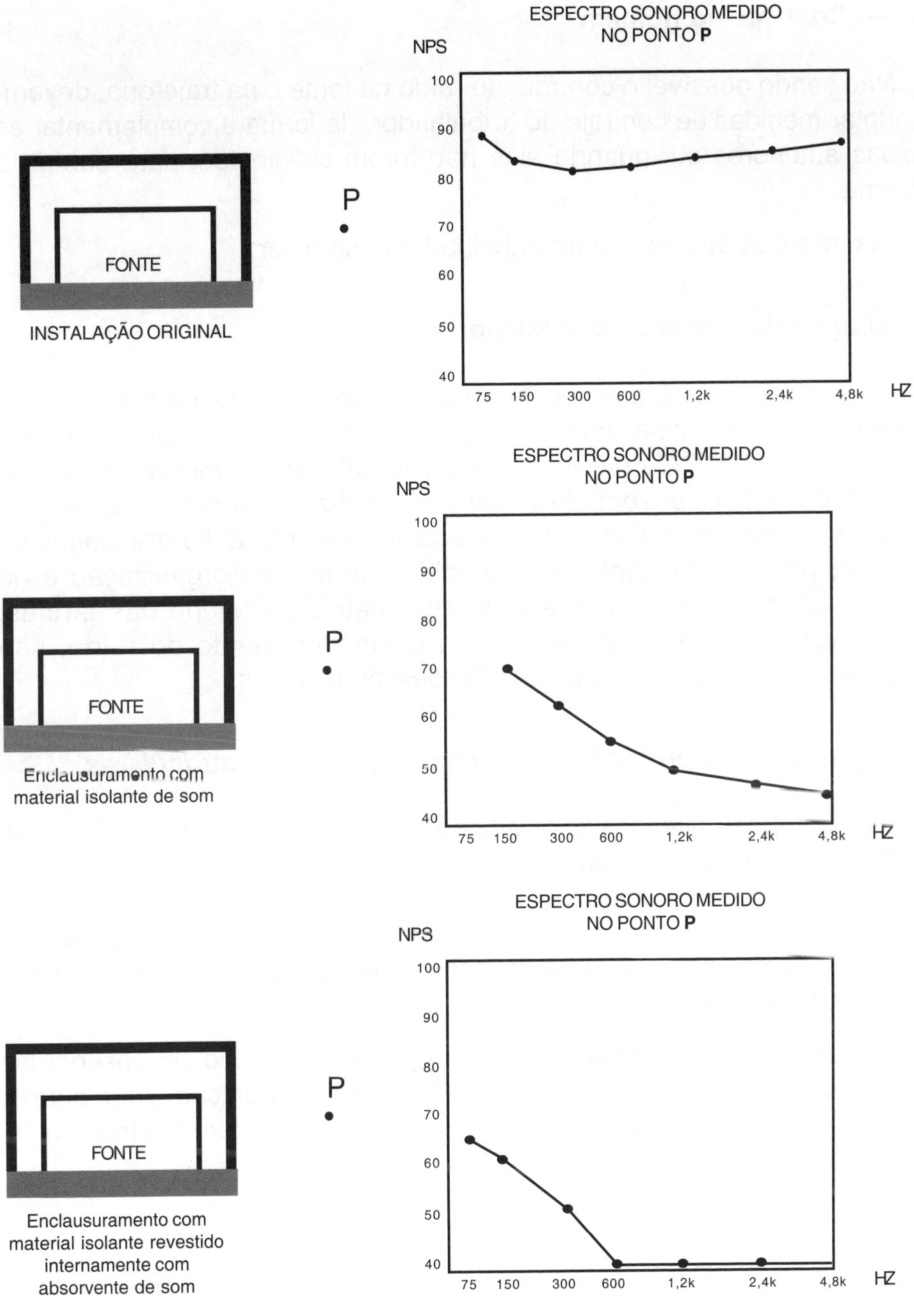

Figura 8 — Isolamento entre a causa e o meio ambiente

Conforme citado anteriormente, o uso de paredes duplas ou triplas revestidas internamente com material absorvente de som aumenta a eficiência do isolamento, evitando sua propagação de um ambiente para outro.

1.8.3 — Controle no homem

Não sendo possível o controle do ruído na fonte e na trajetória, devem-se adotar medidas de controle no trabalhador, de forma a complementar as medidas anteriores ou, quando elas não forem suficientes, para corrigir o problema.

As medidas de controle no trabalhador podem ser:

a) Limitação do tempo de exposição

Consiste em reduzir o tempo de exposição aos níveis de ruído superiores aos limites de tolerância, tomando cuidado para que o valor-limite para exposição a dois ou mais níveis de ruído diferentes não seja superior a 1. A limitação pode ser conseguida a partir do rodízio dos empregados nas atividades ou nas operações ruidosas. Todavia, na prática, há dificuldade na aplicação, pois normalmente essa medida interfere na organização e no processo produtivo. Assim, o estudo sistemático do tempo das tarefas, métodos de trabalho, juntamente com o monitoramento do ruído, são procedimentos necessários para o êxito dessas medidas.

b) Equipamento de proteção individual — protetores auriculares

São protetores inseridos no ouvido do trabalhador, devendo ser utilizados quando não for possível o controle na fonte e na trajetória ou quando essas medidas não forem suficientes para reduzir o nível de ruído a valores satisfatórios. Existem dois tipos de protetores: de inserção e de concha (circunauriculares). Os protetores de inserção podem ser descartáveis e não descartáveis, pré-moldados ou moldáveis.

A escolha do protetor auricular é fundamental, devendo ser observadas as vantagens e desvantagens de cada tipo, o fator de proteção, entre outros. O Quadro 1, elaborado pela Associação Americana de Higienistas Industriais, mostra a comparação entre os dois tipos de protetores:

QUADRO 01

CONCHA	*INSERÇÃO*
Eliminam ajustes complexos de colocação. Podem ser colocados perfeitamente por qualquer pessoa.	Devem ser adequados a cada diâmetro e longitude do canal auditivo externo.
São grandes e não podem ser levados facilmente nos bolsos das roupas. Não podem ser guardados junto de ferramentas, mas, sim, em lugares apropriados.	São fáceis de carregar. Mas são fáceis de ser esquecidos ou perdidos.
Podem ser observados a grandes distâncias, permitindo tomar providências para realizar a comunicação oral.	Não são vistos ou notados facilmente e criam dificuldades na comunicação oral normal.
Interferem no uso dos óculos pessoais ou EPIs.	Não dificultam o uso dos óculos pessoais ou EPIs.
Podem ajustar-se mesmo quando se usam luvas.	Deve-se tirar as luvas para poder colocá--los.
Podem acarretar problemas de espaço em locais pequenos e confinados.	Não produzem problemas por limitação de espaço.
Podem produzir contágio somente quando usados coletivamente.	Podem infectar ou lesar ouvidos sãos.
Podem ser confortáveis em ambientes frios, mas muito desagradáveis em ambientes quentes.	Não são afetados pela temperatura do ambiente.
Sua limpeza deve ser feita em locais apropriados.	Devem ser esterilizados frequentemente.
Podem ser usados por quaisquer pessoas de ouvidos sãos ou enfermos.	Devem ser inseridos somente em ouvidos sãos.
O custo inicial é alto, mas sua vida útil é longa.	O custo inicial é baixo, mas sua vida útil é curta.

Fonte: FUNDACENTRO, 1983

A simples utilização do EPI não implica a eliminação do risco de o trabalhador vir a sofrer diminuição da capacidade auditiva. Os protetores auriculares, para serem eficazes, deverão ser usados de forma correta e obedecer aos requisitos mínimos de qualidade representada pela capacidade de atenuação, que deverá ser devidamente testada por órgão competente. O uso constante do protetor é importante para garantir a eficácia da proteção. Exemplificando: para um protetor que garanta atenuação igual a 20 dB (A) quando usado constantemente (100% do tempo), será capaz de atenuar somente 5 dB (A) se for utilizado em 50% do tempo de exposição, conforme a Tabela 4:

TABELA 4

Tempo de uso do protetor auricular

PORCENTAGEM DO TEMPO EM QUE O PROTETOR É USADO							
50%	75%	88%	94%	98%	99%	99,5%	100% atenuação nominal
5	10	15	20	28	33	37	INFINITA
5	10	14	18	22	23	24	25
5	9	13	16	18	19	19	20
4	8	11	13	14	14	15	15
3	6	8	9	9	10	10	10
2	3	4	4	5	5	5	5
240	120	60	30	10	5	2,5	0
TEMPO EM MINUTOS DE NÃO USO NA JORNADA							

Portanto, o melhor protetor é aquele que o trabalhador irá efetivamente usar. Daí a importância também do conforto que o protetor oferece.

O controle audiométrico dos trabalhadores expostos ao ruído é fundamental na prevenção de danos auditivos, devendo o médico do trabalho inserir no PCMSO o procedimento adequado para realização desses exames, de forma a avaliar a eficiência das medidas preventivas adotadas. Aliás, esse agente muitas vezes deve ser contemplado num programa específico — PCA — Programa de Conservação Auditiva.

1.8.4 — Atenuação dos protetores auriculares

Os protetores auriculares deverão ser capazes de reduzir a intensidade do ruído abaixo do limite de tolerância. A determinação da atenuação dos protetores pode ser feita da seguinte maneira:

a) Pela análise de frequência (Método detalhado)

Esse método consiste em avaliar os níveis de pressão sonora nas frequências de banda ou terça de oitavas e, com base nos valores de atenuação do protetor nas respectivas frequências, calcula-se o nível de pressão sonora atenuado com o uso do referido EPI. A Tabela 5 mostra a aplicação do método.

TABELA 5

Atenuação de protetores — método detalhado

1 — Frequência central (HZ)	125	250	500	1 K	2 K	4 K	8 K
2 — Níveis de ruído em dB (A)	73,2	79,9	86,3	93,2	98,8	97,0	90,0
3 — Atenuação do protetor auricular	13,0	20,0	16,0	32,0	35,0	44,5	37,0
4 — Desvio padrão (x 2)	5,8	5,2	4,4	4,8	4,8	5,1	7,8
5 — Atenuação efetiva (3-4)	7,2	14,8	11,6	27,2	30,2	39,4	29,2
6 — Níveis de ruídos atenuados (2-5)	66,0	65,1	66,7	66,0	68,6	57,6	60,8
7 — NPS que atinge o trabalhador com protetor auricular	76,97						
8 — NPS que atinge o trabalhador sem protetor auricular	102,2						

b) Método simplificado valor único — NRR (Noise Redution Rating)

É o método que leva em conta o índice RC ou NRR, obtido nas tabelas dos fabricantes de protetores auriculares ou no Certificado de Aprovação (CA), expedido pela SSST — Secretaria de Segurança e Saúde do Trabalhador — para cada EPI testado e aprovado por laboratórios credenciados.

Deve-se enfatizar, no entanto, que tanto o NRR como outros métodos são obtidos em condições ideais de Laboratório, com pessoas treinadas testando os protetores. Assim, essas atenuações podem ser bem diferentes quando consideramos o trabalhador no seu dia a dia. Estudos específicos têm demonstrado que, na prática, o índice de atenuação dos protetores auriculares é significativamente mais baixo que aqueles obtidos no Laboratório. No fim dos anos 1970 e início dos anos 1980, dois grupos de estudos do NIOSH descobriram que os protetores de inserção perdem a metade da atenuação em relação à proteção fornecida pelo Laboratório. Desde 1970, estudos adicionais têm sido realizados sobre a diferença entre a atenuação obtida no Laboratório e aquela obtida na prática. Esses estudos envolveram testes com o ouvido tampado com o protetor e sem o protetor, de forma a simular as condições de uso na prática. O resultado dessa investigação comprovou que os laboratórios superestimaram os valores de NRR em relação ao uso na prática em 140 a 2.000%. Em geral, os dados mostraram que os protetores de concha forneceram os valores de atenuação mais altos no local de trabalho (atenuação real) do que outros tipos de protetores de inserção de espuma. Desses resultados, pode-se concluir que ideal é o teste individual de ajuste do protetor em cada trabalhador.

A OSHA tem instruído seus técnicos em seus escritórios para aceitarem o valor de 50% do NRR fornecido pelo Laboratório. Já o NIOSH, com base em vários estudos realizados, recomenda aos profissionais estimar a atenuação dos protetores de cada trabalhador. Todavia, se os dados individuais não estão disponíveis ou não são possíveis de serem obtidos, o NIOSH recomenda a utilização de fatores de correção aplicados ao NRR fornecido pelo Laboratório, conforme:

Protetor tipo concha	Subtrair 25% do valor do NRR ou RC
Protetor de inserção moldável	Subtrair 50% do valor do NRR ou RC
Outros protetores de inserção	Subtrair 70% do valor do NRR ou RC

c) Método NRR corrigido

Esse método é baseado na Norma ANSI S.12.6-1984 e consiste em realizar medição do ruído na curva "C" e subtrair o NRR (*Noise Redution Rating*) ou RC corrigido para uso real de acordo com os estudos do NIOSH, isto é, o NRR fornecido pelo Laboratório deve ser corrigido para o uso real da seguinte forma:

— protetor concha — redução 25% do valor do NRR ou RC;

— protetor inserção moldável — redução 50% do valor do NRR ou RC;

— protetor de inserção pré-moldável — redução de 70% do NRR ou RC.

Portanto, o cálculo da atenuação será:

$$NPS_C = NPS_M \text{ em dB (C)} - NRR \times f \quad \textbf{(22)}$$

sendo:

NPS_C = nível de pressão sonora com proteção

NRR = nível de redução do protetor

f = fator de correção igual a 0,75, 0,50 e 0,30, conforme a redução do NRR para uso real.

Exemplo:

Em uma instalação de peneiramento, foram feitas medições com o medidor de nível de pressão sonora, posicionando-o junto à zona auditiva do trabalhador e obtendo-se os seguintes valores para a atividade executada: NPS = 90 dB(A) e NPS = 100 dB(C). Considerando que operador utiliza um protetor tipo concha, cujo valor do NRR é de 19dB, a atenuação do ruído com uso efetivo desse equipamento será:

$$NPS_C = NPS_M \; em \; dB \; (C) - NRR \times f$$

$$NPS_C = 100 - 19 \times 0{,}75 = 85{,}75 \; dB \; (A)$$

Significa que, com o uso efetivo do protetor auricular, o nível de pressão sonora que chega a seu ouvido é de 85,75 dB(A).

Quando o NPS é medido em dB (A), o cálculo é feito pela seguinte equação:

$$NPS_C = NPS \; em \; dB \; (A) - (NRR \times f - 7) \quad \textbf{(23)}$$

Nesse caso, há outra correção a partir da constante 7,0, devido à diferença média entre os valores do NPS em dB (A) e dB (C) nas curvas de compensação ou ponderação. Esse método é utilizado quando não se conhece o nível de ruído na curva "C".

Cumpre ressaltar que a adoção desse método deve ser precedida de cuidados e análise do caso concreto, vez que, dependendo das frequências das fontes, o cálculo pode apresentar erros significativos. Ademais, em certos casos, o protetor pode apresentar atenuação negativa.

Exemplo:

Considerando o exemplo anterior, o cálculo da atenuação por esse método será:

$$NPS_C = 90 - (19 \times 0{,}75 - 7) = 82{,}75 \; dB \; (A)$$

Todavia, a diferença entre os níveis de ruído nas curvas de compensação A e C foi de 10,0 dB; e a correção com a constante 7,0, nesse caso, superestimou a proteção desse equipamento, vez que a diferença entre as curvas foi superior a 7,0. Assim, conforme já comentado, o método com base no nível obtido na curva de compensação, isto é, sem a correção pela constante 7,0, é mais apropriado, a não ser que o ruído predomine basicamente na frequência de 1000 Hz.

d) Método direto NRRsf

Esse método é conhecido como do ouvido real e normalizado pela ANSI 12.6-1997B. Assim, o valor da atenuação — NRRsf — é a redução obtida em teste de laboratório feito com pessoas sem treinamento, apenas lendo instruções nas embalagens. O NRRsf é calculado a partir desses dados de atuação, com algumas peculiaridades: o nível de confiança estatística é de 84% (contra 98% do método detalhado) e deve-se subtraí-lo diretamente do dB (A), sendo que a correção de 5 em vez de 7 já está embutida no índice de redução. Portanto, não é necessário fazer nenhuma outra correção, com exceção do tempo de uso real[7].

Nesse método, o cálculo da atenuação é o seguinte:

$NPS_C = NPS \text{ em } dB\ (A) - NRR\ (sf)$ **(24)**

sendo:

NRRsf = nível de ruído (*subject fit*)

Exemplo:

Numa avaliação no operador de Patrol, foi obtido o NPS = 96 dB (A) e NPS = 102 dB(C), valor obtido com dosímetro que mede na curva C. O protetor utilizado é do tipo concha com NRRsf = 15 dB. Desse modo, sua atenuação será:

$NPS_C = NPS \text{ em } dB\ (A) - NRR\ (sf)$

$NPS_C = 96 - 15 = 81{,}0\ dB\ (A)$

Nesse caso, o protetor auricular utilizado foi suficiente para a redução do nível de ruído a níveis abaixo do limite de tolerância, estando o trabalhador devidamente protegido.

Note-se que, quando se utiliza o NRRsf, deve-se subtrair o NPS em dB (A) desse valor, conforme comentado anteriormente.

e) Dupla proteção

O NIOSH recomenda que o uso combinado de dois protetores (dupla proteção) deverá ser acrescido de 5,0 dB naquele de maior NRR. Segundo o ilustre professor Samir N.Y. Georges, a dupla atenuação de ruído com o uso

---

(7) FANTAZZINI, Mário Luiz. *Revista Proteção,* n. 77, novembro/2002.

de dois protetores simultaneamente não é calculada. Deve-se enviar os dois protetores para um Laboratório credenciado para realizar a medição. Atualmente, existe previsão muito aproximada, sem precisão. Trata-se do maior NRRsf + 6 dB.(8)

Exemplo:

Numa avaliação de um trator de esteira, foi obtido Leq = 100 dB (A), considerando que são utilizados simultaneamente protetor do tipo concha com fator de proteção NRRsf = 18 e inserção com NRRsf = 11 . A proteção será aproximadamente a seguinte:

100 dB (A) – (18 + 6) = 76,0 *dB (A)*

Finalmente, destacam-se os critérios legais sobre o uso dos protetores auriculares, os quais passamos a comentar. O art. 191, II da CLT, e as normas previdenciárias estabelecem que o uso do EPI capaz de diminuir a intensidade do agente abaixo do limite de tolerância neutraliza a insalubridade e descaracteriza o direito à aposentadoria especial. Conforme explicado anteriormente, para o agente ruído, os métodos de atenuação normalizados determinam objetivamente a redução ou não da intensidade do ruído abaixo do limite de tolerância. Contudo, é necessário observar o seguinte:

No Brasil, os protetores auriculares são testados em laboratórios devidamente credenciados pelo MTE e, com base nesse laudo, a SSST emite o CA (certificado de aprovação). A atenuação dos protetores auriculares é expressa por frequência ou em único valor NRR que não sofre nenhuma correção para compensar a diferença entre o valor obtido em Laboratório e o real (uso na prática), 1.000 Hz.

Posteriormente, os fabricantes de protetores auriculares passaram a realizar os ensaios dos protetores pela norma ANSI-S12-6-1997, método do ouvido real para determinação da atenuação dos protetores auriculares. Segundo o professor Samir N.Y. Gerges, nos ensaios dos protetores auditivos, de acordo com a norma ANSI-S12.6-1997 — método ouvido real, o próprio ouvinte coloca o protetor auditivo sem ter experiência no uso desse equipamento; ele apenas lê as instruções do fabricante, assim os valores obtidos nos ensaios são os mais próximos possíveis do uso real no campo. O fator de proteção obtido por esse método é o NRRsf, sendo que o "sf" significa *subject fit.* O MTE adotou esse método de ensaio para certificar os protetores auditivos (Portaria n. 48 de 25.3.03 do MTE). Desse modo, atualmente vários certificados de aprovação já fornecem o valor NRRsf, facilitando o cálculo da atenuação, além de embasar os pareceres técnicos sobre a matéria.

---

(8) *Revista Proteção*, janeiro de 2003, p.76.

2 — ULTRASSOM E INFRASSOM

A NR-09 estabelece que são considerados agentes físicos o ultrassom e o infrassom. No entanto, a NR-15 não fixa limite de tolerância para esses agentes nem determina sua avaliação pelo método qualitativo. A ACGIH (American Conference of Governamental Industrial Hygienist*s*) recomenda limites de tolerância para o infrassom e para o ultrassom.

2.1 — Infrassom e sons de baixa frequência

Segundo a ACGIH, os limites de tolerância para infrassom e sons de baixa frequência representam exposições sonoras às quais se acredita que a maioria dos trabalhadores possa estar exposta repetidamente sem sofrer efeitos adversos que não envolvam a audição.

Exceto para sons impulsivos com durações inferiores a 2 segundos, os níveis de banda de 1/3 de oitava para frequências entre 1 e 800 Hz não devem exceder um limite valor-teto de nível de pressão sonora (NPS) de 145 dB. Além disso, o nível global não ponderado (linear) não deve exceder um limite valor-teto de 150 dB.

Não há limites de tempo para essas exposições. Entretanto, a aplicação dos Limites para ruído e ultrassom, recomendados para prevenir perda auditiva induzida por ruído, poderá promover aceitável redução do nível em relação ao tempo de exposição. Essa redução dependerá da quantidade de atenuação oferecida pela proteção auditiva (ACGIH, 2009).

Um critério alternativo, porém ligeiramente mais restritivo, seria a avaliação do nível de pressão sonora em pico, medindo como resposta linear ou não ponderada de um medidor de nível sonoro não exceder a 145 dB para eventos não impulsivos. O instrumento de medição deve estar de acordo com a norma ANSI-S-1.4 e a compensação linear ou não ponderada deverá se estender para baixo, pelo menos até 2 Hz.

2.2 — Ultrassom

De acordo com a ACGIH, os limites de exposição do ultrassom para 8 horas são uma extensão dos limites de exposição para ruído, que consideram 8 horas para 85 dB(A).

Os limites de tolerância para o ultrassom representam condições às quais acredita-se que a maioria dos trabalhadores pode estar repetidamente exposta, sem efeitos adversos à capacidade auditiva e à compreensão de uma conversa normal (ACGH, 2009).

Os valores-teto podem ser verificados usando-se um medidor de nível de pressão sonora com resposta lenta e bandas de 1/3 de oitava. Os valores média-ponderada (TWA) podem ser verificados usando-se um medidor integrador de nível de pressão sonora com bandas de 1/3 de oitavas. Toda a instrumentação deve ter resposta de frequência adequada para atender às especificações da Norma ANSI-SI.4-1983 (R1997) e IEC 804.

TABELA 6

Limite de tolerância para Ultrassom

Frequências centrais de bandas de 1/3 de oitava (kHz)	Nível de banda de 1/3 de oitava		
	Medida no ar em dB, ref. 20µPa; cabeça no ar		Medida na água em ref. 20µPa; cabeça na água
	Valores-Teto	Limite para 8 horas	Valores-Teto
10	105[A]	88[A]	167
12,5	105[A]	89[A]	167
16	105[A]	92[A]	167
20	105[A]	94[A]	167
25	115[D]	-	172
31,5	115[B]	-	177
40	115[B]	-	177
50	115[B]	-	177
63	115[B]	-	177
80	115[B]	-	177
100	115[B]	-	177

[A] Pode ocorrer incômodo subjetivo e desconforto em alguns indivíduos para níveis entre 75 e 105 dB para frequências entre 10 kHz e 20 kHz, especialmente se forem de natureza tonal. Pode ser necessária a implementação de proteção auditiva e de medidas de engenharia para prevenir efeitos subjetivos. Sons tonais em frequências inferiores a 10KHz podem também necessitar de redução até 80 dB.

[B] Esses valores pressupõem que exista a interação humana com água ou outro substrato. Esses limites devem ser elevados em 30 dB quando não há possibilidade do ultrassom de interagir com o corpo em contato com a água ou qualquer outro meio. Quando a fonte de ultrassom tiver contato direto com o corpo, os valores da tabela não se aplicam. Deve ser considerado o nível de vibração no osso mastoide. Devem ser evitados valores de aceleração 15 dB superiores à referência de 1 g r.m.s. por redução da exposição ou isolamento do corpo com a respectiva fonte (g = aceleração devido à força da gravidade, 9,80665m/s^2; r.m.s. = *root mean square,* do inglês, raiz média quadrática “valor eficaz”).

3 — *VIBRAÇÃO*

A exposição ocupacional à vibração não é tão estudada quanto os outros agentes; todavia, sua ocorrência nos locais de trabalho é bastante frequente. Os efeitos desse agente na saúde humana são consideráveis, sendo necessários, portanto, avaliação e controle.

A vibração é um movimento oscilatório de um corpo devido a forças desequilibradas de componentes rotativos e movimentos alternados de uma máquina ou equipamento. Se o corpo vibra, descreve um movimento oscilatório e periódico, envolvendo deslocamento num certo tempo. Teremos, então, envolvida no movimento, uma velocidade, uma aceleração e uma frequência (número de ciclos completos/minuto). Desse modo, na avaliação da exposição a esse agente, é necessário coletar informações desses parâmetros, especialmente da aceleração e da frequência da vibração.

3.1 — Parâmetros utilizados na avaliação de vibração

a) Aceleração/unidade de medida

Como a vibração é um movimento oscilatório, para sua quantificação, podem-se utilizar os parâmetros deslocamento, velocidade e aceleração. Na higiene ocupacional, normalmente a avaliação da aceleração é feita em m/s^2 ou em dB. O nível de aceleração da vibração r.m.s. (raiz média quadrática) em decibel é calculado de acordo com a fórmula 24.

$$NA = 20 \log \frac{A}{A_o} \, dB \quad \textbf{(25)}$$

sendo:

A_o = nível de aceleração de referência igual a 10^{-6} m/s^2

Exemplo:

Um medidor de vibração registra aceleração de 1,0 m/s^2; o valor em dB é igual a:

$$NA = 20 \log \frac{1}{10^{-6}} = 120 \, dB$$

Aceleração em m/s^2	Aceleração em dB
1,0	120
10	140
0,5	113,9
0,1	100
0,78	117,8

b) Aceleração r.m.s.

Os principais parâmetros relacionados com a amplitude da vibração são: o valor do pico, pico a pico e o valor r.m.s. O valor de pico representa a aceleração máxima do pico num intervalo de tempo geralmente de 1 segundo. Já o valor pico a pico representa a distância do valor máximo e mínimo. O valor r.m.s. (raiz média quadrática) é mais importante na medida da amplitude e representa a média da energia do movimento vibratório. A Figura 9 ilustra os três parâmetros num movimento vibratório.

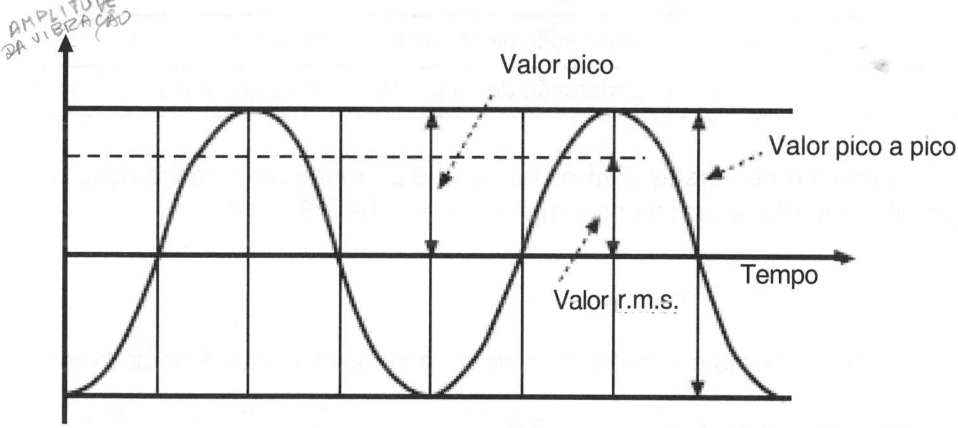

Figura 9 — Principais parâmetros relacionados com a amplitude da vibração

O valor aceleração ponderada r.m.s ou valor eficaz é o parâmetro mais adequado para avaliação da vibração, sendo definido de acordo com a equação:

$$a_w = \sqrt{\frac{1}{T}\int_0^T a^2(t)dt} \qquad \textbf{(26)}$$

a_w — aceleração ponderada em m/s^2 no movimento vibratório;

t — tempo de duração da medição, em segundos.

A ponderação nas frequências será examinada com mais detalhes nos itens 3.3 e 3.4.

c) Aceleração ponderada nas frequências

A resposta da sensibilidade humana às vibrações é diferente nas frequências. Assim, os valores das acelerações são ponderados ou corrigidos em função dessa resposta. Na avaliação ocupacional, as acelerações ponderadas nas frequências são indicadas em função dos eixos x, y e z, e o tipo de vibração, conforme a nomenclatura da Tabela 7.

TABELA 7

Nomenclatura das ponderações nas frequências

Ponderação nas frequências	Aplicação
w_h	Ponderação de mão e braço nos eixos X, Y e Z
w_k	Ponderação de corpo inteiro no eixo Z
w_d	Ponderação de corpo inteiro nos eixos X e Y

As curvas e as tabelas com os fatores de ponderação para vibração de corpo inteiro e mão e braço encontram-se nos itens 3.3 e 3.4.

d) Máximo Valor de Vibração — MTV

É o valor máximo da aceleração de vibração transiliente definida como:

$MTV = \max [aw\,(To)]$ **(27)**

Aw = é o maior valor da aceleração ponderada lida durante o período da medição.

É recomendado usar o T = 1 segundo na medição MTV, que corresponde a uma constante no tempo de integração *slow* nos medidores de nível de pressão sonora.

e) Fator crista

É definido como a relação entre o máximo valor de pico instantâneo e a aceleração ponderada r.m.s., medida na mesma direção, em um período de 1 minuto, para qualquer um dos eixos ortogonais X, Y e Z. Quando o fator de crista for igual ou inferior a 9, o método de avaliação básico é suficiente para avaliação ocupacional da vibração de corpo inteiro (ISO 2631:1997).

f) Banda de frequência em terça de oitava

É o intervalo entre dois tons (frequência central) de forma que a relação entre elas é igual a $2^{1/3}$ (terça de oitava). Exemplos: a magnitude das acelerações será determinada nas seguintes frequências centrais — 1,0Hz, 1,25Hz, 1,6Hz, 2,0Hz, 2,5Hz, 3,15Hz, 4,0Hz, 5,0Hz, 6,3Hz, 8,0Hz, 10,0Hz, 12,5Hz, 16,0Hz, 20Hz, 25Hz, 31,5Hz.

g) Aceleração equivalente ponderada

Quando a exposição à vibração é diferente em dois ou mais períodos da jornada, deve ser considerada a aceleração equivalente, conforme fórmula a seguir:

$$AEQ = \sqrt{\frac{a_1^2 t_1 + a_2^2 t_2 + \ldots a_n^2 t_n}{t_1 + t_2 \ldots t_n}} \qquad \textbf{(28)}$$

sendo:

AEQ = aceleração equivalente

a_n = valor da vibração obtida

t_n = tempo de exposição a aceleração obtida a_n

Exemplo: um operador de equipamento fica exposto à vibração de corpo inteiro conforme seguinte situação:

a (m/s²)	Tempo (min)	Situação
0,14	60	Marcha lenta
0,99	360	Velocidade de 80 km/h
—	—	Não exposto à vibração

A vibração equivalente é igual a:

$$AEQ = \sqrt{\frac{(0{,}14^2.60) + (0{,}99^2.360)}{420}} = 0{,}92 m/s^2 \qquad \textbf{(29)}$$

h) Aceleração normalizada para jornada

A aceleração normalizada para jornada normal de 8 horas é dada pela equação:

$$A\,(8) = AEQ\sqrt{\frac{T}{T_0}} \quad \textbf{(30)}$$

sendo:

T — corresponde à duração total diária

T_0 — corresponde à duração de 8 horas (jornada normal)

i) Vibração ocupacional de corpo inteiro

São vibrações transmitidas ao corpo como um todo, geralmente por meio da superfície de suporte, tal como pé, costas, nádegas de um homem sentado ou na área de suporte de uma pessoa reclinada. Exemplo: motorista de caminhão.

j) Vibração ocupacional mão e braço ou localizada

São vibrações que atingem certas partes do corpo, principalmente as mãos e os braços, dentre outros. Como os sistemas corpo inteiro e braços/mãos são mecanicamente diferentes, deverão ser estudados de modo separado. Exemplo: vibração de um martelete.

k) Vibração para conforto

Em certas atividades, a vibração pode causar desconforto intolerável em uma situação, ser agradável ou desejada em outras. Logo, os valores de conforto dependem de vários fatores, alguns até subjetivos. Desse modo, a ISO 2.631 não estabelece limite para o conforto, limitando-se apenas a indicar valores de acelerações em que as reações das pessoas são prováveis.

l) Vibração meio ambiente

São as vibrações capazes de provocar desconforto e perturbação do sossego público, como aquelas percebidas em estruturas de prédios devido a fontes externas.

m) Vibração máquinas

São as vibrações produzidas pelas máquinas, as quais podem indicar problemas de manutenção. Assim, os técnicos de manutenção preditiva devem medir a vibração e comparar os valores com as normas técnicas pertinentes.

n) Aceleração soma ou resultante

Os valores de aceleração obtidos nos três eixos podem ser somados de forma a se obter aceleração total ou resultante.

Na vibração de corpo inteiro com os resultados da aceleração ponderada em cada eixo, pode ser calculada a aceleração resultante ou total conforme a equação **32**:

$$AT = \sqrt{(1{,}4a_{wx})^2 + (1{,}4a_{wy})^2 + (a_{wz})^2} \quad \textbf{(31)}$$

$$AT = \sqrt{1{,}4a^2_{wz} + 1{,}4a^2_{wz} + a^2_{z}}$$

O fator 1,4 é a razão entre o valor longitudinal e os transversais da curva de igual resposta, nas faixas de maior sensibilidade de resposta humana.

Na vibração localizada, a aceleração total é a seguinte:

$$A_t = \sqrt{a^2_{whx} + a^2_{why} + a^2_{whz}} \quad \textbf{(32)}$$

o) Grupo homogêneo de exposição

O grupo homogêneo de exposição corresponde a um grupo de trabalhadores que experimentam exposição semelhante, de forma que o resultado fornecido pela avaliação da exposição de qualquer trabalhador do grupo seja representativo da exposição dos demais trabalhadores do mesmo grupo.

p) Ciclo de trabalho

É o intervalo de tempo em que o trabalhador fica exposto à vibração durante a jornada de trabalho. Exemplo: percurso de um caminhão da frente de lavra até a britagem, e vice-versa.

3.2 — Critério legal

O anexo 8 da Norma Regulamentadora NR-15, com redação dada pela Portaria n. 12 de 1983, estabelece que as atividades e operações que exponham os trabalhadores sem proteção adequada às vibrações localizadas ou de corpo inteiro serão caracterizadas como insalubres apuradas por perícia realizada no local de trabalho. A perícia, visando à comprovação ou não da exposição, deve tomar por base os limites de exposição definidos pela Organização Internacional para a Normalização, em suas normas ISO 2.631 e ISO 5.349 ou suas substitutas. Em relação ao laudo pericial, a legislação determina que os seguintes itens devem constar obrigatoriamente:

a) o critério adotado;

b) o instrumental utilizado;

c) a metodologia de avaliação;

d) a descrição das condições de trabalho e do tempo de exposição às vibrações;

e) o resultado da avaliação quantitativa;

f) as medidas para eliminação e/ou neutralização da insalubridade, quando houver.

A possível caracterização da insalubridade por esse agente é grau médio, assegurando ao trabalhador a percepção de adicional incidente equivalente a 20% sobre o salário mínimo da região.

O Decreto n. 3.048/99, anexo IV, menciona o agente vibração como ensejador do direito à aposentadoria especial de 25 anos, sendo o critério de caracterização idêntico ao anexo 8 da referida norma, conforme as Instruções Normativas da previdência.

A norma ISO 2.631 estabelece os critérios de avaliação de vibração de corpo inteiro, enquanto a ISO/DIS 5.349 para mão e braço. Vale ressaltar, no entanto, que a norma 2.631 foi alterada em 1997, enquanto a ISO 5.349 foi modificada em 2001. Como veremos mais adiante, essas normas não definem limites certos e determinados, como ocorre com o ruído. Sendo assim, a interpretação dos dados avaliados muitas vezes é controvertida, dificultando a emissão de parecer sobre a exposição, especialmente quando o objetivo é a caracterização de insalubridade e aposentadoria especial. Por essa razão, o Ministério do Trabalho e Emprego deveria, com base nas normas da ISO, definir limites de tolerância para esse agente.

3.3 — Vibração de corpo inteiro

a) Direção da vibração

As vibrações retilíneas transmitidas ao ser humano devem ser medidas nas direções corretas de um sistema ortogonal de coordenadas que tenham sua origem na posição do coração, conforme o esquema da Figura 10:

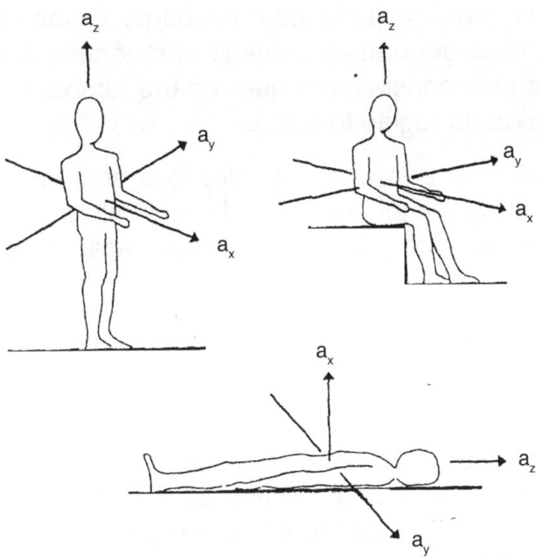

Figura 10 — Direções das vibrações

Fonte: ISO 2631:1-1997/alteração 2010

Eixo x — direção do espaço ao peito.

Eixo y — direção do lado direito ao esquerdo.

Eixo z — direção dos pés até a cabeça

A terminologia comumente usada em biodinâmica relaciona o sistema de coordenadas ao esqueleto humano, numa posição anatômica normal. As acelerações (movimento) no eixo do pé (ou das nádegas) para a cabeça (ou longitudinal) são designadas $\pm a_z$; a aceleração no eixo antes e depois (anteposterior ou peito-costa) $\pm a_x$; e no eixo lateral (esquerda para direita) $\pm a_y$. As vibrações angulares (ou rotacionais) sobre um centro de rotação são partes importantes de um ambiente vibratório, tais como tratores, avião em turbulência, que podem ser mais perturbadores que as vibrações retilíneas acima e abaixo. Entretanto, poucas informações sobre os efeitos das vibrações angulares (ou rotacionais) estão disponíveis. Assim, segundo a ISO, sempre que possível, as vibrações rotacionais que ocorrem em giro e guinada devem ser medidas e reportadas com a finalidade de aumentar nosso conhecimento sobre a resposta humana a essas excitações.

b) Efeitos sobre a saúde

Os estudos epidemiológicos indicam que existe risco elevado para coluna vertebral dos trabalhadores expostos por vários anos a intensas vibrações de corpo inteiro, além de provocar incômodos lombares. Como consequência, pode produzir alteração degenerativa primária das vértebras e dos discos intervertebrais. Os estudos constataram que a parte lombar é afetada com maior frequência seguida da região torácica.

Vários autores relataram em seus estudos que grande proporção dos danos da região servical parece ter sido causada por postura fixa desfavorável e não pela vibração, no entanto, não houve comprovação conclusiva dessa hipótese.

Alguns estudos detectaram um risco sensivelmente maior de deslocamento dos discos lombares nos indivíduos expostos a vibração[(9)] (OIT).

A Norma ISO 2631:1997 em seu anexo B menciona que o guia de efeitos da vibração sobre a saúde tomou como base estudos epidemiológicos que evidenciam elevado risco para a saúde em exposição à vibração de corpo inteiro intensa ao longo do tempo. Esses efeitos são, principalmente, na coluna, podendo afetar também o sistema nervoso.

Os fatores metabólicos podem ter efeito adicional sobre a degeneração. Os fatores ambientais, como baixa temperatura e a postura corporal podem contribuir para as dores musculares. No entanto, não é possível afirmar que esses fatores podem contribuir para degeneração dos discos e das vértebras (ISO, 1997).

c) Limites de exposição — Critério ISO 2631/85 / ACGIH

— Ponderação nas frequências

Nesse critério, a vibração de corpo inteiro é avaliada na faixa de frequência de 1,0 a 80 Hz, sendo que a região de maior sensibilidade para o eixo Z é de 4,0 a 8,0 Hz, enquanto para os eixos X e Y, de 1,0 a 2,0 Hz.

Os fatores de ponderação nas frequências, de acordo com a norma ISO 2.631 de 1985, estão na Tabela 8:

---

(9) OIT. *Enciclopédia de saúde e segurança no trabalho*. 4. ed. Genebra: OIT, 1998 [Versão em espanhol. Parte VI capitulo 50. p. 50,2 a 50,5 Vibraciones. Disponível em: <http://www.insht.es/portal/site/Insht/;jsessionid>. Acesso em: 15.9.10.

TABELA 8

Fatores relativos de ponderação para faixa de frequência

Frequência Hz	Fatores de ponderação para	
	Vibrações Longitudinais Z (Figura 1)	Vibrações Transversais X, Y (Figura 2)
1,0	0,50	1,00
1,25	0,56	1,00
1,6	0,63	1,00
2,0	0,71	1,00
2,5	0,80	0,80
3,15	0,90	0,63
4,0	1,00	0,50
5,0	1,00	0,40
6,3	1,00	0,315
8,0	1,00	0,25
10,0	0,80	0,20
12,5	0,63	0,16
16,0	0,50	0,125
20,0	0,40	0,10
25	0,315	0,08
31,5	0,25	0,063
40	0,20	0,05
50	0,16	0,04
63	0,125	0,0315
80	0,10	0,025

Fonte: adaptado da ISO 2.631.

— 4 a 8 Hz no caso de ± a_z ressonância de vibração.

— 1a 2 Hz no caso de ± a_y ou a_x ressonância de vibração.

O valor total de aceleração r.m.s ponderada para cada eixo pode ser calculado por equação específica, conforme mencionado anteriormente.

— Limites de tolerância

Os limites de tolerância para exposição à vibração de corpo inteiro da norma ISO 2.631/85 também são adotados pela ACGIH.

Segundo a ACGIH, os limites de exposição à vibração de corpo inteiro representam os valores da magnitude de aceleração e o tempo de exposição aos quais se acredita que a maioria dos trabalhadores repetidamente esteja exposta, com risco mínimo de dores nas costas, efeitos adversos a elas ou apresenta capacidade de operar adequadamente veículos terrestres.

Nesse critério, é necessário efetuar, para cada eixo, uma análise espectral em bandas de terça de oitava e compará-las com os valores dos gráficos de aceleração em função do tempo de exposição. Esses limites apresentam uma família de curvas em função do tempo de exposição. Elas indicam que a ressonância de vibração humana ocorre na faixa de 4 a 8 Hertz para o eixo Z e na faixa de 1 a 2 Hertz para os eixos X e Y. A seguir, os limites de exposição em gráficos e tabelas.

LIMITE PARA O EIXO Z

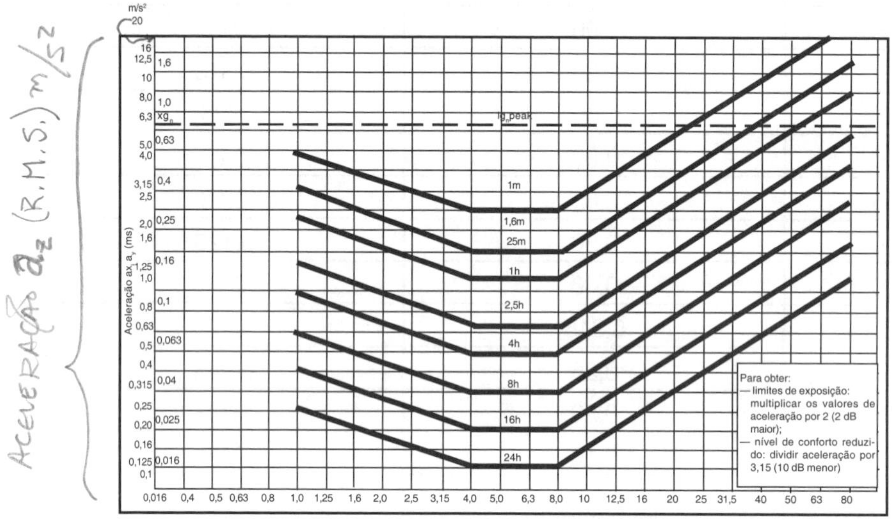

Figura 11 — Frequência ou banda de frequência de 1/3 de oitava, Hz

Tabela 9

Limites de aceleração do eixo A_z em função da frequência e tempo de exposição

Frequência (centro da banda de 1/3 de oitava)	*Aceleração (m/s²)*								
	Tempo de exposição								
	24 h	16 h	8 h	4 h	2,5 h	1 h	25 min	16 min	1 min
1,0	0,280	0,425	0,63	1,06	1,40	2,36	3,55	4,25	5,60
1,25	0,250	0,375	0,56	0,95	1,26	2,12	3,15	3,75	5,00
1,6	0,224	0,335	0,50	0,85	1,12	1,90	2,80	3,35	4,50
2,0	0,200	0,300	0,45	0,75	1,00	1,70	2,50	3,00	4,00
2,5	0,180	0,265	0,40	0,67	0,90	1,50	2,24	2,65	3,55
3,15	0,160	0,235	0,355	0,60	0,80	1,32	2,00	2,35	3,15
4,0	0,140	0,212	0,315	0,53	0,71	1,18	1,80	2,12	2,80
5,0	0,140	0,212	0,315	0,53	0,71	1,18	1,80	2,12	2,80
6,3	0,140	0,212	0,315	0,53	0,71	1,18	1,80	2,12	2,80
8,0	0,140	0,212	0,315	0,53	0,71	1,18	1,80	2,12	2,80
10,0	0,180	0,265	0,40	0,67	0,90	1,50	2,24	2,65	3,55
12,5	0,224	0,335	0,50	0,85	1,12	1,90	2,80	3,35	4,50
16,0	0,280	0,425	0,63	1,06	1,40	2,36	3,55	4,25	5,60
20,0	0,355	0,530	0,80	1,32	1,80	3,00	4,50	5,30	7,10
25,0	0,450	0,670	1,0	1,70	2,24	3,75	5,60	6,70	9,00
31,5	0,560	0,850	1,25	2,12	2,80	4,75	7,10	8,50	11,2
40,0	0,710	1,060	1,60	2,65	3,55	6,00	9,00	10,6	14,0
50,0	0,900	1,320	2,0	3,35	4,50	7,50	11,2	13,2	18,0
63,0	1,120	1,700	2,5	4,25	5,60	9,50	14,0	17,0	22,4
80,0	1,400	2,120	3,15	5,30	7,10	11,8	18,0	21,2	28,0
Os valores acima definem o limite em termos de valor eficaz (r.m.s.) da vibração de frequência simples (senoidal) ou valor eficaz na banda de um terço de oitava para a vibração distribuída.									

Valores numéricos para aceleração da vibração do eixo a_z. Os valores definem o limite em termos da aceleração r.m.s. em uma única frequência pura de vibração ou de valores r.m.s. para vibração distribuída em bandas de terça de oitava.

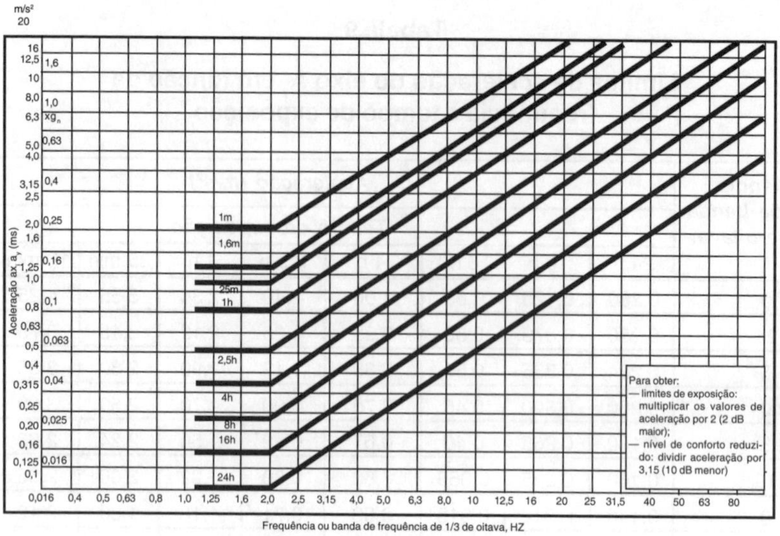

Figura 12 — Limites para os eixos X e Y

TABELA 10

Limites de aceleração dos eixos A_x e A_y em função da frequência e tempo de exposição

Frequência (centro da banda de 1/3 de oitava)	*Aceleração (m/s²)*								
	Tempo de exposição								
	24 h	16 h	8 h	4 h	2,5 h	1 h	25 min	16 min	1 min
1,0	0,100	0,150	0,224	0,355	0,50	0,85	1,25	1,50	2,0
1,25	0,100	0,150	0,224	0,355	0,50	0,85	1,25	1,50	2,0
1,6	0,100	0,150	0,224	0,355	0,50	0,85	1,25	1,50	2,0
2,0	0,100	0,150	0,224	0,355	0,50	0,85	1,25	1,50	2,0
2,5	0,125	0,190	0,280	0,450	0,63	1,06	1,6	1,9	2,5
3,15	0,160	0,236	0,355	0,560	0,8	1,32	2,0	2,36	3,15
4,0	0,200	0,300	0,450	0,710	1,0	1,70	2,5	3,0	4,0
5,0	0,250	0,375	0,560	0,900	1,25	2,12	3,15	3,75	5,0
6,3	0,315	0,475	0,710	1,12	1,6	2,65	4,0	4,75	6,3
8,0	0,40	0,60	0,900	1,40	2,0	3,35	5,0	6,0	8,0
10,0	0,50	0,75	1,12	1,80	2,5	4,25	6,3	7,5	10
12,5	0,63	0,95	1,40	2,24	3,15	5,30	8,0	9,5	12,5
16,0	0,80	1,18	1,80	2,80	4,0	6,70	10	11,8	16
20,0	1,00	1,50	2,24	3,55	5,0	8,5	12,5	15	20
25,0	1,25	1,90	2,80	4,50	6,3	10,6	16	19	25
31,5	1,60	2,36	3,55	5,60	8,0	13,2	20	23,6	31,5
40,0	2,00	3,00	4,50	7,10	10,0	17,0	25	30	40
50,0	2,50	3,75	5,60	9,00	12,5	21,2	31 ,5	37,5	50
63,0	3,l5	4,75	7,10	11,2	16,0	26,5	40	45,7	63
80,0	4,00	6,00	9,00	14,0	20	33,5	50	60	80

Valores numéricos para aceleração da vibração dos eixos a_x ou a_y. Os valores definem o limite em termos da aceleração r.m.s. em uma única frequência pura de vibração ou de valores r.m.s. para vibração distribuída em bandas de terça de oitava.

De acordo com a ACGIH, se a aceleração r.m.s. de qualquer dos picos do espectro for igual ou superior aos valores apresentados nas figuras anteriores para o período pertinente, então o limite estará excedido para aquele tempo de exposição. O eixo que contém o pico expectral mais alto que intercecciona a curva de menor tempo é o eixo dominante e determina a máxima exposição diária permissível.

A ACGIH determina também que os limites de tolerância são válidos para fatores de crista de vibração iguais ou inferiores a 6. Como vimos anteriormente, esse fator é definido como a relação entre a aceleração r.m.s. e a de pico, medida na mesma direção, em um perído de 1 minuto para qualquer um dos eixos. Quando o fator de crista exceder a seis, os limites devem ser usados com cuidado.

d) Limites de exposição — critério ISO 2631 — 1 de 1997

— Ponderação nas frequências:

A norma ISO 2.631-1:1997 estabelece a ponderação nas frequências em função da resposta da sensibilidade do corpo à vibração. Na avaliação ocupacional de corpo inteiro, a faixa de frequência considerada é de 0,5 Hz a 80 Hz, e as ponderações são:

W_k — aceleração ponderada no eixo z.

W_d — aceleração ponderada nos eixos x e y.

Cabe ressaltar que a resposta do corpo humano à vibração não é linear em todas as frequências, por essa razão é necessário corrigir as respostas de sensibilidade nas diferentes frequências. Essas ponderações estão nas curvas da Figura 13 e os valores numéricos na Tabela 11.

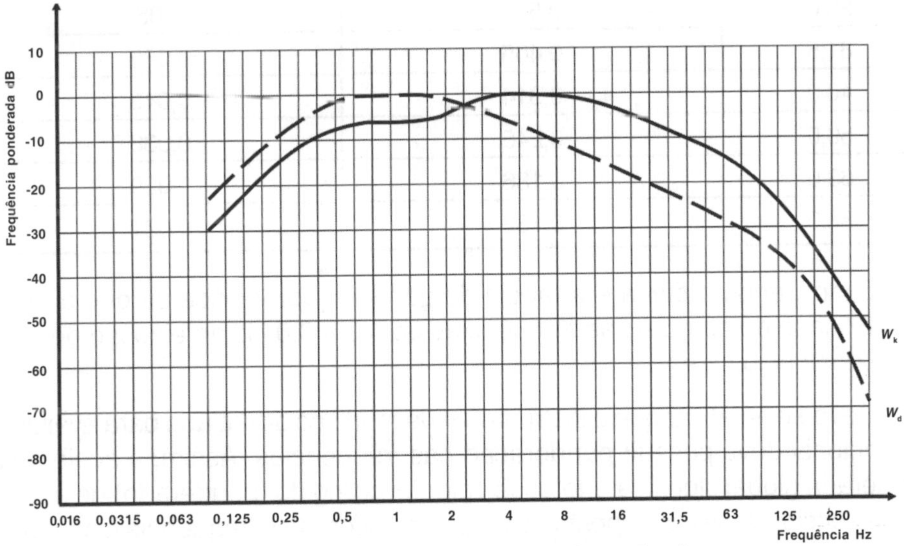

Figura 13 — Ponderações nas frequências.

TABELA 11

Valores numéricos da ponderação

Frequência Hz	*Fatores de ponderação*	
	W_k	W_d
0,5	0,418	0,853
0,63	0,459	0,944
0,8	0,477	0,992
1,0	0,482	1,011
1,25	0,484	1,008
1,6	0,494	0,968
2,0	0,531	0,89
2,5	0,631	0,776
3,15	0,804	0,642
4,0	0,967	0,512
5,0	1,039	0,409
6,3	1,054	0,323
8,0	1,036	0,253
10,0	0,988	0,212
12,5	0,902	0,161
16,0	0,768	0,125
20,0	0,636	0,1
25,0	0,513	0,08
31,5	0,405	0,063
40,0	0,314	0,049
50,0	0,246	0,038
63,0	0,186	0,029
80,0	0,132	0,021

Examinando a curva e a tabela de ponderação, verifica-se que a maior sensibilidade do corpo é nas frequências de 4,0 a 8,0 Hz no eixo z e de 1,0 a 2,0 Hz nos eixos x e y.

Deve-se enfatizar que o instrumento de medição adequado para avaliação ocupacional deve possuir ponderação nas frequências. Assim, a aceleração ponderada global significa que esse valor foi corrigido (ponderado) de acordo com a sensibilidade de resposta do corpo nas diferentes frequências, conforme a Tabela 11.

Em certos casos, pode-se utilizar instrumento de medição que fornece a aceleração nas bandas de frequência de terça de oitava. Nesse caso, com base nos valores ponderados para cada frequência, constante na Tabela 11, calcula-se a aceleração global de acordo com a seguinte equação.

$$A_{eq} = \sqrt{\sum_{i=1}^{n} (a_i . w_i)^2} \quad \textbf{(33)}$$

sendo:

n = o número de banda de frequência

W_i = o fator de ponderação para cada banda de frequência correspondente

a_i = a aceleração obtida em cada frequência.

— Limite de tolerância

O critério de avaliação da exposição ocupacional à vibração de corpo inteiro atualmente encontra-se normalizado pela 2ª edição da ISO 2.631--1:1997, com alterações em 2010. Essa norma cancela e substitui a norma ISO 2.631-1:1985 e ISO a 2.631-3:1985.

A norma ISO 2631-1:1997 substituiu o método de detalhado (análise de frequência) pelo método simplificado, isto é, a determinação da exposição à vibração poderá ser feita por meio de um valor único de aceleração obtidos nos eixos x, y e z. Todavia, essa norma, não define um limite de tolerância para vibração de corpo inteiro, fornecendo, em seu anexo B, um guia com as zonas de precaução dos efeitos da vibração sobre a saúde em função da aceleração ponderada nas frequências e da duração da exposição, conforme Figura B.1 (Figura14)

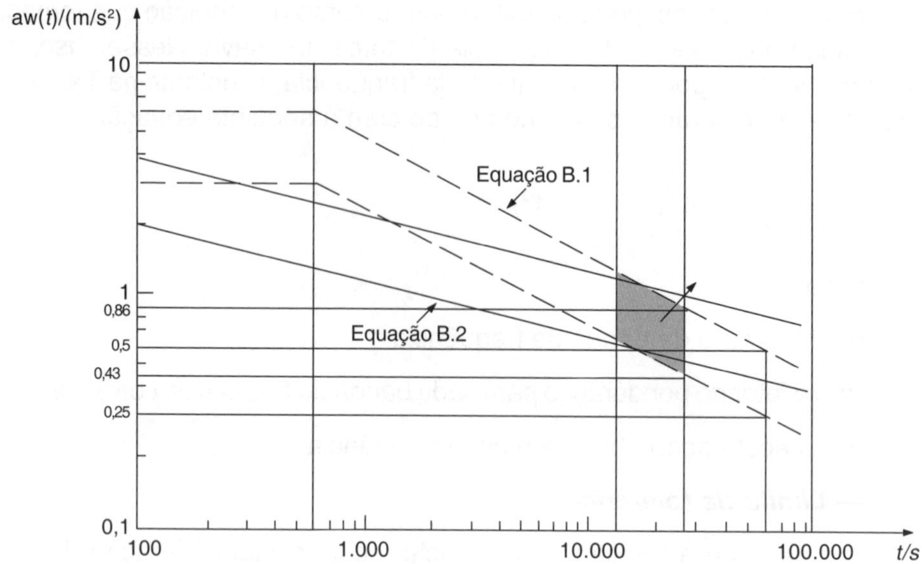

aw(t) Aceleração ponderada, escala logarítmica
(t) Duração da exposição, escala logarítmica

Figura 14 — Gráfico do guia de efeitos à saúde

Segundo norma ISO 2631-1:1997, abaixo da zona de precaução, os efeitos à saúde não têm sido claramente documentados; dentro da zona de precaução, deve-se ter cautela em relação aos riscos potenciais à saúde; acima dessa zona, os riscos à saúde são prováveis.

Na norma ISO 2631-1:1997, o cálculo exato das acelerações que delimitavam a zona de precaução ficava prejudicado, vez que a escala de aceleração é exponencial. A alteração dessa norma, em 2010, forneceu os valores que delimitam a referida zona, nas linhas tracejadas, ou seja, 3,0m/s^2 e 6,0 m/s^2 para exposição de menos de 10 minutos e 0,25m/s^2 e 0,5m/s^2 para 24 horas. Com esses dados, é permitido calcular o valor exato das acelerações que delimitam a zona de precaução na equação B.1, para oito horas de exposição. De acordo com a norma ISO 2631-1:1997, a equação B.1, 2ª potência, é expressa da seguinte forma:

$$a_{w1}.T_1^{1/2} = aw_2 T_2^{1/2} \text{ou } a_{w1}.\sqrt{T_1} = a_{w1}.\sqrt{T_2}$$

Onde:

aw = aceleraões ponderadas r.m.s

T = duração da exposição correspondentes

Considerando-se o valor da aceleração de 0,25m/s2 e duração de 24horas, para 8 horas, o valor da aceleração é igual a:

$$0{,}25\sqrt{24} = a\,(8)\sqrt{8}$$

$$a(8) = \frac{0{,}25\sqrt{24}}{\sqrt{8}} = 0{,}43\ m/s^2$$

Para o valor aceleração de 0,5m/s^2 e duração de 24 horas, aplicando-se a mesma equação, o valor para a(8) é igual a 0,86 m/s^2. Assim, para oito horas de exposição, a zona de precaução está contida entre os valores de aceleração de 0,43 e 0,86m/s^2 (ver FIG.B.1). Assim, valor de aceleração ponderada A(8) acima de 0,43 m/s^2 significa cautela em relação ao risco pontencial à saude, enquanto com o valor acima de 0,86 m/s^2, os riscos à saude são prováveis.

Outras considerações importantes sobre a aplicação da norma ISO 2631--1:1997 e sua alteração em 2010 são:

A norma ISO 2631 determina que a aceleração ponderada nas frequências deve ser medida em cada um dos eixos (x,y e z) da vibração translacional na superficie que suporta o indivíduo (Norma ISO 2631-1:1997, item 7.2.1, p.13).

No item 7.2.2 da ISO 2631-1:1997(alteração em 2010), a norma estabelece nota mencionando que os resultados das medições devem ser comparados com o limite legal, como o recomendado pela Directiva Europeia 2002/44/CE.

A comparação dos limites de tolerância utilizando a curva de 2ª potência:

$a_{w1} x T_1^{1/2} = a_{w2} x T_2^{1/2}$ pode ser utilizada quando o fator de crista for < 9. Para certos tipos de vibração, especialmente aquelas contendo choques adicionais, o método de 2ª potência pode subestimar a necessidade de exposição. Poderá, então, ser utilizado o método da 4ª potência, pois é mais sensível a picos que o anterior:

$$[(a_{w1}.T_1)^{1/4} = (a_{w2}.T_2)^{1/4}] \qquad \textbf{(34)}$$

— Vetor soma dos 3 eixos

A avaliação do efeito à saúde deve ser feita independentemente para cada eixo. A análise da vibração deve ser feita considerando-se o maior componente da aceleração ponderada em frequência medida nos diversos eixos de assento.

A ponderação em frequência deve ser aplicada em indivíduos sentados, com os fatores de multiplicação K, conforme a seguir:

Eixo x — wd, k = 1,4

Eixo y — wd, k = 1,4

Eixo z — wk, k = 1

A ponderação global de todas as acelerações r.m.s. vetor soma é a seguinte:

$$A_t = \sqrt{(1,4a_{wx})^2 + (1,4a_{wy})^2 + (a_{wz})^2} \quad \textbf{(36)}$$

O fator 1,4 multiplicando os valores totais de aceleração r.m.s. ponderada dos eixos x e y representa a razão entre os valores de curvas transversais com a longitudinal de igual resposta, para a maioria das faixas de resposta da sensibilidade humana.

O valor da aceleração global ponderado é uma aproximação do critério de exposição. No entanto, para a maioria dos casos práticos, a diferença entre o método ponderado e o detalhado com a análise de frequência em banda de terça de oitava é pequena.

A avaliação do efeito da vibração sobre a saúde deve ser feita independetemente em cada eixo, devendo ser considerado o maior valor das acelerações ponderadas nas frequências medidas nos três eixos do assento (Norma ISO 2631-1:1997alterada em 2010 item 7.2.4,p.13).

No item 7.2.4, a norma ISO 2631, alterada em 2010, menciona a seguinte observação: Quando a vibração de dois ou mais eixos for comparável, o vetor soma algumas vezes é utilizado para estimar o risco à saúde. Entretanto, a referida norma ressalva que o guia de orientação à saúde foi baseado em dados disponíveis nas pesquisas sobre a resposta humana da aceleração do eixo z com as pessoas sentadas, sendo que a aplicacão da norma limitada para os eixos x e y (pessoas sentadas) e para todos eixos (x, y e z) nas posições em pé, deitada ou reclinada (Norma ISO 2631-1:1997, anexo B, item B1, p.21).

O item 6.5 da ISO 2631-1;1997 estabelece que o uso da aceleração total (vetor soma) é recomendado para conforto. Na nota 2 desse mesmo item, a norma menciona que valor total de vibração ou vetor soma também foi proposto para avaliação com relação à saúde e à segurança, quando não há qualquer eixo dominante.

Em situações em que a vibração transmitida é de curta duração, como aquela provocada por choques, o valor de aceleração pelo método básico pode subestimar a exposição. Quando o fator crista for maior que 9,0 (pico elevado), a norma ISO recomenda usar métodos adicionais com o uso da quarta potência, que é mais sensível aos picos do que o método básico. Assim, na quarta potência, a relação é a seguinte:

$$VDV = \left\{ \int_0^T [aw(t)]\, dt \right\} \quad \textbf{(37)}$$

sendo:

VDV = valor da dose de vibração em $m/s^{1,75}$

aw (+) = aceleração ponderada instantânea

T = tempo de duração da medição

A Comunidade Europeia estabelece limite para VDV.

Quando a exposição à vibração ocorrer em dois ou mais períodos a diferentes magnitudes de vibração, deve ser calculada dose de vibração na quarta potência, conforme equação:

$$VDV_{total} = \sqrt[4]{\sum VDV_t^4} \quad \textbf{(38)}$$

Segundo a ISO, experiências sugerem que os métodos alternativos são importantes no julgamento dos efeitos à vibração no homem quando as razões a seguir sejam seguidas:

$$\frac{MTVV\ (máximo\ valor\ lido)}{aw} = 1{,}5 \quad \textbf{(39)}$$

$$\frac{VDV}{awT^{\frac{1}{4}}} = 1{,}75 \quad \textbf{(40)}$$

Aceleração equivalente

$$AEQ = \sqrt{\frac{a_{w_1}^2\ t_1 + a_{w_2}^2 + t_2 \ldots a_{w_n}^2 t_n}{t_1 + t_2 + \ldots t_n}} \quad \textbf{(41)}$$

sendo:

AEQ = magnitude de vibração equivalente (aceleração r.m.s. em m/s^2)

A_{wn} = magnitude de vibração (aceleração r.m.s. em m/s^2) correspondente à duração de exposição t.

e) Limites de exposição — Critério Comunidade Europeia

A Comunidade Europeia adotou o limite de tolerância para exposição ocupacional a vibração numa jornada de oito horas. Quanto ao procedimento de avaliação, a Comunidade Europeia recomenda que a exposição à vibração de corpo inteiro, deve ser feita com base no cálculo da aceleração normalizada para oito horas — A(8) do maior valor obtido nos três eixos (Diretiva 2002/44/CE 25/06/02, anexo B). Os limites recomendados pela diretiva 2002/44/EC são:

— 0,5 m/s^{2}* ou 9,1 VDV** — nível de ação

—1,15 m/s^{2}* ou 21,0 VDV** — limite de exposição para jornada de 8 horas.(10)

A NHO 09 da Fundacentro recomenda, para vibração de corpo inteiro, limite de exposição de 1,1 m/s^2, para jornada de oito horas. O valor a ser comparado com esse limite é o vetor soma dos três eixos. Essa norma recomenda também limite de 21,0 VDV (Valor de Dose de Vibração).

3.4 — Vibração localizada ou mão e braço

a) Direção da vibração

As direções da vibração devem ser reportadas de um sistema de coordenadas ortogonais, conforme sugerido na Figura 15.

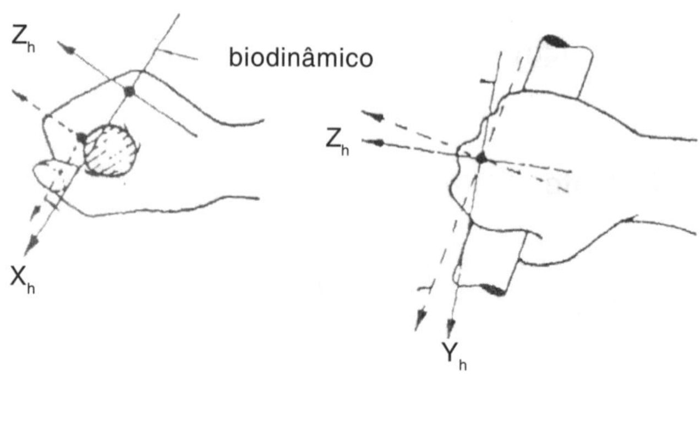

Figura 15 — Direção da vibração

---

(10) A avaliação da exposição à vibração de corpo inteiro baseia-se na determinação da exposição diária A(8) expressa pela aceleração equivalente para um período normalizado de 8 horas, obtida a partir da maior parcela dos valores eficazes, ou a parcela mais elevada do valor de dose da vibração (VDV), das acelerações ponderadas em frequência, segundo os três eixos ortogonais (1,4 awx;1,4 awy; awz) para trabalhadores sentados ou em pé, conforme capítulos 5, 6 e 7 e anexos A e B da ISO 2.631-1 (1997).
** Valor de dose da vibração, parâmetro a ser utilizado conforme ISO 2.631-1 (1997), quando há presença de picos ou choques significativos.

Para evitar conflito entre a terminologia proposta aqui e a usada em biodinâmica para definir a exposição humana de corpo inteiro, a norma ISO recomenda que os movimentos da mão para várias direções do sistema de coordenadas sejam designados pelo subscrito h (*hand*). Assim, a aceleração da mão na direção "z" deve ser designada por a_{zh} e similarmente para as direções x e y. A aceleração de corpo inteiro no eixo longitudinal é designada somente por a_z.

b) Efeitos sobre a saúde

De acordo com a norma ISO, os principais efeitos devido à exposição à vibração no sistema mão-braço podem ser de ordem vascular, neurológica, osteoarticular e muscular. A evolução da doença nos seus diversos estágios em função da exposição diária, ao longo de meses, pode ser observada a partir da descrição realizada por Taylor e Pelmear, conforme resumo a seguir:

— Formigamento ou adormecimento leve e intermitente ou ambos são frequentemente ignorados pelo paciente porque não interferem no trabalho ou em outras atividades. São os primeiros sintomas da síndrome.

— Mais tarde, o paciente pode experimentar ataques de branqueamento de dedos, confinados primeiramente às pontas; entretanto, com a continuidade da exposição, os ataques podem se estender à base do dedo.

— O frio frequente provoca os ataques, mas há outros fatores envolvidos com o mecanismo de disparo, como: a temperatura central do corpo, a taxa metabólica, o tônus vascular (especialmente cedo pela manhã) e o estado emocional.

— Os ataques de branqueamento geralmente duram de 15 a 60 minutos, mas nos casos avançados podem durar 1 ou 2 horas. A recuperação se inicia com rubor, hiperemia reativa, especialmente vista na palma da mão, avançando do pulso para os dedos.

— Nos casos avançados, devido aos repetidos ataques isquêmicos, o tato e a sensibilidade à temperatura ficam comprometidos. Há perda de destreza e incapacidade para a realização de trabalhos minuciosos.

— Prosseguindo a exposição, o número de ataques de branqueamento se reduz, sendo substituído por uma aparência cianótica dos dedos.

— Finalmente, pequenas áreas de necrose da pele aparecem na ponta dos dedos (acrocianose).

A gravidade dos efeitos biológicos pode ser influenciada por:

— direção de vibração transmitida à mão;

— método de trabalho, habilidade e destreza do operador;

— fatores predisponentes de saúde do indivíduo (fumo, doenças que afetam a circulação, utilização de certos medicamentos).

c) Limites de exposição — critério ISO 5.349/86 e ACGIH

— Ponderação nas frequências:

A norma ISO 5.349/86 determina a medição da vibração de mão-braço ou localizada ponderada nas frequências de terça de oitava na faixa compreendida entre 6,3 Hz e 1250 Hz, sendo o fator de ponderação de acordo com a Tabela 12:

TABELA 12

Ponderação das frequências

Freq. (Hz)	*Fator de ponderação K_j*	*Freq. (Hz)*	*Fator de ponderação K_j*
6,3	1,0	100	0,16
8,0	1,0	125	0,125
10,0	1,0	160	0,1
12,5	1,0	200	0,08
16	1,0	250	0,063
20	0,8	315	0,05
25	0,63	400	0,04
31,5	0,5	500	0,03
40	0,4	630	0,025
50	0,3	800	0,02
63	0,25	1000	0,016
80	0,2	1250	0,0125

— Limite de tolerância — ISO 5.349/86

O limite de tolerância para vibração localizada refere-se a níveis de duração de exposição a componente de aceleração, os quais representam condições às quais se acredita que praticamente todos os trabalhadores podem ser repetidamente expostos de modo cotidiano sem que evoluam para além do estágio 1 do Sistema de Classificação de Encontro de Estocolmo para Dedos Brancos induzidos por vibração, também conhecido como fenômeno de Raynaud de origem ocupacional.

A ISO 5.349/86 não fixa limite de tolerância expressamente para exposição ocupacional à vibração, estabelecendo apenas gráfico de percentual de trabalhadores expostos (10 a 50%) que poderão evoluir para o estágio 1 de doença de branqueamento dos dedos, dependendo dos anos de exposição e de aceleração ponderada, conforme gráfico da Figura 16:

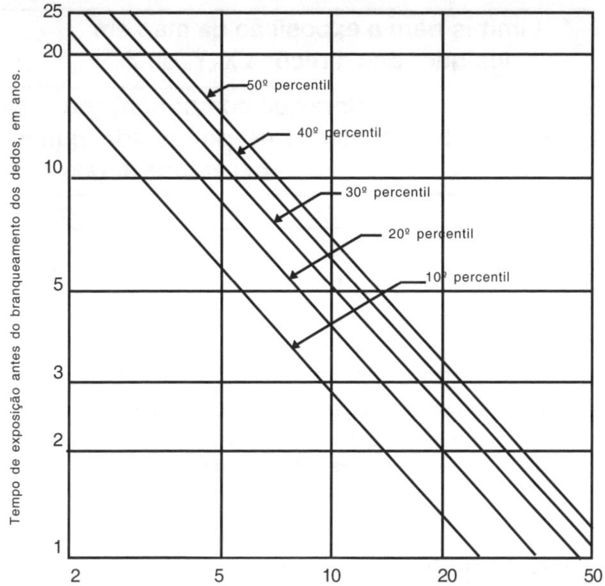

Figura 16 — Aceleração ponderada (r.m.s) medida em uma única direção, m/s²

— Limite de tolerância ACGIH

O MTE estabelece que, nas perícias visando à caracterização de insalubridade por vibração, deve-se seguir as normas da ISO e suas substitutas sem, todavia, definir ou orientar os intérpretes sobre qual o critério a ser adotado. Por outro lado, a NR-9 estabelece que os resultados da avaliação quantitativa devem ser comparados com os limites recomendados pela ACGIH, quando não houver limites definidos na NR-15. Desse modo, considerando que os limites da ACGIH foram baseados no gráfico recomendado pela ISO 5.349 e que a NR-15 não definiu o limite expressamente, a nosso ver, o limite da ACGIH é o que deverá ser adotado para fins de caracterização da insalubridade e da aposentadoria especial. Do ponto de vista prevencionista, no entanto, poderão ser adotados limites mais rigorosos como percentual de 10% de probabilidade dos trabalhadores expostos evoluírem para o estágio 1 da doença em 10 anos.

A ACGIH, com base no gráfico fornecido pela ISO 5.349/86, definiu os seus limites de tolerância, estabelecendo o tempo diário de exposição em função da aceleração ponderada.

O limite de tolerância da ACGIH para a exposição ocupacional à vibração localizada (mão e braço) da aceleração r.m.s. ponderada em função da exposição diária encontra-se na Tabela 13.

TABELA 13

Limites de tolerância para exposição à vibração de mão e braço (ACGIH, 2009)

Duração Total da Exposição Diária[a]	**Limites para a exposição da mão em qualquer das direções X_h, Y_h ou Z_h** — **Valores do componente de aceleração dominante[b], *rms*, ponderada, que não devem ser excedidos a_k (ak_{eq})**	
	m/s²	**g[c]**
4 horas e menos de 8	4	0,40
2 horas e menos de 4	6	0,61
1 hora e menos de 2	8	0,81
Menos de 1 hora	12	1,22

(a) o tempo total que a vibração entra na mão por dia, seja continuamente, seja intermitentemente.

(b) usualmente, um dos eixos é dominante sobre os demais. Se um ou mais dos eixos de vibração exceder à exposição total diária, então o TLV estará excedido.

(c) g = 9,81 m/s2.

d) Critério ISO 5.349-1:2001

— Ponderação nas frequências

A norma ISO 5.349-1:2001 estabelece a ponderação por frequência em função da sensibilidade de resposta da mão nas diferentes frequências, conforme curva da ISO 8.041:2005 (Figura 17).

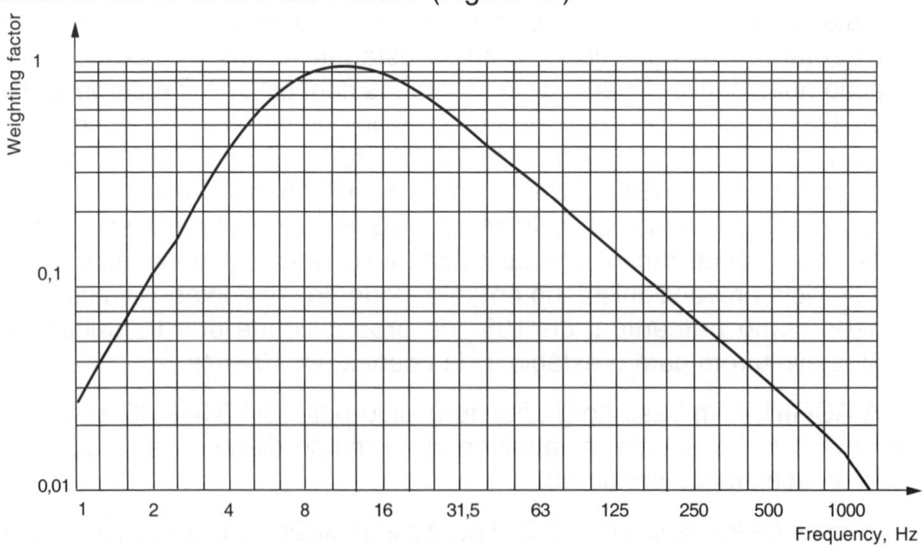

Figura 17 — Curvas de ponderação em função da sensibilidade de resposta da mão nas diferentes frequências, segundo a ISO 8.041:2005

A Tabela 14 mostra os valores numéricos dos fatores de ponderação.

TABELA 14
Ponderação nas frequências de terça de oitava

Freq. (Hz)	*Fator de ponderação W_{hi}*	*Freq. (Hz)*	*Fator de ponderação W_{hi}*
4	0,375	100	0,160
5	0,545	125	0,127
6,3	0,727	160	0,101
8,0	0,873	200	0,0799
10,0	0,951	250	0,364
12,5	0,958	315	0,0503
16	0,896	400	0,0398
20	0,782	500	0,0314
25	0,647	630	0,0245
31,5	0,519	800	0,0186
40	0,411	1000	0,0135
50	0,324	1250	0,00894
63	0,256	1600	0,00536
80	0,202	2000	0,00295
NOTA: Para as respostas e tolerância dos filtros, ver ISO 8.041			

Da mesma forma da vibração de corpo inteiro, o instrumento de medição fornece a aceleração ponderada global, que representa os valores corrigidos em função da sensibilidade. Pode ser utilizado também o instrumento que mede a aceleração nas bandas de frequência. Nesse caso, a aceleração ponderada pode ser calculada de acordo com a equação **42**:

$$A_{h,w} = \sqrt{\sum_{i=1}^{n} \left(W_1 . a_{hi}\right)^2} \qquad \textbf{(42)}$$

sendo:

W_i = o fator de ponderação para cada banda de frequência correspondente

a_i = a aceleração obtida em cada frequência.

— *Limite de tolerância:*

A norma ISO 5.349-1:2001 estabelece os valores de exposição diária de aceleração A (8), com estimativa esperada de produzir a síndrome do dedo branco em 10% das pessoas expostas para determinado número de anos (D_y), conforme gráfico da Figura 18:

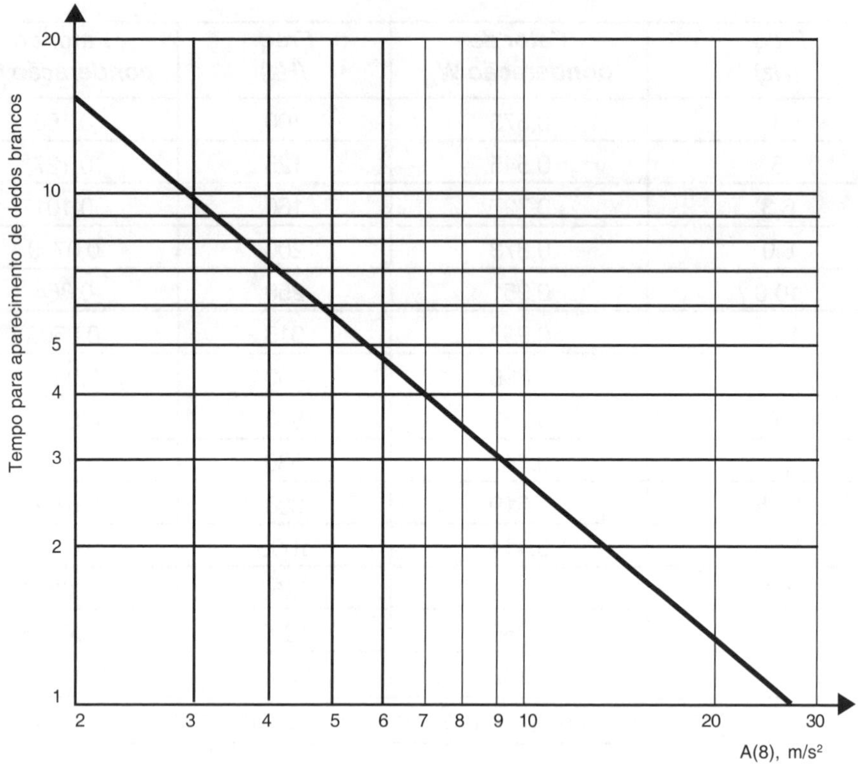

Figura 18 — Tempo do aparecimento de dedos brancos em função dos anos de exposição

D_y, years	1	2	4	8
A(8), m/s²	26	14	7	3,7

Segundo a referida norma, o valor a ser comparado é a aceleração do vetor soma (aceleração total) dos eixos X, Y e Z, conforme a equação:

$$A_t = \sqrt{ax^2 + ay^2 + az^2} \quad \textbf{(43)}$$

Cabe salientar que a aceleração total é maior que o eixo dominante entre 1 e 1,7 vez, portanto, mais rigoroso que a adoção do maior eixo (predominante).

Exemplo:

Numa medição de vibração, foram obtidos os seguintes dados:

Eixo X ———————— 6,0 m/s²

Eixo Y ———————— 10,0 m/s²

Eixo Z ———————— 12,0 m/s²

$$A_t = \sqrt{6^2 + 10^2 + 12^2} = 16,73$$

Assim, a exposição diária a uma aceleração equivalente de 3,7 m/s² indica que 10% das pessoas expostas poderão adquirir a síndrome do dedo em branco em oito anos.

A relação em A(8) e D_y pode ser obtida também pela seguinte expressão:

$$D_y = 31,8\ [A(8)]^{-1,06} \qquad \textbf{(44)}$$

sendo:

D_y = duração total da exposição do grupo em anos necessária para a ocorrência dos episódios de branqueamento dos dedos em 10% dos expostos.

A(8) = exposição diária normalizada para um período de 8 horas, conforme definido no item 3.1, letra "h".

Exemplo: para a aceleração A(8) igual a 12 m/s², o número de anos necessário para ocorrerem episódios de branqueamento dos dedos em 10% das pessoas expostas é:

$$D_y = 31,8\ .\ 12^{-1,06} = 2,28 \text{ anos}$$

e) Aceleração equivalente

Da mesma forma que na vibração de corpo inteiro, quando a exposição à vibração a diferentes acelerações, deve-se calcular a aceleração equivalente AEQ, conforme a equação:

$$AEQ = \sqrt{\frac{a_{w_1}^2\ t_1 + a_{w_2}^2 + t_2 ... a_{w_n}^2 t_n}{t_1 + t_2 + ... t_n}} \qquad \textbf{(45)}$$

sendo:

AEQ = magnitude de vibração equivalente (aceleração r.m.s. em m/s²)

A_{wh} = magnitude de vibração (aceleração r.m.s. em m/s²) correspondente à duração de exposição "t".

f) Critério Comunidade Europeia

A diretiva 2002/44/EC estabelece os seguintes níveis de exposição para vibração de mãos e braço:

— 2,5 m/s^2 — nível de ação

— 5,0 m/s^{2*} — limite de exposição para jornada de 8 horas.

Nota: valor normalizado para 8 horas, expresso pela raiz quadrada da soma dos quadrados dos valores da aceleração ponderada em frequência, r.m.s, conforme definido na letra "e".

A NHO 10, da Fundacentro, recomenda, para vibração de mãos e braços, o mesmo limite de exposição da Comunidade Europeia, ou seja, 2,5 m/s^2 para jornada de oito horas. O valor a ser comparado com esse limite é a soma dos três eixos (FUNDACENTRO, 2012).

Os medidores de vibração devem atender às exigências da norma ISO 8.041:2005. Esse instrumento é acoplado por meio de um cabo, um acelerômetro que converte o movimento mecânico em sinal elétrico processando os valores à aceleração r.m.s. ponderada nas frequências. Esses instrumentos podem possuir, também, filtros de frequência em banda de terça de oitava, permitindo avaliação mais detalhada da vibração. Na avaliação ocupacional, utiliza-se acelerômetro triaxial de forma a determinar simultaneamente a aceleração nos eixos x, y e z.

O medidor de vibração deve ser especificado para medir a aceleração r.m.s. ponderada nas frequências, de acordo com as curvas para vibração de corpo inteiro e mão e braço, respectivamente.

Na vibração de corpo inteiro o acelerômetro é montado num adaptador de assento, conforme a Figura 19, devendo ser posicionado no ponto de transmissão da superfície do corpo.

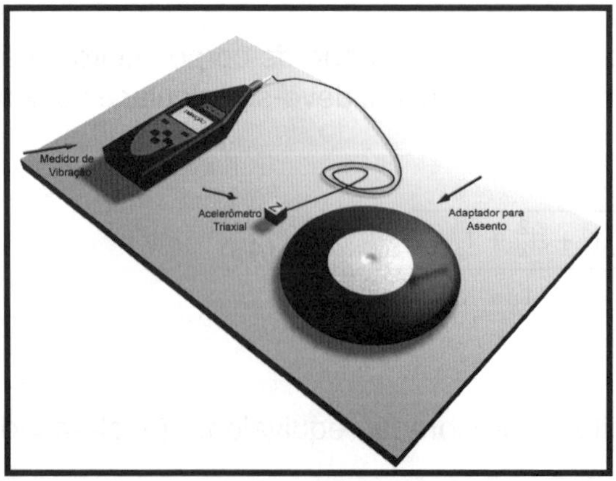

Figura 19 — medidor de vibração acoplado ao acelerômetro de assento

Se o trabalhador executar sua atividade de pé sobre uma superfície vibrante, o acelerômetro deve ser colocado na área de contato e fixado de forma mais rígida possível, podendo ser utilizado um peso sobre ele com adaptador de assento.

Na medição da avaliação de mão e braço, o acelerômetro deve ser montado na superfície vibrante utilizando-se um adaptador adequado, conforme mostra a Figura 20.

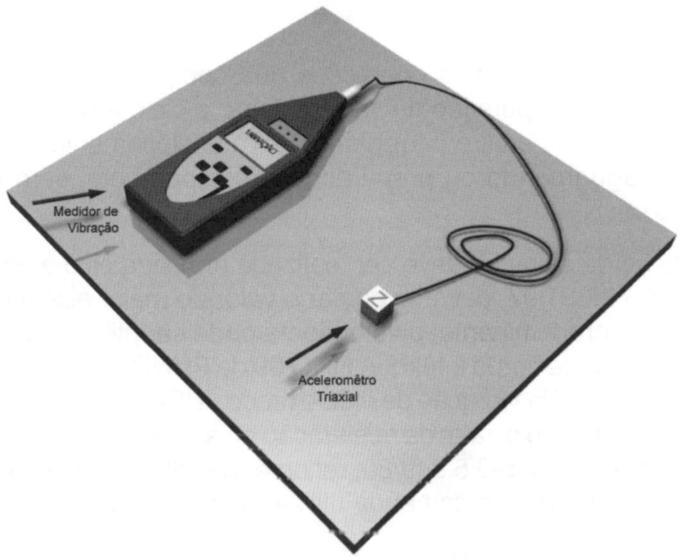

Figura 20 — Medidor de vibração mão e braço

É importante salientar que o instrumento de medição utilizado é o mesmo para vibração de corpo inteiro e de mão e braço, ou seja, para cada tipo de medição deve ser feita sua configuração adequada. Além disso, esses instrumentos possuem programas que permitem descarregar dados no computador. Finalmente, ressalta-se que o instrumento de medição deve ser calibrado periodicamente e certificado em Laboratório especializado.

3.5 — Procedimentos de avaliação

— Primeiramente, deve-se definir os GHE passíveis de exposição à vibração de corpo inteiro ou mão e braço;

— Analisar a atividade dos trabalhadores desse GHE e o ciclo de trabalho com exposição à vibração, além de definir o tempo de exposição em cada operação que compõe o referido ciclo;

— Verificar as baterias do medidor e configurá-lo para medição de exposição à vibração de corpo inteiro ou mão e braço, conforme a exposição. Testar a conexão no cabo no acelerômetro, bem como evitar tensioná-los durante a medição;

— Montar o acelerômetro com adaptador de assento conforme explicado anteriormente e mostrado nas Figuras anteriores. Se o trabalhador executa sua atividade na posição em pé, deverá ser colocado um peso de no mínimo 1 quilo sobre o equipamento. Na medição da vibração de mão e braço, o acelerômetro deve ser montado direto na ferramenta por meio de um adaptador;

— Realizar medição nas operações que compõem o ciclo de trabalho. Exemplo: numa operação de carregadeira, o ciclo é o seguinte: a) movimentação de material e carregamento; b) deslocamento com a carregadeira; c) aguardando ou preparando o equipamento, sem exposição à vibração.

A medição da vibração deve ser realizada em cada eixo e no vetor soma. Segundo a ISO 2.631:97, deve-se adotar o valor do maior eixo, no entanto, se não houver eixo predominante, o vetor soma pode ser utilizado para avaliar os efeitos da vibração de corpo inteiro. A NHO 09 da FUNDACENTRO recomenda utilizar o vetor soma. Na vibração de mão e braço, a ISO 5.349-1:2001 determina que deverá ser adotado o valor da aceleração da soma dos três eixos, enquanto a ACGIH, com base na ISO 5.349/86, recomenda utilizar o dado da aceleração do maior eixo. A NHO 10 recomenda utilizar a soma dos três eixos.

— Com os valores obtidos na medição e o tempo de exposição em cada operação, calcular a aceleração equivalente conforme a equação que se segue:

$$AEQ = \sqrt{\frac{a_1^2 t_1 + a_2^2 t_2 + \ldots a_n^2 t_n}{t_1 + t_2 \ldots t_n}} \qquad \textbf{(46)}$$

sendo:

AEQ = aceleração equivalente

a_n = valor da vibração obtida

t_n = tempo de exposição à aceleração obtida a_n

Com esse valor, calcula-se o valor da aceleração normalizada, para jornada de trabalho para 8 horas — A(8), conforme a equação.

$$A(8) = AEQ\sqrt{\frac{T}{T_8}} \qquad \textbf{(47)}$$

sendo:

AEQ = aceleração equivalente

T = duração diária da exposição

T_0 = corresponde a duração de 8 horas

— Com os valores da aceleração A(8), verifica-se o risco de acordo com os limites de tolerância específicos para cada tipo de vibração.

— Elaborar laudo técnico com os dados das avaliações e das sugestões de medidas de controle.

3.6 — Aplicação prática

a) Vibração de corpo inteiro

Numa avaliação de exposição à vibração do operador de carregadeira, foram obtidos os seguintes dados:

EVENTO	ACELERAÇÃO PONDERADA m/s^2			TEMPO DE EXPOSIÇÃO	OPERAÇÃO
	awx	awy	awz		
01	0,70	0,70	1,0	4,0	Movimentando material/ deslocando
02	0,20	0,20	0,30	1,0	Carregando caminhão
03	—	—	—	3,0	Sem exposição

Situação 1 — análise da exposição à vibração considerando a resultante ou vetor soma dos três eixos:

Evento 1— Cálculo da aceleração total (vetor soma)

$$A_t = \sqrt{(1,4 \,.\, 0,70)^2 + (1,4 \,.\, 0,70)^2 + (1,0)^2} = 1,71 \; m/s^2 \qquad \textbf{(48)}$$

Evento 2 — Cálculo da aceleração total (vetor soma)

$$A_t = \sqrt{(1,4 \,.\, 0,20)^2 + (1,4 \,.\, 0,20)^2 + (0,3)^2} = 0,49 \; m/s^2 \qquad \textbf{(49)}$$

Com esses dados e o tempo de duração de cada operação dos eventos 1 e 2, calcula-se a aceleração equivalente nas duas situações. Para cada uma delas, o AEQ é igual a:

$$AEQ = \sqrt{\frac{1{,}7^2 \,.\, 4{,}0 + 0{,}49^2 \,.\, 1{,}0}{5}} = 1{,}76 \ m/s^2 \qquad (50)$$

Considerando que o tempo de exposição total na jornada foi de 5 horas, a aceleração equivalente normalizada — A (8) é igual a:

$$AEQ = 1{,}76 \sqrt{\frac{5}{8}} = 1{,}39 \ m/s^2 \qquad (51)$$

Situação 2 — a análise da exposição à vibração feita considerando a maior aceleração dos três eixos que, no nosso exemplo, corresponde ao eixo Z.

$$AEQ = \sqrt{\frac{1{,}0^2 \,.\, 4{,}0 + 0{,}3^2 \,.\, 1{,}0}{5}} = 0{,}904 \text{ m/s}^2 \qquad (52)$$

Considerando que o tempo de exposição total na jornada foi de 5 horas, a aceleração equivalente normalizada — A (8) é igual a:

$$A(8) = 0{,}904\sqrt{\frac{5}{8}} = 0{,}715 \text{ m/s}^2 \qquad (53)$$

Com base nos dados, verifica-se que a aceleração normalizada para jornada de 8 horas, na **situação 2,** ficou abaixo da região hachurada do guia de saúde da ISO 2.637/97(item 3.3,letra "d"). Já na situação 01, considerando a soma das acelerações nos três eixos, o valor obtido ficou acima da área hachurada do referido guia à saúde, significando, nesse caso, que os riscos à saúde são prováveis.

b) Vibração de mão e braço

Um trabalhador fica exposto durante a jornada à seguinte situação:

EVENTO	awhx (m/s2)	awhy (m/s2)	awhz (m/s2)	TEMPO DE EXPOSIÇÃO (horas)
1	7,0	5,0	8,0	1,0
2	8,0	6,0	10,0	2,0

Situação 1 — avaliação da exposição considerando a resultante ou vetor soma dos três eixos:

Evento 1 — cálculo da aceleração total (vetor soma)

$$A_T = \sqrt{7,0^2 + 5,0^2 + 8,0^2} = 11,74 \text{ m/s}^2 \quad \textbf{(54)}$$

Evento 2 — cálculo da aceleração total (vetor soma)

$$A_T = \sqrt{8,0^2 + 6,0^2 + 10,0^2} = 14,14 \text{ m/s}^2 \quad \textbf{(55)}$$

Com esses dados e o tempo de duração de cada operação dos eventos 1 e 2, calcula-se a aceleração equivalente nas duas situações: em cada situação, o AEQ é igual a:

$$AEQ = \sqrt{\frac{11,74^2 \,.\, 1,0 + 14,14^2 \,.\, 2}{3}} \quad \textbf{(56)}$$

$AEQ = 13,38 \text{ m/s}^2$

Considerando que o tempo de exposição total na jornada foi de 30 horas, a aceleração equivalente normalizada — A (8) é igual a:

$$A\,(8) = 13,38\sqrt{\frac{3}{8}} = 8,19 \text{ m/s}^2 \quad \textbf{(57)}$$

Situação 2 — análise da exposição considerando a maior aceleração dos três eixos que, no nosso exemplo, corresponde ao eixo Z:

$$AEQ = \sqrt{\frac{8,0^2 \,.\, 1,0 + 10,0^2 \,.\, 2,0}{3}} = 9,38 \text{ m/s}^2 \quad \textbf{(58)}$$

Considerando que o tempo de exposição total na jornada foi de 3 horas, a aceleração equivalente normalizada — A (8) é igual a:

$$A\,(8) = 9,38\sqrt{\frac{3}{8}} \quad \textbf{(59)}$$

$$A\,(8) = 5,74 \text{ m/s}^2$$

Interpretação dos resultados:

— Critério ACGIH — situação 2 — de acordo com o critério da ACGIH, a aceleração A(8) predominante (maior valor) superou 4,0 m/s².

— Critério ISO 5.349-1:2001 — como vimos no item 3.4, letra “f”, o limite superado para aceleração normalizada é 5,0 m/s², considerando a aceleração total. Como a aceleração A(8) obtida (situação 1) foi de 8,19 m/s², o limite foi superado.

— Critério ISO 5.349-1:2001 — de acordo com essa norma, deve-se considerar o valor soma das acelerações A(8) dos três eixos. Com esse dado, a duração em anos, para que 10% dos trabalhadores expostos possam adquirir a síndrome do dedo branco, é igual a:

$$D_y = 31{,}8\,[A(8)]^{-1{,}06} = 31{,}8 \times 8{,}19^{-1{,}06} \qquad \textbf{(60)}$$

$$D_y = 3{,}4 \text{ anos}$$

— Critério Comunidade Europeia — análise 1 — de acordo com esse critério, a aceleração normalizada A(8) igual a 8,19 m/s^2 superou o limite de tolerância de 5,0 m/s^2 para jornada de 8 horas de exposição.

3.7 — Medidas de controle

A vibração pode ser controlada por meio de medidas coletivas, administrativas ou de organização do trabalho. Em relação ao EPI, esse meio de controle é limitado para exposição a esse agente, pois não há equipamento aprovado pelo MTE capaz de reduzir o valor da aceleração abaixo do limite, como ocorre com o agente ruído.

a) medidas de controle coletivas

Entre as medidas coletivas na exposição à vibração de corpo inteiro, destacam-se:

— uso de assentos com amortecedor de vibração ou com suspensão nos veículos;

— calibração adequada dos pneus dos veículos;

— a magnitude da aceleração varia significativamente em função do piso e das irregularidades das vias de circulação. Assim, nas estradas com pavimentação asfáltica, os valores são inferiores àqueles obtidos em vias sem pavimentação. Portanto, a pavimentação ou o acabamento adequado das referidas vias pode constituir medida de controle eficaz no controle da exposição;

— a velocidade dos veículos também influencia significativamente no valor da aceleração. Desse modo, a exposição é menor na circulação em baixa velocidade. Assim, o controle da velocidade é medida de controle importante para esse agente;

— utilização de bancos com descanso para os braços, apoio lombar e ajuste do assento e do apoio das costas;

— uso de cabines com suspensão.

Na exposição à vibração de mão e braço, entre as medidas coletivas, destacam-se:

— usar ferramentas com características antivibratórias;

— substituir o equipamento por outro que produza nível de vibração mais baixo;

— executar práticas adequadas de trabalho que permitam manter as mãos e o corpo do trabalhador aquecidos, bem como minimizar o acoplamento mecânico entre o trabalhador e a ferramenta vibratória.

b) Medidas administrativas e de organização do trabalho

— Entre as medidas administrativas, a limitação do tempo de exposição é a mais eficiente, pois, como vimos anteriormente, o valor da aceleração para 8 horas é calculado em função do referido tempo. Desse modo, a pausa e o revezamento nas operações com a exposição à vibração deverão sempre ser estudados;

— monitorar a exposição à vibração;

— na vibração de mão e braço, deve-se utilizar luvas antivibratórias;

— realizar o controle médico dos trabalhadores expostos a esse agente.

4 CALOR

4.1 — Conceitos e parâmetros básicos

O calor constitui um fator de risco importante do ponto de vista de saúde ocupacional. A exposição a esse agente ocorre em diversos ambientes de trabalho, tais como: siderurgia, fundições, indústria têxtil, entre outras. A exposição ao calor pode produzir desconforto térmico ou sobrecarga térmica.

Quando o trabalhador está exposto ao calor, ele o recebe por condução, convecção, radiação e metabolismo e perde pela evaporação. Ocorrendo ganho de calor pelo organismo em quantidade maior do que ele é capaz de dissipar, há sobrecarga térmica, ressaltando-se, entretanto, que a perda de calor do organismo pela evaporação encontra limitação fisiológica. Os parâmetros da avaliação estão descritos a seguir.

a) Condução

É o processo de transferência de calor que ocorre quando dois corpos sólidos ou fluidos que não estão em movimento, a diferentes temperaturas, são colocados em contato. O calor do corpo de maior temperatura se transfere para o de menor até que haja equilíbrio térmico, isto é, quando a temperatura dos corpos se igualam.

Ex.: aquecimento de uma barra de ferro.

b) Convecção

É o processo de transferência de calor idêntico ao anterior, só que, nesse caso, a transferência de calor se realiza por meio de fluido em movimento.

Ex.: aquecimento de um *becker* com água.

c) Radiação

Quando há transferência de calor sem suporte material algum, o processo é denominado radiação. A energia radiante passa através do ar sem aquecê-lo apreciavelmente e aquecerá a superfície atingida. A energia radiante passa através do vácuo ou de outros meios a uma velocidade que depende do meio.

Ex.: radiação emitida por um forno elétrico.

d) Evaporação

É o processo de passagem de um líquido, a determinada temperatura, para a fase gasosa, passando, portanto, para o meio ambiente. Não é necessário diferença de temperatura para desenvolvimento do processo. O calor transferido dessa forma é chamado calor latente, diferenciando-se, assim, do que se transmite por meio de variação de temperatura, chamado calor sensível. No fenômeno de evaporação, o líquido retira calor do sólido para passar a vapor, podendo-se, portanto, afirmar que o sólido perdera calor para o meio ambiente por evaporação.

Ex.: suor emanado após uma atividade física (jogar futebol).

e) Temperatura de bulbo seco

Como vimos anteriormente, é necessário que haja um gradiente de temperatura para que sejam possíveis os mecanismos de troca térmica: condução, convecção e radiação. Desse modo, a transmissão de calor dependerá da defasagem positiva ou negativa entre a temperatura do ar e a temperatura da pele. Se a temperatura do ar for maior que a da pele, o organismo ganhará calor por condução — convecção; e, se a temperatura do ar for menor que a da pele, o organismo perderá calor por condução-convecção. A quantidade de calor ganha ou perdida é diretamente proporcional à diferença entre as temperaturas.

f) Umidade relativa do ar

Esse parâmetro influi na troca térmica entre o organismo e o ambiente, pelo mecanismo de evaporação. Desse modo, a perda de calor no organismo por evaporação dependerá de umidade relativa do ar, isto é, da quantidade de água presente numa determinada quantidade de ar.

Sabe-se que o organismo humano perde, em média, 600 kcal/h pela evaporação do suor, isso se a umidade relativa for 0%. Quanto maior a umidade relativa (maior saturação de água no ar), menor será a perda de calor por evaporação.

g) Velocidade do ar

A velocidade do ar no ambiente pode alterar as trocas tanto na condução e na convecção como na evaporação.

Quando há aumento de velocidade do ar no ambiente, haverá aceleração da troca de camadas de ar mais próximas do corpo, aumentando, desse modo, o fluxo de calor entre este e o ar. Se há maior velocidade do ar, haverá substituição mais rápida das camadas de ar mais saturadas com água e substituição por outras menos saturadas, favorecendo, então, a evaporação.

É importante verificar o sentido de transmissão de calor, pois o aumento de velocidade do ar poderá favorecer ou desfavorecer o ganho de calor pelo organismo, dependendo do gradiente de temperatura positivo ou negativo. Assim, se a temperatura do ar for menor que a do corpo, o aumento da velocidade do ar favorecerá maior perda de calor do corpo para o meio. Caso contrário, o corpo ganhará mais calor com o aumento da velocidade do ar.

h) Calor radiante

Todos os corpos emitem radiação eletromagnética, sendo a intensidade em função de sua temperatura. Assim, quando o trabalhador se encontra em locais com presença de fontes apreciáveis de calor radiante, isto é, com temperaturas elevadas, o organismo ganhará calor pelo mecanismo de radiação. Caso não haja fontes de calor radiante ou se estas foram controladas, o organismo humano poderá perder calor pelo mesmo mecanismo.

i) Calor metabólico

É o calor produzido pelo organismo em função da atividade física exercida pelo indivíduo. Quanto mais intensa a atividade, maior será o calor produzido pelo metabolismo, constituindo, portanto, parte do calor total ganho pelo organismo.

j) Equilíbrio homeotérmico

A complexidade do estudo do calor reside no fato de haver diversos fatores variáveis que influenciam nas trocas térmicas entre o corpo humano e o meio ambiente, definindo dessa forma a gravidade da exposição ao calor.

Entre os inúmeros fatores que influenciam nas trocas térmicas, cinco principais devem ser considerados na quantificação da sobrecarga térmica:

— temperatura do ar;

— umidade relativa do ar;

— velocidade do ar;

— calor radiante;

— tipo de atividade ou calor metabólico.

Os mecanismos de termorregulação do organismo têm como finalidade manter a temperatura interna do corpo constante e é evidente que haja equilíbrio entre a quantidade de calor gerado no corpo e sua transmissão para o meio ambiente. A equação que descreve o estado de equilíbrio denomina-se balanço térmico:

$$M \pm C \pm R - E = S \quad \mathbf{(61)}$$

sendo:

M = calor produzido pelo metabolismo

C = calor ganho ou perdido por condução-convecção

R = calor ganho ou perdido por radiação

E = calor perdido por evaporação

S = calor acumulado no organismo (sobrecarga térmica)

O organismo se encontrará em equilíbrio térmico quando “S” for igual a zero.

4.2 — Efeitos do calor no organismo

Quando o calor cedido pelo organismo ao meio ambiente é inferior ao recebido ou produzido pelo metabolismo total (metabolismo basal + metabolismo de trabalho), o organismo tende a aumentar sua temperatura e, para evitar essa hipertermia (aumento da temperatura interna do corpo), são colocados em ação alguns mecanismos de defesa, quais sejam:

— **Vasodilatação periférica:** com o aumento do calor ambiental, o organismo humano promove a vasodilatação periférica, no sentido de permitir maior troca de calor entre o organismo e o ambiente.

— **Ativação das glândulas sudoríparas:** há aumento do intercâmbio de calor por mudança do suor do estado líquido para vapor.

Caso a vasodilatação periférica e a sudorese não sejam suficientes para manter a temperatura do corpo em torno de 37°C, há consequências para o organismo que podem se manifestar das seguintes formas:

— **Exaustão do calor**: com a dilatação dos vasos sanguíneos em resposta ao calor, há insuficiência do suprimento de sangue do córtex cerebral, resultando numa baixa pressão arterial.

— **Desidratação**: a desidratação provoca principalmente a redução do volume de sangue, promovendo a exaustão do calor.

— **Câimbras de calor**: na sudorese, há perda de água e sais minerais, principalmente o NaCl (cloreto de sódio). Com a redução dessa substância no organismo, poderão ocorrer espasmos musculares e câimbras.

— **Choque térmico**: ocorre quando a temperatura do núcleo do corpo atinge determinado nível, que coloca em risco algum tecido vital que permanece em contínuo funcionamento.

4.3 — Instrumentos de medição

a) Termômetro de bulbo seco (Tbs)

Consiste num termômetro de mercúrio comum ou similar utilizado para medir a temperatura do ar, ou seja, a temperatura do ambiente. O termômetro de mercúrio recomendado deve possuir escala mínima de 10°C até 100°C, com subdivisão de 0,2°C, com bulbo de mercúrio. Atualmente, os sensores eletrônicos vêm sendo amplamente utilizados para esse fim.

A temperatura do bulbo seco é a temperatura obtida ao colocar o bulbo seco do termômetro em contato com uma mistura de ar úmido, até que ele atinja o equilíbrio térmico, ou seja, nada mais é do que a temperatura do ar ambiente sem a presença de calor radiante. A temperatura do ar ambiente deve ser medida na altura superior do tórax do trabalhador ou em outros locais escolhidos em função dos objetivos.

b) Termômetro de globo (Tg)

Esse instrumento é constituído de um termômetro de mercúrio com graduação de 0°C a 150°C, com subdivisão de 0,2°C ou outro tipo de sensor de temperatura que dê leitura idêntica.

O globo consiste em uma esfera oca de cobre com 15,24 centímetros de diâmetro (6 polegadas), pintada externamente de preto fosco, a fim de absorver o máximo de calor radiante (radiação térmica ou energia radiante) incidente.

O bulbo de termômetro comum ou sensor é colocado no interior dessa esfera (no centro dela), a qual fica suspensa, sem contato com o suporte. O termômetro de globo deve ser exposto no mínimo 25 minutos antes da leitura. Essa leitura corresponde à temperatura média de radiação do ambiente. A Figura 21 ilustra o termômetro de globo.

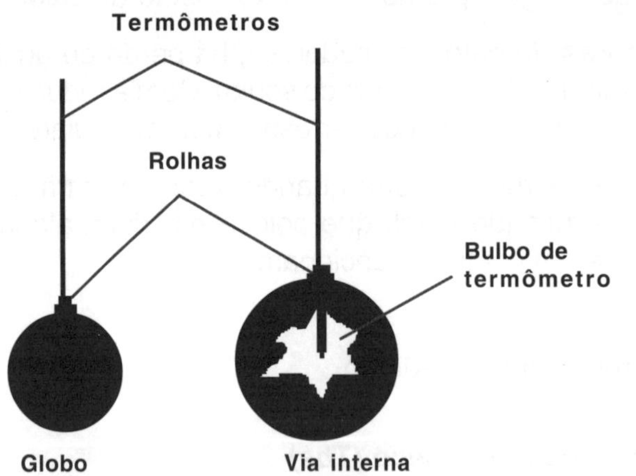

Figura 21 — Termômetro de globo (Tg) NHO-06 — FUNDACENTRO

c) Termômetro de bulbo úmido natural (Tbn)

Consiste em termômetro de mercúrio comum ou sensor. O termômetro de mercúrio ou sensor deve ser montado na posição vertical, revestido com um pavio de forma tubular de algodão e cor branca. Esse pavio deve ser mantido úmido em água destilada, no mínimo meia hora antes de fazer a leitura da temperatura. Não é necessário imergir a outra extremidade do pavio num reservatório de água destilada. É importante preencher o reservatório com água destilada, bem como molhar o restante do pavio. Este deve ser colocado no termômetro, cobrindo todo o bulbo e mais uma parcela da coluna capilar de dimensão equivalente ao comprimento do bulbo, e deve estar sempre limpo. Os pavios novos devem ser lavados antes de serem usados. A Figura 22 ilustra o termômetro de bulbo úmido natural.

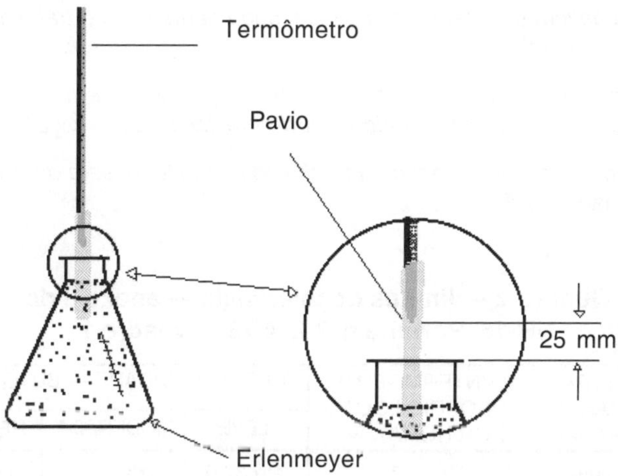

Figura 22 — Termômetro de bulbo úmido natural (Tbn) NHO-06 — FUNDACENTRO

4.4 — Limite de tolerância

a) Critério legal — NR-15

O anexo 3 NR-15, Portaria n. 3.214/78, adotou o **"Índice de Bulbo Úmido Termômetro de Globo — IBUTG"** para avaliação ocupacional da exposição ao calor, bem como os limites de tolerância em função desse índice e da metodologia simplificada de medição. A seguir, a transcrição do anexo 3 da NR-15:

> *1. A exposição ao calor deve ser avaliada através do "Índice de Bulbo Úmido Termômetro de Globo" — IBUTG definido pelas equações que se seguem:*
>
> *Ambientes internos ou externos sem carga solar:*
>
> *IBUTG = 0,7 tbn + 0,3 tg*

Ambientes externos com carga solar:

IBUTG = 0,7 tbn + 0,1 tbs + 0,2 tg

Onde:

tbn = temperatura de bulbo úmido natural

tg = temperatura de globo

tbs = temperatura de bulbo seco.

2. Os aparelhos que devem ser usados nesta avaliação são: termômetro de bulbo úmido natural, termômetro de globo e termômetro de mercúrio comum.

3. As medições devem ser efetuadas no local onde permanece o trabalhador, à altura da região do corpo mais atingida.

4. Limites de tolerância para exposição ao calor, em regime de trabalho intermitente com períodos de descanso no próprio local de prestação de serviço.

Em função do índice obtido, o regime de trabalho intermitente será definido no Quadro 1 da NR-15 (Quadro 2)

Quadro 2 — limites de tolerância — anexo 3 da NR-15, Portaria n. 3.214/78— Quadro 1

REGIME DE TRABALHO INTERMITENTE COM DESCANSO NO PRÓPRIO LOCAL DE TRABALHO (POR HORA)	TIPO DE ATIVIDADE — IBUTG EM °C		
	LEVE	MODERADA	PESADA
Trabalho contínuo	até 30,0	até 26,7	até 25,0
45 minutos de trabalho 15 minutos de descanso	30,1 a 30,6	26,8 a 28,0	25,1 a 25,9
30 minutos de trabalho 30 minutos de descanso	30,7 a 31,4	28,1 a 29,4	26,0 a 27,9
15 minutos de trabalho 45 minutos de descanso	31,5 a 32,2	29,5 a 31,1	28,0 a 30,0
Não é permitido o trabalho sem a adoção de medidas de controle	acima de 32,2	acima de 31,1	acima de 30,0

Os períodos de descanso serão considerados tempo de serviço para todos os efeitos legais.

A determinação do tipo de atividade (leve, moderada ou pesada) é feita consultando o Quadro 3.

5. Limites de tolerância para exposição ao calor, em regime de trabalho intermitente com períodos de descanso em outro local (de descanso).

Para os fins deste item, considera-se como local de descanso ambiente termicamente mais ameno, com o trabalhador em repouso ou exercendo atividade leve. Os limites de tolerância são dados segundo o Quadro 2 (Quadro 3):

Quadro 3 — Limites de tolerância anexo 3 da NR-15, Portaria n. 3.214/78-Quadro 2

$\overline{M}$ (Kcal/h)	Máximo $\overline{IBUTG}$ (°C)
175	30,5
200	30,0
250	28,5
300	27,5
350	26,5
400	26,0
450	25,5
500	25,0

sendo:

M = a taxa de metabolismo média ponderada para uma hora, determinada pela seguinte fórmula:

$$\overline{M} = \frac{Mt \times Tt + Md \times Td}{60} \qquad \textbf{(62)}$$

sendo:

Mt = taxa de metabolismo no local de trabalho.

Tt = soma dos tempos, em minutos, em que se permanece no local de trabalho.

Md = taxa de metabolismo no local de descanso.

Td = soma dos tempos, em minutos, em que se permanece no local de descanso.

IBUTG é o valor médio ponderado para uma hora, determinado pela seguinte fórmula:

$$\overline{IBUTG} = \frac{IBUTGt \times Tt + IBUTGd \times Td}{60} \qquad \textbf{(63)}$$

sendo:

IBUTGt = valor do IBUTG no local de trabalho.

IBUTGd = valor do IBUTG no local de descanso.

Tt e Td = como anteriormente definidos.

Os tempos Tt e Td devem ser tomados no período mais desfavorável do ciclo de trabalho, sendo Tt + Td = 60 minutos corridos.

Os períodos de descanso serão considerados tempo de serviço para todos os efeitos legais. As taxas de metabolismo Mt e Md serão obtidas consultando-se o Quadro 4.

Quadro 4 — Taxas de metabolismo por tipo de atividade anexo 3 da NR-15 — Quadro 3

Tipo de Atividade	Kcal/h
SENTADO EM REPOUSO	100
TRABALHO LEVE:	
Sentado, movimentos moderados com braços e tronco (Ex.: datilografia).	125
Sentado, movimentos moderados com braços e pernas (Ex.: dirigir).	150
De pé, trabalho leve, em máquina ou bancada, principalmente com os braços.	150
TRABALHO MODERADO:	
Sentado, movimentos rigorosos com braços e pernas.	180
De pé, trabalho leve em máquina ou bancada, com alguma movimentação.	175
De pé, trabalho moderado em máquina ou bancada, com alguma movimentação.	220
Em movimento, trabalho moderado de levantar ou empurrar.	300
TRABALHO PESADO:	
Trabalho intermitente de levantar, empurrar ou arrastar pesos (Ex.: remoção com a pá).	440
Trabalho fatigante.	550

b) Critério da ACGIH

Atualmente, a ACGIH recomenda que sejam considerados índice de sobrecarga térmica e sobrecarga orgânica na avaliação de segurança e saúde do trabalhador. Para tanto, estabelece um fluxograma de tomada de decisões na avaliação de calor. Ademais, são recomendados limites diferenciados para trabalhadores aclimatizados, correções dos valores quando for necessário utilizar um equipamento ou uma roupa adicional de proteção, além de outras recomendações técnicas para aplicação correta do IBUTG. Assim, sugere-se aos leitores a consulta dessa norma.

c) Critério FUNDACENTRO — NHO-06

A FUNDACENTRO, por intermédio da norma NHO-06, definiu os procedimentos para avaliação da exposição ocupacional ao calor. Essa norma, além de preencher as lacunas do anexo 3 da NR-15, auxilia os técnicos em higiene a interpretar e analisar de maneira científica o índice de avaliação adotado (IBUTG) pela norma do MTE. Entre os parâmetros da NHO-06, destacam-se:

A classificação do calor metabólico em função da atividade no Quadro 3, anexo 3 da NR-15, muitas vezes oferece dificuldade ao intérprete na classificação correta, pois o referido Quadro é simplificado e em algumas situações o enquadramento das atividades, como leve, moderada ou pesada, se confundem. Assim, a dúvida pode ser dirimida pela NHO-06, que possui quadro detalhado da classificação da atividade e dos valores do metabolismo, conforme transcrição a seguir:

Quadro 5 — Taxa metabólica por tipo de atividade[11]

Atividade	Taxa metabólica (Kcal/h)[a]	Taxa metabólica (Wl/m²)[b]
SENTADO		
• Em repouso	90	58
• Trabalho leve com as mãos (ex.: escrever, datilografar)	105	68
• Trabalho moderado de mãos e braços (ex.: desenhar, trabalho leve de montagem)	125	81
• Trabalho leve de braços e pernas (ex.: dirigir em autoestrada, trabalho em máquina de costura não motorizada)	170	110
• Trabalho pesado de mãos e braços (ex.: bater pregos, limar)	210	136
• Trabalho moderado de braços e pernas (ex.: dirigir ônibus ou caminhão em trânsito urbano)	215	139
EM PÉ		
• Em repouso	115	74
• Trabalho leve em máquina ou bancada, principalmente com os braços	150	97
• Trabalho leve em máquina ou bancada, com alguma movimentação	175	113

(11) GIAMPAOLI, Eduardo; SAAD, Irene Ferreira de Souza Duarte; CUNHA, Irion de Ângelo da. *NHO-06*. São Paulo: FUNDACENTRO, 2002.

Atividade	Taxa metabólica (Kcal/h)[a]	Taxa metabólica (Wl/m²)[b]
• Trabalho moderado de braços e troncos (ex.: limar, passar a ferro, bater pregos)	225	146
• Trabalho pesado de braços e troncos (ex.: corte manual com serrote ou serra)	365	236
EM PÉ, EM MOVIMENTO		
• Andando no plano		
• 2 Km/h	170	110
• 3 Km/h	217	140
• 4 Km/h	255	165
• 5 Km/h	309	200
• Subindo (3Km/h)		
• a 5° de inclinação	302	195
• a 10° de inclinação	425	275
• a 15° de inclinação	603	390
• Descendo rampa (5 Km/h)		
• a 5° de inclinação	201	130
• a 10° de inclinação	178	115
• a 15° de inclinação	186	120
• Subindo escada (80 degraus por minuto — altura do degrau de 0,17 m)	681	440
• Subindo escada com carga moderada	725	469
• Descendo escada (80 degraus por minuto — altura do degrau de 0,17 m)	240	155
• Trabalho moderado de braços (ex.: varrer, trabalho em almoxarifado)	275	178
• Trabalho moderado de levantar ou empurrar	300	194
• Trabalho de empurrar carrinhos de mão, em nível, com carga	335	217
• Trabalho de carregar pesos ou com movimentos vigorosos com os braços (ex.: trabalho com foice)	425	275
• Trabalho pesado de levantar, empurrar ou arrastar pesos (ex.: remoção com pá, abertura de valas)	450	291
• Transportando carga, no plano (4 Km/h)	450	291
• peso de 10 Kg	286,1	185
• peso de 30 Kg	386,6	250

Atividade	Taxa metabólica (Kcal/h)[a]	Taxa metabólica (Wl/m^2)[b]
• peso de 50 Kg	566,7	360
• Correndo		
• 9 Km/h	675	437
• 12 Km/h	750	485
• 15 Km/h	850	550

a) Taxa metabólica definida para o homem-padrão (área superficial igual a 1,8 m2).

b) Relação matemática de conversão das unidades para o homem-padrão: 1Kcal/h = 0,859107 x 1,8 W/m2.

A classificação das atividades e do metabolismo pode ser consultada também nas normas ISO 8.996/90 e ACGIH:

Outra dificuldade enfrentada pelos técnicos em higiene e peritos é o correto enquadramento do M (média ponderada) e IBUTG (média ponderada) no Quadro 2 do anexo 3, NR-15, vez que o intervalo entre os valores limites de tolerância é grande. Assim, a NHO-06 da FUNDACENTRO fornece quadro com os valores interpolados, facilitando aos intérpretes a verificação de conformidade ou não dos dados obtidos com mais exatidão.

TABELA 15

Limite de exposição ocupacional ao calor[12]

$\overline{M}$ Kcal/h	$\overline{IBUTG}_{MAX}$ ($\overline{IBUTG}$ *máximo permitido*) (°C)	$\overline{M}$ Kcal/h	$\overline{IBUTG}_{MAX}$ ($\overline{IBUTG}$ *máximo permitido*) (°C)
125	32,0	268	28,4
128	31,9	272	28,3
132	31,8	277	28,2
136	31,7	282	28,1
139	31,6	286	28,0
143	31,5	290	27,9
146	31,4	285	27,8
150	31,3	299	27,7
154	31,2	303	27,6
157	31,1	307	27,5
162	31,0	311	27,4

(12) GIAMPAOLI, Eduardo; SAAD, Irene Ferreira de Souza Duarte; CUNHA, Irion de Ângelo da. *NHO-06*. São Paulo: FUNDACENTRO, 2002.

$\overline{M}$ Kcal/h	$\overline{IBUTG}_{MAX}$ ($\overline{IBUTG}$ *máximo permitido*) (°C)	$\overline{M}$ Kcal/h	$\overline{IBUTG}_{MAX}$ ($\overline{IBUTG}$ *máximo permitido*) (°C)
165	30,9	316	27,3
169	30,8	321	27,2
173	30,7	327	27,1
176	30,6	333	27,0
181	30,5	338	26,9
184	30,4	344	26,8
188	30,3	350	26,7
192	30,2	356	26,6
196	30,1	361	26,5
200	30,0	367	26,4
204	29,9	373	26,3
209	29,8	379	26,2
213	29,7	385	26,1
218	29,6	391	26,0
222	29,5	397	25,9
227	29,4	400	25,8
231	29,3	406	25,7
236	29,2	416	25,6
240	29,1	425	25,5
244	29,0	434	25,4
247	28,9	443	25,3
250	28,8	454	25,2
254	28,7	470	25,1
259	28,6	500	25,0
263	28,5	—	—

4.5 — Avaliação ocupacional ao calor

a) Instrumentação

Como vimos anteriormente, a NR-15 estabelece que a avaliação de calor seja realizada por meio do índice do bulbo úmido termômetro de globo — IBUTG.

Na medição do IBUTG, é necessário utilizar os termômetros de bulbo natural — Tbn, termômetro de bulbo seco — Tbs e termômetro de globo — TG. Esses termômetros devem ser montados em tripé, conforme a Figura 23:

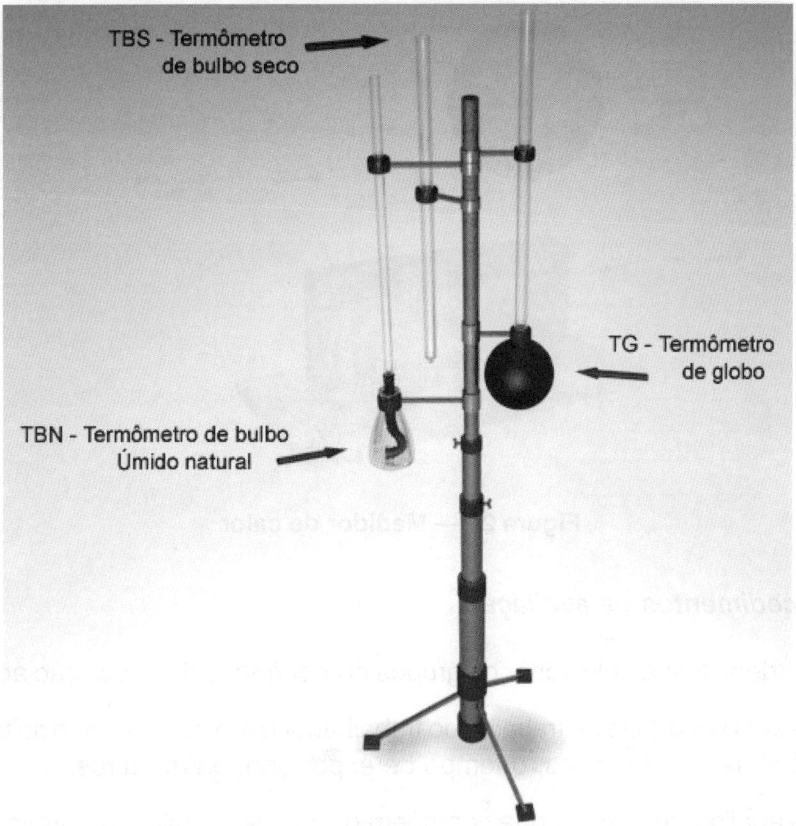

Figura 23 — Termômetro montado em tripé

Outra alternativa é a utilização do medidor eletrônico constituído de sensores que medem de forma idêntica aos dos termômetros de mercúrio. Esse instrumento também pode ser montado em tripé, de acordo com a natureza da exposição avaliada.

Os medidores eletrônicos são precisos e normalmente possuem processadores que apresentam o cálculo do IBUTG.

Atualmente, o uso desse medidor vem substituindo os termômetros convencionais. O princípio de funcionamento é o mesmo, porém a precisão é maior. Ademais, esse medidor normalmente possui recursos de calibração, além de ser certificado periodicamente em laboratórios especializados credenciados pelo INMETRO. A Figura 24 ilustra um medidor eletrônico de IBUTG.

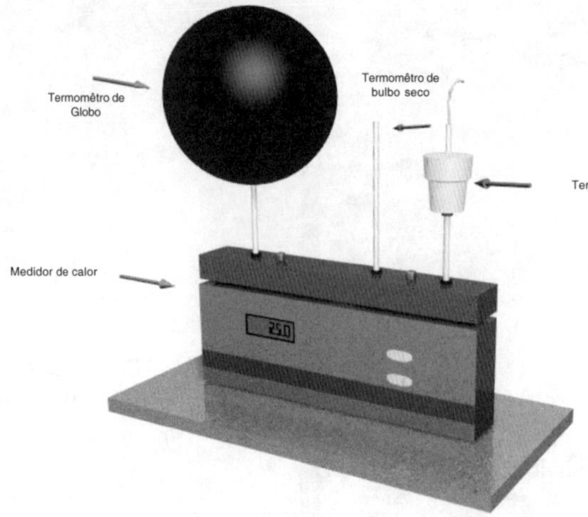

Figura 24 — Medidor de calor

b) Procedimentos de avaliação

— Identificar e selecionar os grupos homogêneos de exposição ao calor;

— analisar o ciclo de trabalho do trabalhador exposto, definindo as tarefas, as situações térmicas, o tempo de exposição, entre outros;

— analisar as tarefas que compõem o ciclo de trabalho, determinando o metabolismo em cada situação, conforme orientação dos quadros transcritos no item anterior;

— preparar o instrumento: verificar as baterias, configurar, calibrar se o medidor possuir esse recurso. No caso do conjunto convencional de termômetros comum, montá-los no tripé, conforme explicado anteriormente. O conjunto eletrônico também deve ser montado em tripé, utilizando cabo de extensão que normalmente acompanha esse instrumento;

— realizar medições em diferentes situações térmicas do ciclo de trabalho, como nos locais de trabalho/descanso. Cabe salientar que em cada situação deve-se cronometrar o tempo e definir o metabolismo;

— calcular o IBUTG e o metabolismo nas situações avaliadas e compará-los com os limites de tolerância, bem como analisar e interpretar corretamente os dados;

— elaborar laudo técnico contendo todos os dados levantados, o parecer técnico e as sugestões de medidas de controle, visando a eliminar ou minimizar a exposição ao calor.

c) Aplicação prática

Um trabalhador fica exposto continuamente (sem local de descanso) ao calor. Feita a avaliação ocupacional desse agente, obtiveram-se os seguintes dados:

— Temperatura de bulbo úmido natural (tbn) = 24,0°C

— Temperatura de globo (tg) = 50,0°C

— Ambiente interno sem carga solar

— Tipo de atividade: pesada (M — 440 Kcal/h — Quadro, anexo 3 — NR-15)

Solução:

— IBUTG = 0,7 x 24 + 0,3 x 50 = 31,8°C

— Tipo de atividade: pesada

— Como não há local de descanso, o IBUTG obtido para atividade pesada deve ser verificado no Quadro 1, anexo 3 da NR-15. De acordo com esse quadro, nessa situação não é permitido o trabalho sem adoção de medidas de controle. Portanto, o limite foi superado.

Suponhamos que seja instalado um local de descanso para esse trabalhador, com as seguintes condições:

— IBUTG = 24,0° C

— O trabalhador permanece nesse local sentado durante 20 minutos a cada hora.

Nesse caso, a situação de exposição é a seguinte:

— Local de trabalho: IBUTG = 31,8° C M → 440 Kcal/h — Tempo: 40 minutos.

— Local de descanso: IBUTG = 24,0° C M → 100 Kcal/h — Tempo: 20 minutos.

Nessa situação, é necessário calcular a média ponderada do metabolismo M e de IBUTG e compará-los com os limites do Quadro 2, anexo 3 da NR-15. Assim, teremos:

$$IBUTG = \frac{31{,}8 \times 40 + 24 \times 20}{60} = 29{,}2°\,C$$

$$M = \frac{440 \times 40 + 100 \times 20}{60} = 326{,}66 \text{ Kcal/h}$$

Com a média do metabolismo M = 326,6 Kcal/h, verifica-se, pelo Quadro 2 da NR-15, que o máximo IBUTG permitido é igual a 26,5°C.

Convém salientar que o local de descanso é termicamente mais ameno, onde o trabalhador deverá executar atividade leve ou permanecer em repouso.

4.6. Outros índices de avaliação ocupacional

Existem diversos índices que correlacionam as variáveis que influem nas trocas térmicas entre o indivíduo e o meio e, dessa forma, permitem quantificar a gravidade de exposição ao calor. Entre esses índices, os mais conhecidos são:

Quadro 6 — Índices e correlação das variáveis que influem nas trocas térmicas entre indivíduo e meio

<table>
<tr><th>ÍNDICE</th><th>CONSIDERAM</th></tr>
<tr><td>Temperatura efetiva — TE</td><td>Temperatura do ar, umidade relativa do ar, velocidade do ar.</td></tr>
<tr><td>Temperatura efetiva corrigida — TEC</td><td>Temperatura do ar, umidade relativa do ar, velocidade do ar e calor radiante.</td></tr>
<tr><td>Índice de sobrecarga térmica (heat stress index) — IST</td><td rowspan="2">Temperatura do ar, umidade relativa do ar, velocidade do ar, calor radiante e tipo de atividade.</td></tr>
<tr><td>Índice de termômetro de globo e úmido — TGU</td></tr>
</table>

Verifica-se no Quadro 6 que os índices Temperatura Efetiva e Temperatura Efetiva Corrigida não consideram todos os fatores tidos como fundamentais para a correta avaliação da sobrecarga térmica e por isso são os menos recomendados para o adequado estudo da exposição ao calor. Esses índices são conhecidos como "índices de conforto térmico".

Os demais índices consideram todos os fatores que influenciam as condições de exposição ao calor e são denominados índices de sobrecarga térmica.

4.7 — Avaliação para fins de conforto térmico

Muitas vezes, o calor não constitui risco de sobrecarga térmica nos ambientes de trabalho; no entanto, produz grande desconforto, especialmente onde se desenvolvem trabalhos intelectuais como escritórios, laboratórios, sala de desenho, entre outros.

A NR-17 da Portaria n. 3.214/78 estabelece os parâmetros de condições de trabalho com as características psicofisiológicas, de modo a proporcionar o máximo de conforto, segurança e desempenho eficiente.

No subitem 17.5 da referida norma são estabelecidos os parâmetros das condições ambientais de trabalho. Em relação ao conforto térmico, o subitem 17.5.2 dispõe:

> *Nos locais de trabalho onde são executadas atividades que exijam solicitação intelectual e atenção constante, tais como: salas de controle, laboratórios, escritórios, salas de desenvolvimentos ou análise de projetos, entre outros, são recomendadas as seguintes condições de conforto:*
>
> A) ....
>
> B) Índice de temperatura efetiva entre 20 e 23ºC;
>
> C) Velocidade do ar não superior a 0,75 m/s;
>
> D) Umidade relativa do ar não inferior a 40%.

Para avaliação desses índices de conforto, é necessário utilizar o psicrômetro e o termoanemômetro, devendo os dados serem lançados em ábaco padronizado. Sugerimos aos leitores consultar nossa obra: "Manual Prático de Avallação e Controle de Calor".

4.8. Medidas de controle

O calor, como todo agente ambiental, deve ser controlado primeiramente na fonte ou em sua trajetória por medidas relativas ao ambiente e medidas relativas ao homem.

a) Medidas relativas ao ambiente

Essas medidas procuram diminuir os fatores que influenciam na sobrecarga térmica: metabolismo, condução, convecção, calor radiante e evaporação. É necessário, então, precisa avaliação de todos esses fatores, visando a adotar as medidas adequadas.

Assim, as medidas devem visar, de preferência, ao fator que mais contribui para a sobrecarga térmica, conforme a equação do equilíbrio homeotérmico a seguir:

$$M \pm C \pm R = E \qquad (64)$$

— **Metabolismo:**

A redução do calor produzido pelo metabolismo é obtida a partir de automatização da operação, de forma a minimizar o esforço físico do trabalhador e, por conseguinte, diminuir a sobrecarga térmica.

Em determinadas situações, somente a automatização completa das operações eliminará o problema.

— **Convecção:**

Como vimos anteriormente, quando a temperatura do ar é mais alta que a do corpo (pele), o organismo ganha calor por mecanismo de condução/ convecção. Desse modo, o controle desse fator consiste em diminuir a temperatura do ar, o que pode ser feito por meio de ventilação natural ou artificial, ar-condicionado ou sistema de climatização do ambiente. Convém ressaltar que a adoção dessa medida exige dimensionamento do sistema, de forma a se obter temperatura do ar adequada no ambiente, pois redução demasiada pode acarretar desconforto. A insuflação de ar fresco no ambiente exige o controle da umidade relativa do ar, vez que esse fator influencia no mecanismo de troca de calor por condução/convecção.

— **Radiação:**

A redução desse fator é de grande importância para a diminuição da sobrecarga térmica. Para reduzir o calor radiante, a medida mais eficiente é a utilização de barreiras que reflitam os raios infravermelhos. O alumínio polido é muito eficiente para tal finalidade. Nos casos em que é necessária a visão através da barreira, existem vidros especiais que refletem os raios infravermelhos, bem como filmes especiais que podem ser aplicados sobre o vidro comum com a mesma finalidade.

A manutenção contínua das barreiras é importante, pois as ações de produtos químicos agressivos fazem com que elas percam a propriedade de reflexão. Quando isso ocorre, elas passam a absorver a radiação incidente, tornando-se fontes emissoras de calor radiante e, consequentemente, reduzindo sua eficácia como medida de controle.

As barreiras devem ser localizadas entre o trabalhador e a fonte de calor, e nunca posicionadas atrás do trabalhador, mesmo que vise à proteção de outros indivíduos. A permanência do trabalhador entre a fonte de calor radiante e a barreira pode aumentar o índice de sobrecarga térmica.

— **Evaporação:**

A evaporação do suor é fator importante no equilíbrio homeotérmico, sendo assim, devem ser criadas condições favoráveis para que isso ocorra.

Contudo, existem limitações fisiológicas da sudorese, ou seja, o indivíduo pode produzir no máximo 1 litro de suor/hora, que corresponde à perda por evaporação de 2.400 BTU/h ≅ 605 Kcal/h, além das limitações ambientais para a perda de calor por esse processo.

A redução da umidade relativa do ar em fontes localizadas que produzem vapor pode ser feita com instalação de sistema de ventilação local exaustora. O aumento da velocidade do ar favorece a evaporação do suor, mas essa medida deverá ser estudada com cuidado devido às limitações fisiológicas, conforme explicado anteriormente.

As condições ambientais podem ser modificadas, favorecendo o fenômeno da evaporação. O Quadro 7 relaciona algumas medidas que podem ser adotadas com os correspondentes fatores alterados.

Quadro 7 — Medida de controle em função do fator alterado

MEDIDA ADOTADA	FATOR ALTERADO
Insuflação de ar fresco no local onde permanece o trabalhador e revestimento adequado das tubulações condutoras de fluido térmico.	Temperatura do ar
Maior circulação do ar no local de trabalho.	Velocidade do ar
Exaustão dos vapores d'água emanados de um processo.	Umidade relativa
Utilização de barreiras refletoras (alumínio polido, aço inoxidável) ou absorventes (ferro ou aço) de radiação infravermelha, colocadas entre a fonte e o trabalhador.	Calor radiante
Automatização do processo.	Calor produzido pelo metabolismo

b) Medidas relativas ao homem

Na solução de um problema de higiene ocupacional, devem ser consideradas, em primeiro lugar, as medidas relativas ao ambiente, as quais geralmente são complementadas pelas medidas relativas ao pessoal. Em determinados casos, por razões de ordem técnica, a única solução é a adoção de medidas aplicáveis ao pessoal, as quais podem ser bastante eficazes.

Existe uma série de medidas que podem ser aplicadas diretamente no trabalhador, com o objetivo de minimizar a sobrecarga térmica. Entre elas, destacam-se:

— **Aclimatização:**

A aclimatização ao calor constitui-se em uma adaptação fisiológica do organismo a um ambiente quente. Essa medida é de fundamental importância na prevenção dos riscos decorrentes da exposição ao calor intenso. A aclimatização será total em aproximadamente três semanas. É importante mencionar que a perda de cloreto de sódio pela sudorese será menor no indivíduo aclimatizado, ou seja, ocorre o equilíbrio dos sais nas células do corpo.

— **Limitação do tempo de exposição**:

A limitação do tempo de exposição é feita pela recuperação térmica do trabalhador exposto ao calor em local apropriado. O tempo de recuperação depende das condições térmicas desse local e pode ser calculado com base nos índices de sobrecarga térmica.

A NR-15 da Portaria n. 3.214/78 adota o índice de bulbo úmido termômetro globo (IBUTG) para avaliação ocupacional do calor. Como vimos anteriormente, os limites de tolerância para esse índice são estabelecidos em função do tempo de exposição ao calor nos locais de trabalho e descanso.

Portanto, a implantação de períodos de descanso constitui uma medida eficiente no controle da sobrecarga térmica. Todavia, temos observado certa resistência na adoção dessa medida por parte dos empregadores, sob alegação de que tais pausas para descanso interferem na organização do trabalho, reduzindo a produtividade. A nosso ver, esse argumento não procede, pois, em estudos sistemáticos do processo produtivo, métodos de trabalho, tempos de movimentos, estudos ergonômicos, entre outros, essa medida pode ser aplicada com sucesso, sem prejuízo da produtividade.

Outro aspecto importante a ser considerado é que a pausa deve ser feita em local com ventilação e temperatura adequada, onde o trabalhador permaneça em repouso, se possível, sentado.

— **Exames médicos**:

Recomenda-se a realização de exames médicos pré-admissionais, com a finalidade de detectar possíveis problemas de saúde que possam ser agravados com a exposição ao calor, tais como: problemas cardiocirculatórios, deficiências glandulares (principalmente glândulas sudoríparas), problemas de pele, hipertensão, etc. Tais exames permitem selecionar um grupo adequado de profissionais em condições para executar tarefas sob o calor intenso. Exames periódicos devem também ser realizados com a finalidade de promover um contínuo acompanhamento dos trabalhadores expostos ao calor e identificar possíveis estados patogênicos em estágios iniciais.

— **Equipamentos de proteção individual:**

Existe no mercado uma grande variedade de equipamentos de proteção individual para os mais diversos usos e finalidades. Deve-se, portanto, fazer uma escolha adequada, objetivando o mais alto grau de eficiência e conforto.

As vestimentas dos trabalhadores devem ser confeccionadas com tecido leve e de cor clara. Para situações de exposições críticas ao calor, existem diversos tipos de vestimentas para o corpo inteiro, sendo que algumas possuem sistema de ventilação acoplado.

— **Educação e treinamento:**

É de fundamental importância a educação e o treinamento dos trabalhadores expostos ao calor intenso: a orientação quanto à prática correta de suas tarefas pode, por exemplo, evitar esforços físicos desnecessários ou longos períodos de permanência próximo da fonte. Deve-se conscientizar o trabalhador sobre o risco que representa a exposição ao calor intenso, educando-o quanto ao uso correto dos equipamentos de proteção individual, alertando-o sobre a importância de asseio pessoal e promovendo a utilização e a manutenção correta das medidas de proteção no ambiente.

5 — FRIO

A exposição ocupacional ao frio constitui importante risco nos ambientes de trabalho, especialmente em frigoríficos, laticínios, indústria de bebidas, entre outros. A NR-15 não estabelece limites de tolerância para frio, no entanto, determina a avaliação qualitativa na caracterização de insalubridade.

5.1 — Critério legal

O anexo 9 da NR-15 estabelece que "as atividades ou operações executadas no interior de câmaras frigoríficas, ou em locais que apresentem condições similares, que exponham os trabalhadores ao frio, sem a proteção adequada, serão consideradas insalubres em decorrência de laudo de inspeção realizada em local de trabalho".

Outro dispositivo legal e relativo à exposição ao frio é o estabelecido no art. 253 da CLT, referente a serviços frigoríficos:

> *"Para os empregados que trabalham no interior das câmaras frigoríficas e para os que movimentam mercadorias do ambiente quente ou normal para o frio e vice-versa, depois de 1 (uma) hora e 40 (quarenta) minutos de trabalho contínuo, será assegurado um período de 20 (vinte) minutos de repouso, computado esse intervalo como de trabalho efetivo.*

Parágrafo único. Considera-se artificialmente frio para os fins do presente artigo o que for inferior, na primeira, segunda e terceira zonas climáticas do mapa oficial do Ministério do Trabalho, a 15º (quinze graus), na quarta zona a 12º (doze graus) e na quinta, sexta e sétima zonas a 10º (dez graus)".

A NR-29 que regulamenta o trabalho portuário determina que nos locais frigoríficados é proibido o uso de máquinas e equipamentos movidos a combustão interna. O subitem 29.3.16.2 estabelece que a jornada de trabalho em locais frigoríficados deve obedecer ao Quadro 8:

Quadro 8 — Regime de trabalho em locais frigorificados

Faixa de Temperatura de Bulbo Seco (°C)	Máxima Exposição Diária Permissível para Pessoas Adequadamente Vestidas para Exposição ao Frio
+ 15,0 a -17,9 *	Tempo total de trabalho no ambiente frio de 6 (seis) horas e 40 (quarenta) minutos, sendo quatro períodos de 1 (uma) hora e 40 (quarenta) minutos, alternados com 20 (vinte) minutos de repouso e recuperação térmica, fora do ambiente frio.
+ 12,0 a -17,9 **	
+10,0 a -17,9 ***	
-18,0 a -33,9	Tempo total de trabalho no ambiente frio de 4 (quatro) horas, alternando-se 1 (uma) hora de trabalho com 1 (uma) hora para recuperação térmica fora do ambiente frio.
-34,0 a -56,9	Tempo total de trabalho no ambiente frio de 1 (uma) hora, sendo dois períodos de 30 (trinta) minutos com separação mínima de 4 (quatro) horas para recuperação térmica fora do ambiente frio.
-57,0 a -73,0	Tempo total de trabalho no ambiente frio de 5 (cinco) minutos, sendo o restante da jornada cumprida obrigatoriamente fora do ambiente frio.
abaixo de -73,0	Não é permitida exposição ao ambiente frio, seja qual for a vestimenta utilizada.

* Faixa de temperatura válida para trabalhos em zona climática quente, de acordo com o mapa oficial do IBGE.

** Faixa de temperatura válida para trabalhos em zona climática subquente, de acordo com o mapa oficial do IBGE.

*** Faixa de temperatura válida para trabalhos em zona climática mesotérmica, de acordo com o mapa oficial do IBGE.

Observa-se que a tabela é basicamente o disposto no artigo 253 da CLT.

5.2 — Equilìbrio homeotérmico

Conforme demonstrado anteriormente no item "calor", as trocas térmicas entre o organismo e o ambiente dependem de:

— Temperatura do ar;

— Velocidade do ar;

— Variação do calor radiante.

Esses fatores influenciam no equilíbrio homeotérmico do corpo segundo a seguinte equação: $M \pm C \pm R - E = S$

sendo:

M = calor produzido pelo metabolismo

C = calor ganho/perdido por condução/convecção

R = calor ganho/perdido por radiação

E = calor perdido por evaporação

S = calor no núcleo do organismo.

O desequilíbrio térmico (exposição ao frio), segundo a equação anterior, se apresentará quando o valor de "S" for inferior a zero, ou seja, o corpo estará perdendo calor para o ambiente, podendo ocorrer hipotermia.

O aspecto mais importante na hipotermia, e que poderá trazer a morte, é a queda da temperatura profunda do corpo. Deve-se proteger os trabalhadores do submetimento ao frio, de modo que a temperatura profunda do corpo não caia a menos de 36°C.

5.3 — Efeitos do frio no organismo

A vasoconstrição periférica é a primeira resposta do organismo para tentar realizar uma regularização entre perda e ganho de calor, ou seja, o fluxo sanguíneo é reduzido na mesma proporção que a diminuição da temperatura.

Esta diminuição acarretará, quando a temperatura corpórea chega a 35°C, a diminuição gradual de todas as atividades fisiológicas, tais como: frequência do pulso, pressão arterial e taxa metabólica. Em contrapartida, o corpo reage de forma que o indivíduo começa a tremer compulsivamente de maneira a produzir calor (aumento da atividade muscular). Se isso não for suficiente para produzir o calor necessário, o corpo continuará a perder calor e, por volta dos 29°C, o hipotálamo perde sua capacidade termorreguladora e as células cerebrais deprimem-se; consequentemente o indivíduo pode entrar em sonolência e posterior coma, ou seja, instala-se o quadro de hipotermia.

Além da hipotermia, vários outros estados patogênicos, conhecidos como lesões do frio, podem afetar o trabalhador. Entre eles, destacam-se:

— Enregelamento dos membros, que poderá levar à gangrena e amputação destes.

— Pés de imersão: quando os trabalhadores permanecem com os pés umedecidos ou imersos em água fria por longos períodos, produzindo estagnação do sangue, paralisação dos pés e das pernas.

— Ulcerações do frio: feridas, bolhas, rachaduras e necrose que poderão ocorrer devido à exposição ao frio intenso.

Além disso, o frio interfere na eficiência do trabalho e na incidência de acidentes, podendo desencadear inúmeras doenças reumáticas e respiratórias.

5.4 — Limite de tolerância

Como vimos anteriormente, a NR-15, em seu anexo 9, determina que a avaliação da exposição ao frio é qualitativa. Na ausência de limites nessa norma, a NR-9 permite a utilização dos limites da ACGIH, para fins de verificação do risco de exposição ocupacional.

Segundo a ACGIH, os limites de exposição ao frio visam a proteger os trabalhadores dos efeitos mais graves na sobrecarga por frio (hipotermia), além de outros danos mais graves de sobrecarga ocasionados por ele e pelas condições de trabalho com exposição ao frio, às quais se acredita que a maioria dos trabalhadores expostos repetidamente não sofre efeitos adversos à saúde. O objetivo do limite é evitar que a temperatura interna do corpo caia abaixo de 36,0°C, bem como prevenir lesões pelo frio nas extremidades do corpo (das mãos, dos pés e da cabeça). Numa exposição única e ocasional, é permitido que a temperatura do corpo chegue, no máximo, até 35,0°C.

Os limites de tolerância recomendados pela ACGIH são para trabalhadores adequadamente vestidos para períodos de trabalho à temperatura abaixo do ponto de resfriamento, conforme a Tabela 15.

TABELA 16

Limites de exposição para regime de trabalho/Aquecimento para jornada de 4 horas

Temperatura do ar céu ensolarado		Sem vento significativo		Vento de 8 Km/h		Vento de 16 Km/h		Vento de 24 Km/h		Vento de 32 Km/h	
°C (aprox.)	°F (aprox.)	Período máximo de trabalho	Número de pausas	Período máximo de trabalho	Número de pausas	Período máximo de trabalho	Número de pausas	Período máximo de trabalho	Número de pausas	Período máximo de trabalho	Número de pausas
-26° a -28°	-15° a -19°	(pausas normais) 1		(pausas normais) 1		75 min	2	55 min	3	40 min	4
-29° a -31°	-20° a -24°	(pausas normais) 1		75 min	2	55 min	3	40 min	4	30 min	5
-32° a -34°	-25° a -29°	75 min	2	55 min	3	40 min	4	30 min	5	Para trabalhos não emergenciais ↓	
-35° a -37°	-30° a -34°	55 min	3	40 min	4	30 min	5	Para trabalhos não emergenciais ↓			
-38° a -39°	-35° a -39°	55 min	4	30 min	5	Para trabalhos não emergenciais ↓					
-40° a -42°	-40° a -44°	30 min	5	Para trabalhos não emergenciais ↓							
≤ -43°	≤ -45°	Para trabalhos não emergenciais									

Fonte: Adaptado da *Occupational Health & Safety Division, Sasktchewan Department of Labour.*

Notas da tabela:

1. O regime de trabalho aquecimento se aplica a qualquer período de 4 horas de trabalho, com atividade moderada a pesada, com períodos de aquecimento de 10 minutos em local quente e com pausa longa em local quente (por exemplo, almoço) no final do período de 4 horas. Para trabalho leve a moderado (movimentação física limitada): aplicar regime de nível inferior. Por exemplo, a -35 °C (-30 °F), com vento não significativo (nível 4), um trabalhador que realiza um trabalho com pouca movimentação física deveria ter um período máximo de trabalho de 40 minutos, com quatro pausas em um período de 4 horas (nível 5).

2. Quando não se dispõe de informação precisa sobre a velocidade do vento, sugere-se para estimar esta velocidade: 8 Km/h — movimento de uma bandeira leve; 16 Km/h — bandeira leve totalmente estendida; 24 Km/h — levanta uma folha de jornal; 32 Km/h — soprando e arrastando neve.

3. Se apenas a taxa de resfriamento do vento estiver disponível: poderá ser aplicada uma regra empírica aproximada, em vez dos fatores de temperatura e velocidade do vento, conforme se segue: 1) pausas especiais de aquecimento devem ser iniciadas sempre que a taxa de resfriamento do vento estiver em torno de 1750 W/m^2; 2) todos os trabalhos não emergencias devem ser interrompidos antes de a taxa de resfriamento alcançar 2.250 W/m^2 ou quando alcançar este valor. Em geral, os regimes de aquecimento fornecidos subcompensam ligeiramente o vento e a temperatura mais quentes, pressupondo aclimatização e roupas apropriadas para trabalho em inverno. Por outro lado, a tabela sobrecompensa ligeiramente as temperaturas reais nas faixas mais frias, porque o vento raramente prevalece a temperatura baixas.

4. Os limites de tolerância se aplicam somente para trabalhadores usando roupas secas.

5.5 — Medidas de controle

Da mesma forma que o calor, as medidas de controle visam a alterar os fatores que influenciam a exposição (estresse) por frio. Assim sendo, o metabolismo pode ser alterado pelo aumento da atividade física, pela redução da velocidade e pelo aumento da temperatura do ar, que são medidas coletivas capazes de minimizar a exposição. No entanto, quando não é possível a adoção dessas medidas, deve-se empregar as medidas administrativas e o uso de EPI.

a) Limitação do tempo de exposição

A limitação do tempo de exposição constitui-se em medida eficiente no controle da exposição ocupacional ao frio. A norma brasileira (art. 253 da CLT e NR-09) e a ACGIH determinam o regime de trabalho no ambiente frio alternado com pausas de recuperação térmica. Desse modo, a instalação de local apropriado de descanso com temperatura adequada nas proximidades do ambiente frio para as pausas é medida necessária.

b) Vestimenta de trabalho — EPI

De acordo com a ACGIH, as medidas de controle do frio devem evitar a diminuição da temperatura interna do corpo e também proteger contra lesões por frio em todas as partes do corpo, especialmente mãos, pés e cabeça.

Assim, sempre que o trabalhador executar trabalho em ambiente com temperatura inferior a 4,0 °C, deve ser fornecida roupa isolante seca. A norma brasileira considera frio abaixo de 15 °C (art 253 e NR-31). A ACGIH fornece quadro de cálculo à temperatura equivalente a resfriamento em função da temperatura de bulbo seco e velocidade do ar. Esse índice tem o objetivo de estimar o efeito do vento e da temperatura baixa, além de permitir a determinação dos requisitos de isolamento da roupa para manter a temperatura do núcleo do corpo. Portanto, sugerimos os leitores a consulta da ACGIH.

No Brasil, existem vestimentas aprovadas pelo MTE, específicas de proteção de trabalho realizado com exposição ao frio. Além das vestimentas, a proteção das extremidades do corpo é necessária. Sendo assim, o uso de luvas, botas, capuz, entre outros, visando a proteger pés, mãos e cabeça é indicado.

Outras medidas de controle da exposição ao frio são:

— Controle da temperatura e da velocidade do ar nos locais onde há exposição ao frio;

— Aclimatização por meio de exposição gradual ao frio;

— Adoção de procedimentos adequados ao trabalho no interior dos locais frio;

— Os trabalhadores devem ser treinados nos procedimentos de segurança e saúde, incluindo uso adequado de EPI, primeiros socorros, hábitos adequados de alimentação, entre outros.

c) Controle médico

Além dos exames médicos previstos na NR-09, as medidas preventivas devem ser determinadas com orientação de médico com conhecimento dos fatores estressantes do frio.

d) Educação e treinamento

É de fundamental importância a educação e o treinamento dos trabalhadores expostos ao frio intenso: a orientação quanto à prática correta de suas tarefas pode, por exemplo, evitar esforços físicos desnecessários ou longos períodos de permanência próximo da fonte. Deve-se conscientizar o trabalhador sobre o risco que representa a exposição ao frio intenso, educando-o quanto ao uso correto dos equipamentos de proteção individual, alertando-o sobre a importância de asseio pessoal e promovendo a utilização e a manutenção correta das medidas de proteção no ambiente.

6 — RADIAÇÃO IONIZANTE

As radiações ionizantes são largamente utilizadas na Medicina para diagnóstico médico e odontológico, tratamento de doenças e em atividades industriais para medição de nível de silos, densidade de polpas, análises laboratoriais, radiografia industrial, entre outros.

Os efeitos das radiações ionizantes podem ser somáticos (não se transmitem hereditariamente) ou genéticos (se transmitem hereditariamente). A resposta dos diferentes órgãos e tecidos à radiação é variável tanto com o tempo de aparecimento como na gravidade dos sintomas. Assim, poderão ocorrer alterações no sistema hematopoiético (perda de leucócitos, diminuição do número de plaquetas, anemia), no aparelho digestivo (inibição da proliferação celular, diminuição ou supressão de secreções), na pele (inflamação, eritema e descamação), no sistema reprodutor (redução da fertilidade ou esterilidade), nos olhos, no sistema cardiovascular (pericardites), no sistema urinário (fibrose renal) e no fígado (hepatite de radiação).

Os princípios básicos da proteção radiológica são evitar todas as exposições desnecessárias à radiação. Segundo a norma do CNEN (Comissão Nacional de Energia Nuclear), a proteção radiológica tem finalidade nos princípios da justificação, da otimização e da limitação da dose individual;

- A justificação de uma prática de trabalho: nenhuma prática de trabalho envolvendo exposição à radiação ionizante deve ser adotada, a menos que produza benefícios suficientes aos indivíduos expostos ou à sociedade, capazes de compensar o dano que causa.

- A otimização da prática de trabalho objetiva que todas as exposições à radiação ionizante devem ser mantidas tão baixas quanto seja razoavelmente exequível (ALARA), levando-se em conta fatores sociais e econômicos.

- Os limites de dose individual: a dose de radiação de todas as fontes relevantes não deve exceder os limites prescritos na Tabela 18.

6.1 — Limites de tolerância

a) Limites de tolerância para radiações ionizantes — NR-15

O anexo 5 da NR-15 dispõe:

Nas atividades ou operações onde trabalhadores possam estar expostos a radiações ionizantes, os limites de tolerância, os princípios, as obrigações e os controles básicos para a proteção do homem e do seu meio ambiente contra possíveis efeitos indevidos causados pela radiação ionizante são os constantes da Norma CNEN-NE-3.01: " Diretrizes Básicas de Radioproteção", de julho de 1988, aprovada em caráter experimental pela Resolução CNEN n. 12/88 ou aquela que venha substituí-la .

A norma de radioproteção do CNEN estabelece os limites de dose individual conforme Quadro 9:

Quadro 9 — Limites de dose individual

GRANDEZA	ÓRGÃO	INDIVÍDUO OCUPACIONALMENTE EXPOSTO	INDIVÍDUO DE PÚBLICO
Dose efetiva	Corpo inteiro	20 mSv (b)	1 mSv (c)
Dose equivalente	Cristalino	150 mSv	15mSv
	Pele (d)	500 mSv	50mSv
	Mãos e pés	500 mSv	—

10 mSv = 10 rem

(a) Para fins de controle administrativo efetuado pela CNEN, o termo dose anual deve ser considerado como se fosse no ano calendário, isto é, no período decorrente de janeiro a dezembro de cada ano.

(b) Média ponderada em 5 anos consecutivos, desde que não exceda 50mSv em qualquer ano.

(c) Em circunstâncias especiais, a CNEN poderá autorizar um valor de dose efetiva de até 5 mSv em um ano, desde que a dose efetiva média em um período de 5 anos consecutivos não exceda a 1 mSv por ano.

(d) Valor médio em 1 cm^2 de área, na região mais irradiada.

Vale destacar, ainda, as seguintes determinações da norma CNEM NE--3.01:

— Os limites não se aplicam às exposições médicas.

— Os valores de dose efetiva se aplicam à soma das doses efetivas, causadas por exposições externas, com as doses efetivas comprometidas (integradas em 50 anos para adultos e até a idade de 70 anos para crianças), causadas por incorporações ocorridas no mesmo ano.

— Para mulheres grávidas ocupacionalmente expostas, suas tarefas devem ser controladas de maneira que será improvável que, a partir da notificação da gravidez, o feto receba dose efetiva superior a 1 mSv durante o período restante de gestação.

— Os indivíduos com idade inferior a 18 anos não podem estar sujeitos à exposição ocupacional.

— Os limites de dose estabelecidos não se aplicam a exposições médicas de acompanhantes e voluntário que eventualmente assistem pacientes. As doses devem ser restritas de forma que seja improvável que algum desses acompanhantes ou voluntários receba mais 5 mSv durante o período de exame e diagnóstico ou tratamento do paciente. A dose para crianças em visita a pacientes em que foram administrados materiais radioativos deve ser restrita, de forma que seja improvável exceder a 1 mSV.

Para mais informações, sugerimos aos leitores a consulta à norma CNEN NE — 3.0.

b) Limites da ACGIH

A ACGIH também recomenda limites para exposição ocupacional à radiação ionizante, conforme guia da norma de radioproteção da Comissão internacional sobre proteção radiológica:

Quadro 10 — Guias para exposição à radiação ionizante

Tipo de Exposição	*Guia*
1 — Dose Efetiva	
a) Em qualquer único ano	50 mSv (milisievert)[A]
b) Média sobre 5 anos	20 mSv por ano
2 — Dose Equivalente Anual para:	
a) Cristalino	150 mSv
b) Pele	500 mSv
c) Mãos e pés	500 mSv
3 — Exposição do embrião/feto, uma vez que a gravidez seja constatada:	
• Dose equivalente mensal[B]	0,5 mSv
• Dose para superfície: do homem (abdômen) da mulher (tronco inferior)	2,0 mSv para o período de gravidez remanescente
Incorporação de radionúcleo	1/20 do Limite de Incorporação Anual (LIA)
4 — Produtos de decaimento do radônio	4 Nível Trabalhado no Mês (NTM)

[A] 10 mSv = 1 rem[B]
[B] Soma das exposições interna e externa, excluindo-se, porém, doses de fontes naturais, como recomendado pelo NCRP[(13)]

6.2 — Avaliação quantitativa

A avaliação da radiação ionizante é feita pelo método quantitativo, conforme anexo 5, NR-15, que determina a aplicação das normas do CNEN. Essa norma estabelece a implementação de um programa de monitoramento individual e de área. As medições de área são realizadas com o contador GEIGER, enquanto no monitoramento individual utilizam-se os dosímetros de filme. Segundo a norma CNEN, nos casos em que a monitoração individual não for aplicável, a avaliação ocupacional tomará como base os resultados obtidos nas medições da área.

A instrumentação deve ser testada e calibrada em intervalos apropriados, usando-se como frequência padrões rastreáveis aos padrões nacionais e internacionais.

6.3 — Medidas de controle

As medidas de controle da radiação ionizante podem ser realizadas por meio de medidas coletivas, administrativas e medidas no trabalhador--exposição, destacando-se entre elas:

(13) National Council on Radiation Protection and Measurements.

— Blindagem das fontes de radiação ionizante;

— Uso de barreiras ou paredes revestidas de chumbo;

— Controle da distância entre o trabalhador e a fonte, devendo as áreas ser isoladas e sinalizadas.

Segundo a norma do CNEN, para fins de gerenciamento da proteção radiológica, as áreas devem ser classificadas em áreas controladas e supervisionadas ou área livre. A área controlada exige proteção específica de forma a garantir a exposição ocupacional de conformidade com os requisitos de otimização e limitação da dose, além de prevenir os riscos potenciais. Essas áreas devem ser sinalizadas com o símbolo internacional de radiação ionizante, bem como a descrição do tipo de material, equipamento em uso relacionado à radiação ionizante. Já as áreas supervisionadas não requerem controle específico, no entanto, a norma exige que seja feita reavaliação regular das condições de exposição ocupacionais, visando à sua classificação adequada.

— Limitação do tempo de exposição em área controlada;

— Monitoramento individual de todos os trabalhadores ocupacionalmente expostos à radiação ionizante;

— As mulheres ocupacionalmente expostas, em caso de gravidez, devem comunicar imediatamente ao seu empregador tão logo tomem conhecimento;

— Controle médico de todos os trabalhadores ocupacionalmente expostos;

— Para outras medidas de controle e programas de radioproteção, os leitores devem consultar as normas do CNEN.

7 — RADIAÇÕES NÃO IONIZANTES

O espectro eletromagnético é um conjunto de todas as formas de energia radiante. Em sua forma mais simples, a radiação eletromagnética consiste em ondas elétricas vibratórias que se transladam no espaço acompanhadas por um campo magnético vibratório, com as características de um movimento ondulatório. As características das radiações eletromagnéticas são possuir frequência, comprimento de onda e energia.

A radiação eletromagnética pode atuar como partículas discretas de energia (*quantum*), tendo o *quantum* um valor definido de energia e momento.

O espectro eletromagnético engloba desde a radiação ionizante de grande energia, com frequências elevadas e comprimentos de onda menores, a radiações não ionizantes, com baixas frequências e comprimentos de onda maiores.

A região não ionizante do espectro eletromagnético é aquela onde a energia das partículas incidentes é insuficiente para desalojar elétrons dos tecidos do corpo humano. À medida que diminui, o nível de energia das partículas incidentes acessa a ionização.

No espectro eletromagnético podemos distinguir diferentes regiões espectrais, conforme esquema a seguir:

Quadro 11 — O espectro eletromagnético e os Limites de Tolerância relacionados

	Radiação não ionizante						Radiação ionizante
Região	**Sub-radiofrequência**	**Radiofrequência**	**Micro-onda**	**Infravermelho**	**Visível**	**Ultravioleta**	**Raios X**
Banda de onda	ELF			IV-C IV-B V-A		UV-A UV-B UV-C	
Comprimento de onda	1000 Km 10 Km	1 m	1 mm	3 µm 1,4 µm 760 nm	400 nm	315 nm 280 nm 180 nm	100 nm
Frequência	300 Hz 30 KHz	300 MHz	300 GHz				
LT aplicável	Sub radio frequência	Radiofrequência e micro-onda		Infravermelho próximo e visível		Ultravioleta	Radiação ionizante

Fonte: ACGIH (2009)

As radiações não ionizantes englobam: radiação ultravioleta, radiação visível e infravermelha, *laser*, micro-ondas e radiofrequências. Podem incluir-se os ultrassons, já que os riscos produzidos por eles são similares aos da radiação não ionizante, devido à sua natureza ondulatória e à alta frequência. As radiações ionizantes englobam, por exemplo, Raios X e raios gama. Normalmente, a emissão de uma radiação ionizante estará acompanhada de outras radiações.

Parte das radiações ionizantes está incluída no espectro eletromagnético, tais como os raios x e y, que não têm carga elétrica nem massa.

Outras radiações ionizantes têm natureza corpuscular, isto é, são partículas alfa, com massa e carga definidas.

7.1 — Radiações ultravioletas

A exposição ocupacional a esse agente é frequente nos ambientes de trabalho, especialmente nas operações de soldagem e em trabalho a céu aberto com exposição direta ao sol. A radiação ultravioleta é dividida em três categorias, de acordo com os comprimentos de onda:

— Ultravioleta A — UV-A — 320 — 400 nm(14)

— Ultravioleta B — UV-B — 290 — 320 nm

— Ultravioleta C— UV-C — 100 — 290 nm

Quando incidentes sobre o organismo, podem ser remetidas, transmitidas ou absorvidas e produzir reações fotoquímicas e efeito biológico do tipo térmico. O grau de penetração da R-UV depende do comprimento de onda e do grau de pigmentação da pele; em relação aos olhos, são absorvidas pela córnea e pelo cristalino. As radiações UV-B e C penetram unicamente na epiderme e as UV-As podem atingir a derme, podendo chegar a produzir lesões em terminações nervosas. Os efeitos das R-UVs podem ser escurecimento da pele, eritemas, pigmentação retardada, interferência no crescimento celular, perda de elasticidade da pele, queratose actínica e até mesmo câncer de pele. A ação mais frequente das R-UVs sobre os olhos é a fotoqueratose.

a) Limites de tolerância

A NR-15 não estabelece limite de tolerância para radiação ultravioleta, porém, o anexo 7 dessa norma determina que a avaliação para fins de caracterização de insalubridade seja feita pelo método qualitativo. Ademais, a referida norma estabelece que a exposição à luz negra (400-300 nm) não é considerada insalubre.

A ACGIH, cujos limites são aceitos no Brasil (NR-9, subitem 9.3.5.1 — letra C), recomenda limites de exposição ocupacional à radiação ultravioleta (UV), com comprimento de onda entre 180 e 400 nm (namômetros) proveniente de descargas gasosas e em vapor, fontes incandescentes, fluorescentes e radiação solar, porém não se aplica o *laser*.

A ACGIH fornece a tabela do limite de radiação ultravioleta incidente sobre a pele e os olhos em função do comprimento de onda (180 a 400 nm), além da eficiência espectral e relativa. Em outra tabela recomenda o tempo de duração diária em razão da irradiância efetiva.

Na faixa espectral UVA (315-400 nm), a ACGIH recomenda limites específicos sem ponderação. Mais informações sobre os limites poderão ser obtidas no manual da ACGIH citado na bibliografia.

---

(14) 1nm = Nanômetro = 10-9 metros.

b) Avaliação quantitativa

Como a NR-15 adota a avaliação qualitativa na verificação da insalubridade, o método de avaliação e a instrumentação são pouco difundidos. Assim, a quantificação desse agente deve ser feita com base nos limites da ACGIH, nos termos da NR-09. O medidor de ultravioleta para atender essa norma deve fornecer os valores de intensidade em miliwatts por centímetro quadrado (mW/cm^2), além de a faixa de medição abranger os comprimentos de onda UV-A, UV-B e UV-C, bem como possuir ponderação de pico em 280 nanômetros — nm.

Segundo o higienista Mário Luiz Fantazzini, para atender aos limites recomendados pela ACGIH, é necessário instrumentação específica composta de radiômetro de leitura. Esse detector é especial, pois nem todos os comprimentos de onda UV têm a mesma capacidade de produzir efeitos nocivos.

Para aplicar esse limite, é preciso ter instrumentação específica composta de um detector de UV e um radiômetro de leitura. Essa capacidade varia com o comprimento de onda, ou seja, há uma eficiência espectral ao longo da faixa de medição (180 a 400 nm), com pico de "rendimento nocivo" nos 270 nm. Assim, o detector deve seguir essa mesma sensibilidade, como se fosse um trecho de pele (ou dos olhos) exposto. Não é qualquer medidor UV que é capaz disso e sua seleção e sua compra devem ser feitas com cuidado.(15)

c) Medidas de controle

As medidas de controle também podem ser alcançadas por meio de ações coletivas, administrativas e EPIs. Entre essas medidas, destacam-se:

— Uso de barreiras de forma a impedir a propagação da radiação;

— Controle da distância da fonte;

— EPIs — óculos com lente filtrantes de radiação, roupas apropriadas para proteção do braço, tórax;

— Protetor solar e chapéu de aba larga em trabalhos a céu aberto;

— Controle médico periódico.

7.2 — Radiação infravermelha

A radiação infravermelha engloba parte do espectro, desde a luz visível até as micro-ondas e, devido a seu baixo poder energético, produz unicamente

---

(15) FANTAZZINI, Mário. Artigo *Revista Proteção*, novembro de 2002, p. 36.

efeitos térmicos. As lesões pela exposição a essa radiação podem aparecer na pele e nos olhos, causando queimaduras e aumento de pigmentação da pele, lesões e opacidade na córnea.

A principal fonte natural é o sol e, entre as artificiais, podemos citar os corpos incandescentes e superfícies muito quentes, as chamas, as lâmpadas incandescentes, fluorescentes ou descargas de alta intensidade.

A NR-15 não estabelece limite de tolerância para radiação infravermelha nem estabelece critério de avaliação qualitativa para fins de insalubridade. A ACGIH recomenda os limites de exposição, que se referem a valores para radiação visível e infravermelho próximo, com comprimentos de onda compreendidos entre 400 e 3000 nm (nanômetro). Segundo a ACGIH, esses limites representam condições às quais se acredita que a maioria dos trabalhadores possa ser exposta sem efeitos adversos à saúde.

Os limites de exposição ocupacional à radiação infravermelha visam à proteção da retina contra lesão térmica provocada pela radiação visível e lesões térmica na córnea e possíveis efeitos tardios do cristalino (cataratogênese) à exposição à radiação infravermelha (770 a 3000 nm).

Da mesma forma que a ultravioleta, a instrumentação e a metodologia de avaliação quantitativa são pouco difundidas. Tampouco há normas brasileiras referentes à exposição a esse agente.

7.3 — Radiação micro-ondas e radiofrequência

A radiação de micro-onda e radiofrequência está compreendida na faixa de 30 quilohertz (Khz) a 300 gigahertz (Ghz). Nessa faixa de frequência, encontramos diversas fontes nos ambientes de trabalho, tais como: radar, transmissão de rádio, forno de micro-ondas, sistema de comunicação, entre outros. A exposição à radiação de micro-ondas e radiofrequência pode provocar o efeito térmico quando absorvida pelo corpo, ou seja, a energia é transmitida em calor. O maior risco ocorre quando a absorção é nos olhos e no cérebro.

O anexo 7 da NR-15 determina que a insalubridade devida à exposição a micro-ondas é detectada por inspeção realizada no local de trabalho (avaliação qualitativa).

Entre as medidas de controle do micro-ondas e radiofrequência, destacam-se:

— as fontes de produção devem ser blindadas, de forma a evitar o escapamento para o ambiente e as possíveis aberturas, como nos fornos de micro-ondas, as quais devem ser seladas;

— na operação de um forno, o operador não deve permanecer com a porta aberta nem colocar o rosto na abertura da porta;

— o controle da distância da fonte micro-onda também constitui medida eficaz na redução da exposição;

— utilização de roupas de proteção da pele e proteção dos olhos;

— controle médico.

7.4 — Laser

A exposição ao *laser* (*ligtht amplication by simulated emission*) pode produzir danos nos olhos e na pele. As operações com *laser* geram calor e radiação na faixa visível, ultravioleta e infravermelho. Um feixe de *laser* pode produzir uma intensidade de luz maior do que aquela verificada quando olhamos diretamente para o sol. Os *lasers* são classificados em quatro classes, dependendo do efeito sobre a saúde.

A classe I tem poder radiante pequeno e o risco é baixo. O *laser* classe II emite radiação visível de maior intensidade (maior que 1,0 mw). Os *lasers* classe III possuem intensidade de 1 a 5,0 mw, e nos *lasers* III B a intensidade é de 5-500mw e oferecem risco aos olhos, devendo ser adotadas medidas específicas de controle. Já os *lasers* de classe IV (intensidade maior que 500nm) são os mais perigosos e oferecem risco aos olhos e à pele e requerem medida de controle em qualquer exposição.

A exposição ocupacional a esse agente ocorre em hospitais, clínicas e outros estabelecimentos que utilizam o *laser* em diagnóstico e tratamentos médicos.

O anexo 7, NR-15, determina, para fins de caracterização de insalubridade, a avaliação qualitativa da exposição ocupacional à radiação a *laser*. Já a ACGIH recomenda limites de tolerância para o *laser*. Segundo essa norma, a maioria dos *lasers* tem um rótulo afixado pelo fabricante descrevendo sua classe de risco e, desse modo, normalmente, não há necessidade de realizar avaliação quantitativa, isto é, determinação da irradiância para comparação com limites de tolerância.

A ACGIH menciona também que os limites de tolerância são para exposição à radiação a *laser*, aos quais se acredita que a maioria dos trabalhadores possa ficar exposta repetidamente sem efeitos adversos à saúde, devendo ser usados como guia de controle de exposição. Ademais, são baseados nas informações disponíveis de estudos experimentais.

Os limites são estabelecidos em função do comprimento de onda em nm (namômetro), da intensidade da radiação mJ/cm^2 (milijoule) ou mw/cm^2 e do tempo de exposição em segundos. Além disso, a ACGIH recomenda limites específicos para exposição ocular e na pele.

Em relação ao controle, segundo a ACGIH exposições perigosas podem ser minimizadas com a aplicação de medidas de controle apropriadas a cada classe de risco do *laser*. Assim, o fabricante do *laser* deve fornecer sua classe por meio de sinalização com advertência do risco. Em qualquer classe de *laser*, deve-se sempre evitar a exposição direta do olho ao feixe de *laser*.

Os feixes de *laser* devem ser totalmente protegidos em seu trajeto, no entanto, quando isso não ocorre, deve-se definir a área controlada e sinalizá--la. O treinamento do operador em segurança no trabalho com *laser* é necessário nas classes IIIB e IV, além de estabelecer procedimento escrito na operação do *laser*, especialmente durante o feixe de *laser*. Deverá ser limitada a presença de pessoas em área controlada.

Os EPIs recomendados são óculos com fator de proteção adequada, roupas apropriadas e barreiras adequadas para proteção dos raios *laser*, em especial nas classes IIIB e IV.

7.5 — Campos magnéticos e eletrostáticos

A NR-15 não estabelece limites nem menciona a exposição ocupacional a campos magnéticos e eletrostáticos, para fins de PPRA ou insalubridade.

A ACGIH recomenda limites de exposição ocupacional para campos magnéticos estáticos, campos magnéticos de subfrequência (30 KHz e abaixo) e sub-radiofrequência (30 KHz e abaixo) e campos eletrostáticos.

a) Campos magnéticos

A ACGIH recomenda os seguintes limites para campos magnéticos em exposições ocupacionais de rotina:

— 60 mT(militesla), equivalente a 600 Gauss (G) para o corpo inteiro — valor-teto 2T.[16]

— 600 mT (6000 Gauss — G) para as extremidades — valor-teto 5T.

Para usuários de dispositivos eletrônicos, o limite é 0,5 mT.

— Campos magnéticos estáticos. As exposições ocupacionais de rotina não devem exceder a 60 militesla (mT), equivalente a 600 graus

(16) 1T (Tesla) = 104G (Gauss)

(G) corpo inteiro ou 600 mT (6000 G) para os membros, sobre uma base diária, média ponderada no tempo. Os valores-teto são 2T para corpo inteiro e 5T para os membros.

— **Campos magnéticos de subfrequência.** Os limites de exposição referem-se a amplitudes de fluxo magnético (B) de campos magnéticos de subfrequência na faixa de frequência de 30 KHz e abaixo, às quais se acredita que a maioria dos trabalhadores pode estar repetidamente exposta sem efeitos adversos à saúde. É também estabelecido valor-teto de 0,2 mT para frequências na faixa entre 300 Hz e 30 KHz, para exposições localizadas e de corpo inteiro. Para frequências abaixo de 300 Hz, o limite de tolerância para extremidades do corpo pode ser aumentado por um fator de 10 para mãos e por um fator de 5 para braços e pernas. Em 30 KHz, o limite de tolerância é de 0,2 mT, o qual corresponde a uma intensidade de campo magnético de 160 A/m.

b) Sub-radiofrequência (30 KHz e abaixo) e campos eletrostáticos

A ACGIH recomenda limites de exposição ocupacional para campos elétricos não protegidos no local de trabalho, compreendendo os campos elétricos de subfrequência (30 KHz e abaixo) e os campos eletrostáticos. As magnitudes de campos elétricos estabelecidos no limites referem-se aos níveis presentes no ar, distantes da superfície condutora (onde as descargas elétricas e as correntes de contato podem representar riscos significativos).

Segundo a ACGIH, as exposições ocupacionais não devem exceder a intensidade de campos de 25 KV/m de 0Hz a 100 Hz. Para frequências na faixa de 100 Hz a 4 Hz, o valor-teto é dado por:

$$E = \frac{2,5 \times 106}{f} \qquad \textbf{(65)}$$

sendo:

E = intensidade de campo elétrico em volts por metro — V/m.

F = frequência em Hz.

Para frequência de 4 a 30 Hz, o valor-teto é de 625 V/m.

A ACGIH informa que os limites podem não proteger trabalhadores com marcapassos cardíacos e recomenda que, na ausência de informação especifica do fabricante sobre a interferência eletromagnética dos dispositivos médico-eletrônicos, a exposição deve ser mantida abaixo de 1 KV/m.

Para outras informações, sugere-se aos leitores a consulta da bibliografia e da ACGIH.

c) Campos magnéticos de sub-radiofrequência (30 KHz e abaixo)

A ACGIH recomenda que a exposição ocupacional na faixa da extremidade baixa frequência de 1 a 300 Hz não deve exceder o valor-teto dado pela equação:

$$B = \frac{60}{f} \qquad \textbf{(66)}$$

sendo:

B = a densidade de fluxo magnético em militesla — (mT).

f = frequência em Hz.

— Frequências 30 Hz-30 KHz (incluem a banda de frequência de voz que vai de 300 Hz a 3 KHz e bandas de frequência muito baixa de 3KHz a 30KHz) — a exposição não deve exceder o valor-teto de 0,2 mT— para o corpo interno e localizado.

— Frequências abaixo de 300 Hz — o limite para exposição localizada pode ser elevado por um fator 10 para as mãos e para os pés e por um fator 5 para as pernas. Na ACGIH 2005, há intenção de alteração desses limites, portanto, sugerimos aos leitores a consulta.

CAPÍTULO III

AGENTES QUÍMICOS

Segundo a NR-09, os agentes químicos são substâncias, compostos ou produtos que possam penetrar no organismo pelas vias respiratórias na forma de poeira, fumos, névoas, neblinas, gases ou vapores ou que, pela natureza da atividade e exposição, possam ter contato ou ser absorvidos pelo organismo através da pele ou por ingestão.

Na avaliação ocupacional dos agentes químicos, há duas etapas: levantamento de campo e análise das amostras em Laboratório. Os métodos do NIOSH, OSHA, FUNDACENTRO, entre outros, estabelecem o procedimento de coleta de dados no campo e análise laboratorial. Esses procedimentos devem ser interagidos e seguidos rigorosamente de forma a minimizar os erros na quantificação.

A escolha do Laboratório é fundamental na busca de melhor exatidão dos resultados. No Brasil, as avaliações de campo evoluíram bastante nos últimos anos, no entanto, na higiene analítica, as opções de Laboratório especializado são restritas.

Os laboratórios de higiene ocupacional analíticos devem ser construídos observando-se os padrões de qualidade, devendo os analistas ser especializados em higiene ocupacional e segurança de maneira a realizar as análises do trabalho com técnicas analíticas adequadas, além de serem comprometidos com a importância das análises na caracterização do risco à saúde dos trabalhadores.

Outra dificuldade na instalação do Laboratório é o alto custo dos equipamentos, dificultando sua aquisição de empresas privadas. Já na administração pública, a maioria dos laboratórios não tem a finalidade específica de executar análises de higiene ocupacional.

Na avaliação de campo, o higienista também deve adotar os procedimentos técnicos adequados e ter comprometimento com a importância desse trabalho na prevenção das doenças ocupacionais. O reconhecimento dos riscos químicos exige a análise do processo, composição química dos produtos envolvidos, forma de contato, entre outros. A partir dessa análise, o técnico define o tipo de substância em que deverá ser realizada a avaliação quantitativa e, por via de consequência, o método a ser aplicado.

1 — *CONCEITOS, DEFINIÇÕES E CLASSIFICAÇÃO*

— Gases

É a denominação dada às substâncias que, em condições normais de temperatura e pressão (25 °C e 760 mmHg), estão no estado gasoso. Ex.: hidrogênio, oxigênio e nitrogênio.

— Vapores

É a fase gasosa de uma substância que, a 25 °C e 760 mmHg, é líquida ou sólida. Ex.: vapores de água, vapores de gasolina.

É importante salientar que a concentração de vapores de uma substância, a uma determinada temperatura, não pode aumentar indefinidamente. Existe um ponto máximo denominado saturação, a partir do qual qualquer aumento na concentração transformará o vapor em líquido ou sólido.

A principal diferença entre gases e vapores é a concentração de cada um que pode existir no ambiente. Como para Higiene do Trabalho as concentrações que interessam são pequenas, situando-se normalmente abaixo da concentração de saturação, não se torna necessário distinguir os gases dos vapores, sendo os dois estudados de uma só vez.

— Particulado

De forma ampla, o material particulado contaminado é todo aquele aerosol que se encontra em suspensão no ar e possível de ser nocivo à saúde. De acordo com sua formação, os particulados podem ser classificados como sólido ou líquido. Como particulados líquidos, temos as névoas e as neblinas e como particulados sólidos as poeiras (fibras) e os fumos.

— Poeira

São partículas sólidas produzidas por ruptura mecânica de um sólido, seja pelo simples manuseio (limpeza de bancadas) ou em consequência de uma operação mecânica (trituração, moagem, peneiramento, polimento, entre outras).

Ex: poeira de sílica, asbesto e carvão.

— Fumos

São partículas geradas termicamente, formadas por condensação de vapores, em geral após volatilização de substância fundida, frequentemente acompanhada de reação química, tal como oxidação.

Ex.: fumos de Pb (chumbo) — soldagem de terminais de baterias;

fumos de Zn (zinco) — galvanoplastia.

— **Névoas**

Névoas são partículas líquidas produzidas por ruptura mecânica de líquido.

Ex.: névoa de tinta — resultante de pintura a pistola.

— **Neblinas**

São partículas líquidas produzidas por condensação de vapores de substâncias que são líquidas à temperatura ambiente.

— **Fibras**

São partículas sólidas produzidas por ruptura mecânica de sólidos, que se diferenciam das poeiras porque têm forma alongada, com comprimento três a cinco vezes superior ao seu diâmetro. Exemplos:

Animal — lã, seda, pelo de cabra e camelo

Vegetal — algodão, linho, cânhamo

Mineral — asbestos, vidros e cerâmica

Deve-se salientar que essa classificação é apenas para facilitar a compreensão, pois, do ponto de vista da higiene, muitas vezes a maneira como as partículas são originadas para fins de avaliação e controle não é significativa.

2 — PARÂMETROS UTILIZADOS NAS AVALIAÇÕES DE PARTICULADOS E GASES E VAPORES

— Tamanho das partículas

O tamanho das partículas é fundamental na avaliação de poeiras, vez que dele dependem os efeitos na saúde, o tempo em que as partículas ficam em suspensão, entre outros. A ACGIH, há muitos anos, tem recomendado o limite de tolerância por seleção de partículas (respiráveis) para sílica cristalizada, pois há uma associação bem estabelecida entre a silicose e as concentrações de poeira respirável. A intenção da ACGIH (*American Conference of Governamental Industrial Hygienists*) é estabelecer todos os seus limites para fração respirável, inalável e torácica.

Quanto ao tamanho das partículas, podem ser classificadas conforme:

TIPO DE PARTICULADO	**TAMANHO APROXIMADO** (μm)
Sedimentável	10 < ∅ < 150
Inalável	∅ < 10
Respirável	∅ < 5
Visível	∅ > 40

— ***Limite de tolerância***

Entende-se por limite de tolerância a concentração máxima ou mínima relacionada à natureza e ao tempo de exposição ao agente, que não causará danos à saúde do trabalhador durante sua vida laboral (subitem 15.1.5 da NR-5).

— ***Limite de exposição — média ponderada pelo tempo***

É a concentração média ponderada pelo tempo para uma jornada de trabalho de 8 horas diárias e 44 semanais, à qual a maioria dos trabalhadores podem estar expostos dia após dia sem sofrer efeitos adversos à saúde.[17]

— ***Limite de exposição de curta duração***

Segundo a ACGIH, é definido como a exposição média ponderada pelo tempo de 15 minutos que não pode ser excedida em minuto algum da jornada de trabalho, mesmo que a concentração média ponderada esteja dentro do limite de tolerância — média ponderada TWA. Exposições acima do limite — média ponderada, mas abaixo do limite de curta duração, não podem ter duração superior a 15 minutos nem se repetir mais de quatro vezes ao dia.

— ***Limite de tolerância — valor-teto***

É a concentração que não pode ser ultrapassada em nenhum momento da jornada de trabalho.

— ***Partícula respirável***

São as partículas que conseguem penetrar na região de troca de gases do pulmão. Esse tipo de particulado é o de mais alto risco, pois pode alcançar os alvéolos pulmonares.

— ***Partícula inalável***

São partículas que ficam depositadas em qualquer lugar do trato respiratório.

— ***Particulado torácico***

São partículas que oferecem risco quando depositadas em qualquer lugar no interior das vias aéreas dos pulmões e da região de troca de gases.

— ***Particulado total***

É todo o material em suspensão no ar, independentemente do tamanho das partículas. A NR-15 estabelece o limite para sílica livre cristalizada e para particulados total e respirável. A ACGIH recomenda o limite de tolerância

---

(17) ACGIH (2011)

para poeira total para vários tipos de poeira, embora haja tendência a fixar todos os limites para fração respirável, inalável ou torácica.

— ***Contagem de partícula***

É o método de análise por microcospia, utilizado especialmente para fibras de asbesto. A concentração é expressa em número de fibras respiráveis retidas no filtro sobre o volume amostrado em cm^3. Entende-se por fibras respiráveis de asbestos aquelas com diâmetro inferior a 3mm, comprimento maior ou igual a 5 mm e relação entre comprimento e diâmetro igual ou superior a 3:1 (NR-15, anexo 12).

— ***Análise gravimétrica***

É a análise que determina a diferença do peso final e inicial do filtro. Este é pesado em balança analítica antes e após a coleta da amostra. A massa retida no filtro sobre o volume coletado é o que define a concentração. Esse método é utilizado para a maioria dos particulados.

— ***Grupo homogêneo de exposição***

O grupo homogêneo de exposição corresponde a um grupo de trabalhadores que ficam expostos de modo semelhante, de forma que o resultado da avaliação da exposição de qualquer trabalhador ou do grupo seja representativa da exposição do restante dos trabalhadores do mesmo grupo (Instrução normativa n. 1 de 20.12.95 do tem, DOU de 4.1.1996).

— ***Estratégia de avaliação***

É a definição e o planejamento da coleta de amostras de forma a obter o valor real da concentração do agente, mediante análise e tratamento estatístico dos dados.

Consiste em definir os tipos de amostras, período e dias de coleta, tempo, número de amostras e tratamento dos dados por meio de cálculo de probabilidade de risco, limite de confiabilidade, entre outros parâmetros estatísticos, de maneira a buscar mais exatidão na avaliação da exposição ocupacional.

Foram aplicados conceitos de intervalos de confiança e estimativa do verdadeiro valor na concentração ambiental, além da teoria da existência de risco por comparação com os limites de tolerância, mediante contrastes de hipóteses e com o grau de confiança de 95%. Esse estudo é recomendado pelo NIOSH (*National Institute for Occupational Safety and Health*) na estratégia de avaliar os contaminantes ambientais.

— ***Avaliação***

Caracteriza-se pelo conjunto de ações necessárias para se realizar uma caracterização completa de um determinado ambiente ou da exposição ocupacional de trabalhadores.

— *Amostragem de curta duração*

É aquela realizada em um período de até 15 minutos. Fornece como resultado a concentração média relativa a esse período. É utilizada principalmente para verificar se o limite de tolerância de curta duração estabelecido na ACGIH foi ultrapassado.

— *Amostragem instantânea*

É aquela realizada em um período máximo de 5 minutos. Fornece como resultado a concentração instantânea da substância. É utilizada principalmente para verificar se o valor máximo permitido ou valor-teto foi ultrapassado.

— *Amostragem ambiental*

Ao contrário das amostragens anteriores, que são realizadas no nível respiratório dos trabalhadores, a avaliação ambiental é realizada no ambiente de trabalho e fornece como resultado a concentração da substância nesse local. É utilizada principalmente para verificar a eficiência de medidas de controle existentes, tais como ventilação local exaustora ou diluidora.

— *Análise laboratorial*

Corresponde a todo o procedimento que conduz à quantificação da concentração da substância em uma amostra.

— *Coleta*

Corresponde ao processo de se obter uma amostra da substância no ar.

— *Zona de respiração*

Região hemisférica com raio de aproximadamente 30 cm das narinas.

— *Unidades de medida*

Os limites de tolerância para exposição à poeira, exceto asbestos, são expressos em mg/m^3, isto é, a massa retirada no filtro dividida pelo volume amostrado. Assim sendo, na avaliação quantitativa, temos que determinar os seguintes parâmetros:

— Volume amostrado (m^3)

O volume amostrado é determinado pela seguinte fórmula:

$$Va = Q \times Ta \qquad \textbf{(67)}$$

sendo:

Va = volume amostrado

Q = vazão média durante a amostragem

Ta = tempo de amostragem em minutos

Sendo a vazão da bomba em L/min e o tempo de amostragem (Ta) em minutos, o volume obtido na fórmula será expresso em litros. Para transformar esse volume em m³, divide-se o resultado obtido por 1.000. Assim, temos:

$$Va = \frac{Q \times Ta}{1000} \qquad \textbf{(68)}$$

— Concentração

A concentração de poeira em mg/m³ é obtida pela seguinte fórmula:

$$C = \frac{m}{Va} \qquad \textbf{(69)}$$

sendo:

C = concentração de poeira

m = massa da amostra em mg

Va = volume amostrado em m³, conforme explicado anteriormente

— Parte Por Milhão — ppm

Essa unidade é muito utilizada para gases e vapores. O ppm é a concentração expressa em volume/volume, conforme demonstrado na Figura 25:

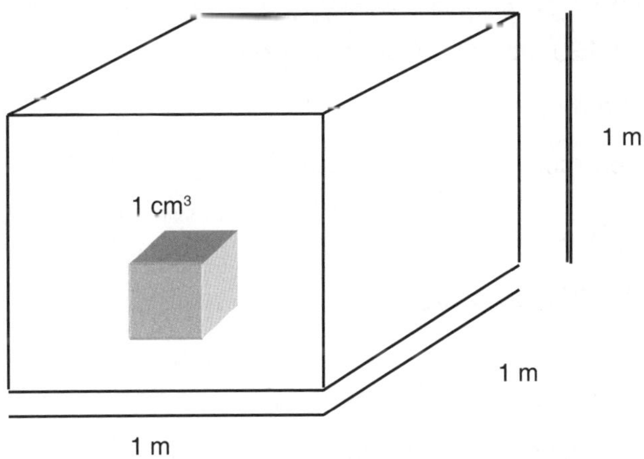

Figura 25 — Unidade Parte por milhão-ppm

Conforme mostra a figura 25, considerando o cubo de 1m³ de volume e o cubo de 1cm³ de ar em seu interior, o valor da concentração em ppm é igual a:

$$ppm = \frac{1\,cm^3}{1\,m^3} = \frac{1\,cm^3}{1000000\,cm^3} = 1\,ppm$$

— ***Conversão das fórmulas***

— Transformação de mg/m³ para ppm

$$ppm = \frac{24{,}45 \times mg/m^3}{PM} \qquad \textbf{(70)}$$

— Transformação de ppm para mg/m³

$$mg/m^3 = \frac{ppm \times PM}{24{,}45} \qquad \textbf{(71)}$$

sendo:

PM = peso molecular da substância

ppm = parte por milhão

Exemplo:

1) Transformar 10 ppm de Benzeno (C6H6) em mg/m³

Dados: Peso atômico — C = 12 g/mol

— H = 1 g/mol

$$PM = 12 \times 6 + 1 \times 6 = 78\ g$$

$$mg/m^3 = \frac{10 \times 78}{24{,}45} = 31{,}90\ mg/m^3$$

2) Transformar 130 mg/m³ de CO2 em ppm

Dados: C = 12g/mol

O = 16g/mol

$$PM = 12 + 2 \times 16 = 44\ g$$

$$ppm = \frac{24{,}45 \times 130}{44} = 72{,}2\ ppm$$

3) Transformar 39 ppm de CO em mg/m³

Dados: Peso atômico — C = 12 g/mol

— O = 16 g/mol

$$PM = 12 + 16 = 28$$

$$mg/m^3 = \frac{28 \times 39}{24{,}45} = 44{,}7\ mg/m^3$$

— **Transformação de % de volume em ppm**

1 % = 10.000 ppm

$$\frac{10000\ ppm}{1000000} \times 100 = 1\%$$

Exemplo:

O ar puro contém 21% de oxigênio, qual o valor em ppm?

— Considerando que 1% é igual a 10.000 ppm, teremos: 21 x 10.000 = 210.000 ppm

— ***Brief & Scala***

A adoção dos limites de tolerância da ACGIH devem ser corrigidos com base na fórmula *Brief & Scala*, vez que a jornada de trabalho no Brasil é de 8 horas diárias e 44 horas semanais, enquanto que os limites da ACGIH são para jornada de 8 horas por dia e 40 horas semanais.

O fator de redução do limite de tolerância *Brief & Scala* é o seguinte:

$$FR = \frac{40}{h} \times \frac{168 - h}{128} \qquad \textbf{(72)}$$

sendo:

FR = fator de redução

h = jornada de trabalho em horas

Exemplo:

O fator de redução do limite da jornada de trabalho de 40 horas semanais para 44 horas semanais é:

$$FR = \frac{40}{44} \times \frac{168 - 44}{128} = 0{,}88$$

Assim sendo, o limite de tolerância, por exemplo, de 10mg/m³, recomendado pela ACGIH para poeira de cimento, deverá ser corrigido no Brasil com a seguinte redução:

$$LT_{corrigido} = 0{,}88 \times 10mg/m^3 = 8{,}8\ mg/m^3.$$

O modelo *Brief e Scala* é mais fácil de usar em relação a alguns modelos mais complexos, baseados em ações farmacocinéticas. O modelo *Brief e Scala* é voltado geralmente para jornadas de trabalho superiores a oito horas por dia ou quarenta horas semanais, porém, não pode ser utilizado para justificar concentrações elevadas (ACGIH, 2011).

— ***Misturas — efeitos combinados***

Segundo a ACGIH, quando os componentes da mistura têm efeitos toxicológicos similares sobre o mesmo sistema orgânico ou órgão, devem ser considerados seus efeitos combinados, sendo o limite da mistura igual a:

$$\frac{C_1}{LT_1} + \frac{C_2}{LT_2} + \dots \frac{C_n}{LT_n} = 1 \qquad \textbf{(73)}$$

sendo:

C = concentração do agente independente

LT = limite de tolerância

— Efeitos independentes ou concentração relativa — CR

$$\frac{C_1}{LT_1} = 1; \qquad \frac{C_2}{LT_2} = 1; \qquad \frac{C_n}{LT_n} = 1$$

3 — POEIRA E OUTROS PARTICULADOS

3.1 — Considerações gerais

A classificação quanto ao tipo de dano que a poeira pode produzir no nosso organismo é a seguinte:

— **Pneumoconiótica:** aquela que pode provocar algum tipo de pneumoconiose. Ex.: silicose, asbestose, antracose, bissinose.

— **Tóxica**: pode causar enfermidade tanto por inalação quanto por ingestão. Ex.: metais como chumbo, mercúrio, arsênico, cádmio, manganês, cromo, etc.

— **Alérgica:** aquela que pode causar algum tipo de processo alérgico. Ex.: poeira de resina epóxi e algumas poeiras de madeira.

— **Inerte:** produzem enfermidades leves e reversíveis, produzindo geralmente bronquite, resfriados, etc.

A metodologia básica de avaliação dos particulados de maior ocorrência nos ambientes de trabalho estão descritos a seguir.

3.2 — Sílica livre cristalizada

A sílica é encontrada na natureza em abundância, pois constitui a maior parte da crosta terrestre. Sua fórmula química é constituída por um átomo de silício e dois de oxigênio (SiO_2).

Esses átomos, por sua vez, unem-se aos outros formando diversas estruturas cristalizadas, resultando em diferentes classes de sílicas cristalizadas. Desse modo, a sílica cristalizada pode apresentar-se em forma de quartzo, cristobalita, tridmita, amorfa. A nocividade das partículas de SiO_2 é maior de acordo com sua forma. A cristobalita e a tridmita possuem maior potencial fibrogênico do que o quartzo. Já a sílica amorfa e a fundida são menos nocivas que as cristalizadas.

De maneira geral, vários são os fatores que influenciam na maior ou menor intensidade fibrogênica de determinado tipo de particulado, entre os quais se destacam:

— concentração de poeira inalada;

— sílica na poeira;

— formas cristalizadas das partículas;

— tamanho das partículas;

— duração da exposição.

O dano direto provocado pelo particulado é diretamente proporcional à concentração de particulado inalado e à duração de exposição.

A sílica é a substância causadora da enfermidade (silicose) e, evidentemente, quanto mais alto o percentual de sílica, maior será a nocividade da poeira.

Outro fator importante na ocorrência da silicose é o tamanho das partículas. As partículas maiores são selecionadas pelo sistema respiratório, enquanto as menores podem chegar aos alvéolos pulmonares.

Ocorrência

A exposição ocupacional à poeira contendo sílica ocorre em diversos ambientes de trabalho e ramos de atividades, tais como: mineração de ouro, ferro, extração de calcário, entre outras. Nessas indústrias, tanto na extração como no beneficiamento, há presença de particulados que podem conter sílica. Outros ramos de atividade em que há a presença de poeira sílica: construção civil, fundição, indústria de refratários, siderúrgicas.

a) Limites de tolerância — NR-15

A NR-15, anexo 12, estabelece limites de tolerância para poeira contendo sílica livre cristalizada de acordo com as seguintes fórmulas:

Poeira total

$$LT = \frac{24}{\%\ quartzo + 3}\left(\frac{mg}{m^3}\right) \qquad \textbf{(74)}$$

Poeira respirável

$$LT = \frac{8}{\%\ quartzo + 2}\left(\frac{mg}{m^3}\right) \quad \textbf{(75)}$$

A norma define que "quartzo" deverá ser sempre entendido como sílica livre cristalizada.

No caso de poeira respirável, a norma estabelece que: *tanto a concentração como a porcentagem de quartzo para aplicação deste limite devem ser determinadas a partir da porção que passa por um seletor com as características do Quadro contido no anexo 12 da NR-15 (subitem 3.2 letra "c").*

Os limites são válidos para 48 horas semanais, sendo que as jornadas excedentes a esses valores deverão ser reduzidas pela autoridade competente.

b) Limites de tolerância — ACGIH

A ACGIH recomenda limite de tolerância de 0,022 mg/m^3 para poeira respirável de sílica livre cristalizada na forma de quartzo. Esse critério não pode ser confundido com o estabelecido na NR-15, tendo em vista que:

— A NR-15 estabelece limite de poeira total e respirável para fins de caracterização de insalubridade, enquanto a ACGIH recomenda limite de poeira respirável de quartzo, vez que esse critério associa melhor o nexo da silicose com o valor da concentração;

— Na NR-15, a concentração é obtida pela relação entre a massa da amostra e o volume amostrado, enquanto no critério da ACGIH utiliza-se a massa de quartzo sobre o volume amostrado, resultando menor concentração. Na NR-15, o limite é calculado em função da percentagem de quartzo, enquanto na ACGIH o limite é fixo.

Diante do exposto, verifica-se que os critérios são diferentes e não podem ser mesclados, como temos observado em algumas perícias e laudos técnicos de avaliação ocupacional de poeira, isto é, calcula-se a concentração de quartzo e compara-se com o limite da ACGIH, ou vice-versa, conforme será explicado posteriormente.

c) Instrumentos Utilizados / Meios de Coleta

— Bomba gravimétrica de poeira: consiste numa bomba de uso individual com capacidade de vazão de 1 a 3 litros/min, alimentada por baterias de níquel-cádmio recarregáveis.

Esse equipamento é responsável pela aspiração de ar contaminado até o sistema de coleta. Atualmente, existem no mercado diversas marcas e modelos de bombas gravimétricas. Há modelos simples e modelos com tecnologia mais avançada, que possuem o sensor eletrônico de fluxo laminar, garantindo constante vazão de compensação da tensão da bateria, altitude, temperatura e quantidade de amostra retida no filtro. A Figura 26 ilustra esse equipamento.

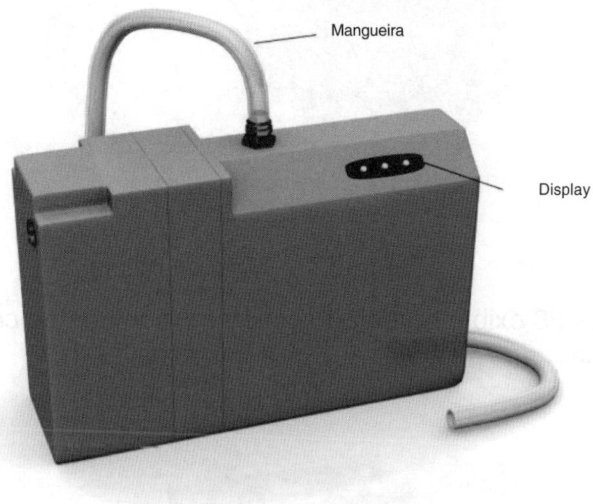

Figura 26 — Bomba gravimétrica de poeira

— **Meio de coleta (filtros, cassetes e suporte):** o meio de coleta de poeira contendo sílica livre é filtro de PVC, 5 µm de poro e 37 mm de diâmetro, o qual permite a captura de partículas importantes do ponto de vista de retenção no tecido pulmonar (0,5 a 10 µm). O material filtrante (PVC) é o mais indicado para coleta desse tipo de poeira, pois possui alta eficiência de coleta, não é higroscópio e não interfere no método de análise química da sílica livre, uma vez que o teor de cinzas, após a calcinação, é muito pequeno.

Esse filtro é montado em um porta-filtro ou cassete de poliestireno, podendo possuir duas ou três peças. Os filtros são apoiados em placa de prata ou papelão dentro do cassete. No caso do uso de papelão, as placas devem ser descartadas após cada coleta, ao passo que as placas de prata podem ser reaproveitadas após sua higienização adequada. Após a montagem, o cassete deve ser fechado e vedado com bandas de celulose ou teflon, de modo a evitar contaminação e umidade. A Figura 27 mostra esse meio de coleta.

Figura 27 — Meio de coleta

A Figura 28 exibe bomba gravimétrica montada no cassete para coleta de poeira total.

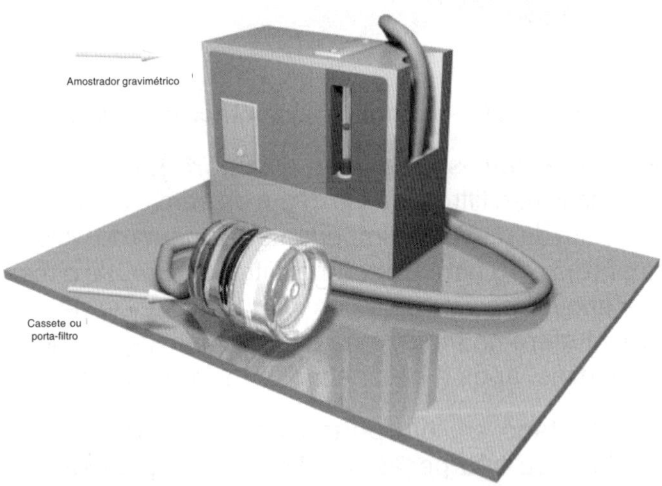

Figura 28 — Bomba montada com filtro

— Sistema separador de tamanho de partículas (ciclone):

Fração respirável

Para separação das partículas, é utilizado um ciclone com a função de selecioná-las de acordo com as dimensões, isto é, as partículas maiores de

10 mm não passam pelo filtro na amostragem da fração respirável. Essa separação obedece à curva de penetração das partículas no trato respiratório, conforme Tabela 17

TABELA 17

Diâmetro da partícula em função do separador— NR 15 , anexo 12

DIÂMETRO AERODINÂMICO (µm) (esfera de densidade unitária)	% DE PASSAGEM PELO SELETOR
2,0	90
2,5	75
3,5	50
5,0	25
10,0	0

A Figura 29 ilustra o meio de coleta montado num separador de partícula (ciclone), com as características de separação conforme a tabela 17.

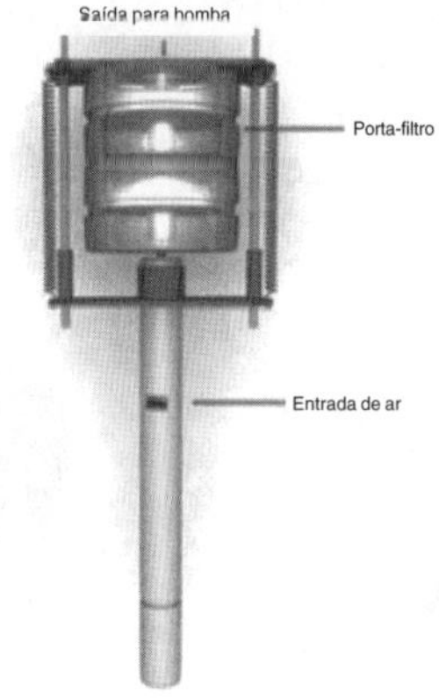

Figura 29 — Ciclone montador com cassete

A Figura 30 mostra a bomba gravimétrica acoplada ao ciclone para coleta de poeira respirável.

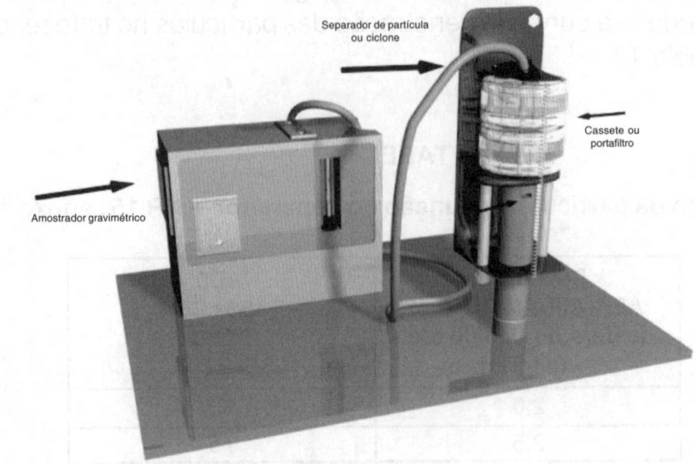

Figura 30 — Bomba montada com ciclone

Fração inalável

Na amostragem de partículas de fração inalável, ou seja, particulado com diâmetro até 100 mm, o meio de coleta utilizado é o filtro de 25 mm montado num separador, conforme Figura 31.

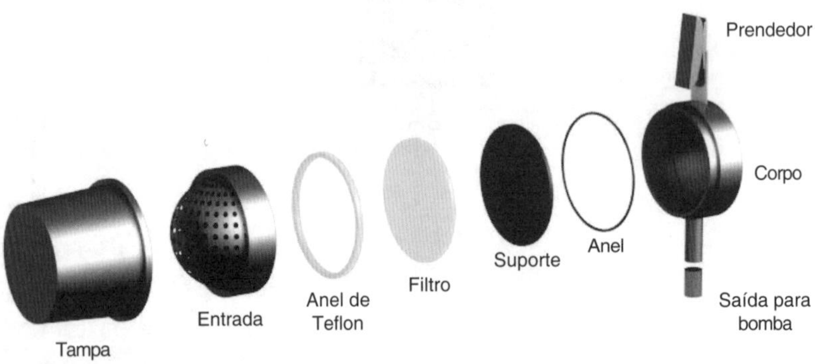

Figura 31 — separador de partícula inalável

d) Calibrador

As bombas devem ser calibradas com representatividade do meio de coleta e nas vazões adequadas antes das amostragens e depois aferidas. Utiliza-se calibrador tipo bolha de sabão, conforme explica a Figura 32:

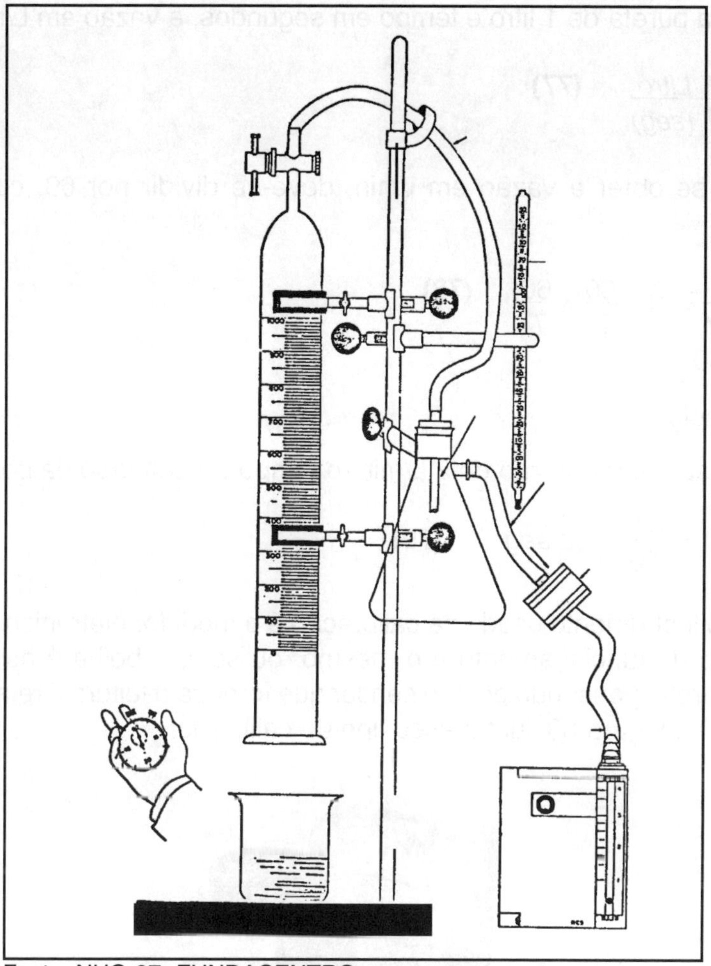

Fonte: NHO 07, FUNDACENTRO.

Figura 32 — Calibrador tipo bolha de sabão

O procedimento de calibração é o seguinte: a bomba aspira a solução de sabão por meio da bureta, determinando o tempo de percurso da bolha dentro dela. Com esses dados, a vazão é calculada da seguinte maneira:

$$Q = \frac{Volume}{Tempo} \qquad \textbf{(76)}$$

sendo:

Q = vazão em litros/minuto

Volume em litros

Tempo em minuto

Para a bureta de 1 litro e tempo em segundos, a vazão em L/min é:

$$Q = \frac{1\ Litro}{T\ (seg)} \quad \mathbf{(77)}$$

Para se obter a vazão em l/min, deve-se dividir por 60, conforme o equação:

$$Q = \frac{1l}{\frac{t}{60}} = 1l\ x \frac{60}{T} = \frac{60}{T} \quad \mathbf{(78)}$$

Exemplo:

Para se obter a vazão de 2 L/min, o tempo de percurso da bolha é:

$$t(seg) = \frac{60}{2{,}0} = 30\ seg \quad \mathbf{(79)}$$

Outro instrumento usado na calibração é o medidor eletrônico de vazão. O princípio de funcionamento é o mesmo, ou seja, a bolha é aspirada por meio da bureta, passando por um sensor que fornece a leitura direta da vazão no *display*. A Figura 33 ilustra esse tipo de calibrador.

Figura 33 — Calibrador bomba eletrônico

e) Procedimentos de Avaliação — sílica livre cristalizada

Para a avaliação de poeira contendo sílica livre cristalizada, são necessários os seguintes instrumentos:

- Amostrador gravimétrico — vide Figura 26;
- Balança de precisão de 0,00001 g;
- Porta-filtro com cassete de 37 mm de diâmetro — vide Figura 27;
- Filtro de PVC de 5,0 µm de poro e 37 µm de diâmetro;
- Suporte de papelão ou metal de 37 mm de diâmetro;
- Ciclone de nylon 10 mm;
- Calibrador tipo bolha de sabão — vide Figura 32.

A análise das amostras para determinação de SiO_2 (quartzo) deverá ser feita por difração de raios X ou infravermelho, conforme métodos do NIOSH.

O procedimento de avaliação será o seguinte:

1ª Etapa — Laboratório

Nessa etapa, é feita a preparação do filtro para amostragem no Laboratório, que basicamente consiste em:

— Os porta-filtros contendo os filtros ou membranas devem ser introduzidos destampados na caixa de estabilização e deixados em repouso pelo período mínimo de 3 horas, de maneira que os filtros se equilibrem com as condições do ambiente em que se encontra a balança analítica(18);

— Após a estabilização, os filtros devem ser pesados, montados no porta-filtro ou cassete e vedados com teflon e codificados.

Cabe salientar que, para atender os limites de tolerância da NR-15, anexo 12, é necessário realizar também a análise gravimétrica das amostras. Por essa razão, os filtros devem ser pesados previamente no Laboratório.

2ª Etapa — Amostragem de campo

— Calibrar a bomba na vazão adequada. Nas amostragens de poeira total, recomenda-se a vazão inicial de 1 a 2 L/min, enquanto que nas amostragens de poeira respirável a vazão inicial deve ser de 1,7 L/min, quando for utilizado o ciclone de naylon. A calibração é feita no calibrador tipo bolha de sabão ou eletrônico, conforme explicado anteriormente.

— Na avaliação de poeira respirável, o sistema de coleta deverá ser montado no ciclone (separador de partículas), conforme Figura 31.

---

(18) NHO 03. FUNDANCENTRO, p. 20.

— Instalar a bomba na cintura do trabalhador de maneira que não atrapalhe a atividade a ser realizada e prender o filtro no nível respiratório dele. Se a bomba não possuir contador, marcar o tempo inicial.

— Acompanhar a amostragem, pois é importante observar e analisar, entre outros, os seguintes itens: funcionamento normal da bomba, possível mascaramento da amostra, fontes principais de poeira, análise das atividades desenvolvidas no posto de trabalho, medidas de controle existentes e que poderão ser adotadas, outras interferências que possam ocorrer durante a amostragem.

— Quanto ao tempo de amostragem, é definido em função do tipo de poeira coletada (total ou respirável), da sensibilidade do método analítico, da quantidade de poeira no ambiente, entre outros. Na amostragem única, o tempo de coleta deverá cobrir toda a jornada de trabalho, no entanto, deve-se observar a retenção de poeira no filtro, pois, dependendo da quantidade, as partículas podem saturar o filtro e o excesso se desprender.

— Após a amostragem, retirar a bomba, marcar o tempo final e, em seguida, aferir a vazão final da bomba, calculando a vazão média.

O transporte das amostras para o Laboratório deve ser feito com muito cuidado, para evitar derramamentos e perdas de amostras devido aos impactos. Desse modo, os filtros devem ser acondicionadas em embalagens adequadas, revestidas de espuma ou material similar.

Deve-se preencher, também, o pedido de análise ao Laboratório com as especificações necessárias às análises, tais como: código do filtro, tipo de poeira, o local no qual foi feita a coleta e a função avaliada, entre outros.

3ª Etapa — Análise das amostras — Laboratório

No Laboratório, os filtros serão pesados e analisados para definição do teor de sílica livre cristalizada (quartzo). Basicamente, o procedimento é o seguinte:

— Desmontar o filtro do cassete, dessecá-lo e pesar novamente; calcinar o filtro de 600 °C a 800 °C (800 °C se houver presença de grafite); diluir e filtrar as amostras; determinar a sílica livre cristalizada pelo método de difratometria de raio X. Todo o procedimento detalhado de análise, bem como a calibração dos padrões estão descritos no método do NIOSH 7500, o qual sugerimos para consulta dos leitores. A NIOSH estabelece também a análise de sílica livre cristalizada, pelo método de espectrometria do visível (NIOSH 7601) e infravermelho (NIOSH 7602).

Após a analise, o laboratório fornecerá o certificado de análise, devendo conter os seguintes dados:

— Massa da amostra — Ma = massa final (filtro coletado) — massa inicial (filtro limpo)

— Massa de sílica livre ou quartzo

— Percentual de quartzo

No critério da NR-15, anexo 12, é necessário determinar percentagem de SiO2 para o cálculo do limite de tolerância. Esse percentual é obtido da seguinte forma:

$$— \% = \frac{\text{Massa de quartzo}}{\text{Massa de amostra}} \times 100 \qquad \textbf{(80)}$$

Quando a amostra se desprender do filtro, significa que o tempo de amostragem deverá ser reduzido, inutilizando-se a amostra com excesso de material.

Quando a massa da amostra estiver compreendida na faixa entre 0,1 e 2,0 mg, significa que a amostragem está otimizada, não precisando sofrer mais alterações.

Outro aspecto importante a ser destacado é o limite de detecção do método analítico, ou seja, o valor mínimo da massa de quartzo detectado na análise. Assim, por exemplo, o limite de detecção de quartzo é 0,005 mg; no caso de a massa ser inferior ao limite de detecção, o Laboratório deverá informar o resultado da seguinte forma: <0,005 mg, não significando, no entanto, que o valor é nulo.

Nessa situação, a Instrução Normativa 01/95 do MTE recomenda adotar a metade do limite de detecção.

4ª Etapa — Análise dos dados

— Volume de amostragem:

Uma vez determinada a vazão inicial (Qi) e a final (Qf), calculamos a vazão média (Qm) da amostragem, utilizando a seguinte fórmula:

$$Qm = \frac{Qi + Qf}{2} \text{ (l/min)} \qquad \textbf{(81)}$$

sendo:

Qm = vazão média da amostragem, em L/min

Qi = vazão inicial requerida antes da amostragem, em L/min

Qf = vazão final aferida após amostragem, em L/min.

— **Concentração de poeira**

$$C = \frac{ma}{Va}$$

C = concentração

ma = massa amostra

Va = volume amostrado

No critério da ACGIH, deve-se calcular a concentração de quartzo.

$$C = \frac{\text{Massa de quartzo ou Sílica}}{Va}$$

— **Cálculo do limite de tolerância:**

Poeira total

$$LT = \frac{24}{\%\ quartzo + 3}\left(\frac{mg}{m^3}\right) \qquad \textbf{(82)}$$

Poeira respirável

$$LT = \frac{8}{\%\ quartzo + 2}\left(\frac{mg}{m^3}\right) \qquad \textbf{(83)}$$

— **Comparação da concentração (C) com o limite de tolerância (LT)**

Se C > LT — existe risco.

Se C < LT — não há risco.

— o resultado pode ser expresso também em concentração relativa CR:

$$CR = \frac{C}{LT} \qquad \textbf{(84)}$$

Onde:

C = concentração obtida

LT= limite de tolerância

O limite será excedido, quando for maior que 1,0.

f) Aplicação Prática

Exemplo 1

Numa amostragem de poeira total, foram obtidos os seguintes dados:

— Massa inicial (mi) = 14,0 mg

— Massa final (mf) = 14,8 mg

— Vazão inicial = 1,50 L/min

— Vazão final = 1,40 L/min

— Tempo inicial = 12:00 horas

— Tempo final = 17:00 horas

— % SiO2 = 4%

A análise e a interpretação dos dados são feitas da seguinte maneira:

— Massa da amostra (ma)

ma = mf — mi

ma = 14,8 — 14,0 = 0,8 mg

Esse dado geralmente é fornecido pelo Laboratório.

— Vazão média (Qm)

$$Qm = \frac{1,5 + 1,4}{2} = 1,45 \text{ l/min}$$

— Tempo da amostra

5 hs x 60 min = 300 minutos

— Volume amostrado em m3

$$Va = \frac{Qm \times Ta}{1000} \qquad \textbf{(85)}$$

$$Va = \frac{1,45 \times 300}{1000} = 0,435\ m^3$$

— Concentração

$$C = \frac{ma}{Va} \qquad \textbf{(86)}$$

$$C = \frac{0,8}{0,435} = 1,84\ mg/m^3$$

— Limite de tolerância

O limite de tolerância para poeira total estabelecido pela NR-15 é:

$$LT = \frac{24}{\%\ quartzo + 3} = \frac{24}{4 + 3} = 3,42\ mg/m^3 \qquad \textbf{(87)}$$

A concentração de poeira total (1,84 mg/m^3) é inferior ao limite fixado pelo anexo 12, NR-15, Portaria n. 3.214/78 (3,42 mg/m^3).

Exemplo 2

Em uma determinada empresa, foram feitas coletas de amostra de poeira respirável, visando a caracterizar a exposição ocupacional à poeira do ajudante de britador de calcário, obtendo-se os seguintes dados:

Massa inicial = 14,0 mg

Massa final = 15,4 mg

Vazão média = 1,7 L/min

Tempo de amostragem = 5 horas e 30 minutos

% quartzo = 2,0

A análise e a interpretação dos dados são feitas da seguinte maneira:

Critério NR-15

1 — ma = 15,4 — 14,0 = 1,4 mg

2 — Tempo de amostragem (Ta) em minutos

5 x 60 + 30 = 330 minutos

3 — Volume amostrado — Va

$$Va = \frac{Qm \times TA}{1000}$$

$$Va = \frac{1{,}7 \times 330}{1000} = 0{,}561 \text{ mg/m}^3$$

4 — Concentração — C

$$C = \frac{ma}{Va} = \frac{1{,}40}{0{,}561} \text{ mg} = 2{,}49 \text{ mg/m}^3$$

5 — Limite de tolerância

O limite de tolerância para poeira respirável estabelecida pela NR-15 é:

$$LT = \frac{8}{\%\ quartzo + 2} = \left(\frac{8}{2+2}\right) = 2{,}0\ mg\ /\ m^3 \qquad \textbf{(88)}$$

6 — A concentração de poeira respirável (2,49 mg/m³) superou o limite de tolerância estabelecido na NR-15 anexo 12.

Critério ACGIH

1 — Massa de quartzo = $\frac{\text{\% de quartzo x ma}}{100}$

$\frac{2 \times 1{,}40}{100}$ = 0,028 mg de quartzo presente na amostra

2 — Concentração de quartzo

$C = \frac{\text{massa de quartzo}}{Va} = \frac{0{,}028 \text{ mg}}{0{,}561 \text{ mg/m}^3} = 0{,}05 \text{ mg/m}^3$

3 — Limite de tolerância

O limite de tolerância recomendado pela ACGIH é igual a 0,025 mg/m³. Esse limite de tolerância deverá ser corrigido para a jornada de trabalho brasileira pela *Brief & Scala*, conforme visto anteriormente.

LT Brasil = LT ACGIH x 0,88 = 0,025 x 0,88 = 0,022 mg/m³. Portanto, nesse caso, a concentração superou o limite de tolerância.

3.3 — Poeira de asbesto

a) Considerações Gerais

Recentemente, houve aumento dos estudos sobre as fibras de asbesto.

De acordo com as últimas teorias sobre os mecanismos de dano dessas fibras, foi indicado que a causa é o formato da partícula, dependendo do qual podem ser encontradas propriedades cancerígenas. As fibras se classificam em naturais ou artificiais.

Os perigos para a saúde relacionados com os asbestos encontram-se, na maioria das vezes, circunscritos ao aspecto da atividade profissional. A inalação das fibras de asbestos pelas vias respiratórias em pessoas submetidas à exposição prolongada e as concentrações relativamente elevadas podem provocar insuficiência respiratória, causando até mesmo câncer bronquial ou mesotelioma.

Ocorrência

A exposição às fibras de asbestos ocorre principalmente nas indústrias de fabricação de telhas, chapas, caixas d'água e de amianto; guarnições de freio e embreagem; lonas de freios; e roupas protetoras para bombeiros e pilotos de carro de corrida. Nas indústrias de papéis e papelões, o amianto é usado como isolante térmico.

b) Limite de Tolerância

O anexo 12 da NR-15, Portaria N. 3.214/78, estabelece o limite de tolerância de 2 fibras/cm³ para fibras respiráveis de asbestos crisotila. Fibras respiráveis são aquelas com diâmetro inferior a 3 μm, comprimento maior ou igual a 5 μm e relação entre comprimento e diâmetro igual ou superior a 3:1.

c) Instrumentos utilizados / Meios de coleta

A coleta de asbesto é feita com bomba gravimétrica, ilustrada na Figura 34. O meio de coleta é o filtro de ester de celulose de 25 mm de diâmetro e porosidade de 0,45 a 1,2 μm, montado em cassete condutivo (Figura 34).

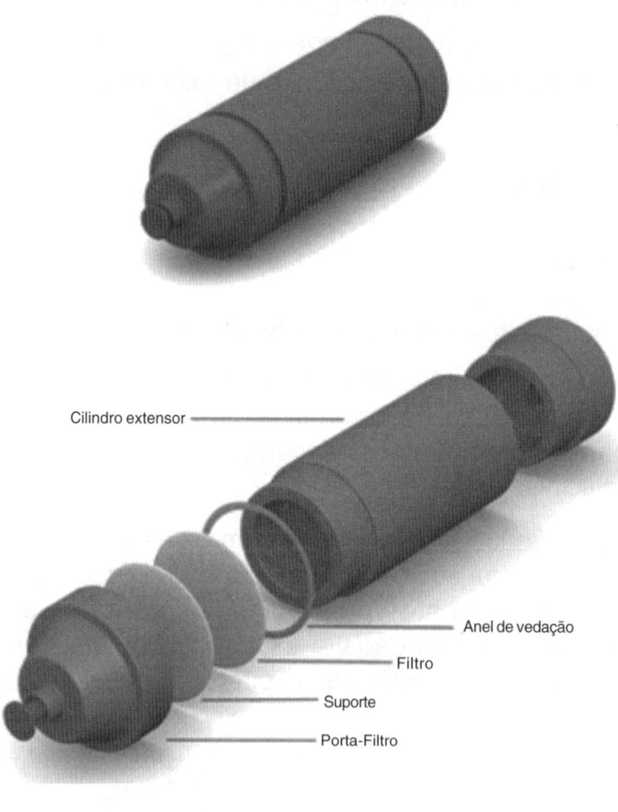

Figura 34 — Cassete condutivo

d) Procedimentos de avaliação

O Anexo 12 da NR-15 estabelece que a avaliação ambiental de asbesto deverá ser feita pelo método filtro de membrana, utilizando-se aumentos de 400 a 500 vezes, com eliminação e contraste de fase.

Serão contadas as fibras respiráveis, independentemente de estarem ou não ligadas ou agregadas a outras partículas. O método de avaliação a ser utilizado é o da ABNT/INMETRO (subitem 13.2, anexo 12). A ABNT, em sua norma NBR 13.158, estabelece a metodologia de amostragem de fibras respiráveis de asbesto.

Os laboratórios que realizarem análises de amostras ambientais de fibras dispersas no ar devem atestar a participação em programas de controle de qualidade laboratorial e sua aptidão para proceder às análises requeridas pelo método do filtro de membrana.

O anexo 12 da NR-15 estabelece, ainda, diversas medidas preventivas da exposição ocupacional ao asbesto — ver em apêndice.

3.4 — Poeira de algodão

A exposição à poeira de algodão produz uma enfermidade denominada bissinose. Os sintomas dessa doença são dor no peito, tosse, dificuldade respiratória, dispnéia. Além disso, a exposição a esse agente pode produzir também diminuição da força respiratória, bronquite, febre, além de sintomas respiratórios frequentes. A bissinose também é produzida por outros tipos de fibras, como o linho ou o cânhamo.

A causa principal dessa doença está associada à quantidade de poeira inalada e ao tempo de exposição. Há, também, outras causas que influem, como a poluição atmosférica, o hábito do tabaco e as afecções respiratórias.

A bissinose é uma enfermidade difícil de detectar, pois não apresenta alterações radiográficas ou patogênicas específicas.

Ocorrência

A exposição ocupacional à poeira de algodão ocorre mais frequentemente na fabricação de tecidos. Nos setores de abertura de fardos, cardas e fiação, a exposição é maior do que na tecelagem, na revisão e na expedição. Em outros ramos de atividade também pode ocorrer exposição, como na indústria de confecção.

a) Limite de Tolerância

A NR-15 não estabelece limite de tolerância para exposição ocupacional à poeira de algodão. Segundo a NR-09, deverão ser adotadas medidas de controle quando os resultados da avaliação quantitativa da exposição dos trabalhadores excederem os limites previstos na NR-15 ou, na ausência destes, os limites de exposição ocupacional adotados pela ACGIH.

ACGIH recomenda o limite de 0,2 mg/m^3 para poeira de algodão cru, devendo a concentração ser obtida por meio de elutriador vertical. Atualmente a ACGIH reduziu o referido limite para 0,10 mg/m^3, para poeira de algodão bruto, sem tratamento. Esse limite é válido para poeira na tração torácica. Esse limite da ACGIH corrigido para a jornada de trabalho brasileira é igual a 0,088 mg/m^3.

b) Instrumentos Utilizados / Meios de Coleta

O meio de coleta é o filtro de PVC de 5,0 mm de poro e 37 mm de diâmetro montado em cassete de poliestireno, conforme descrito na poeira de sílica (subitem 3.1). Deve ser utilizado o filtro aberto, ou seja, sem a peça superior do cassete (usar cassete de três peças).

O instrumento usado na coleta é o elutriador vertical. Esse equipamento é constituído de uma bomba e de um orifício crítico, que regula o fluxo de 7,4 L/min na entrada do elutriador. Com essa vazão de aspiração, são separadas as partículas menores de 15 mm, ou seja, somente as partículas desse tamanho irão impactar o filtro. A Figura 35 ilustra um elutriador vertical.

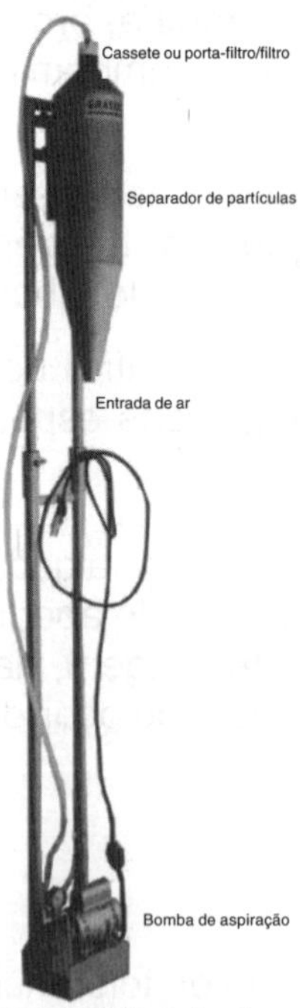

Figura 35 — Elutriador vertical

A coleta de poeira torácica deve ser feita com o separador de partícula conforme especificação da ACGIH.

c) Procedimento de Avaliação

Para avaliação de poeira de algodão, são necessários os seguintes instrumentos:

— Elutriador vertical, conforme descrito no item 3.4 letra b e Figura 35;

— Filtro de PVC de 5,0 mm de poro montado em cassete de três peças, conforme descrito anteriormente. A análise em Laboratório é feita por gravimetria.

A OSHA define poeira de algodão como partículas presentes no ar durante o processamento de algodão, que pode conter misturas de substâncias, tais como: fibras, bactérias, sujeiras, pesticidas e outros contaminantes que podem ter se acumulado no algodão durante o crescimento, a colheita e subsequente o processo de estocagem.

Cumpre salientar que o elutriador vertical separa as partículas menores de 15 mm. Assim, na amostragem realizada com o amostrador gravimétrico, não há seleção do tamanho das partículas e, desse modo, o resultado apresenta concentrações bem elevadas.

O procedimento para avaliação é o seguinte:

— Os filtros devem ser preparados no Laboratório, de forma idêntica ao descrito na avaliação de poeira de sílica;

— Calibrar o elutriador na vazão recomendada (orifício crítico) de 7,4 L/min;

— Retirar a tampa superior do cassete, pois a coleta da poeira de algodão é com o filtro aberto;

— Fixar o cassete ao elutriador;

— Instalar o elutriador em pontos (locais de trabalho) onde há exposição à poeira;

— O tempo de amostragem é variável em função da quantidade de poeira. Todavia, a OSHA recomenda a amostragem de um volume máximo de 2.664 litros, que corresponde a 360 minutos de amostragem;

Após a coleta, retirar o filtro, tampá-lo com a peça superior, acondicioná-lo cuidadosamente em espuma ou similar e enviar ao Laboratório, onde será feita análise gravimétrica, ou seja, da massa da amostra retida e do volume.

Com base na massa da amostra e no volume amostrado, calcula-se a concentração de poeira de algodão.

d) Aplicação Prática

Foi realizada uma amostragem de poeira de algodão no setor de uma fábrica têxtil, tendo sido obtidos os seguintes dados:

— Vazão (Q) = 7,4 L/min

— Tempo de amostragem = 150 minutos

— Massa da amostragem = 0,25 mg

Assim, pergunta-se:

— Há risco de exposição à poeira de algodão?

— Volume amostrado em m³

$$V = \frac{Q \times t}{1000} \rightarrow V = \frac{7{,}4 \times 150}{1000} \rightarrow V = 1{,}11\ m^3$$

— Concentração de poeira de algodão

$$C = \frac{ma}{Va} \rightarrow C = \frac{0{,}25}{1{,}11} \rightarrow C = 0{,}22\ mg/m^3$$

O limite de tolerância recomendado pela ACGIH é de 0,20 mg/m^3. Aplicando a correção em função da jornada de trabalho com base na fórmula *Brief & Scala*, teremos: 0,20 x 0,88 = 0,176 $mg/m^3 \cong 0{,}18\ mg/m^3$. Assim, a concentração de poeira de algodão obtida com o elutriador vertical (partículas <15mm) foi superior ao referido limite.

3.5 — Poeira metálica e fumos metálicos

Os efeitos da exposição a fumos ou poeiras metálicas estão condicionados ao tipo de substância presente. Assim sendo, dependendo do processo e das matérias-primas utilizadas, pode ocorrer a exposição a ferro, manganês, zinco, chumbo, cromo, entre outros. Essas substâncias podem produzir pneumoconiose; doenças como saturnismo (chumbo) e manganismo; irritação; entre outras.

A exposição a fumos metálicos pode produzir "febre dos fundidores". Essa doença resulta no aparecimento de tosse, dores nos músculos e nas juntas, febre e resfriados. Todavia, é passageira e a recuperação ocorre um a dois dias após cessar a exposição.

a) Limites de tolerância

A NR-15 estabelece limites de tolerância para os metais:

— Manganês: 5,0 mg/m³ (poeira) e 1,0 mg/m³ (fumos)

— Chumbo: 0,1 mg/m³

Os demais metais em forma de fumos, névoa ou poeira não possuem limites fixados na referida norma. Alguns metais são previstos no anexo 13 da NR-15 para fins de caracterização de insalubridade, por avaliação qualitativa. Exemplo: cromo, alumínio, entre outros. Desse modo, na avaliação quantitativa de fumos e poeira metálica, muitas vezes é necessário recorrer aos limites internacionais, especialmente a ACGIH, conforme previsto no subitem 9.3.5.1, letra C da NR-09.

A ACGIH recomenda limite para exposição ocupacional para diversos metais, entre os quais se destacam:

TABELA 18

Limite ACGIH (2011)

SUBSTÂNCIA	LIMITE DE TOLERÂNCIA mg/m³	LIMITE CORRIGIDO PARA JORNADA DE TRABALHO BRASILEIRA* mg/m³
Fumos de cobre (fumos)	0,20	0,176
Níquel	1,5	1,32
Óxido de zinco (respirável)	2,0	1,76
Alumínio metal (respirável)	1,0	0,88
Ferro, óxido, poeira e fumos (como Fe)	5,0	4,4
Cromo (metal e compostos de Cr)	0,5	0,44
Estanho (metal)	2,0	1,76
Prata (metal)	0,1	0,088

*Limites corrigidos para a jornada de trabalho brasileira de acordo com a fórmula Brief & Scala

Para consultar outros limites para metais, sugere-se aos leitores consultar a ACGIH.

b) Instrumentos utilizados / Meios de coleta

O meio de coleta utilizado nos fumos metálicos é o filtro de éster de celulose (nitrato de acetato de celulose), de 0,8 mm de porosidade e 37 mm de diâmetro. Esse filtro é o mais indicado por não interferir no método de análise por absorção atômica, devido à sua pureza (baixo traço de metais), fácil solubilização e alta eficiência de coleta.

Na avaliação de particulado total (fumo total), deve-se utilizar o mesmo filtro de poeira de sílica (PVC, 37 m de diâmetro e 5,0 mm de porosidade), pois apresenta índice de higroscopia mais baixo, isto é, mais baixo índice de vapores de água e menos viabilidade nessa retenção e, por via de consequência, diminui o erro de pesagem.

A aspiração do ar para o filtro é feita pela bomba gravimétrica utilizada na amostragem de poeira de sílica.

c) Procedimentos de avaliação

A maioria dos metais é coletada de forma particulado total, isto é, sem o separador de partículas. O procedimento de avaliação é o seguinte:

1ª Etapa — Preparação do filtro

O filtro deve ser montado no porta-filtro ou no cassete apoiado no suporte de papelão ou na placa de prata. Conforme mencionado anteriormente, o filtro não é pesado, pois é muito higroscópico.

2ª Etapa — Amostragem de campo

— Calibrar a bomba na vazão adequada de 1,5 L/min a 4,0 L/min, dependendo do método utilizado (NIOSH ou OSHA), utilizando o calibrador tipo bolha de sabão (Figuras 32 e 33).

— Instalar a bomba na cintura do trabalhador, prender o cassete na gola da camisa e anotar o tempo inicial.

— Acompanhar a amostragem de modo a observar e analisar o funcionamento da bomba; possível mascaramento da amostra; principais fontes de geração de poluentes; medidas de controle existentes; medidas a serem adotadas; e possíveis interferências.

— O tempo de amostragem é definido em função da sensibilidade do método analítico, quantidade de geração do poluente, entre outras.

— Após o término da coleta, marcar o tempo final e aferir a calibração da bomba para cálculo da vazão média.

3ª Etapa — Laboratório

As amostras coletadas deverão ser enviadas para o Laboratório adequadamente protegidas, conforme comentado anteriormente, para posterior análise.

Análise de metais:

— As amostras coletadas no filtro de membranas são tratadas com ácido nítrico a fim de dissolverem-se os metais presentes na amostra, para posterior análise por espectrofotometria de absorção atômica. Uma fonte de energia de radiação característica é necessária para a determinação de cada metal. A absorção da energia característica pelos átomos na chama é função da concentração do metal na amostra.

— O Laboratório, após análise dos elementos metálicos, informará a massa de cada metal (em mg ou μg) presente na amostra.

No caso de metais, cada substância possui um nível de detecção, abaixo do qual o elemento não poderá ser detectado. Normalmente, esses limites de detecção são baixos, isto é, uma pequena quantidade de amostra é suficiente para determinar elementos metálicos. Quando a massa do metal é inferior ao valor mínimo de detecção, não significa inexistência do metal na amostra, devendo ser considerada a metade do limite de detecção, conforme recomenda a IN-01/95 do MTE.

Volume e concentrações obtidos:

$$Va = \frac{Qm \times ta}{1000}$$

sendo:

1000 = fator de correção de litros para m^3

Concentração de metais:

É obtida a partir da fórmula:

$$C = \frac{ma}{Va} \; mg/m^3$$

C = Concentração do metal, mg/m^3

ma = Massa do metal, mg.

Va = Volume da amostragem, m^3

Efeitos independentes:

Consistem em comparar as concentrações dos metais com os seus respectivos limites de tolerância.

$$\frac{C_1}{LT_1}; \; \frac{C_2}{LT_2} = 1$$

Concentração de chumbo = 0,055 mg/m³ LTPb = 0,1 mg/m³

$$Pb = \frac{0{,}055}{0{,}1} = 0{,}55 \text{ mg/m}^3$$

Concentração de manganês = 0,9 mg/m³ LTMn = 1,0 mg/m³

$$Mn = \frac{0{,}9}{1{,}0} = 0{,}9 \text{ mg/m}^3$$

Comparando-se a concentração de chumbo e manganês com os respectivos limites, verifica-se que nenhum dos dois foi ultrapassado.

Efeitos combinados:

É o somatório dos efeitos independentes, isto é, da concentração de cada substância, dividida pelo respectivo limite de tolerância, conforme a fórmula a seguir:

$$\frac{C_1}{LT_1} + \frac{C_2}{LT_2} + \frac{C_3}{LT_3} \cdots\cdots\cdots \frac{C_n}{LT_n} \leq 1{,}0 \qquad \textbf{(89)}$$

Quando o valor do somatório das frações for superior a 1, significa que o limite foi ultrapassado.

d) Aplicação prática

Exemplo 1:

Feita a coleta de fumos metálicos provenientes da operação de soldagem, obtiveram-se os seguintes dados:

— Vazão média Qm = 1,5 L/min

— Tempo de amostragem (Ta) = 200 minutos

— Resultado de análise do Laboratório:

— Ferro = 0,60 mg

— Manganês = 0,20 mg

— Cobre = 0,10 mg

— Volume Amostrado — Va

$$Va = \frac{Qm \times Ta}{1000} = \frac{1{,}5 \times 200}{1000} = 0{,}30 \text{ m}^3$$

— Concentração

Nesse caso, calcula-se a concentração de cada substância

$$C = \frac{\text{Massa da Substância}}{Va}$$

$$\text{Concentração de ferro} = \frac{0{,}60\ mg}{0{,}30\ m^3} = 2{,}0\ mg/m^3$$

$$\text{Concentração de manganês} = \frac{0{,}20\ mg}{0{,}30\ m^3} = 0{,}66\ mg/m^3$$

$$\text{Concentração de cobre} = \frac{0{,}10\ mg}{0{,}30\ m^3} = 0{,}33\ mg/m^3$$

— Efeitos combinados

Os limites de tolerância das substâncias avaliadas são:

— ferro (Fe) = 4,4 mg/m³ — ACGIH corrigido para jornada de trabalho brasileira;

— manganês (Mn) = 1,0 mg/m³;

— cobre (Cu) = 0,176 mg/m³ — ACGIH corrigido para jornada de trabalho brasileira.

$$\frac{C_{Fe}}{LT_{Fe}} + \frac{C_{Mn}}{LT_{Mn}} + \frac{C_{Cu}}{LT_{Cu}} = \frac{2{,}0}{4{,}4} + \frac{0{,}66}{1{,}0} + \frac{0{,}33}{0{,}176} = 2{,}98$$

Portanto, a esposição foi superior a 1,0 (um), ou seja, aproximadamente três vezes superior ao limite de tolerância.

Exemplo 2: Fumos de solda — particulado total

Numa amostragem de fumos total em operação de soldagem, obtiveram-se os seguintes dados:

Vazão inicial: 1,50 L/min

Vazão final: 1,50 L/min

Tempo de amostragem: 150 minutos

Massa da amostra: Ma = 1,50 mg/m³ (análise gravimétrica)

Vazão média $\rightarrow$ Qm = 1,50 L/min

$$\text{Volume coletado} \rightarrow \frac{Qm \times Ta}{1000} = \frac{1{,}50 \times 150}{1000} = 0{,}225\ m^3$$

Concentração $\rightarrow C = \frac{Ma}{Va}$ $C = \frac{1{,}50}{0{,}225} = 6{,}67\ mg/m^3$

A ACGIH recomendava o limite de tolerância de 5,0 mg/m^3 para particulado total de solda. Na nova edição, esse limite foi excluído. Assim, poderá ser adotado o limite para partículas não especificadas de outra maneira (10,0 mg/m^3).

Registre-se que os fumos de solda podem conter substâncias de alta toxicidade. Aliás, o NIOSH recomenda utilizar o limite mais baixo do metal presente nos fumos.

3.6 — Negro de fumo

a) Conceito

Entendem-se por "negro de fumo" as formas finamente divididas do carbono, produzidas pela combustão incompleta da decomposição térmica do gás natural ou do óleo de petróleo (Portaria n. 9 de 9.10.1992 do MTf).

Entende-se por exposição ao "negro de fumo" o contato permanente no trabalho com o negro de fumo em suspensão no ar, originado pelo manuseio dele (Portaria n. 9 de 9.10.1992).

O anexo 11, da NR-15, Portaria n. 3.214/78 estabelece o limite de tolerância de 3,5 mg/m^3 para negro de fumo em uma jornada de até 48 horas semanais.

b) Instrumento Utilizado / Meio de Coleta

O meio de coleta utilizado em coleta de negro de fumo é o filtro de PVC de 5,0 µm de porosidade e 37 mm de diâmetro, montado em cassete, conforme descrito anteriormente (vide Figura 27).

A bomba de amostragem e os calibradores são os mesmos usados na amostragem de poeira (vide Figuras 26, 31 e 32).

c) Procedimentos de Avaliação

A Portaria n. 9 de 9.10.1992 do MTb estabelece a seguinte metodologia para quantificar o negro de fumo:

> A avaliação ambiental para determinar a exposição ao negro de fumo deve ser feita por medições "média ponderada de tempo", com duração mínima de 360 minutos, na zona

respiratória do trabalhador, usando-se, para tal, bomba de coleta de alto fluxo, calibrada a 2,0 L/min, filtro membrana de PVC de diâmetro circular de 37 mm e 5,0 μm de porosidade e suporte de metal ou papelão de diâmetro de 37 mm analisado por gravimetria.

Portanto, os instrumentos e os filtros são os mesmos utilizados para a coleta de sílica livre.

A metodologia estabelecida na referida Portaria merece questionamento quanto à exigência de tempo mínimo de duração de 360 minutos. Em local onde a concentração é elevada, a quantidade de particulado retida no filtro pode ser excessiva, podendo comprometer a exatidão da pesagem final do filtro.

A análise do filtro é gravimétrica (pesagem do filtro antes e depois da coleta). O NIOSH recomenda a amostragem de um volume mínimo de 30 litros e máximo de 570 L/min, com vazão de 1 a 2 L/min.

d) Aplicação Prática

Foi realizada uma amostragem de negro de fumo no preparador do setor de mistura de matérias-primas de fabricação de borracha, tendo sido obtidos os seguintes dados:

— Vazão média: 2,0 L/min

— Tempo de amostragem: 200 min.

— Massa da amostra: 1,0 mg

Análise e interpretação dos dados:

$$V = \frac{Q \times Ta}{1000} \rightarrow V = \frac{2 \times 200}{1000} \rightarrow V = \frac{400}{1000} \rightarrow V = 0,4\ m^3$$

$$C = \frac{Ma}{V} \rightarrow C = \frac{1,0}{0,4} \rightarrow C = 2,5\ mg/m^3$$

A concentração de negro de fumo obtida (2,5 mg/m^3) foi inferior ao limite de tolerância estabelecido pelo anexo 11 da NR-15, Portaria n. 3.214/78 (3,5 mg/m^3).

3.7 — Névoa

A exposição à névoa ocorre na operação de pintura à pistola. Dependendo do pigmento da tinta, essa névoa pode conter metais importantes do ponto de vista de saúde ocupacional, tais como: chumbo, cromo, entre outros. O meio de coleta, os instrumentos utilizados, os procedimentos de avaliação são idênticos aos descritos para fumos metálicos. Já a névoa de óleo pode ocorrer em operações de pulverização. A avaliação é feita utilizando como meio de coleta o filtro de fibra de vidro; e a análise laboratorial é por absorção no infravermelho.

3.8 — Partículas (insolúveis ou de baixa solubilidade) não especificadas de outra maneira — PNOS

Segundo a ACGIH, as partículas não classificadas de outra maneira aplicam-se àquelas que:

— não tenham limite de exposição aplicável;

— sejam insolúveis ou fracamente solúveis em água (ou preferencialmente nos fluidos aquosos do pulmão, se houver dados disponíveis);

— tenham baixa toxidade (isto é, não sejam citotóxicas, genotóxicas ou quimicamente reativas de outra forma com o tecido pulmonar e não emitam radiação ionizante, causem imunossensibilização ou outros efeitos tóxicos que não a inflamação ou mecanismo de "sobrecarga pulmonar").

A ACGIH acredita que as partículas insolúveis, ou fracamente solúveis, mesmo que biologicamente inertes, podem causar efeitos adversos e recomenda que as concentrações ambientais devem ser mantidas abaixo de 3,0 mg/m^3 para partículas respiráveis e 10 mg/m^3 para partículas inaláveis, até que seja estabelecido o limite de exposição para uma substância em particular.

Os instrumentos utilizados e o meio de coleta são os mesmos da poeira de sílica livre cristalizada descritos no item 3.2.

O Quadro contido em apêndice resume alguns métodos do NIOSH — *National Institute Ocupacional Safety Health* — para as substâncias de maior ocorrência nos ambientes de trabalho.

3.9 — Outros particulados

A seguir, estão descritas as sínteses dos métodos de outros particulados de ocorrência significativa nos ambientes de trabalho.

a) Poeira de Madeira

O meio de coleta é o mesmo da sílica livre cristalizada (filtro de PVC de 5,0 µm de porosidade montado em cassete de 37 mm de diâmetro). A aspiração do ar por meio do filtro é feita por bomba gravimétrica (Figura 26) calibrada adequadamente (Figuras 32 e 33), vazão de 1,5 a 2,0 l/min. Deverá ser utilizado o separador de partícula inalável (figura 31).

A análise da amostra é feita por gravimetria, com a pesagem do filtro antes e depois da coleta.

Os cálculos dos volumes amostrados e das concentrações são os mesmos descritos anteriormente, e os limites de tolerância recomendados pela ACGIH são:

— 0,44 mg/m^3 corrigido para jornada brasileira (cedro vermelho);

— 0,88 mg/m^3 corrigido para jornada brasileira (outras madeiras).

Esses limites são validos para poeira inalável (ACGIH, 2011).

b) Cereais

O meio de coleta utilizado para partículas de cereais é o mesmo para poeira (filtro de PVC de 5,0 µm de porosidade montado em cassete de 37 mm de diâmetro). A bomba deve ser calibrada na vazão de 1,0 a 2,0 L/min.

A análise da amostra é feita por gravimetria, ou seja, pesagem do filtro antes e depois da coleta. Os cálculos de volume amostrado e concentração são os mesmos explicados anteriormente, e o limite recomendado pela ACGIH é de 3,52 mg/m^3 (aveia, cevada, trigo) corrigido para jornada de trabalho do Brasil. Esse limite deve ser adotado desde que o particulado não contenha asbesto e o percentual de sílica livre de quartzo seja inferior a 1%. (ACGIH, 2008)

4 — GASES E VAPORES

Os gases e vapores constituem-se em importante agente químico presente no ambiente de trabalho. Pode ser absorvido pelo organismo por inalação, ingestão ou através da pele. Por essa razão, muitas vezes a análise exige avaliação quantitativa e qualitativa da exposição dos trabalhadores ao agente. Do ponto dos efeitos sobre a saúde, devido à natureza das substâncias e à forma com que atuam no organismo, foram divididos em diversos grupos, conforme:

A classificação geral dos gases é a seguinte (SOTO,1980):

a) *Gases irritantes das vias respiratórias superiores.* Podem produzir irritação nos tecidos com os quais entram em contato direto, tais como a pele, a conjuntiva ocular e as vias respiratórias. A ação desses gases depende de sua estrutura química, da concentração e da solubilidade. Aqueles altamente solúveis em água produzem irritação na garganta e no nariz. Exemplos: amônia, ácido acético, dióxido de enxofre.

b) *Gases irritantes pulmonares.* Esses gases têm uma baixa solubilidade na água, podendo, portanto, alcançar os alvéolos pulmonares, onde produzirão a sua ação irritante intensa. Exemplo: ozona, gases nitrosos e cloro.

c) *Gases asfixiantes químicos.* Exemplo: monóxido de carbono

d) *Gases asfixiante simples.* Exemplos: metano e acetileno

e) *Gases e vapores anestésicos.* De acordo com sua ação sobre o organismo, os anestésicos podem ser divididos em:

— Anestésicos primários: Hidrocarbonetos alifáticos (butano, propano, etano, etc.), ésteres, aldeídos, cetonas.

— Anestésicos de efeito sobre as vísceras: Hidrocarbonetos clorados, tais como: tetracloreto de carbono, tricloroetileno, percloroetileno.

— Anestésicos de ação sobre o sistema formador do sangue: Hidrocarbonetos aromáticos, como tolueno e xileno.

— Anestésicos de ação sobre o sistema nervoso: Álcoois (metílico e etílico), ésteres de ácidos orgânicos, dissulfeto de carbono.

4.1 — Limite de tolerância — anexo 11, NR-15

A Portaria n. 3.214/78, em sua NR-15, Anexo 11, estabelece limites de tolerância para gases e vapores, e o Anexo 13 estabelece os agentes químicos considerados insalubres por inspeção no local de trabalho (avaliação qualitativa). A seguir a transcrição do referido anexo:

1. Nas atividades ou nas operações nas quais os trabalhadores ficam expostos a agentes químicos, a caracterização de insalubridade ocorrerá quando forem ultrapassados os limites de tolerância constantes no Quadro n. 1 deste Anexo.

2. Todos os valores fixados no Quadro n. 1 — Tabela de Limites de Tolerância — são válidos para absorção apenas por via respiratória.

3. Todos os valores fixados no Quadro n. 1 como "Asfixiantes Simples" determinam que nos ambientes de trabalho, em presença dessas substâncias, a concentração mínima de oxigênio deverá ser 18 (dezoito) por cento em volume. As situações nas quais a concentração de oxigênio estiver abaixo desse valor serão consideradas de risco grave e iminente.

4. Na coluna "VALOR-TETO", estão assinalados os agentes químicos cujos limites de tolerância não podem ser ultrapassados em momento algum da jornada de trabalho.

5. Na coluna "ABSORÇÃO TAMBÉM PELA PELE", estão assinalados os agentes químicos que podem ser absorvidos por via cutânea, e, portanto, exigindo na sua manipulação o uso de luvas adequadas, além do EPI necessário à proteção de outras partes do corpo.

6. A avaliação das concentrações dos agentes químicos por meio de métodos de amostragem instantânea, de leitura direta ou não, deverá ser feita pelo menos em 10 (dez) amostragens, para cada ponto — em nível respiratório do trabalhador. Entre cada uma das amostragens, deverá haver um intervalo de, no mínimo, 20 (vinte) minutos.

7. Cada uma das concentrações obtidas nas referidas amostragens não deverá ultrapassar os valores obtidos na equação que segue, sob pena de ser considerada situação de risco grave e iminente.

Valor máximo = LT x FD(90)

Onde:

LT = Limite de tolerância para o agente químico, segundo o Quadro 12 coluna 1.

FD = Fator de desvio, segundo definido no Quadro 12 coluna 2.

QUADRO 12

LT (ppm ou mg/m^3)	FD
0 a 1	3,0
1 a 10	2,0
10 a 100	1,5
100 a 1000	1,25
Acima de 1000	1,10

Fonte: Quadro 2, NR-15

8. O limite de tolerância será considerado excedido quando a média aritmética das concentrações ultrapassar os valores fixados no Quadro n. 1.

9. Para os agentes químicos que tenham "VALOR-TETO" assinalado no Quadro n. 1 (Tabela de Limites de Tolerância), considerar-se-á excedido o limite de tolerância, quando qualquer uma das concentrações obtidas nas amostragens ultrapassar os valores fixados no mesmo Quadro.

10. Os limites de tolerância fixados no Quadro n. 1 são válidos para jornadas de trabalho de até 48 (quarenta e oito) horas por semana, inclusive.

10.1. Para jornadas de trabalho que excedam as 48 (quarenta e oito) horas semanais, dever-se-á cumprir o disposto no art. 60 da CLT.

QUADRO 13 (Quadro 1, anexo 11)

Agentes químicos	Valor-Teto	Absorção também pela pele	Concentrações — até 48 horas semanais		Grau de insalubridade a ser considerado no caso de caracterização
			ppm*	mg/m³**	
Acetaldeído			78	140	máximo
Acetato de cellosolve		+	78	420	médio
Acetato de éter monoetílico de etileno glicol (vide acetato de cellosolve)			-	-	-
Acetato de etila			310	1090	mínimo
Acetato de 2-etóxi etila (vide acetato de cellosolve)			-	-	-
Acetileno			asfixiante	simples	-
Acetona			780	1870	mínimo
Acetontrila			30	55	máximo
Ácido acético			8	20	médio
Ácido cianídrico		+	8	9	máximo
Ácido clorídrico	+		4	5,5	máximo
Ácido crômico (névoa)			-	0,04	máximo
Ácido etanoico (vide ácido acético)			-	-	-
Ácido fluorídrico			2,5	1,5	máximo
Ácido fórmico			4	7	médio
Ácido metanoico (vide ácido fórmico)			-	-	-
Acrilato de metila		+	8	27	máximo
Acrilonitrila		+	16	35	máximo
Álcool isoamílico			78	280	mínimo
Álcool n-butílico	+	+	40	115	máximo
Álcool isobutílico			40	115	médio
Álcool sec-butílico (2-butanol)			115	350	médio
Álcool terc-butílico			78	235	médio
Álcool etílico			780	1480	mínimo
Álcool furfurílico		+	4	15,5	médio

Agentes químicos	Valor--Teto	Absorção também pela pele	Concentrações — até 48 horas semanais		Grau de insalubridade a ser considerado no caso de caracterização
			ppm*	mg/m³**	
Álcool metil armílico (vide metil isoburtil carbinol)			-	-	-
Álcool metílico		+	156	200	máximo
Álcool n-propílico		+	156	390	médio
Álcool isopropílico		+	310	765	médio
Aldeído acético (vide acetaldeído)			-	-	-
Aldeído fórmico (vide formaldeído)			-	-	-
Amônia			20	14	médio
Anídrico sulfuroso (vide dióxido de enxofre)			-	-	-
Anilina		+	4	15	máximo
Argônico			asfixiante	simples	-
Arsina (arsenaminal)			0,04	0,16	máximo
Brometo de etila			156	695	máximo
Brometo de metila		+	12	47	máximo
Bromo			0,08	0,6	máximo
Bromoetano (vide brometo de etila)			-	-	-
Bromofórmio		+	0,4	4	médio
Bromometano (vide brometo de metila)			-		-
1,3 Butadieno			780	1720	médio
n-Butano			470	1090	médio
n-Butanol (vide álcool butílico)			-	-	-
sec-Butanol (vide álcool sec-butílico)			-	-	-
Butanona (vide metil-etil--cetona)			-	-	-
1-Butanodiol (vide butil mercaptana)			-	-	-

Agentes químicos	Valor--Teto	Absorção também pela pele	Concentrações — até 48 horas semanais		Grau de insalubridade a ser considerado no caso de caracterização
			ppm*	mg/m³**	
n-Butilamina	+	+	4	12	máximo
Butil cellosolve		+	39	190	médio
n-Butil mercaptana			0,4	1,2	médio
2-Butóxi etanol (vide butil cellosolve)			-	-	-
Cellosolve (vide 1-etóxi etanol)			-	-	-
Chumbo			-	0+1	máximo
Cianeto de metila (vide acetonitrila)			-	-	-
Cianeto de vinila (vide acrilonitrila)			-	-	-
Cianogênio			8	16	máximo
Ciclohexano			235	620	médio
Ciclohexanol			40	160	máximo
Ciclohexilamina		+	8	32	máximo
Cloreto de carbonila (vide fosgênio)			-	-	-
Cloreto de etila			780	2030	médio
Cloreto de fenila (vide cloro benzeno)			-	-	-
Cloreto de metila			78	165	máximo
Cloreto de metileno			156	560	máximo
Cloreto de vinila	+		156	398	máximo
Cloreto de vinilideno			8	31	máximo
Cloro			0,8	2,3	máximo
Clorobenzeno			59	275	médio
Colobromometano			156	820	máximo
Cloroetano (vide cloreto de etila)			-	-	-
Cloroetileno (vide cloreto de vinila)			-	-	-

Agentes químicos	Valor--Teto	Absorção também pela pele	Concentrações — até 48 horas semanais		Grau de insalubridade a ser considerado no caso de caracterização
			ppm*	mg/m³**	
Clorodifluometano (freon 22)			780	2730	mínimo
Clorofórmio			20	94	máximo
1-Cloro 1-nitropropano			16	78	máximo
Cloroprene		+	20	70	máximo
Cumeno		+	39	190	máximo
Decaborano		+	0,04	0,25	máximo
Demeton		+	0,008	0,08	máximo
Diamina (vide hidrazina)			-	-	-
Diborano			0,08	0,08	máximo
1,2 — Dibramoetano		+	16	110	médio
o-Diclorobenzeno			39	235	máximo
Diclorodifluometano (freon 12)	+		780	3860	mínimo
1,1 Dicloroetano			156	640	médio
1,2 Dicloroetano			39	156	máximo
1,1 Dicoloetileno (vide cloreto de vinilideno)			-	-	-
1,2 Dicloroetileno			155	615	médio
Diclorometano (vide cloreto de metileno)			-	-	-
1,1-Dicloro-1-nitroetano	+		8	47	máximo
1,2 Dicloropropano			59	275	máximo
Diclorotetrafluoretano (freon 114)			780	5460	mínimo
Dietilamina			20	59	médio
Dietil éter (vide éter etílico)			-	-	-
2,4 Diisocianato de tolueno (TDI)	+		0,016	0,11	máximo
Diisopropilamina		+	4	16	máximo

Agentes químicos	Valor-Teto	Absorção também pela pele	Concentrações — até 48 horas semanais		Grau de insalubridade a ser considerado no caso de caracterização
			ppm*	mg/m³**	
Dimetilacetamida		+	8	28	máximo
Dimetilamina			8	14	médio
Dimetilformamida			8	24	médio
1,1 Dimetil hidraniza		+	0,4	0,8	máximo
Dióxido de carbono			3900	7020	máximo
Dióxido de cloro			0,08	0,25	máximo
Dióxido de enxofre			4	10	máximo
Dióxido de nitrogênio	+		4	7	máximo
Dissulfeto de carbono		+	16	47	máximo
Estibina			0,08	0,4	máximo
Estireno			78	328	médio
Etanal (vide acetaldeído)			-	-	-
Etano			asfixiante	simples	-
Etano (vide álcool etílico)			-	-	-
Etanotiol (vide etil mercaptana)			-	-	-
Éter decloroetílico		+	4	24	máximo
Éter etílico			310	940	médio
Éter monobutílico de etileno glicol			310	940	médio
Éter monobutílico do etileno glicol (vide butil cellosolve)			-	-	-
Éter monoetílico de etileno glicol (vide cellosolve)			-	-	-
Éter monometílico do etileno glicol (vide metil cellosolve)			-	-	-
Etilamina			8	14	máximo
Etilbenzeno			78	340	médio

Agentes químicos	Valor--Teto	Absorção também pela pele	Concentrações — até 48 horas semanais		Grau de insalubridade a ser considerado no caso de caracterização
			ppm*	mg/m³**	
Etileno			asfixiante	simples	-
Etilenoimina		+	0,4	0,8	máximo
Etil mercaptana			0,4	0,8	médio
n-Etil morfolina		+	16	74	médio
2-Etoxietanol		+	78	290	médio
Fenol		+	4	15	máximo
Fluortriclorometano (freon 11)			780	4370	médio
Formaldeído (formol)	+		1,6	2,3	máximo
Fosfina (fosfamina)			0,23	0,3	máximo
Fosgênio			0,08	0,3	máximo
Freon 11 (vide fluortriclorometano			-	-	-
Freon 12 (vide diclorodifluometano)			-	-	-
Freon 22 (vide clorodifluormetano)			-	-	-
Freon 113 (vide 1,1,2 tricloro 1,2,2-trifluoretano)			-	-	-
Freon 114 (vide diclorotetrafluoretano)			-	-	-
Gás amoníaco (vide amônia)			-	-	-
Gás carbônico (vide dióxido de carbono)			-	-	-
Gás cianídrico (vide ácido cianídrico)			-	-	-
Gás clorídrico (vide ácido clorídrico)			-	-	-
Gás sulfúrico			8	12	máximo
Hélio			asfixiante	simples	-
Hidrazina		+	0,08	0,08	máximo

Agentes químicos	Valor-Teto	Absorção também pela pele	Concentrações — até 48 horas semanais		Grau de insalubridade a ser considerado no caso de caracterização
			ppm*	mg/m³**	
Hidreto de antimônio (vide estibina)			-	-	-
Hidrogênio			asfixiante	simples	-
Isobutanol (vide álcool isobutanol)			-	-	-
Isopropilamina			4	9,5	médio
Isopropil benzeno (vide cumento)			-	-	-
Mercúrio (todas as formas, exceto orgânicas)			-	0,04	máximo
Metacrilato de metila			79	320	mínimo
Metano			asfixiante	simples	-
Metanol (vide álcool metílico)			-	-	-
Metilamina			8	9,5	máximo
Metil cellosolve		+	20	60	máximo
Metil ciclohexano			39	180	médio
Metil clorofórmico			275	1480	médio
Metil demeton		+	-	0,4	máximo
Metil etil cetona			155	460	médio
Metil isobutilcarbinol		+	20	78	máximo
Metil mercaptana (metanotiol)			0,04	0,8	médio
2-Metóxiol etanol (vide metil cellosolve)			-	-	-
Monometil hidrazina	+	+	0,16	0,27	máximo
Monóxido de carbono			33	43	máximo
Negro de fumo			-	3,5	máximo
Neônio			asfixiante	simples	-
Níquel carbonila (níquel tetracarbonila)			0,04	0,28	máximo

Agentes químicos	Valor--Teto	Absorção também pela pele	Concentrações — até 48 horas semanais		Grau de insalubridade a ser considerado no caso de caracterização
			ppm*	mg/m³**	
Nitrato de n-propila			20	85	máximo
Nitroetano			78	245	médio
Nitrometano			78	195	máximo
1-nitropropano			20	70	médio
2-nitropropano			20	70	médio
Óxido de etileno			39	70	máximo
Óxido nítrico (NO)			20	23	máximo
Óxido nitroso (N2O)			asfixiante	simples	-
Ozona			0,08	0,16	máximo
Pentaborano			0,004	0,008	máximo
n-Pentano		+	470	1400	mínimo
Percloroetileno			78	525	médio
Piridina			4	12	médio
n-propano			asfixiante	simples	-
n-propanol (vide álcool n-propílico)			-	-	-
isopropanol (vide álcool sipropílico)			-	-	-
Propanona (vide acetona)			-	-	-
Propileno			asfixiante	simples	-
Propilena imina		+	1,6	4	máximo
Sulfato de dimetila	+	+	0,08	0,4	máximo
Sulfeto de hidrogênio (vide gás sulfídrico)			-	-	-
Systox (vide demeton)			-	-	-
1,1,2,2 Tetrabromoetano			0,8	11	médio
Tetracloreto de carbono		+	8	50	máximo
Tetracloroetano		+	4	27	máximo
Tetracloroetileno (vide percloroetileno)			-	-	-

Agentes químicos	Valor-Teto	Absorção também pela pele	Concentrações — até 48 horas semanais		Grau de insalubridade a ser considerado no caso de caracterização
			ppm*	mg/m³**	
Tetra-hidrofurano			156	450	máximo
Tolueno (toluol)		+	78	290	médio
Tolueno — 2,4 — diisocianato (TDI) (vide 2,4 diisocianato de tolueno)			-	-	-
Tribromometano (vide bromofórmico)			-	-	-
Tricloreto de vinila (vide 1,1,2 tricloroetano)			-	-	-
1, 1,1 Tricloroetano (vide metil clorofórmico)			-	-	-
1,1,2 Tricloroetano		+	8	35	médio
Tricloroetileno			78	420	máximo
Triclorometano (vide clorofórmio)			-	-	-
1,2,3 Tricloropropano			40	235	máximo
1,1,2 Tricloro — 1,2,2 trifluoretano (freon 113)			780	5930	médio
Trietilamina			20	78	máximo
Trifluomonobramo-metano			780	4760	médio
Vinilbenzeno (vide estireno)			-	-	-
Xileno (xilol)			78	340	médio

* ppm — partes de vapor ou gás por milhão de partes de ar contaminado.

** mg/m3 — miligramas por metro cúbico de ar.

Os quadros transcritos no anexo 11 estabelecem os grupos de limites de tolerância:

a) Substâncias limite de tolerância média — Valor máximo

Neste grupo, estão incluídas as substâncias de ação generalizada sobre o organismo, cujos efeitos dependem da quantidade absorvida; e podem ser reconhecidas nos quadros anteriores, pois não estão assinaladas na coluna "valor-teto". Ex: amônia, monóxido de carbono, ozona.

Essas substâncias possuem o **limite de tolerância — média,** isto é, pode-se ter concentrações acima do limite fixado, desde que sejam compensadas por valores abaixo desse mesmo limite, de modo que a média ponderada seja igual ou inferior ao limite de tolerância. No entanto, essas oscilações devem respeitar um valor máximo, que não pode ser ultrapassado. Esse valor máximo é obtido da aplicação de um fator de desvio, conforme a fórmula:

Valor máximo (VM) = LT x FD, sendo: **(90)**

LT = limite de tolerância

FD = fator de desvio

O fator de desvio depende da grandeza do limite de tolerância, segundo o quadro 12 (quadro 2, anexo 11 da NR-15):

Vale ressaltar que o anexo 11, item 8, menciona a média aritmética das concentrações.

— **Exemplo:** numa avaliação de amônia, foram obtidos os seguintes dados:

AMOSTRAGEM	CONCENTRAÇÕES (ppm)
1	10
2	20
3	25
4	20
5	15
6	10
7	20
8	10
9	20
10	25

Dados dos limites de amônia:

LT = 20 ppm

FD = 1,5 (conforme quadro do fator de desvio).

Para verificar se o limite de tolerância foi ultrapassado ou não, deve-se calcular:

— Concentração média

$$Cm = \frac{10 + 20 + 25 + 20 + 15 + 10 + 20 + 10 + 20 + 25}{10} = 17,5 \text{ ppm} \qquad \textbf{(91)}$$

— VM = LT x FD

Segundo o anexo 11, NR-15, o limite de tolerância para a amônia é de 20 ppm e o FD = 1,5. Desse modo:

VM = 20 x 1,5 = 30,0 ppm

Pode-se verificar que nenhuma das amostragens ultrapassou o valor máximo permitido, e a concentração média foi inferior ao limite de tolerância estabelecido no anexo 11, NR-15, não caracterizando, portanto, insalubridade para essa atividade.

No caso de pelo menos uma amostragem ultrapassar o valor máximo permitido e/ou a concentração média superar o limite fixado, a atividade será considerada insalubre de grau médio, se o trabalhador não estiver adequadamente protegido.

b) Substâncias limite de tolerância valor-teto

Essas substâncias estão assinaladas no quadro 13, a coluna valor-teto. Devido à sua ação imediata, elas não podem ter seu LT excedido em momento algum da jornada de trabalho, devendo o próprio limite fixado ser considerado valor máximo permitido. Ou seja, o limite de tolerância corresponde ao valor máximo. Ex.: ácido clorídrico, cloreto de vinila, dióxido de nitrogênio.

c) Substâncias limite de tolerância média — absorção também pela pele

Essas substâncias estão assinaladas no quadro 13, a coluna absorção também pela pele. Os limites de tolerância foram fixados considerando-se somente a penetração por via respiratória. As substâncias pertencentes a esse grupo podem ser absorvidas também pela pele intacta, pelas membranas, pelas mucosas ou pelos olhos. Deverão, portanto, ser tomadas medidas adicionais de proteção, para se evitar absorção por via cutânea, a fim de que o LT não seja superado. Tais substâncias possuem sinalização na coluna "absorção também pela pele" na tabela de LT e possuem limite de tolerância — média ponderada.

Exemplos: anilina, tolueno, fenol.

d) Substâncias limite de tolerância valor-teto — absorção também pela pele

São as substâncias assinaladas nas colunas valor-teto e absorção também pela pele no quadro 13. As substâncias desse grupo possuem ação rápida sobre o organismo e podem ser absorvidas também por via cutânea.

As substâncias desse grupo, além de não poderem ter seu LT excedido em momento algum, devido ao seu efeito imediato sobre o organismo, também requerem medidas de proteção adequadas, a fim de se evitar a absorção por via cutânea. Nesse caso, também não é aplicado o fator de desvio, sendo VM = LT.

Exemplos: sulfato de metila, álcool n-butílico.

e) Substâncias asfixiantes simples

Alguns gases e vapores, em altas concentrações no ar, atuam como asfixiantes simples, isto é, deslocam o oxigênio do ar, sem provocar outros efeitos fisiológicos significativos. Não possuem LT, pois o fator limitante é o oxigênio disponível, devendo ser avaliada a quantidade de oxigênio no ar, sendo 18% o valor mínimo permissível. As substâncias asfixiantes simples estão mencionadas no quadro 13.

Exemplo: acetileno, argônio, etano, etc.

— Agentes químicos (avaliação qualitativa):

O anexo 13 da NR-15 estabelece operações ou atividade com diversos tipos de agentes químicos cuja insalubridade é determinada pela inspeção realizada no local (avaliação qualitativa). Entre esses agentes, destacam-se chumbo, cromo e cádmio, entre outros (vide apêndice). A ACGIH recomenda limites de tolerância para a maioria dos agentes químicos mencionados no referido anexo.

4.2 — Limites recomendados pela ACGHI

A ACGIH recomenda limites de tolerância de forma mais ampla, inclusive vários gases e vapores em que a avaliação pela NR-15 é qualitativa. Como mencionado anteriormente, segundo a NR-9, quando a NR-15 não prevê limites, poderão ser usados aqueles recomendados pela ACGIH.

Convém ressaltar, no entanto, que os limites da ACGIH deverão sofrer correção em função da jornada de trabalho, conforme comentado anteriormente (*Brief & Scala* — item 2). Assim, por exemplo, o ácido nítrico não possui limite estabelecido no anexo 11 da NR-15, podendo-se utilizar o limite da ACGIH, que é de 2,0 ppm e multiplicado por 0,88 (fator de correção), obtendo-se, então, o valor de 1,76 ppm.

Como vimos anteriormente, o anexo 13 da NR-15 estabelece avaliação qualitativa para diversos agentes químicos, entretanto, a maioria possui limites de tolerância na ACGIH, entre os quais destacamos:

TABELA 20

Limite de tolerância ACGIH (2011)

AGENTES QUÍMICOS	LIIMITES DE TOLERÂNCIA		Limite corrigido para a jornada de trabalho do Brasil
	ppm	mg/m³	
Ácido acrílico	2,0		1,76
Arsênio (compostos inorgânicos como As)		0,01	0,0088
Ácido nítrico	2,0		1,76
Ácido fosfórico		1,0	0,88
Ácido oxálico		1,0	0,88
Ácido sulfúrico		0,2	1,76
Aguarrás Mineral (Varsol)	100,0		88,0
Asfalto (betume) Fumos como aerossol solúvel em benzeno (fração inalável)		0,50	0,44
Cádmio		0,01	0,0088
(compostos inorgânicos como Cd)		0,002 (fração respirável)	0,00176
Hidróxido de potássio		2,0 (teto)	1,76
Hidróxido de sódio		2,0 (teto)	1,76
Óleo mineral, névoas		5,0	4,4

Como mencionado anteriomente, a ACGIH possui três categorias de limites de tolerância: limite de exposição — média ponderada no tempo; limite de exposição de curta duração, e limite de exposição — valor-teto.

a) Limite de exposição — média ponderada no tempo

É a concentração média ponderada para uma jornada de oito horas e 44 semanais. Exemplo: um trabalhador fica exposto, durante a jornada, às seguintes concentrações de ácido nítrico: 1,0 ppm durante 3 horas; 2,5 ppm durante 2 horas, e no restante da jornada não fica exposto. A concentração média ponderada das concentrações para jornada de oito horas é igual a:

$$C_{Mp} = \frac{1,0 \; x \; 3 + 2,5 \; x \; 2 + 3,0 \; x \; 0}{8} = 1,0ppm$$

A concentração média ponderada (C_{Mp}) foi inferior ao limite de 1,76 pppm (corrigido para jornada de trabalho brasiliera) recomendado pela ACGIH.

b) Limite de exposição — curta duração

É o limite média ponderada durante 15 minutos, o qual não deve ser superado em momento algum da jornada de trabalho, mesmo que a concentração média ponderada em oito horas esteja dentro do limite (ACGIH, 2011). Considerando a exposição às seguintes concentrações de ácido nítrico: 4,0 ppm durante 5,0 minutos; 5,0 ppm durante 4 minutos e 0,2 ppm durante 6,0 minutos. A concentração média ponderada de curta duração é igual a:

$$C_{Mp} = \frac{10,0 \; x \; 5 + 5,0 \; x \; 4 + 0,2 \; x \; 6}{15} = 4,74ppm$$

A concentração média ponderada (C_{Mp}) curta duração foi superior ao limite de 4,74 ppm (corrigido para a jornada de trabalho brasileira) recomendado pela ACGIH. Assim, mesmo com concentração média ponderada em oito horas abaixo de 1,76 ppm, o limite de exposição ocupacional é considerado excedido.

c) Limite de exposição — valor-teto

Nessa categoria, a concentração não pode ultrapassar o limite em momento algum da jornada de trabalho. Exemplo: formaldeído. O limite da ACGIH, valor-teto é igual a 0,264 ppm corrigido para jornada de trabalho brasileira. As medições instantâneas são mais adequadas na avaliação das substâncias que possuem esse tipo de limite, pois permite detectar os picos de concentrações.

4.3 — Avaliação quantitativa de gases e vapores

A avaliação quantitativa de gases e vapores pode ser realizada por diversos métodos, devendo ser escolhido o mais adequado em função do objetivo da avaliação, como caracterização de insalubridade, verificação de medidas de controle, disponibilidade de instrumental e métodos analíticos, entre outros.

A seguir, estão descritos de forma simplificada os métodos mais utilizados, que podem ser de amostragem instantânea ou contínua, de leitura direta ou não.

a) Amostragens Instantâneas

— Tubos reagentes

Nesse tipo de avaliação, é necessária uma bomba manual, que realiza a aspiração do ar ambiente, e o tubo reagente, por onde penetra o ar. Dentro de cada tubo, existe um reagente químico específico para cada agente a ser avaliado, o qual reage quimicamente mudando a cor do tubo. A escala ou o comprimento da coloração permite a obtenção diretamente da concentração do gás ou do vapor. A Figura 36 ilustra a bomba e o tubo reagente.

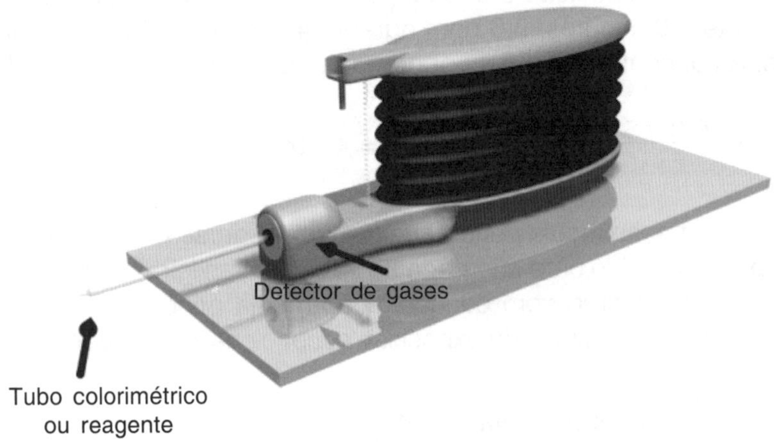

Figura 36 — Detector de gás com tubo reagente ou colorimétrico

Esse método é simples e prático e permite detectar picos de concentração, pois a amostragem é instantânea. Existem diversas marcas e tipos de tubos reagentes no mercado, no entanto, não é recomendável utilizar a bomba de um fabricante e o tubo de outro, pois isso pode aumentar o erro da medição.

O anexo 11 da NR-15 determina que, nas amostragens instantâneas de leitura direta ou não, deverão ser feitas pelo menos 10 amostragens para cada ponto do nível respiratório do trabalhador. Entre cada uma das amostragens, deverá haver um intervalo de, no mínimo, 20 minutos.

Exemplo:

Numa amostragem instantânea de amônia utilizando os tubos reagentes ou colorimétricos, foram obtidos os seguintes dados:

AMOSTRAGEM	CONCENTRAÇÕES (ppm)
01	20
02	25
03	20
04	15
05	20
06	25
07	25
08	15
09	15
10	25

Concentração média

$$Cm = \frac{20 + 25 + 20 + 15 + 20 + 25 + 25 + 15 + 15 + 25}{10} = 20{,}5 \text{ ppm}$$

Valor máximo

VM = LT X FD

VM = 20 X 1,5 = 30,0 ppm

Embora nenhuma amostragem tenha superado o valor máximo, a concentração média superou o limite de tolerância fixado pelo anexo 11, NR--15 (LT = 20,0 ppm).

Outro sistema de detecção de gás é o chip, que combina um analisador eletrônico com chips específicos preenchidos com sistema de reagentes. São específicos para cada substância. Os dados coletados podem ser armazenados no gravador de dados integrado ao medidor.

— Instrumento eletrônico com célula eletroquímica

Esses medidores realizam medição direta e imediata dos contaminantes presentes, sendo constituídos de sensores que, pelos diferentes princípios de detecção (elétrico, térmico, eletromagnético, etc.), determinam a concentração do contaminante.

São bastante úteis quando se necessita de resultados imediatos e com boa precisão; no entanto, são específicos para cada tipo de contaminante, de modo que, quando se deseja realizar estudo de contaminação por vários tipos de gases e vapores, podem se tornar inviáveis devido ao seu custo elevado.

A Figura 37 traz um modelo desse equipamento:

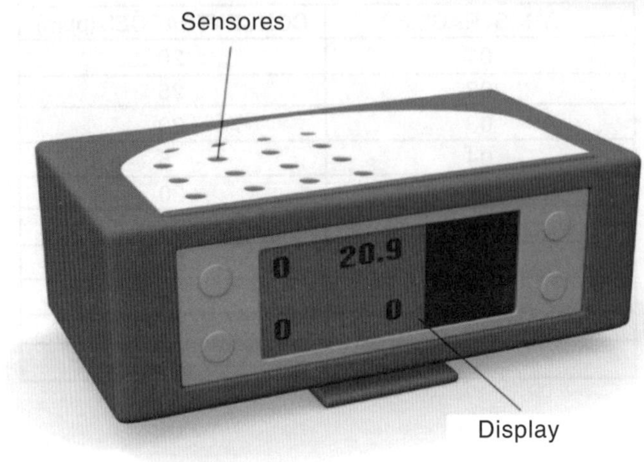

Figura 37 — Medidor eletrônico com célula eletroquímica

Alguns detectores possuem opcionalmente uma bomba interna para aspiração do ar, podendo ser adaptada em mangueira, visando à coleta do poluente em diversos pontos, especialmente em espaços confinados. Esses instrumentos normalmente utilizam célula para um ou mais gases, além de detectarem os limites de explosividade. Os sensores devem ser substituídos periodicamente de acordo com o fabricante, além de serem certificados.

b) Amostragens contínuas com posterior análise em Laboratório

As amostragens contínuas podem ser ativas ou passivas. Nas amostragens ativas, utiliza-se a bomba gravimétrica para aspirar o ar por meio de um meio de coleta. A bomba gravimétrica deve ser calibrada nas vazões adequadas, de acordo com a especificação do método analítico. Nas amostragens em que a vazão de coleta é baixa, ou seja, menor que 1,0 l/min, deve-se utilizar bomba capaz de permitir a redução da vazão, caso contrário, deve-se adaptar um redutor de vazão.

Os meios de coleta usados variam em função do tipo de gás ou do vapor a ser amostrado. A seguir, estão descritos os meios de coleta que atendem à avaliação dos gases de ocorrência mais frequente nos locais de trabalho. Lembramos aos leitores que, antes de realizarem-se as amostragens, é necessário contatar os laboratórios especializados para verificar a disponibilidade de análise do gás ou vapor a ser analisado. A maioria dos métodos de análises é do NIOSH e OSHA, sendo assim, sugerimos sua consulta objetivando informações detalhadas da avaliação de campo e análise laboratorial.

— Tubo de carvão ativado

O tubo de carvão ativado é utilizado principalmente na coleta de vapores orgânicos, tais como: benzeno, tolueno, xileno, cloreto de metileno, brometo de metila, entre outros. A vazão da amostragem é variável em função do tipo de substância avaliado. Em geral, de 0,05 a 0,20 L/min (consultar método NIOSH). A análise da amostra geralmente é feita com cromatografia gasosa. A Figura 38 exibe o tubo de carvão ativado.

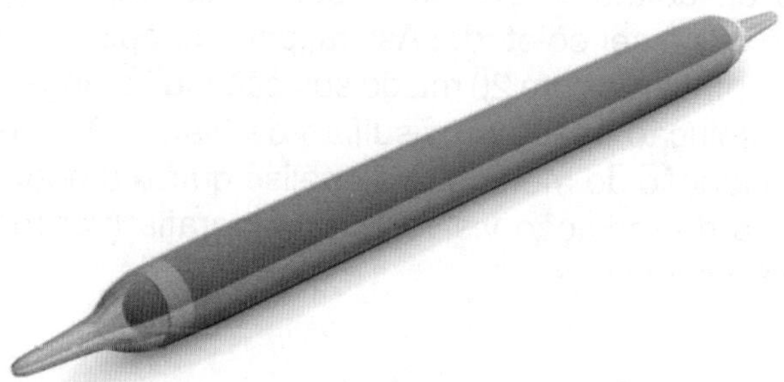

Figura 38 — Tubo de carvão ativado

A seção dos tubos pode ser de 50/100 mg e 200/400 mg para maioria das coletas.

— Tubo de sílica gel

Os tubos de sílica gel são usados normalmente na coleta de ácidos inorgânicos, tais como: ácido clorídrico, nítrico, sulfúrico, bromídrico, nítrico, bromídrico, fluorídrico, entre outros. A vazão utilizada varia de 0,2 a 0,5 L/min, e a análise é feita com cromatografia de íons (ver método NIOSH). A Figura 39 ilustra o tubo de sílica gel.

A seção do tubo, em geral, é de 400/200 mg.

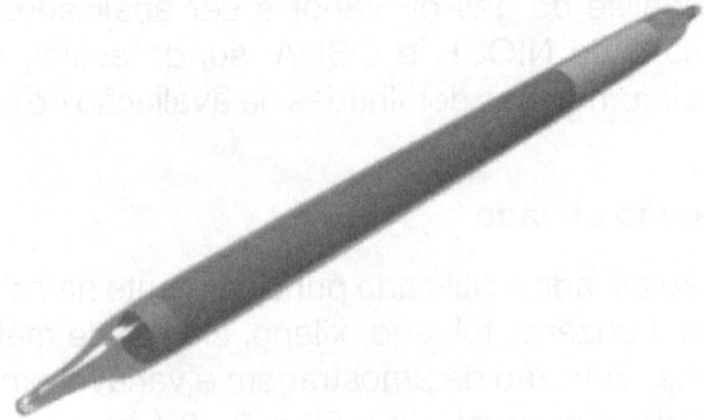

Figura 39 — Tubo de sílica gel

— **Impinger**

Nesse tipo de coleta, é colocada dentro do impinger uma solução específica para o gás a ser coletado. Assim, por exemplo, na coleta de cloro, utilizam-se dois impíngeres com 20 mL de solução metilorange. Já no peróxido de hidrogênio, a solução usada é oxisulfato de titânio. As vazões de coleta são variáveis em função do método, e a análise química poderá ser feita por espectrofotometria de radiação visível, cromatografia (ver método NIOSH). A Figura 40 mostra o impinger.

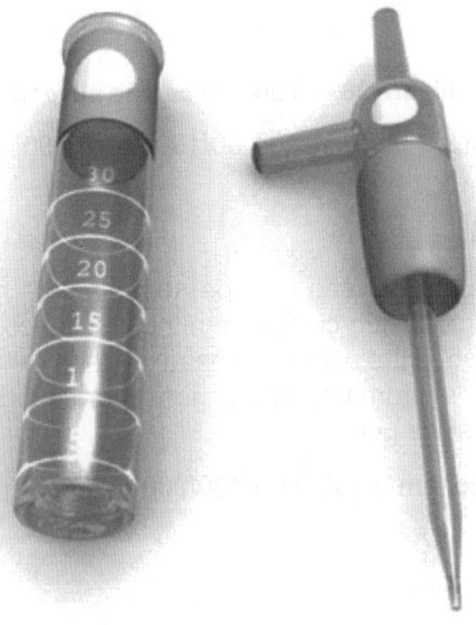

Figura 40 — Impinger

— **Filtros**

Outros meios de coleta bastante usados nas amostragens de gases são os filtros. Assim, há diversos tipos de gases em que se utiliza esse meio de coleta, tais como: ácido crômico — filtro de PVC de 5,0 ìm de poro; formaldeído (formol); e soda cáustica — filtro de PTFE (Teflon Filters — Polytetrafluoroethylene Filters); ozona — filtro de fibra de vidro. A vazão da coleta depende do tipo de gás avaliado e também da análise química específica: cromatografia de íons, espectrofotometria do visível por absorção atômica, entre outras (consultar métodos NIOSH).

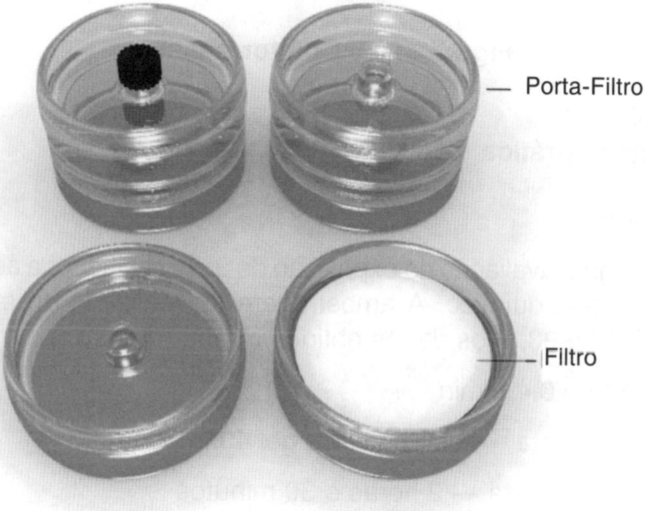

Figura 41 — Filtros

— **Coletor passivo ou dosímetro**

Os coletores passivos não utilizam bomba para aspiração do ar por meio de sucção. O princípio é fundado na difusão. Podem fornecer leitura direta ou análise posterior em Laboratório. Os amostradores passivos são específicos para cada tipo de gás (monóxido de carbono, dióxido de enxofre, entre outros). Já para vapores orgânicos, utiliza-se o coletor de carvão ativado, sendo a análise feita por cromatografia gasosa. A Figura 42 ilustra o coletor passivo.

Figura 42 — Coletor passivo

4.4 — Aplicação prática

Exemplo 1:

Foi realizada a avaliação da exposição de um trabalhador a ácido clorídrico em um Laboratório químico. A amostragem foi realizada de acordo com o método NIOSH 7.903, e os dados obtidos foram:

— Vazão Q = 0,4 L/min

— Meio de coleta — tubo de sílica gel 400/200 mg

— Tempo de coleta — 2 horas e 30 minutos

— A análise feita em Laboratório especializado por meio de cromatografia de íons obteve o seguinte resultado: ma = 0,1 mg de ácido clorídrico

— Análise de dados:

$$Va = \frac{0{,}4 \text{ L/min} \times 150 \text{ min}}{1000} = 0{,}06 \text{m}^3$$

$$C = \frac{ma}{Va} = \frac{0{,}1 \text{ mg}}{0{,}06 \text{ m}^3} = 1{,}66 \text{ mg/m}^3$$

— A concentração obtida foi inferior ao limite de tolerância estabelecido na NR-15 anexo 11 (5,5 mg/m^3).

Exemplo 2

Feita a avaliação da exposição de um trabalhador a tolueno e xileno, de acordo com método NIOSH-1501, obtiveram-se os seguintes dados:

— Vazão Q = 0,2 L/min

— Método de coleta — tubo de carvão ativado

— Tempo de coleta — 40 minutos

— Análise por cromatografia gasosa encontrou: tolueno = 0,5 mg e xileno = 0,4 mg

Análise de dados:

$$Va = \frac{0,2\ L/min \times 40\ min}{1000} = 0,008 m^3$$

$$\text{Concentração de tolueno} = \frac{0,5\ mg}{0,008\ m^3} = 62,5\ mg/m^3$$

$$\text{Concentração de xileno} = \frac{0,4\ mg}{0,008\ m^3} = 50,0\ mg/m^3$$

Limites de tolerância NR-15, anexo 11:

— Xileno = 340 mg/m^3

— Tolueno = 290 mg/m^3

Considerando os efeitos independentes, as concentrações de xileno e tolueno foram inferiores aos respectivos limites de tolerância. Já nos efeitos combinados, teremos:

$$\frac{62,5}{290} + \frac{50}{340} = 0,21 + 0,14 = 0,35 < 1,0$$

O valor obtido dos efeitos combinados também foi inferior ao limite de tolerância.

4.5 — Resumo dos métodos de amostragem dos principais agentes químicos

O Quadro 13 mostra o resumo dos métodos de amostragens de agentes químicos de maior ocorrência nos ambientes de trabalho:

SUBSTÂNCIA	MEIO DE COLETA	VAZÃO	VOLUME COLETADO	NÚMERO DO MÉTODO NIOSH	ANÁLISE LABORATORIAL
Ácido clorídrico	Tubo de sílica gel	0,2 — 0,5 l/min	3 — 100 l	7903	Cromatografia
Ácido acético	Tubo de carvão ativado	0,01 — 1 l/min	20 — 300 l	1603	Cromatografia gasosa

SUBSTÂNCIA	MEIO DE COLETA	VAZÃO	VOLUME COLETADO	NÚMERO DO MÉTODO NIOSH	ANÁLISE LABORATORIAL
Ácido nítrico	Tubo de sílica gel	0,2 — 0,5 l/min	3 — 100 l	7903	Cromatografia
Ácido sulfúrico	Tubo de sílica gel	0,2 — 0,5 l/min	3 — 300 l	7903	Cromatografia
Ácido cianídrico	Filtro de éster celulose + impínger	0,5 — 1 l/min	10 — 180 l	7904	Eletrodo de íon específico
Amônia	Sílica gel tratada com H_2SO_4	0,1 — 0,2 l/min	01 a 96 l	6015	Espectrometria
Anilina	Tubo de sílica gel	0,02 — 0,2 l/min	5 — 30 l	2002	Cromatografia
Benzeno	Tubo de carvão	0,2 l/min	10 l	1501	Cromatografia gasosa
Bromofórmio	Tubo de carvão	0,01 — 0,2 l/min	10 l	1003	Cromatografia gasosa
Cloro	PTFE Membrana de prata	0,3-1 l/min	2 — 90 l	6011	Cromatografia
Dióxido de enxofre	Filtro de éster celulose	0,5 — 1,5 l/min	4 — 200 l	6004	Cromatografia
Dióxido de nitrogênio	Tubo de peneira e catalisador	0,025 a 0,2 l/min	1,5 — 6 l	6014	Espectrofotometria de absorção no visível
Estireno	Tubo de carvão ativado	1 l/min	1 — 14 l	1501	Cromatografia
Éter etílico	Tubo de carvão ativado	0,01 — 0,2 l/min	0,25 — 3 l	1610	Cromatografia gasosa
Fenol	Tubo de resina (XAD -7)	0,01 — 0,1 l/min	1 — 24 l	2546	Cromatografia gasosa
Formaldeído	Filtro + impínger com bissulfato de sódio 1%	0,2 — 1,0 l/min	1 — 100 l	3500	Espectrofotometria
Hexano	Tubo contendo carbono grafitado	0,01 — 0,05 l/min	1 — 6 l	2549	Cromatografia gasosa
Hidróxido de sódio	Filtro de membrana PTFE	1 — 4 l/min	70 — 1000 l	7401	Titration
Monóxido de carbono	Sensor eletroquímico	-	-	6604	-
Mercúrio (formas orgânicas)	Tubo absorvente	0,15 — 0,25 L	2 — 100 l	6009	Absorção atômica

SUBSTÂNCIA	MEIO DE COLETA	VAZÃO	VOLUME COLETADO	NÚMERO DO MÉTODO NIOSH	ANÁLISE LABORATORIAL
Metil etil e butil mercaptana	Filtro de fibra de vidro com acetato de mercúrio	0,1 — 0,2 l/min	10 — 150 l	2542	Cromatografia gasosa
Metil etil cetona	Tubo de sílica gel 150/75 mg	0,01 — 0,1 l/min	0,5 — 3 l	OSHA 16	Cromatografia gasosa
Óxido nítrico	Tubo de peneira e catalisador	0,025 — 0,2 l/ min	1,5 — 6 l	6014	Espectrofotometria de absorção no visível
Ozônio	Filtros de fibra de vidro impregnados com nitrito	0,25 — 1,5 l/min	90 l	OSHA ID -214	Cromatografia de íons
Peróxido de hidrogênio	Impínger com oxissulfato de titânio	0,05 — 0,5 l/min	20 — 100 l	OSHA VI — 6	Espectrofotometria de absorção
Sulfeto de hidrogênio	2 Impinger em série com hidróxido de cádmio	0,2 — 1 l/min	1 — 10 l	S 8	Espectrofotometria de absorção
TDI — DII — socianato de tolueno	Lã de vidro com reagente	0,2 — 1 l/min	2 — 170 l	2535	Cromatografia
Tricloretileno	Tubo de carvão ativado 100/50 mg	0,01 — 0,2 l/min	1 — 30 l	1022	Cromatografia gasosa
Tolueno	Tubo de carvão	0,2 l/min	10 l	1501	Cromatografia gasosa
Xilono	Tubo de carvão	0,2 l/min	1 — 8 l	1501	Cromatografia gasosa
Poeira total contendo sílica	Filtro de PVC	1,5 l/min	Variável	7500	Difratometria de raio X
Poeira respirável contendo sílica	Filtro de PVC	1,7 l/min	Variável	7500	Difratometria de raio X
Poeiras não classificadas	Filtro de PVC	1,5 l/min	Variável	0500	Difratometria de raio X e gravimetria
Poeira metálica ou fumos metálicos	Filtro éster de celulose	1 a 4 l/min	Variável	7300	Plasma acoplado por indução espectrometria de emissão atômica
Poeira de algodão	Filtro de PVC	7,4 l	Variável	DHHS 75-118	Gravimetria

5 — ESTRATÉGIA DE AVALIAÇÃO DE AGENTES QUÍMICOS — ANÁLISE ESTATÍSTICA DOS DADOS

Na avaliação ocupacional, é fundamental conhecer com máxima exatidão os valores das concentrações a que os trabalhadores estão expostos. Assim, a caracterização do risco somente com uma amostragem em cada posto de trabalho (grupo homogêneo de exposição) não é adequada, pois as concentrações variam em função das variáveis operacionais e ambientais. Aliás, a NR-9 exige que o monitoramento da exposição dos trabalhadores deva ser realizado de forma sistemática e repetitiva.

A NR-22 estabelece o número de amostragens em função do grupo homogêneo de exposição. Contudo, não define o tratamento estatístico dos dados, provocando, desse modo, interpretações equivocadas dos profissionais da área. Já a Instrução Normativa 01/95 do MTE estabelece a estratégia de avaliação de benzeno e o tratamento dos dados.

Neste tópico, será abordada de forma simples e objetiva a estratégia de avaliação e o tratamento estatístico dos dados.

a) Distribuição Normal

A distribuição normal é uma das mais importantes no cálculo de probabilidades. É conhecida também como distribuição de GAUSS. Essa distribuição é definida pela média e pelo desvio padrão ou variância. A curva tem a forma de um sino, sendo a probabilidade a área sob essa curva, conforme mostra a figura 43.

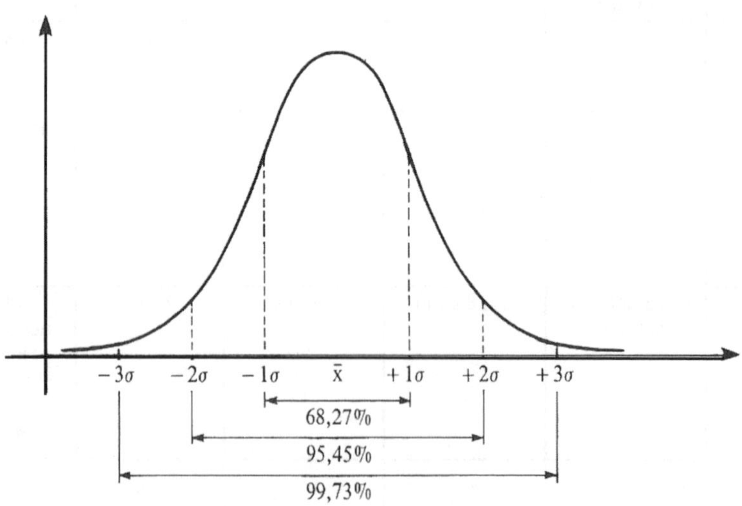

Figura 43 — Curva normal

Pela curva normal, verifica-se que com 1 (um) desvio padrão, a probabilidade é de 68,27%; com 2 (dois) desvio padrão a probabilidade é 95,45%. Exemplo: num levantamento de poeira, a média das concentrações (µ) foi igual 4,0 mg/m³, e o desvio padrão(σ), 0,50mg/m³. Assim, na distribuição normal, há 68,7 % de probabilidade de as concentrações situarem-se no intervalo de 3,50 a 4,50 mg/m³, e 98,45 % de probabilidade de ficar entre 3,0 a 5,0 mg/m³.

Com os valores da medida e o desvio padrão, calcula-se o valor da variável Z, conforme a equação a seguir:

$$Z = \frac{X - \mu}{\sigma} \qquad (92)$$

Onde :

X — é a variável

µ — é a média

σ — é o desvio padrão

Com o valor de Z, na tabela 23 determina-se o valor da probabilidade, ou seja, a área sob a curva.

b) Distribuição LOG-normal

A distribuição logaritmo normal é definida pela média geométrica (MG) e pelo desvio padrão geométrico (DPG). O método para o cálculo da probabilidade consiste em obter o logaritmo dos dados obtidos, em seguida calcular a média e o desvio padrão desses valores transformando, desse modo, na distribuição em normal. Com o desvio padrão e a média, calcula-se o valor de Z, como explicado anteriormente com esses dados; na tabela 21, encontra-se a probabilidade.

A curva de distribuição normal é simétrica enquanto a log-normal assimétrica tem sentido positivo, o que indica maior probabilidade de altas concentrações nos dados distribuídos normalmente (Figura 43).

Considerando que, na distribuição de log-normal, os logaritmos dos dados se distribuem normalmente, a média e o desvio padrão geométrico correspondem ao antilogaritmo da média aritmética e do desvio padrão.

MG = ant log Ma

DPG = ant log DP

Portanto, uma distribuição é log-normal quando os valores de seus logaritmos seguem a distribuição normal.

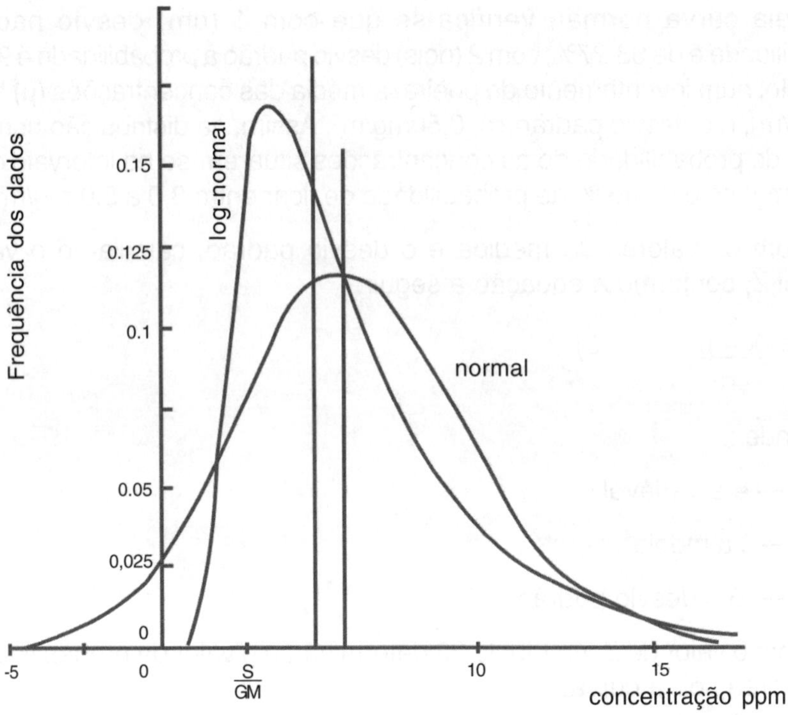

Figura 44 — curva de distribuição normal e LOG normal

c) Estratégia de avaliação

Leidel, Busch e Lynch estudaram estatisticamente os parâmetros que influenciam na avaliação dos contaminantes ambientais, mediante amostragem/análise, com o objetivo de se fazer uma avaliação ótima.

Segundo Busch e Lynch, as concentrações dos contaminantes químicos ao longo do tempo, tanto para períodos curtos como para longos (dias), seguem a distribuição log-normal. Já os erros cometidos nas amostragens são distribuídos normalmente.

Entre os fatores que podem alterar os dados ambientais levantados, destacam-se três fundamentais:

A — erro do método analítico

B — erros de amostragem

C — variação da concentração

Os dois primeiros obedecem aproximadamente à distribuição normal, podendo ser minimizados com procedimentos corretos da avaliação de campo e analítica (calibração dos instrumentos, pesagens corretas, instrumentação de qualidade, entre outros).

O terceiro não se pode conhecer de antemão, mesmo sabendo que sua distribuição é log-normal, e geralmente excede os dois primeiros de um fator compreendido em um intervalo de 10 a 20 (NIOSH, 1977).

A primeira etapa de avaliação dos agentes químicos é conhecer o grupo homogêneo (GHE) de exposição. O GHE corresponde a um grupo de trabalhadores que ficam expostos de modo semelhante, de forma que o resultado da avaliação da exposição de qualquer trabalhador ou do grupo seja representativa da exposição do restante dos trabalhadores do mesmo grupo (Instrução Normativa n. 1 de 20.12.1995 do MTb — DOU de 4.1.1996).

A seleção dos trabalhadores amostrados no grupo deve ser feita de acordo com a Tabela 21:

TABELA 21

Seleção dos trabalhadores. Conforme NR-22

TAMANHO DO GRUPO N*	NÚMERO DE AMOSTRAS EXIGIDAS (n)
8	7
9	8
10	9
11-12	10
13 14	11
15-17	12
18-20	13
21-24	14
25-29	15
30-37	16
38-49	17
50	18

N* — tamanho original do grupo homogêneo de risco
n — tamanho da amostra ou do subgrupo
Obs.: n = N* se N* menor do que 7

Lembramos que o ideal é realizar amostragens em todos os trabalhadores expostos ao risco, todavia, o procedimento pode ser simplificado pelo critério de seleção por grupo homogêneo. Aliás, mesmo na seleção por grupo homogêneo de risco, que é uma seleção normalizada pela NR-22 subitem (subitem 22.17.1), na prática encontramos dificuldades em sua aplicação, devido ao custo de cada amostragem.

5.1 — Tipos de amostragem

A figura 45 ilustra os tipos de amostragens de agentes químicos conforme NIOSH.

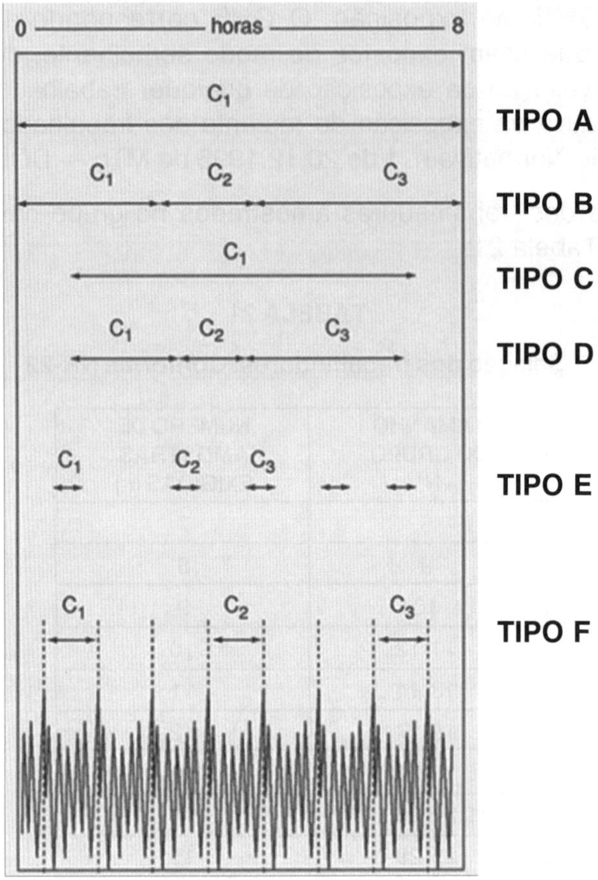

Figura 45 — Tipos de amostragens

a) Amostragem única durante toda a jornada de trabalho — Tipo A

Nesse tipo, a coleta da amostra é realizada durante toda a jornada de trabalho, considerando o tempo de exposição igual a 8 horas (jornada normal). A concentração C(8) é obtida da seguinte forma:

$$C(8) = \frac{C_1 \, x \, T}{8} \quad \textbf{(93)}$$

Onde :

C(8) = é a concentração média para jornada de trabalho de 8 horas ou TWA(Time Weight Average)

T = Tempo de exposição durante a jornada

Para o tempo de exposição igual a 8 horas, C(8) é igual a C_1

b) Amostragem consecutiva durante toda a jornada — Tipo B

Nesse tipo, são coletadas amostras consecutivas durante toda a jornada de trabalho. Esse tipo de coleta é mais recomendado, pois permite detectar melhor a concentração acidental e as variações durante a jornada. Da mesma forma que o tipo A, o tempo de amostragem é 8 horas. A concentração C(8) é calculada da seguinte forma:

$$C(8) = \frac{C_1T_1 + C_2T_2 + C_3T_3 \ldots\ldots C_nT_n}{T1 + T2 + T3 \ldots\ldots Tn} \qquad \textbf{(94)}$$

c) Amostragem única em tempo parcial da jornada — Tipo C

Nesse tipo a coleta é realizada em parte da jornada de trabalho, sendo recomendado o tempo de medição de 70% a 80 % da jornada de trabalho. O valor da concentração pode ser extrapolado para o restante da jornada desde que a exposição seja similar. A concentração C(8) é calculada de forma idêntica ao tipo A:

$$C(8) = C1\ x\,\frac{T}{8}$$

Exemplo:

Numa coleta de poeira, o valor da concentração foi igual a 5,0mg/m^3. Considerando o tempo de exposição igual a 7 horas, a concentração C(8) é igual a:

$$C(8) = 5{,}0\ x\,\frac{7}{8} = 4{,}38\ mg/m^3$$

No entanto, caso a exposição, no período não avaliado, for similar a C(8), será igual a 5,0 mg/m^3.

d) Amostragem consecutiva em tempo parcial — Tipo D

Esse tipo de coleta é idêntica ao tipo B; no entanto, o tempo de medição é inferior à jornada de trabalho.

e) Amostragem aleatória durante a jornada — Tipo E

Nesse tipo de coleta, as medições são feitas de maneira aleatória durante a jornada de trabalho, e os dados obtidos serão tratados estatisticamente por meio da distribuição log normal, conforme recomendação do estudo de Leidel Busch e Lynch.

É importante salientar que, devido aos custos de avaliação dos agentes químicos (filtros, analises químicas entre outros), no Brasil, a maioria das coletas são feitas por meio de amostragem única em tempo inferior à jornada de trabalho (Tipo C).

Nesse tipo de coleta, é necessário analisar criteriosamente o tempo de exposição do trabalhador ao agente durante a jornada de trabalho com o objetivo de determinar a concentração média — C(8).

5.2 — Limites de confiabilidade

Nas amostragens de agentes químicos, as concentrações podem apresentar erros inerentes à coleta e a variações ambientais dentro de um turno. No entanto, por meio da estatística, é possível calcular os limites de confiança da verdadeira concentração.

Os dados obtidos nas amostragens apresentam erros em função dos métodos analíticos e dos instrumentos utilizados. Esses erros são denominados de coeficiente de variação (CV). Os erros dos métodos analíticos são indicados por CV_A, e o erro dos instrumentos de amostragem, por CV_B. O coeficiente de variação total CV_T é calculado conforme a equação a seguir (NIOSH, 1977):

$$CV_T = \sqrt{(CV_A)^2 + (CV_B)^2} \qquad \textbf{(95)}$$

A NIOSH fornece os coeficientes de variação total dos métodos analíticos. A tabela 23 mostra o coeficiente de variação total (CV_T) dos principais métodos de coleta de amostras (NTP, 553).

Métodos de Avaliação	**CV_T**
Tubos colorimétricos	0,14
Amostradores pessoais	0,05
Tubos adsorventes de carvão ativado	0,10
Poeira respirável	0,09
Poeira total	0,05

O intervalo de confiabilidade é determinado pelo Limite Inferior de Confiabilidade (LIC) e pelo Limite Superior de Confiabilidade (LSC). Esses limites são obtidos por meio das seguintes equações:

$$LSC = C_R + 1{,}645.CV_T \qquad \textbf{(96)}$$

$$LIC = C_R — 1{,}645.CV_T \qquad \textbf{(97)}$$

Onde:

C_R = concentração relativa, obtida da relação da média das concentrações e do limite de tolerância

CV_T = Coeficiente de variação total, conforme o método analítico utilizado.

A concentração relativa-C_R corresponde à razão entre a concentração média da jornada — C(8) e o Limite de tolerância:

$$C_R = \frac{C(8)}{LT} \qquad \textbf{(98)}$$

O coeficiente de 1.645 corresponde ao valor da probabilidade de 95%, conforme tabela 24.

a) Amostragens consecutivas com exposição uniforme durante a jornada de trabalho (tipos B, D ou F).

Nesse tipo de avaliação, se o tempo de medição for aproximadamente igual, a equação simplificada do cálculo do limite é igual a:

$$LCS\ (95\%) = CR + \frac{1{,}645\ CV_T \sqrt{t_1^2 + t_2^2 + \ldots\ t_n^2}}{t_1^2 + t_2^2 + \ldots\ t_n^2} \qquad \textbf{(99)}$$

$$LIS\ (95\%) = CR - \frac{1{,}645\ CV_T \sqrt{t_1^2 + t_2^2 + \ldots\ t_n^2}}{t_1^2 + t_2^2 + \ldots\ t_n^2} \qquad \textbf{(100)}$$

Se a duração das amostragens são aproximadamente iguais, as equações podem ser simplificadas das seguintes formas:

$$LSC = C_R + \frac{1{,}645\ CV_T}{\sqrt{n}}$$

$$LIC = C_R - \frac{1{,}645\ CV_T}{\sqrt{n}}$$

Onde:

N = número de coletas realizadas durante a jornada

CR = concentração relativa

T = tempo de medição

b) Amostragens consecutivas com exposição não uniforme durante a jornada de trabalho. Nas amostragens em que os resultados variam muito, as equações que melhor expressam os limites do intervalo de confiança de 95% são:

$$LSC = C_R + \frac{1{,}645\ CV_T\sqrt{C_1^2t_1^2 + C_2^2t_2^2 + ...C_n^2t_n^2}}{LT(t_1 + t_2\ ...\ t_n)\sqrt{1} + CV_1^2}$$

$$LIC = C_R - \frac{1{,}645\ CV_T\sqrt{C_1^2t_1^2 + C_2^2t_2^2 + ...C_n^2t_n^2}}{LT(t_1 + t_2\ ...\ t_n)\sqrt{1} + CV_1^2}$$

Se a duração das amostragens forem aproximadamente iguais, as equações podem ser simplificadas da seguinte forma:

$$LSL = CR + \frac{1{,}645CV_T\sqrt{C_1^2 + C_2^2 + ...\ C_n^2}}{n\ x\ LT\sqrt{1} + CV_T^2} \quad \textbf{(101)}$$

5.3 — Testes de conformidade

Com base nos limites inferior e superior de confiabilidade com 95% de certeza em relação à média, os testes de conformidade e não conformidade são descritos a seguir (NIOSH,1977).

Critério estatístico	Definição	Classificação
LIC > LT	Existe 95% de probabilidade de a exposição superar o Limite de Tolerância	Não conformidade
LSC $\leq$ LT	Existe 95% de probabilidade de a exposição ser inferior ao Limite de Tolerância	Conformidade da exposição
Possível sobre exposição	Exposição que não se enquadra nas hipóteses anteriores	

Essas três possibilidades podem ser determinadas numericamente com o cálculo do LIC (Limite Inferior de Confiabilidade) e LSC (Limite Superior de Confiabilidade), conforme equações citadas anteriormente.

Exemplo 1 — amostragem única

Numa amostragem de poeira de manganês (8 horas), foram obtidos seguintes dados:

C (8) = 4,0 mg/m^3

CV = 0,05 (método analítico)

LT = 5,0 mg/m^3

A concentração relativa C_R é igual a:

$$C_R = \frac{4{,}0 \text{ mg/m}^3}{5{,}0 \text{ mg/m}^3} = 0.80$$

O limite superior de confiabilidade é igual a:

LSC = 0,8 + 1,645 x 0,05 = 0,8 + 0,082

LSC = 0,882

limite superior de confiabilidade

LIC = 0,8 — 1,645 x 0,05

LIC = 0,718

Esses limites expressos em concentração são: LSC = 0,882 x 5,0 = 4,41mg/m^3 e LIC = 0,718 x 5,0 = 3,58 mg/m^3.

LSC < LT (1,0 ou 5,0 mg/m^3) — Existe 95% de probabilidade de o limite de tolerância não ser superado.

O intervalo de confiança da concentração C(8) com 95% de certeza está compreendido entre 3,58 mg/m^3 a 4,41 mg/m^3, ou 0,718 a 0,882. Observa-se que, ao expressar os valores em concentração relativa CR, o limite de tolerância é igual a 1,0

Exemplo 2:

Numa exposição uniforme a fapores de Tolueno, foram obtidos os dados conforme quadro 13:

Quadro 13 — Exposição ao tolueno

n	Concentração (ppm)	Tempo coleta (min)
1	90	150
2	140	100
3	110	230

Limite de tolerância = 78 ppm anexo 11 — NR 15 — CV = 0,08 — método analítico

— **Cálculo da concentração média ponderada para 8 horas**

$$C(8) = \frac{90 \times 150 + 140 \times 100 + 110 \times 130}{480} = 110\text{ppm} \quad \textbf{(102)}$$

$$CR = \frac{110 \text{ ppm}}{78 \text{ ppm}} = 1{,}49$$

— **Cálculo do LSC (95%)**

$$LSC = 1{,}41 + \frac{1{,}645 \ x \ 0{,}10\sqrt{150^2 + 100^2 + 230^2}}{480}$$

— *LSC (95%)* = 1,49 ou 1,49x78ppm=116,22 ppm

— LIS (95%) = 1,33 ou 1,33x78ppm=103,74 ppm

Segundo a NIOSH, se o LIC > LT, ou seja, 103,74 ppm > 78ppm, existe 95% de probabilidade de a exposição a tolueno superar o Limite de Tolerância. Além disso, nesse dia, a concentração de tolueno com 95% de confiabilidade estará no intervalo de 103,74 a 116,22 ppm.

— **Amostras de curta duração ao longo da jornada**

O NIOSH estabelece a metodologia de análise estatística em amostras de curta duração durante toda a jornada de trabalho. O tratamento dos dados é feito considerando-se a distribuição log-normal, sendo assim sugerimos ao leitor a consulta ao NIOSH.

5.4 — Amostragens ao longo do tempo (várias jornadas)

— **Amostragens ao longo do tempo**

Como vimos anteriormente, ao longo do tempo, as concentrações dos agentes químicos seguem a distribuição log-normal. Os parâmetros necessários ao tratamento estatístico nesse método estão descritos a seguir:

O procedimento do tratamento estatístico é o seguinte:

1 — Concentração relativa CR

$$CR = \frac{C\,(8)}{\text{LT}}$$

sendo:

— C (8) = concentração média durante a jornada de trabalho

— LT = limite de tolerância

2 — Cálculo do logaritmo das concentrações relativas

Na distribuição logaritmo normal, deve-se obter o logaritmo dos dados. Sendo assim,é necessário calcular o logaritmo das concentrações relativas — y = log CR

3 — Calcular a média do logaritmo decimal das concentrações relativas, obtendo-se:

$$\overline{Y} = \sum \frac{Y1}{n} \quad \textbf{(103)}$$

sendo:

n = número de amostras

4 — Calcular o desvio padrão S da distribuição log-normal conforme equação a seguir:

$$S = \sqrt{\frac{1}{n-1}\sum_{i=1}^{N}(Y-\overline{Y})^2} \quad \textbf{(104)}$$

ou

$$S = \sqrt{\frac{1}{n-1}\sum_{i=1}^{N} Y_1^2 + Y_2^2 + Y_3^2 + \ldots + Y_n^2 - n.\overline{Y}^2}$$

sendo:

n = número de amostragens

Y = log das concentrações relativas

$\overline{Y}$ = média de Y

5 — média geométrica

MG = antilog $\overline{Y}$

6 — desvio padrão geométrico

DPG = antilog S

7 — cálculo da probabilidade de risco (PN)

Obtido o valor de Z, entra-se na Tabela 23 para o cálculo de PN.

Se: $\overline{Y} > 0$ — **PN** = valor da Tabela 23

Se: $\overline{Y} < 0$ — **PN** = 1 — valor da Tabela 23

Outra alternativa é entrar diretamente com o valor de Z na tabela 22

TABELA 22

Distribuição Normal Padrão

$P(Z<z)$

z	0,0	0,01	0,02	0,03	0,04	0,05	0,06	0,07	0,08	0,09
0,0	0,5000	0,5040	0,5080	0,5120	0,5160	0,5199	0,5239	0,5279	0,5319	0,5359
0,1	0,5398	0,5438	0,5478	0,5517	0,5557	0,5596	0,5636	0,5675	0,5714	0,5753
0,2	0,5793	0,5832	0,5871	0,5910	0,5948	0,5987	0,6026	0,6064	0,6103	0,6141
0,3	0,6179	0,6217	0,6255	0,6293	0,6331	0,6368	0,6406	0,6443	0,6480	0,6517
0,4	0,6554	0,6591	0,6628	0,6664	0,6700	0,6736	0,6772	0,6808	0,6844	0,6879
0,5	0,6915	0,6950	0,6985	0,7019	0,7054	0,7088	0,7123	0,7157	0,7190	0,7224
0,6	0,7257	0,7291	0,7324	0,7357	0,7389	0,7422	0,7454	0,7486	0,7517	0,7549
0,7	0,7580	0,7611	0,7642	0,7673	0,7704	0,7734	0,7764	0,7794	0,7823	0,7852
0,8	0,7881	0,7910	0,7939	0,7967	0,7995	0,8023	0,8051	0,8078	0,8106	0,8133
0,9	0,8159	0,8186	0,8212	0,8238	0,8264	0,8289	0,8315	0,8340	0,8365	0,8389
1,0	0,8413	0,8438	0,8461	0,8485	0,8508	0,8531	0,8554	0,8577	0,8599	0,8621
1,1	0,8643	0,8665	0,8686	0,8708	0,8729	0,8749	0,8770	0,8790	0,8810	0,8830
1,2	0,8849	0,8869	0,8888	0,8907	0,8925	0,8944	0,8962	0,8980	0,8997	0,9015
1,3	0,9032	0,9049	0,9066	0,9082	0,9099	0,9115	0,9131	0,9147	0,9162	0,9177
1,4	0,9192	0,9207	0,9222	0,9236	0,9251	0,9265	0,9279	0,9292	0,9306	0,9319
1,5	0,9332	0,9345	0,9357	0,9370	0,9382	0,9394	0,9406	0,9418	0,9429	0,9441
1,6	0,9452	0,9463	0,9474	0,9484	0,9495	0,9505	0,9515	0,9525	0,9535	0,9545
1,7	0,9554	0,9564	0,9573	0,9582	0,9591	0,9599	0,9608	0,9616	0,9625	0,9633
1,8	0,9641	0,9649	0,9656	0,9664	0,9671	0,9678	0,9686	0,9693	0,9699	0,9706
1,9	0,9713	0,9719	0,9726	0,9732	0,9738	0,9744	0,9750	0,9756	0,9761	0,9767
2,0	0,9772	0,9778	0,9783	0,9788	0,9793	0,9798	0,9803	0,9808	0,9812	0,9817
2,1	0,9821	0,9826	0,9830	0,9834	0,9838	0,9842	0,9846	0,9850	0,9854	0,9857
2,2	0,9861	0,9864	0,9868	0,9871	0,9875	0,9878	0,9881	0,9884	0,9887	0,9890
2,3	0,9893	0,9896	0,9898	0,9901	0,9904	0,9906	0,9909	0,9911	0,9913	0,9916
2,4	0,9918	0,9920	0,9922	0,9925	0,9927	0,9929	0,9931	0,9932	0,9934	0,9936
2,5	0,9938	0,9940	0,9941	0,9943	0,9945	0,9946	0,9948	0,9949	0,9951	0,9952
2,6	0,9953	0,9955	0,9956	0,9957	0,9959	0,9960	0,9961	0,9962	0,9963	0,9964
2,7	0,9965	0,9966	0,9967	0,9968	0,9969	0,9970	0,9971	0,9972	0,9973	0,9974
2,8	0,9974	0,9975	0,9976	0,9977	0,9977	0,9978	0,9979	0,9979	0,9980	0,9981
2,9	0,9981	0,9982	0,9982	0,9983	0,9984	0,9984	0,9985	0,9985	0,9986	0,9986
3,0	0,9987	0,9987	0,9987	0,9988	0,9988	0,9989	0,9989	0,9989	0,9990	0,9990
3,1	0,9990	0,9991	0,9991	0,9991	0,9992	0,9992	0,9992	0,9992	0,9993	0,9993
3,2	0,9993	0,9993	0,9994	0,9994	0,9994	0,9994	0,9994	0,9995	0,9995	0,9995
3,3	0,9995	0,9995	0,9995	0,9996	0,9996	0,9996	0,9996	0,9996	0,9996	0,9997
3,4	0,9997	0,9997	0,9997	0,9997	0,9997	0,9997	0,9997	0,9997	0,9997	0,9998
3,5	0,9998	0,9998	0,9998	0,9998	0,9998	0,9998	0,9998	0,9998	0,9998	0,9998
3,6	0,9998	0,9998	0,9999	0,9999	0,9999	0,9999	0,9999	0,9999	0,9999	0,9999
3,7	0,9999	0,9999	0,9999	0,9999	0,9999	0,9999	0,9999	0,9999	0,9999	0,9999
3,8	0,9999	0,9999	0,9999	0,9999	0,9999	0,9999	0,9999	0,9999	0,9999	0,9999
3,9	1,0000	1,0000	1,0000	1,0000	1,0000	1,0000	1,0000	1,0000	1,0000	1,0000

— Aplicação prática

Numa determinada empresa, foram realizadas amostragens de poeira nos supervisores de produção (grupo homogêneo de exposição composto de oito trabalhadores). De acordo com a Tabela 23, foram efetuadas amostragens em sete trabalhadores, em dias aleatório, no período de sete meses. Os dados obtidos foram os seguintes:

TABELA 23

Dados obtidos

N.	CONCENTRAÇÃO (C) mg/m³	LIMITE DE TOLERÂNCIA (LT) mg/m³	CONCENTRAÇÃO RELATIVA (CR) C(8)/LT	DATA
01	1,48	3,42	0,43	04.03.08
02	2,66	3,69	0,72	20.04.08
03	2,50	4,0	0,63	30.05.08
04	3,0	3,2	0,94	09.06.08
05	3,0	3,2	0,94	22.07.08
06	3,5	3,0	1,16	26.08.08
07	3,2	2,9	1,10	08.09.08

1 — Cálculo da média logaritmo decimal das concentrações relativas

$$\overline{Y} = \frac{\log 0,43 + \log 0,72 + \log 0,63 + \log 0,94 + \log 0,94 + \log 1,16 + \log 1,10}{7} \quad \textbf{(105)}$$

$$\overline{Y} = \frac{(-0,37) + (-0,14) + (-0,20) + (-0,027) + (-0,027) + (0,064) + (-0,041)}{7} = -0,093$$

— Cálculo do desvio padrão S da distribuição log-normal

$$S = \sqrt{\frac{1[(-0,37^2) + (-0,14^2) + (-0,20^2) + (-0,027^2) + (-0,027^2) + (-0,064^2) + (0,041^2)] - [7(-0,093^2)]}{7-1}} \quad \textbf{(106)}$$

$$S = \sqrt{\frac{1\ [(-0,1369) + (-0,1369) + (0,04) + (0,0000729) + (-0,004096) + 0,001681)] - (0,06317)}{6}}$$

$$S = \sqrt{\frac{1\ [-0,1997] - (0,06317)}{6}} \qquad S = 0,1506$$

2 — Cálculo da probabilidade de Z

$$Z = \frac{|0{,}093|}{0{,}156} = 0{,}60$$

3 — Cálculo da probabilidade PN

Como $\overline{Y}$ = – 0,093 < 0, o valor da probabilidade é igual a:

PN = 1 — valor da tabela 21

Para Z = 0,60, o valor da tabela é igual a 0, 7257

Assim, PN = 1 — 0,7257= 0,2743 x 100 = 27,43%

Portanto, no período avaliado (sete meses), a probabilidade de o limite de tolerância ser superado é de 26,8% dos dias. Outra alternativa é entrar com o valor de Z(0.60) diretamente na tabela 21. Nesse caso, o valor obtido é 0,7257 ou 72,57% de probabilidade de o limite de tolerância ser ultrapassado

4 — Cálculo da média geométrica — MG

MG = antilog Y = MG = $10^{-0,094}$

MG = 0,81

5.5 — Análise estatística — Instrução Normativa 01/95

A IN-01/95 estabelece o critério de tratamento estatístico especificamente para avaliação ocupacional do benzeno, no entanto, esse critério pode ser adaptado para outros agentes. A IN-01/95 também adota a distribuição log--normal e intervalo de confiança 95% do valor real na análise estatística dos dados. De acordo com essa instrução, após a aplicação do logaritmo dos dados, aplica-se a distribuição Student. Essa distribuição é similar à normal, porém é mais adequada para pequenas amostras.

— Parâmetros / Procedimentos

A IN-01/95 determina o mínimo de cinco dados para tratamento estatístico. Os principais parâmetros utilizados são:

a) Média aritmética das concentrações

$$MA = \frac{X_1 + X_2 \ldots\ldots X_n}{n} \qquad \textbf{(107)}$$

sendo:

c = concentração

n = número de amostragens

— Desvio padrão da média aritmética

$$DP = \sqrt{\frac{1}{n-1}\sum(X_1 - MA)^2}$$

$$DP = \sqrt{\frac{1}{n-1}\sum (X_1^1 + X_2^2 \dots \dots\dots X_n^n - nMA^2)} \quad \textbf{(108)}$$

— Média do logaritmo neperiano das concentrações ln (x)

$$M\,(\ln) = \frac{\ln x1 + \ln x2 + \ln x3 + \dots \dots + \ln xn}{n} \quad \textbf{(109)}$$

— Desvio padrão do logaritmo neperiano

$$DP = \sqrt{\frac{1}{n-1}\sum(lnx1 - Mln)^2} \quad \textbf{(110)}$$

sendo:

X – dados da amostra

MA = média aritmética

— Logaritmo neperiano LSC com 95% de confiabilidade

$$ln\ (LSC) = Mln + 0,5\ [DP(ln)]^2 + t(/2)\left[DP\frac{(ln)}{\sqrt{n}}\right] \quad \textbf{(111)}$$

sendo:

ln = logaritmo neperiano de LSC (limite superior de confiabilidade)

DP = Desvio padrão da média aritmética (ln)

t/2 = corresponde ao intervalo de confiança para 95% de confiabilidade, considerando-se os dois lados da curva (*TWO Sided Confidence Interval*). O valor é obtido na Tabela 24 para o grau de liberdade (n-1).

TABELA 24

Resumo da Distribuição t

Grau de Liberdade	$t_{0,975}$	Grau de Liberdade	$t_{0,975}$
1	12,706	18	2,101
2	4,303	19	2,093
3	3,182	20	2,086
4	2,776	21	2,080
5	2,571	22	2,074
6	2,447	23	2,069
7	2,365	24	2,064
8	2,306	25	2,060
9	2,262	26	2,056
10	2,228	27	2,052
11	2,201	28	2,048
12	2,179	29	2,045
13	2,160	30	2,042
14	2,145	40	2,021
15	2,131	60	2,000
16	2,120	120	1,980
17	2,110	-	1,960

— LSC com 95% de confiabilidade

LSC (95%) = e ln $^{(LSC)}$

Ln (LSC) — logaritmo neperiano LSC

— Índice de julgamento I

$$I — \frac{LSC\ (95\%)}{LT}$$

sendo:

I = índice de julgamento

LT = limite de tolerância

LSC = limite superior confiabilidade (95%)

O valor LSC (95%) é representativo para fins de comparação com limite de tolerância do benzeno, ou seja, significa o limite máximo de concentração com 95% de confiabilidade.

Segundo a IN-01/95, o índice de julgamento deve ser utilizado para orientar as medidas de controle e balizar o monitoramento.

Exemplo 1:

Numa avaliação de benzeno, foram obtidos os seguintes dados de concentração média ponderada para turno de 8 horas.

N	Resultado ppm Xi	Ln Xi	(lnxi – M(lnxi)^2
1	0,05	-2,996	1,31
2	0,3	-1,204	0,41
3	0,4	-0,916	0,87
4	0,1	-2,303	0,205
5	0,05	-2,996	1,31
6	0,5	-0,693	1,33
7	0,2	-1,609	0,0581
8	0,05	-2,996	1,31
9	0,2	-1,609	0,0581
10	0,3	-1,204	0,421

— Média aritmética das concentrações x

$$MA = \frac{0{,}05 + 0{,}3 + 0{,}4 + 0{,}1 + 0{,}05 + 0{,}5 + 0{,}2 + 0{,}05 + 0{,}2 + 0{,}3}{10} \quad \textbf{(112)}$$

$$MA = 0{,}22\ ppm$$

— Média de ln x

$$M\,(in) = \frac{(-2{,}996) + (-1{,}204) + (-0{,}916) + (-2{,}303) + (-2{,}996) + (-0{,}693) + (-1{,}609) + (-2{,}996) + (-1{,}609) + (-1{,}204)}{10}$$

$M\,(ln) = -\,1{,}850$ **(113)**

— Desvio padrão do ln (x)

N	[lnxi – M(lnxi)]^2
1	1,31
2	0,41
3	0,87
4	0,205
5	1,31
6	1,33
7	0,0581
8	1,31
9	0,0581
10	0,421

$$DP(In) = \sqrt{\frac{1}{9}\sum (InXi - M(In))^2} \qquad \textbf{(119)}$$

$$DP(In) = \sqrt{\frac{1}{9}(7{,}281)} \quad DP(In) = 0{,}90$$

— Cálculo In (LSC)

— DP (In) = 0,90

— T/2 — tabela n. 1 — o grau de liberdade é igual a 2,262

— n = Número de amostragens

$$In(LSC) = -1{,}85 + 0{,}5 \text{ x } (0{,}90)^2 + 2{,}262\left[\frac{0{,}90}{\sqrt{10}}\right] \qquad \textbf{(115)}$$

In (LSC) = – 0,8C

— Cálculo LSC (95%)

LSC (95%) = $e^{0,80}$ = $2{,}166^{0,80}$ = 0,45 **(116)**

Assim, o limite de tolerância (1,0 ppm) não será ultrapassado com 95% de confiabilidade.

Índice de julgamento considerando limite de tolerância do benzeno igual a 1,0 ppm, teremos:

$$I = \frac{LSC\ (95\%)}{LT} = \frac{0{,}45}{1{,}0} = 0{,}45 \qquad \textbf{(117)}$$

0,45 > 0,25 < 0,5 — a frequência mínima de monitoramento deverá ser de 32 semanas. Conforme mencionado anteriormente, esse critério pode ser adaptado a outros agentes. Aliás, os programas de saúde ocupacional (PGR, PPRA, entre outros) deverão estabelecer seu critério de monitoramento em função dessa estatística. Outros detalhes sobre o método vide apêndice.

Exemplo 2:

Resultado das amostragens de poeira do exercício à folha 176, conforme a Tabela 21.

N.	CONCENTRAÇÃO (C) mg/m³	LIMITE DE TOLERÂNCIA (LT) mg/m³	LOGARITMO NEPERIANO *lnXi*	DATA
01	1,48	3,42	0,39	04.03.08
02	2,66	3,69	0,97	20.04.08
03	2,50	4,0	0,91	30.05.08
04	3,0	3,2	1,09	09.06.08
05	3,0	3,2	1,09	22.07.08
06	3,5	3,0	1,25	26.08.08
07	3,2	2,9	1,16	08.09.08

— Cálculo da média lnXi

$$M\,(lnXi) = \frac{0{,}39 + 0{,}97 + 0{,}91 + 1{,}09 + 1{,}09 + 1{,}25 + 1{,}16}{7} = 0{,}98 \quad \textbf{(118)}$$

— Cálculo de lnXi — M (lnXi)

Ln Xi	M (lnXi)	(lnxi - M (lnXi))²
0,39	0,98	0,3481
0,97	0,98	0,0001
0,91	0,98	0,0049
1,09	0,98	0,0121
1,09	0,98	0,0121
1,25	0,98	0,0729
1,16	0,98	0,0324
		Σ 0,4826

— Cálculo do desvio padrão do lnXi

$$DP\ (ln) = \sqrt{\frac{1}{6} x 0{,}4826} = 0{,}28 \qquad \textbf{(119)}$$

— Cálculo ln (LSC) para intervalo de confiança de 95%:

— M (ln) = 0,98 mg/m³

— DP (ln) = 0,28

— t — tabela (n-1) item n. 7 — análise estatística — Grau de liberdade = 2,447

— LT (médio) = 4,074 mg/m³

$$ln\ (LSC) = L\ (ln) + 0,5[DP(ln)]^2 + \left[\frac{DP(ln)}{\sqrt{n}}\right] \quad \textbf{(120)}$$

$$ln\ (LSC) = 0,98 + 0,5[0,28)]^2 + 2,447\left[\frac{0,28}{\sqrt{7}}\right]$$

$ln\ (LSC) = 1,287$

— LSC — Limite Superior de Confiabilidade (95%):

LSC (95%) = $e^{ln\ (LSC)}$

LSC (95%) = $e^{1,287}$

LSC (95%) = 3,623 mg/m³

Assim, o limite de tolerância (4,074 mg/m³) não será superado com 95% de confiabilidade.

— Índice de julgamento (I):

$$I = \frac{LSC\ (95\%)}{LT} = \frac{3,62 mg/m^3}{4,074 mg/m^3} = 0,889 \qquad I \geq 0,5$$

$$I = \frac{LSC\ (95\%)}{LT} = \frac{3,62\ mg/m^3}{4,074\ mg/m^3} = 0,889 \geq 0,5 \qquad \textbf{(121)}$$

De acordo com a IN-01/95, o intervalo de monitoramento, nesse caso, deverá ser de 16 semanas para o agente benzeno.

Embora essa Instrução seja específica para o agente benzeno, os técnicos em higiene podem utilizar essa metodologia e essa estratégia para outros agentes químicos, inclusive poeira mineral prevista na NR-22, vez que essa norma omite o tratamento estatístico dos dados obtidos nas amostragens em função do GHE. Cabe salientar, no entanto, que a aplicação dessa Instrução para outros agentes deve ser precedida das adequações necessárias. Assim, os gestores de higiene ocupacional podem elaborar normas de avaliação e tratamento estatístico dos dados para agentes químicos com base na IN-01/95. Essa Instrução completa encontra-se no apêndice.

5.6 — Avaliações periódicas (monitoramento)

A NR-9 determina que o monitoramento da exposição dos trabalhadores e das medidas de controle deve ser feita por meio de avaliação sistemática e repetitiva (NR-9, subitem 9.3.7.1). No entanto, a norma não define objetivamente o intervalo do monitoramento. Assim considerando que essa norma determina que pelo menos 01 (uma vez) ao ano deverá ser feita a análise global do PPRA (NR-9, subitem 9.2.1.1), há entendimento de muitos profissionais de que o monitoramento também deve ser realizado 1 (uma) vez por ano. Todavia, do ponto de vista de Higiene ocupacional, esse entendimento é equivocado, pois o monitoramento dos riscos deve ser planejado de acordo com os dados obtidos nas avaliações, nas modificações do processo, na alteração do *lay out*, entre outros.

Cabe ressaltar que a avaliação periódica é uma medida de controle, pois permite verificar a conformidade da exposição com os limites.

Portanto, a seguir será abordado o procedimento de avaliações periódicas de agentes químicos, conforme normas pertinentes. No entanto, os profissionais de higiene ocupacional devem elaborar seus planos de monitoramento adequado à sua empresa.

A Instrução Normativa 01 de 20.12.1995 do MTE, a qual trata da avaliação do benzeno em ambientes de trabalho, determina a frequência mínima do monitoramento desse agente, da seguinte maneira:

a) Cálculo do índice de julgamento

$$I = \frac{LSC\ (95\%)}{LT} \qquad \textbf{(122)}$$

O limite superior de confiabilidade (LSC) é obtido por meio do cálculo dos parâmetros da distribuição log normal conforme explicado anteriormente, devendo tomar como base, no mínimo, 5 (cinco) amostras.

b) Frequência de monitoramento

I (índice de julgamento)	Frequência de monitoramento
$0{,}50 \leq 1{,}0$	Até 16 semanas
$< 0{,}25$	Até 64 semanas

De acordo com o guia de exposição de agentes químicos, apêndice 4, do Real decreto n. 364/01 (Espanha)[19] a norma UNE-EN 689 propõe sistemas de tomada de decisão sobre a exposição aceitável ou não aos agentes

(19) INSTITUTO NACIONAL DE SEGURIDADE E HIGIENE EM EL TRABAJO, Guia Técnica para la Evaluación y Prevención. Apendice 4 Ministerio de trabajo y Asuntos Sociales — Madrid — España, 2001. Disponível em: http://www.insht.es/InshtWeb/Contenidos/Normativa/GuiasTecnicas/Ficheros/g_AQ.pdf acesso em 14.9.10.

químicos. De acordo com essa norma, a frequência inicial é de 16 semanas; a partir desse momento, a avaliação deve ser feita conforme o seguinte critério:

— Se o resultado da avaliação da concentração média da jornada C(8) $\leq$ 0,25 LT, a medição deve ser realizada a cada 64 semanas;

— Se o resultado da avaliação da concentração C(8) for 0,25 $\leq$ 0,5 LT, a frequência deve ser de 32 semanas;

— Se o resultado da medição da C(8) for 0,5 LT $\leq$ LT, a frequência deverá ser de 16 semanas;

— Se em medições sucessivas a concentração C(8) é muito inferior ao limite de tolerância, como 0,1 LT ou CR < 0,1, a exposição pode ser considerada, em princípio, aceitável;

— Se qualquer concentração C(8) superar o limite, a exposição deve ser considerada inaceitável, devendo adotar as medidas de controle.

É importante destacar a decisão sobre a conformidade da exposição para definição da frequência de monitoramento. O guia técnico do INSHT, [20] com base na norma UNE-EM 689/96, recomenda o seguinte procedimento:

1 — Obter a concentração média da jornada C(8);

2 — Calcular a CR — $CR = \frac{C(8)}{LT}$;

3 — Decisão sobre conformidade.

• CR $\leq$ 0,1, o risco é aceitável, sendo improvável que a concentração supere o limite;

• CR > 1,0, o risco é inaceitável devendo adotar medidas de controle;

• 0,1 < CR $\leq$ 1,0, nesse caso, deve realizar mais medições, de forma a se obter pelo menos 3 (três) indicações; CR_1; CR_2; CR_3.

4 — CR_1 e CR_2 e $CR_3 \leq 0{,}25$, o risco é aceitável;

5 — CR_1 ou CR_2 ou $CR_3 > 1$, adotar medidas de controle;

6 — CR_1 e CR_2 e $CR_3 \geq 0{,}25 \leq 1$, deve-se calcular a Média Geométrica;

$$\sqrt[n]{CR_1 \ x \ CR_2 \ x \ldots \ CR_n}$$

7 — Se MG $\leq$ 0,50, a exposição é aceitável.

---

(20) INSTITUTO NACIONAL DE SEGURIDAD E HIGIENE EM EL TRABAJO, Guia Técnica para la Evaluación y Prevención. Apendice 4 Ministerio de trabajo y Asuntos Sociales — Madrid — España, 2001. Disponível em: <http://www.insht.es/InshtWeb/Contenidos/Normativa/GuiasTecnicas/Ficheros/g_AQ.pdf>. Acesso em: 14.9.10.

8 — Se MG > 0,50, não é possível emitir conclusão definitiva. Nesse caso, deve-se optar por outro índice;

Exemplo:

Numa amostragem de poeira de manganês, obteve-se o seguinte dado: concentração 1,0 mg/m³. Sendo o Limite de Tolerância de 5,0 mg/m³, a concentração relativa CR é igual a 0,2, ou seja, maior que 0,1 e menor que 1,0. Nesse caso, é necessário realizar mais duas medições. O quadro abaixo mostra os dados das três medições:

N	Concentração mg/m³	LT mg/m³	CR (C/LT)
1	1,0		0,20
2	0,8	5.0	0,16
3	0,7		0,14

Considerando que as três concentrações foram menores que 0,25, a exposição é aceitável. Supondo que as concentrações relativas fossem 0,50, 0,70 e 0,80, seria necessário calcular a média geométrica:

$$\sqrt[3]{0,5 \times 0,7 \times 0,8} = 0,654$$

A média geométrica obtida é maior que 0,50. Nessa situação, não é possível concluir, devendo optar por outro índice e efetuar maior número de medições.

Esse índice é válido para pequenas amostras (n < 6).

Para amostras maiores (n > 6), a referida norma recomenda efetuar o tratamento estatístico dos dados, por meio da distribuição log normal.

A probabilidade pode ser obtida graficamente ou por meio do cálculo conforme o método explicado no item 5.4. A verificação da conformidade em função da probabilidade (p) deve ser feita da seguinte maneira:

— $p \leq 0,10\%$, exposição controlada.

— $p \leq 5\%$, risco incerto. Planejar avaliação periódica (monitoramento).

— $p > 5\%$, risco inaceitável. Devendo ser adotadas medidas de controle.

Exemplo:

Supondo que fossem realizada mais 07 amostragens de poeira de manganês, obtendo-se os dados do quadro a seguir:

n (número de amostras)	Concentração mg/m³	LTmg/m³	CRC/LT	log CR
1	1,0		0,20	−0,699
2	0,8		0,16	−0,796
3	2,5		0,50	−0,301
4	1,0	5.0	0,20	−0,699
5	0,8		0,16	−0,301
6	0,7		0,14	−0,854
7	2,0		0,40	−0,398

Efetuando o tratamento estatístico dos dados conforme distribuição log normal, conforme explicado no item 5.4, teremos:

a) Média do logaritmo da concentrações relativas

$\overline{Y}$ = -0,649

b) Desvio padrão S = 0,214

c) Z = 3,03

d) Com o valor de 3,03 na tabela 21, o valor da probabilidade é 0,9988 ou 99,88% de conformidade, ou seja, a probabilidade de o limite ser superado é 0,0012 ou 0,12%. Portanto, a exposição está controlada.

É importante ressaltar que, com base nos procedimentos expostos os profissionais de higiene, devem estabelecer os critérios de avaliação periódica (monitoramento), inclusive consultando outras normas sobre a matéria.

6 — MEDIDAS DE CONTROLE

O controle dos agentes químicos pode ser feito por meio das seguintes medidas:

— Medidas relativas ao ambiente ou coletivas

— Medidas administrativas

— EPIs — equipamentos de proteção individual

— Medidas relativas ao ambiente:

Do ponto de vista técnico de higiene ocupacional, essa medida é prioritária e, segundo a NR-9, item 9.3.5.2, o estudo, o desenvolvimento e a implantação de medidas de proteção coletiva deverão obedecer à seguinte hierarquia:

a) medidas que eliminam ou reduzam a utilização ou a formação de agentes prejudiciais à saúde;

b) medidas que previnam a liberação ou a disseminação desses agentes no ambiente de trabalho;

c) medidas que reduzam os níveis ou a concentração desses agentes no ambiente de trabalho.

Entre as medidas coletivas, destacam-se:

— Substituição do produto tóxico ou nocivo:

Quando viável tecnicamente, essa medida é bastante eficiente na eliminação ou na neutralização do risco de exposição aos agentes químicos.

Podemos exemplificar citando a substituição do chumbo por outra substância menos tóxica, tais como: óxido de titânio e zircônio. Na fabricação e na manipulação de camadas vitrificadas e tintas, podemos substituir o chumbo pelos sais de zinco. Outro exemplo importante é a substituição da areia contendo sílica livre por granalha de aço, nas operações de jateamento de peças, vez que, nesse tipo de abrasivo, o teor de sílica livre cristalizada (quartzo) é pequeno. Aliás, essa medida foi objeto da Portaria n. 99 de 19.10.2004, que proibiu o processo de trabalho de jateamento utilizando areia seca ou úmida como abrasivo.

— Mudanças ou alteração do processo ou da operação:

Consiste na alteração do processo produtivo como:

— Utilização de pintura por imersão em vez de pintura utilizando pistola.

— Mecanização e automatização de processos — ensacamento de pós.

— Encerramento ou enclausuramento da operação:

Consiste no confinamento da operação, objetivando, assim, impedir a dispersão do contaminante para todo o ambiente de trabalho. O confinamento pode ou não incluir o trabalhador. Quando houver não apenas processos produtivos que gerem grandes quantidades de contaminantes, mas também necessidade de o trabalhador permanecer no enclausuramento, deverá ser obrigatoriamente fornecido a ele equipamento adequado de proteção pessoal, independentemente de haver ou não sistema de exaustão.

— Segregação da operação ou do processo:

Essa medida consiste, basicamente, no isolamento da operação, limitando seu espaço físico fora da área de produção. Em geral, utiliza-se esse controle quando não se pode mudar o processo produtivo, e o agente agressivo atinge outros trabalhadores, contaminando-os sem que eles participem da operação.

A adoção desse processo implica diminuir o número de trabalhadores expostos aos riscos, sem, contudo, deixar de levar em conta que os trabalhadores expostos ao risco deverão necessariamente fazer uso de medidas de proteção individual.

A segregação pode ser feita no ESPAÇO ou no TEMPO.

— Segregação no espaço consiste em isolar o processo a distância.

— Segregação no tempo significa executar uma tarefa fora do horário normal, reduzindo igualmente o número de trabalhadores expostos.

Como exemplo, temos: jateamento de areia fora da área produtiva — segregação no espaço, serviços de manutenção e reparo de alto risco realizado fora da jornada de trabalho convencional — segregação no tempo.

— Umidificação

É a medida mais antiga utilizada no controle da poeira. A eficiência da umidificação depende de dois fatores: do umedecimento da poeira e de sua adequada disposição depois de molhada.

Como aplicações clássicas desse método, podemos citar a utilização de água nas operações de perfuração em minas e a aspersão de água sobre as mandíbulas de britadores e outros pontos de geração de poeira (transferência de correias transportadoras), descarga de correia em silo, entre outros.

— Ventilação geral diluidora:

A ventilação geral diluidora consiste na insuflação e na exaustão de ar em um ambiente de trabalho, de forma a promover a redução de concentrações de poluentes nocivos. Tal redução ocorre uma vez que, ao se introduzir grandes volumes de ar puro em um ambiente contendo certa massa de determinado poluente, haverá dispersão ou diluição dessa massa, reduzindo-se, assim, a concentração dos poluentes.

A ventilação industrial constitui eficiente medida de controle dos agentes químicos. Entre os tipos de ventilação, destacam-se a ventilação local exaustora e a ventilação diluidora.

— Ventilação geral para proteção da saúde (ventilação diluidora)

A observação a ser feita é que esse método de ventilação não impede a emissão de poluentes para o ambiente de trabalho, mas simplesmente os dilui.

Para o correto aproveitamento dessa medida, é necessário observar as seguintes condições:

— o poluente gerado não deve estar presente em quantidade excedente à que pode ser diluída com adequado volume de ar;

— a distância entre os trabalhadores e os pontos de geração do poluente deve ser suficiente para assegurar a não exposição dos trabalhadores a concentrações superiores aos limites de tolerância;

— a toxicidade do poluente deve ser baixa (deve ter alto LT, isto é, LT > 500 ppm);

— o poluente deve ser gerado numa quantidade razoavelmente uniforme.

A vantagem desse tipo de ventilação é que ela não interfere nas operações e nos processos industriais, além de ter custo de instalação muito baixo.

Diversas razões levam à não utilização frequente da ventilação geral diluidora para poeiras e fumos. A quantidade de material gerado é usualmente muito grande, e sua dissipação pelo ambiente é desaconselhável. Além disso, o material pode ser muito tóxico, requerendo, portanto, excessiva quantidade de ar de diluição.

— Ventilação local exaustora

Esse tipo de ventilação tem como objetivo a proteção da saúde do trabalhador, constituindo-se numa das principais medidas de controle dos riscos químicos (poeira, gases, fumos, entre outros). Consiste em captar poluentes na fonte, antes de sua dispersão para o ambiente. Exemplos: capela do Laboratório, ventilação em tanques de decapagem. Basicamente, o sistema de ventilação local exaustora possui pelo menos os componentes, conforme esquema da Figura 46.

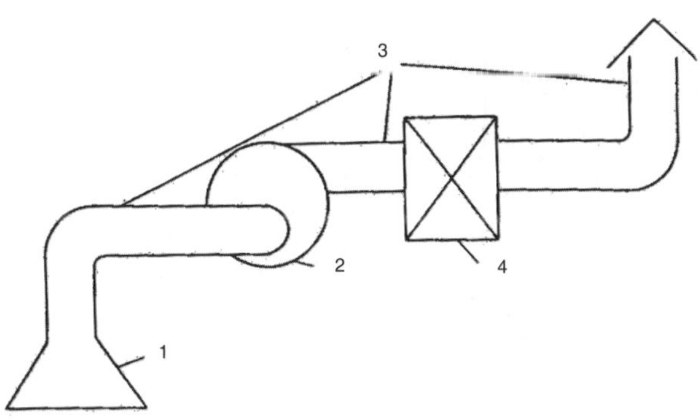

Figura 46 — Ventilação local exaustora

— Captor: é o ponto de entrada dos poluentes a serem exauridos pelo sistema.

— Sistema de dutos: os dutos são os responsáveis pelo transporte de poluentes captados.

— Ventilador: fornece a energia necessária para movimentação dos poluentes nos dutos.

— Equipamentos de controle de poluição do ar: é responsável pela retenção dos poluentes, impedindo seu lançamento na atmosfera.

— Captor

O captor é a parte mais importante do sistema de ventilação local exaustora. O dimensionamento incorreto desse dispositivo prejudica todo o sistema, pois impede a captação total dos poluentes. A ACGIH (*American Conference of Governmental Industrial Hygienists*) fornece a forma de captor e os parâmetros mínimos para o projeto (vazão de captação, velocidade, perda de carga, entre outros) para diversos processos, tais como: peneiras, cabine de pintura, fornos, etc.

No dimensionamento dos captores, devem ser observados os seguintes tipo e princípios:

— Posição do captor

O captor deve ser colocado mais próximo possível da zona de emissão dos poluentes, pois a velocidade de captação diminui significativamente com o aumento da distância do ponto de emissão, conforme mostra a Figura 47.

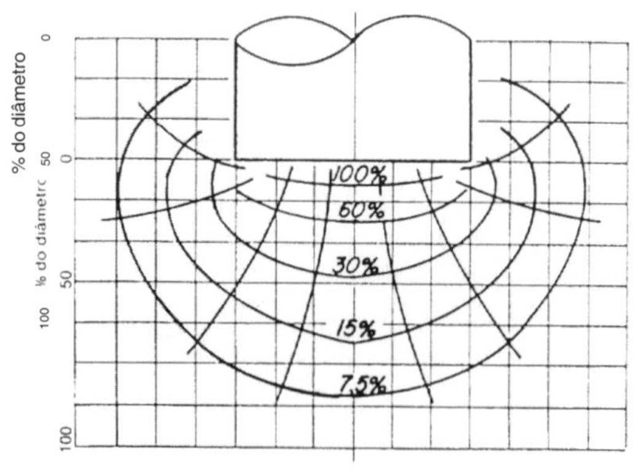

Figura 47 — Posição do captor

— Captor com enclausuramento total da fonte

O enclausuramento total da fonte aumenta a eficiência de aspiração e diminui a vazão requerida para exaustão dos poluentes, pois a vazão de captação é dada pela fórmula:

$$Q = V.S \qquad \textbf{(123)}$$

sendo:

V = velocidade de captação

S = área aberta

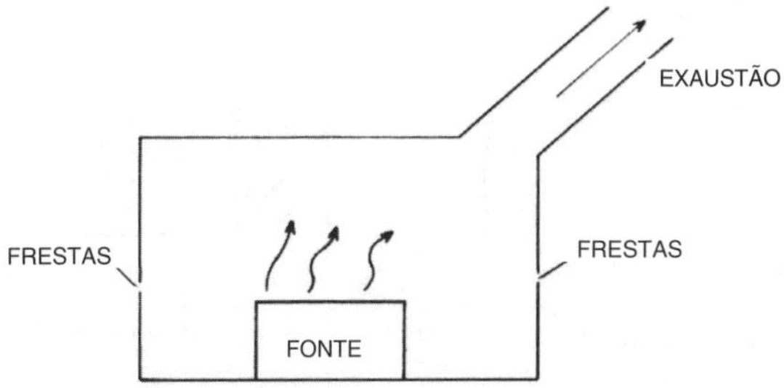

Figura 48 — Captor com enclausuramento total da fonte

— Captor tipo cabine

Esse tipo de captor é semelhante ao anterior, diferenciando-se apenas porque uma das faces é aberta.

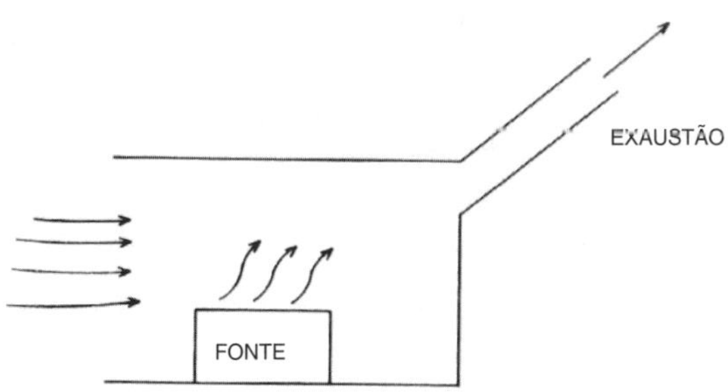

Figura 49— Captor tipo cabine

— Captor externo

Esse captor é utilizado em processos ou operações em que não é possível utilizar o enclausuramento total ou cabine, devido à necessidade do acesso do operador à fonte.

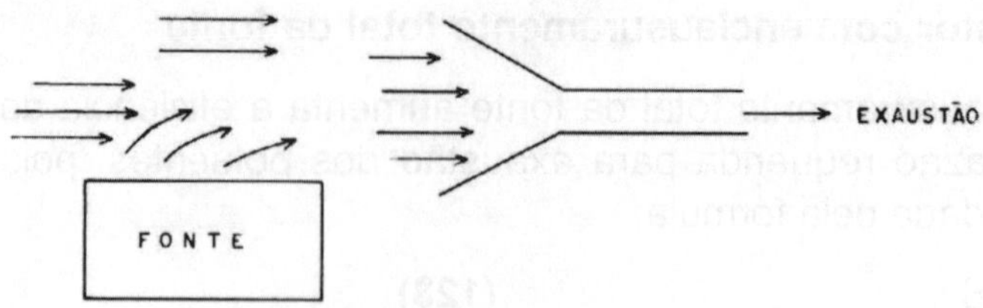

Figura 50 — Captor externo

— Captor natural

Esse tipo de captor aproveita os movimentos naturais do poluente.

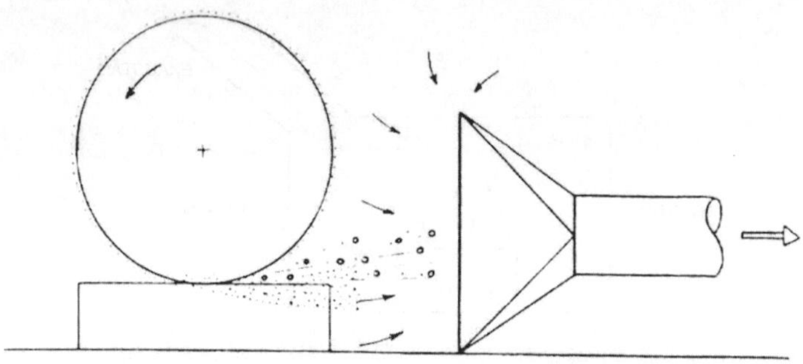

Figura 51 — Captor natural

Em todos os casos, o captor dever ser instalado de forma que o operador não permaneça entre ele e a fonte, conforme mostra a Figura 50:

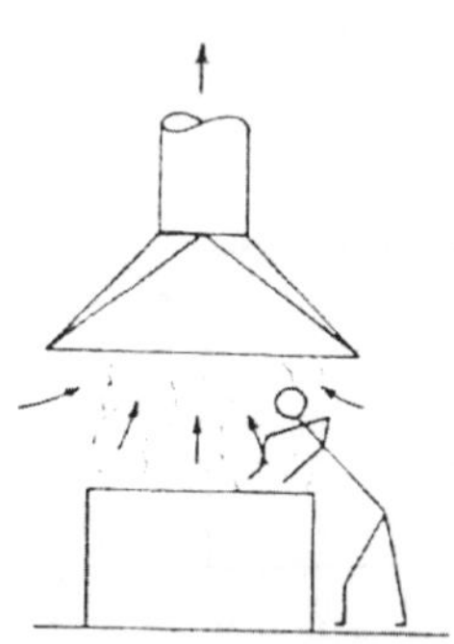

Figura 52 — Instalação do captor

Além disso, deve-se dimensionar adequadamente a velocidade de captação e distribuí-la corretamente. O projeto deve prever também outras hipóteses que possam prejudicar a captação em função da natureza do processo e da fonte.

— **Sistema de dutos**

Conforme citado anteriormente, o duto é responsável pelo transporte do poluente captado. Assim, no projeto do sistema, deve-se escolher os dutos (retos, redondos), em seguida calcular as perdas de carga nos dutos, nos cotovelos, nas junções, entre outros, para mais detalhes do dimensionamento, tais como: valores de perda de carga e cálculos. Os leitores devem consultar a bibliografia mencionada.

— **Ventiladores**

Os ventiladores fornecem a energia para o fluido no sistema de ventilação a ele conectado. Em geral, os ventiladores mais usados são os axiais e os centrífugos. A escolha pode ser feita a partir de consulta aos fabricantes que oferecem grandes variedades de modelos, potências, etc. Nessa solução, no entanto, devem ser levados em conta, entre outros, a vazão requerida, a pressão estática do ventilador, as características do fluido (presença de poeira, por exemplo), a limitação de espaço, o nível de ruído e a eficiência desejada.

— **Equipamentos de controle de poluentes**

Esses equipamentos são usados para reter o poluente captado, evitando seu lançamento na atmosfera e, em consequência, a contaminação do meio ambiente. A escolha do equipamento de controle depende de vários fatores, tais como: estado físico do poluente, composição química, grau de limpeza desejado, temperatura, umldade, entre outros. Os equipamenlos de controle mais usados são: ciclones, filtros, preciptadores eletrostáticos, lavadores de gases, etc. Para mais detalhes sobre a aplicação desses equipamentos em função do processo, os leitores devem consultar a bibliografia.

— **Controle administrativo**

O controle administrativo pode ser alcançado por meio de limitação do tempo de exposição ao agente agressivo. A Implantação dessa medida com base em critérios técnicos bem definidos pode tornar-se solução definitiva e econômica no risco de exposição. Essa medida pode ser alcançada por meio de pausas e revezamento entre os trabalhadores. No entanto, sua implantação deve ser precedida de estudo detalhado do processo produtivo.

— **EPI**

Os equipamentos de proteção individual devem ser utilizados quando forem esgotadas as alternativas de medidas de controle coletivas ou enquanto essas medidas estiverem sendo implantadas.

Entretanto, há situações especiais, nas quais as medidas de controle ambientais são inaplicáveis parcial ou totalmente. Nesses casos, a única forma de proteger o trabalhador será dotá-lo de equipamentos de proteção individual.

Nas operações em que as concentrações de poluentes são superiores ao limite de tolerância, devem ser usados respiradores de filtro químico (gases e vapores) e mecânico (fumos, poeira, etc.).

Nos locais onde há presença de gases e poeira, devem ser usados respiradores de filtro combinado.

É importante esclarecer que os respiradores devem ser usados obrigatoriamente, durante todo o tempo de exposição. A não utilização do respirador em curto espaço de tempo diminui significativamente o seu fator de proteção.

A Instrução Normativa n. 1 de 11.4.1994 do MTE obriga ao empregador a implantação do Programa de Proteção Respiratória — PPR.

Segundo essa norma na implantação do PPR, o empregador deverá seguir, além do disposto nas normas regulamentadoras, no que couber, as recomendações da FUNDACENTRO contidas na publicação intitulada "Programa de proteção respiratória — recomendação, seleção e uso de respiradores" e também as normas brasileiras, quando houver, expedidas no âmbito do Conselho Nacional de Metrologia, Normalização e Qualidade Industrial — CONMETRO.

Na exposição à poeira, a gases e vapores, a fumos e névoas, quando não for possível o controle de engenharia (enclausuramento, ventilação, substituição, entre outros) ou enquanto essas medidas estiverem sendo implantadas ou em situações de emergência, devem ser usados respiradores apropriados.

Segundo a publicação da FUNDACENTRO, o PPR aceitável deve ter referência explícita, no mínimo, aos tópicos: administração do programa, existência de procedimentos operacionais escritos, exame médico do candidato ao uso de respirador, seleção de respiradores, treinamento, uso de barba, ensaios de vedação, manutenção, inspeção, higienização e guarda dos respiradores, uso de respiradores para fuga emergenciais, resgates e avaliação periódica do programa.[(21)]

— Administração do programa

Segundo a FUNDACENTRO, o empregador deve atribuir a uma só pessoa a responsabilidade e a autoridade pelo PPR. Essa pessoa deve possuir conhecimentos de proteção respiratória suficientes para administrar o programa.

---

(21) TORLONI, Maurício. *Programa de proteção respiratória, seleção e uso de respiradores/ coordenação de Mauricio Torloni.* São Paulo: FUNDACENTRO, 2002.

— Procedimentos operacionais escritos

A empresa deve estabelecer procedimentos operacionais escritos, abrangendo o programa completo de uso de respiradores.

— Limitações fisiológicas e psicológicas dos usuários respiradores

A responsabilidade de determinar se uma pessoa tem ou não condições médicas para usar o respirador cabe ao médico. Segundo a FUNDACENTRO, o administrador do programa deve informá-lo sobre:

a) o tipo de respiradores para uso rotineiro e de emergências;

b) as atividades típicas no trabalho; condições ambientais, frequência e duração da atividade que exige o uso do respirador;

c) as substâncias contra as quais o respirador deve ser usado, incluindo a exposição provável a uma atmosfera com deficiência de oxigênio;

d) Seleção dos respiradores.

A seleção do tipo de respirador deve ser feita considerando-se: a natureza da operação ou do processo perigoso; o tipo de risco respiratório, devendo ser observado o seguinte: propriedades físicas, deficiência de oxigênio, efeitos fisiológicos sobre o organismo, concentração permitida para o aerosol e a concentração IPVS (Imediatamente Perigosa à Vida ou à Saúde) estabelecida para a substância. Além disso, deve ser observado também o seguinte:

— A localização da área de risco em relação à área mais próxima que possui ar respirável.

— O tempo durante o qual o respirador deve ser usado.

— As atividades que os trabalhadores desenvolvem em área de risco.

— As características e as limitações para os diversos tipos de respiradores.

— Fator de proteção atribuído aos diversos tipos de respiradores. Esse é determinado dividindo-se a concentração do agente pelo seu limite de tolerância. As tabelas contidas no apêndice (IN-01/94) estabelecem o fator de proteção para diversos tipos de respiradores.

— Treinamento

Segundo o manual da FUNDACENTRO, cada usuário de respirador deve receber treinamento (e reciclagem), que deve incluir explanação e discussão sobre:

— o risco respiratório e o efeito sobre o organismo humano, se o respirador não for usado de modo correto;

— as medidas de controle coletivas e administrativas que estão sendo adotadas e a necessidade do uso de respiradores para proporcionar a proteção adequada;

— as razões que levaram à seleção de um tipo específico de respirador;

— o funcionamento, as características e as limitações do respirador selecionado;

— o modo de colocar o respirador e de verificar se ele está instalado corretamente no rosto;

— o modo correto de usar o respirador durante a realização do trabalho;

— os cuidados de manutenção, inspeção e guarda, quando não estiver em uso;

— o reconhecimento de situações de emergência e como enfrentá-las;

— as exigências legais sobre o uso de respiradores para certas substâncias.

— Controle Médico

Os trabalhadores expostos a agentes químicos devem ser submetidos ao controle médico, conforme determina NR-07. Esses exames devem ser definidos pelo coordenador do PCMSO em função da natureza da exposição do agente químico.

CAPÍTULO IV
AGENTES BIOLÓGICOS

1 — CONSIDERAÇÕES GERAIS

Segundo a NR-09, consideram-se agentes biológicos: as bactérias, os fungos, os bacilos, os parasitas, os protozoários, os vírus e outros. Nos ambientes de trabalho, a exposição ocupacional a esses agentes pode ocorrer em hospitais, laboratórios, estábulos, gabinetes de autópsias, coleta de lixo, entre outros.

Os contaminantes de origem biológica veiculados pelo ar incluem bioaerossóis (partículas veiculadas pelo ar compostas de organismos vivos ou deles derivados) e compostos orgânicos voláteis liberados por esses organismos. Os bioaerossóis incluem micro-organismos (dos quais é possível fazer cultura ou não e organismos mortos) e fragmentos, toxinas e resíduos particulados de todo o tipo de seres vivos. Os contaminantes de origem biológica são largamente dispersos na natureza e podem ser modificados pela atividade humana. O ser humano está repetidamente exposto, dia após dia, a uma grande variedade desses materiais[22].

2 — LIMITES DE TOLERÂNCIA

A ACGIH recomenda limites de tolerância para certas substâncias de origem biológica tais como: celulose, alguns tipos de poeira de madeira, algodão, grãos, nicotina, piretroides, sacarose, óleo vegetal, compostos produzidos por organismos vivos, como a amônia, o óxido de carbono, o gás sulfídrico. Contudo, para a maioria das substâncias de origem biológica, não há limite algum desse agente no ar.

A ACGIH desenvolveu e publicou, à parte, um guia de orientação para avaliação, controle, remediação e prevenção de contaminação de origem biológica em ambientes internos. A contaminação biológica interna é definida como a presença de: a) aerossóis, gases e vapores de origem biológica em espécie e concentrações que provavelmente causam doenças ou predispõem seres humanos a elas; b) concentrações inadequadas de bioaerossóis externos,

---

(22) *Limites de exposição (TLVs) para substâncias químicas e agentes físicos & índices biológicos de Exposição.* Tradução ABHO. São Paulo, 2009. p. 197.

especialmente em edifícios projetados para impedir sua entrada; ou c) micro-organismos internos em crescimento e restos de cepas de contaminantes biológicos que podem ser potencialmente dispersos e aos quais as pessoas podem ficar expostas. O termo "agente biológico" refere-se à substância de origem biológica capaz de produzir um efeito adverso, por exemplo: uma infecção ou uma hipersensibilidade, irritação, inflamação ou outra alteração na saúde.

No Brasil, as normas técnicas pertinentes também não estabelecem limites para exposição ocupacional a agentes biológicos. A NR-15, no anexo 14, determina que a insalubridade por exposição ao agente biológico deve ser feita por meio de avaliação qualitativa, estabelecendo os trabalhos e as operações passíveis de exposição, conforme transcrito a seguir:

Insalubridade de grau máximo

Trabalhos ou operações em contato permanente com:

— pacientes em isolamento por doenças infectocontagiosas, bem como objetos de seu uso, não previamente esterilizados;

— carnes, glândulas, vísceras, sangue, ossos, couros, pelos e dejeções de animais portadores de doenças infectocontagiosas (carbunculose, brucelose, tuberculose);

— esgotos (galerias e tanques); e

— lixo urbano (coleta e industrialização).

Insalubridade de grau médio

Trabalhos e operações em contato permanente com pacientes, animais ou com material infectocontagiante, em:

— hospitais, serviços de emergência, enfermarias, ambulatórios, postos de vacinação e outros estabelecimentos destinados aos cuidados à saúde humana (aplica-se unicamente ao pessoal que tenha contato com os pacientes, bem como aos que manuseiam objetos de uso desses pacientes, não previamente esterilizados);

— hospitais, ambulatórios, postos de vacinação e outros estabelecimentos destinados ao atendimento e ao tratamento de animais (aplica-se apenas ao pessoal que tenha contato com tais animais);

— contato em laboratórios, com animais destinados ao preparo de soro, vacinas e outros produtos;

— laboratórios de análise clínica e histopatologia (aplica-se tão só ao pessoal técnico);

— gabinetes de autópsias, de anatomia e histoanatomopatologia (aplica-se somente ao pessoal técnico);

— cemitérios (exumação de corpos);

— estábulos e cavalariças; e

— resíduos de animais deteriorados.

Em relação à aposentadoria, as normas previdenciárias também não estabelecem limites de tolerância, sendo a caracterização da atividade como especial pelo método qualitativo. Ademais, nos estabelecimentos de saúde, o Decreto n. 3.048/99 condiciona o enquadramento ao direito à aposentadoria, o contato com pacientes portadores de doenças infectocontagiosas. O quadro do anexo IV do Ddecreto n. 3.048/99 refere a exposição a agentes biológicos (Quadro 14).

Quadro 14 — Quadro do anexo IV do Decreto n. 3.048/99

CÓDIGO	*AGENTE NOCIVO*	*TEMPO DE EXPOSIÇÃO*
3.0.1	MICRO-ORGANISMOS E PARASITAS INFECCIOSOS VIVOS E SUAS TOXINAS a) trabalhos em estabelecimentos de saúde em contato com pacientes portadores de doenças infectocontagiosas ou com manuseio de materiais contaminados; b) trabalhos com animais infectados para tratamento ou para o preparo de soro, vacinas e outros produtos; c) trabalhos em laboratórios de autópsia, de anatomia e anátomo-histologia; d) trabalho de exumação de corpos e manipulação de resíduos de animais deteriorados; e) trabalhos em galerias, fossas e tanques de esgoto; f) esvaziamento de biodigestores; g) coleta e industrialização do lixo.	25 ANOS
4.0.0	ASSOCIAÇÃO DE AGENTES Exposição aos agentes combinados exclusivamente nas atividades especificadas.	
4.0.1	FÍSICOS, QUÍMICOS E BIOLÓGICOS a) mineração subterrânea cujas atividades sejam exercidas afastadas das frentes de produção.	20 ANOS
4.0.2	FÍSICOS, QUÍMICOS E BIOLÓGICOS a) trabalhos em atividades permanentes no subsolo de minerações subterrâneas em frente de produção.	15 ANOS

Portanto, tanto na insalubridade como na aposentadoria especial, o risco de exposição ocupacional é considerado quando há o contato direto do trabalhador com pacientes, animais, lixo, entre outros. Desse modo, a contaminação pelo ar não é contemplada, pois, como vimos anteriormente, a maioria dos contaminantes não possui limite de tolerância estabelecido para concentração desse agente.

Nos ambientes climatizados de uso público e coletivo, a Resolução n. 09 de 16.1.2003 da ANVISA (Agência Nacional de Vigilância Sanitária) estabelece o seguinte padrão de qualidade de ar para fungos:

1 — O valor máximo recomendável — VRM, para contaminação microbiológica deve ser $\leq$ 750 ufc/m^3 de fungos (unidade formadora de colônias), para a relação I/E $\leq$ 1,5, onde I é a quantidade de fungos no ambiente interior e E é a quantidade de fungos no ambiente exterior.

NOTA: A relação I/E é exigida como forma de avaliação frente ao conceito de normalidade, representado pelo meio ambiente exterior e a tendência epidemiológica de ampliação dos poluentes nos ambientes fechados.

1.1 — Quando o VRM for ultrapassado ou a relação I/E for > 1,5, é necessário fazer um diagnóstico de fontes poluentes para uma intervenção corretiva.

3 — MÉTODOS DE COLETA DE AGENTES BIOLÓGICOS

A coleta de amostras de micro-organismos pode ser feita a partir dos seguintes métodos:

a) Gravitação e impactação natural

É a forma mais simples de medição dos bioaressóis. As partículas biológicas sedimentadas por gravidade são recolhidas em uma superfície aderente, como placa de Petri. É o método mais econômico, pois não necessita de equipamentos de sucção (bombas).

b) Impactação

O ar é aspirado por bomba de vácuo, passando por um orifício até o meio de cultura, contendo uma placa adequada. O orifício de entrada pode ser uma cabeça com vários furos de diâmetros iguais e o meio de coleta placa de Petri, Rodac.[23]

---

(23) ESPANHA. Ministerio del Trabajo. Institute Nacional de Seguridad e Higiene do Trabalho. Guia técnico de avaliação e prevenção de riscos a Agentes Biológicos.

c) Centrifugação

Esse amostrador utiliza a força centrífuga para separar as partículas das correntes de ar. O ar é aspirado por bomba, e as partículas, com a inércia, ficam impactadas no meio de cultura.

d) Impinger

O ar aspirado por bomba passa por volume conhecido de líquido dentro do impinger. As partículas impactadas no líquido posteriormente são transferidas para meio adequado.

e) Filtração

O ar é aspirado por meio de bomba até o filtro adequado.

A nota técnica 001 da Resolução 09 da ANVISA estabelece que a coleta de fungos em ambientes climatizados deverá ser feita por meio de amostrador de ar por impactação com acelerador linear. Esse impactador deverá ser de 1, 2 ou 6 estágios e o meio de cultivo é o Agar extrato de malte, Agar sabouraud a 4%, Agar batata, Dextrose ou outro, desde que cientificamente validado. A vazão de coleta é de 28,3 L/min e o tempo de coleta de 5 a 15 minutos. Para mais detalhes, os leitores devem consultar a referida Resolução.

4 — MEDIDAS DE CONTROLE

As medidas de controle geral dos agentes biológicos podem ser administrativas, relativas ao ambiente, e relativas e ao trabalhador, destacando-se:

- ✓ esterilizar os instrumentos e os objetos de pacientes em estabelecimento de saúde;
- ✓ utilizar o filtro de ar nos ambientes de trabalho climatizados;
- ✓ corrigir vazamento de forma a evitar umidade e infiltrações nos ambientes de trabalho;
- ✓ higienizar as superfícies fixas e os mobiliários dos ambientes de trabalho, especialmente os revestidos de tecidos e tapetes;
- ✓ controlar os roedores, os morcegos, os ninhos de aves e os respectivos excrementos;

✓ estabelecer procedimentos de higiene pessoal, bem como treinar os trabalhadores sobre a prevenção dos riscos biológicos;

✓ evitar beber, comer e fumar nos ambientes de trabalho;

✓ usar material descartável e esterilizado;

✓ fazer uso de EPIs: luvas, respiradores, botas em trabalhos com esgoto, lixo, entre outros;

✓ realizar controle médico.

CAPÍTULO V

PROGRAMA DE PREVENÇÃO DE RISCOS AMBIENTAIS — PPRA

A Convenção n. 148 da OIT, promulgada pelo Decreto n. 93.413, de 15.10.1986, estabelece as normas sobre a proteção dos trabalhadores contra os riscos profissionais devidos à contaminação do ar, ao ruído e às vibrações no local de trabalho.

Já a Convenção n. 155 da OIT, promulgada pelo Decreto n. 1.254, de 29.09.1994, dispõe sobre a segurança e a saúde dos trabalhadores e o meio ambiente de trabalho.

No Brasil, até 1994, a NR-09 da Portaria n. 3.214/78 mencionava que o empregador era obrigado a controlar periodicamente os riscos ambientais. Em 25.12.1994, a Portaria n. 25 deu nova redação à NR-09 da referida Portaria, instituindo o Programa de Prevenção de Riscos Ambientais — PPRA. Essa Norma Regulamentadora estabelece a obrigatoriedade de elaboração e implementação por parte de empregadores e instituições, que admitam trabalhadores como empregados, de um programa de higiene ocupacional — PPRA. Até o advento da Portaria n. 25, o controle dos riscos ambientais dentro da empresa era feito sem programação e de forma fragmentada, ou seja, as avaliações eram realizadas para atendimento de perícias judiciais ou notificações do MTE. Com a exigência do PPRA, houve avanço nos serviços de higiene ocupacional das empresas.

Atualmente, os programas de prevenção de saúde e integridade física do trabalhador vão ampliando o campo de aplicação para a área de ergonomia, riscos operacionais e meio ambiente. Aliás, as NR-22 e 18 já estabelecem programas de gestão de segurança e saúde, nos quais o PPRA é parte integrante.

1 — DEFINIÇÃO

O PPRA é um programa que visa à preservação da saúde e à integridade dos trabalhadores, a partir da antecipação, do reconhecimento, da avaliação e do controle dos riscos ambientais existentes no ambiente de trabalho, tendo em consideração a proteção do meio ambiente e dos recursos naturais. Trata-se de um programa de higiene ocupacional que se tornou obrigatório com a nova redação dada pela Portaria n. 25 de 25.12.1994.

Segundo a NR-09, consideram-se riscos ambientais os agentes físicos, químicos e biológicos existentes nos locais de trabalho, os quais, em função de sua natureza, concentração ou intensidade, e de seu tempo de exposição, são capazes de causar danos à saúde do trabalhador.

*a) **Agentes físicos:*** as diversas formas de energia a que possam estar os trabalhadores expostos, tais como ruído, vibrações, pressões anormais, temperaturas extremas, radiações ionizantes, radiações não ionizantes, bem como o infrassom e o ultrassom;

*b) **Agentes químicos***: as substâncias, compostos ou produtos que possam penetrar no organismo pela via respiratória na forma de poeira, fumos, névoas, neblinas, gases ou vapores ou que, pela natureza da atividade e da exposição, possam ter contato ou ser absorvidos pelo organismo através da pele ou por ingestão.

*c) **Agentes biológicos:*** são as bactérias, os fungos, os bacilos, os parasitas, os protozoários, os vírus, entre outros.

Portanto, embora a norma estabeleça que o PPRA é parte integrante de um programa mais amplo de gestão de segurança e saúde do trabalhador, os riscos operacionais, ergonômicos, entre outros, não foram nele incluídos.

É importante ressaltar, ainda, que o PPRA não se confunde com o *mapa de risco*; enquanto o primeiro é um programa de Higiene Ocupacional, o segundo é uma inspeção qualitativa realizada pelo conhecimento e pela percepção do próprio trabalhador em seus locais de trabalho. Contudo, os mapas de risco devem ser considerados para fins de planejamento e execução do PPRA em todas as fases (subitem 9.6.2).

2 — ESTRUTURA E DESENVOLVIMENTO DO PPRA

De acordo com item 9.2 da NR-9, O PPRA deverá conter a seguinte estrutura: planejamento anual com estabelecimento de metas, prioridades e cronograma; estratégia e metodologia de ação; forma de registro e divulgação dos dados; periodicidade e forma de avaliação do desenvolvimento, devendo ser efetuada, pelo menos uma vez por ano, uma avaliação global visando não apenas à avaliação e à realização de ajustes mas também à definição de novas metas e prioridades, se necessário. O diagrama de bloco a seguir ilustra a estrutura do PPRA.

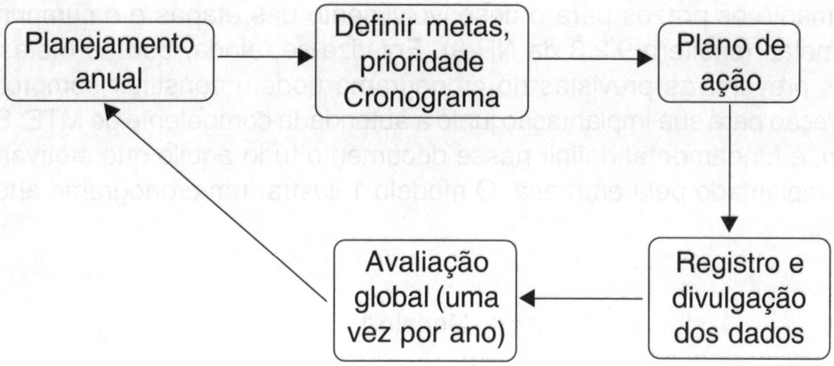

O PPRA (Programa de Prevenção de Riscos Ambientais) deve ser estruturado em um documento-base contendo todos elemento mencionados (subitem 9.2.2). Esse documento e suas alterações, complementações deverão ser apresentados e discutidos na CIPA (subitem 9.2.2.1), bem como ficar disponível de forma a proporcionar o acesso às autoridades competentes (subitem 9.2.2.2).

Esse documento é administrativo, devendo ser aprovado pela direção da empresa, vez que a implantação de medidas de controle e a definição de prazos de sua implantação dependem de fatores administrativos (orçamento, planejamento financeiro, entre outros).

Examinando a estrutura do PPRA, pode ser constatado que esse programa é similar aos sistema de gestão das norma ISO 14000 e OHSAS 18000. Assim, os requisitos do sistema são um processo dinâmico e cíclico: planejamento, implementação, verificação e análise, visando promover a melhoria contínua.

Todavia, os sistemas de gestão só promovem benefícios efetivos quando estão sustentados em uma cultura consistente de segurança e saúde do trabalhador, que não vise apenas à conformidade legal, mas busque implementar as melhores práticas conhecidas. Fora desse princípio, o sistema vai se tornar uma obsessão por papelada, burocracia pura (Trivelato, 2010)[(24)]. Aliás, um sistema burocrático no qual a papelada predomina sobre o objetivo principal do programa, muitas vezes, favorece as fraudes. Assim, na prática, verifica-se vários documentos-base do PPRA idênticos, nos quais o responsável pela elaboração usou as ações de "copiar" e "colar" de seu computador. Portanto, o PPRA deve cumprir seu objetivo principal que é a prevenção das doenças ocupacionais.

Vale destacar que o cronograma é um dos elementos estrutural mais importante do programa. segundo a NR-9, o cronograma deverá indicar

---

(24) TRIVELATO, Gilmar da Cunha. Gestão de SST. *Revista Proteção*. São Paulo, n. 221, p. 46-48, maio 2010.

claramante os prazos para o desenvolvimento das etapas e o cumprimento das metas (subitem 9.2.3 da NR-9). Enfatiza-se, ainda, que as metas e as ações preventivas previstas no cronograma podem constituir compromisso da direção para sua implantação junto à autoridade competente do MTE. Sendo assim, é fundamental definir nesse documento tudo aquilo que efetivamente será implantado pela empresa. O modelo 1 ilustra um cronograma anual do PPRA.

Modelo 1

Cronograma anual

CRONOGRAMA ANUAL													
Item	**Ações**	**Meses**											
		Jan	Fev	Mar	Abr	Mai	Jun	Jul	Ago	Set	Out	Nov	Dez

Quanto à avaliação do PPRA, a NR-9 determina que se deve definir a periodicidade. Já o subitem 9.2.1.1 estabelece que deverá ser feita uma análise global do programa sempre que necessário, ou pelo menos uma vez por ano. Ou seja, deve ser feita uma auditoria do desenvolvimento PPRA. Desse modo, as medidas de controle e os prazos de sua implantação definidas no cronograma devem ser avaliadas no sentido de verificar se foram adotadas integral ou parcialmente. E, caso não tenham sido adotadas, devem ser justificadas as razões que impediram sua implementação.

Note-se que essa análise anual do programa não significa necessariamente a realização de nova avaliação dos agentes ambientais, que devem ser avaliados de forma sistemática e repetitiva, conforme determina o subitem 9.3.7.1 da NR-09, e não somente na data da revisão anual do programa.

3 — DESENVOLVIMENTO DO PPRA

De acordo com a NR-9, o desenvolvimento do PPRA deve incluir as seguintes etapas: antecipação e reconhecimento dos riscos ambientais, prioridades e metas de controle; avaliação dos riscos e exposição dos trabalhadores; implantação das medidas de controle e avaliação de sua eficácia; monitoramento dos riscos, registro e divulgação dos dados. O digrama de blocos a seguir mostra o desenvolvimento do PPRA.

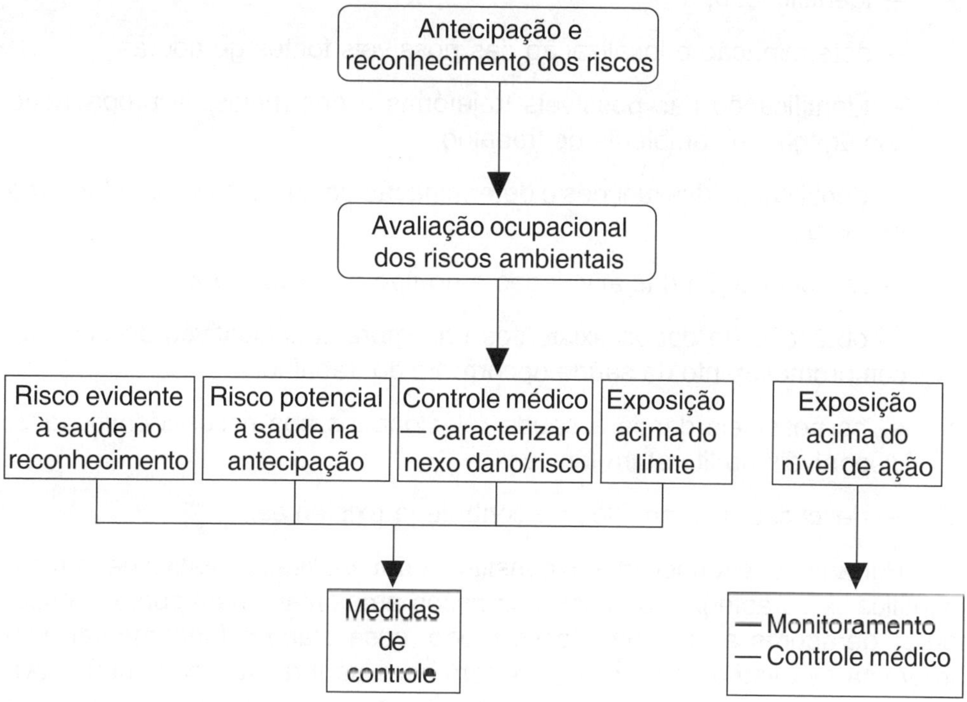

3.1 — Antecipação dos riscos

A antecipação dos riscos consiste em análises de projetos de novas instalações e métodos ou processos de trabalho, visando a identificar os riscos potenciais. Nessa fase, as medidas de controle podem ser mais eficazes e econômicas. Assim, por exemplo, numa fonte geradora de poeira, o projeto da nova instalação pode definir a implantação de um sistema de ventilação local exaustora. Na modificação de instalação ou processo já existentes, a antecipação do risco também é fundamental, pois pode estabelecer medidas de maneira a eliminar ou minimizar a exposição ocupacional. Assim, por exemplo, na alteração do *lay-out* de determinada instalação, as fontes de ruído podem ser distanciadas ou isoladas.

3.2 — Reconhecimento dos riscos ambientais

A NR-9 no subitem 9.3.3 determina que o reconhecimento dos riscos ambientais deverá conter os seguintes itens, quando aplicáveis:

— identificação;

— determinação e localização das possíveis fontes geradoras;

— identificação das possíveis trajetórias e dos meios de propagação dos agentes no ambiente de trabalho;

— identificação das funções e determinação do número de trabalhadores expostos;

— caracterização das atividades e do tipo da exposição;

— obtenção de dados existentes na empresa, indicativos de possível comprometimento da saúde decorrente do trabalho;

— os possíveis danos à saúde relacionados aos riscos identificados, disponíveis na literatura técnica;

— descrição das medidas de controle já existentes.

Portanto, o reconhecimento constitui numa análise qualitativa de forma a identificar e caracterizar os possíveis riscos ambientais, bem como verificar fontes geradoras e controle. Desse modo, essa etapa é fundamental num programa de gestão dos riscos, pois será base para a avaliação quantitativa e qualitativa dos agentes ambientais ou a tomada de decisão para implantar medidas de controle em situações em que o risco da exposição é evidente.

No reconhecimento, primeiramente é importante conhecer o processo produtivo da empresa. Assim, é necessária a análise das fases produtivas desde a matéria-prima até o produto acabado, identificando em cada uma delas o risco potencial de exposição ocupacional dos trabalhadores. Ademais, todos os produtos químicos utilizados devem ser identificados e analisados, de forma a definir e subsidiar as avaliações quantitativas, qualitativas ou até mesmo substituí-los conforme sua toxidade. Para os agentes químicos, a consulta da FISPQ (Ficha de Informação de Segurança de Produto Químico), dos produtos utilizados é de grande utilidade para subsidiar o reconhecimento do risco, pois contém informações importantes tais como: composição química, pressão de vapor, ponto de fulgor, temperatura de ebulição, entre outros. Com esses dados, é possivel definir a necessidade de realizar a avalição quantitativa do agente químico.

Na fase do reconhecimento, deve-se definir os grupos homogêneos de exposição. Conforme mencionado anteriormente, a NR-9 determina que no reconhecimento deve-se determinar o número de empregados, as atividades desenvolvidas, a caracterização da exposição, os possíveis danos à saúde relacionados com o risco identificado, entre outros. Ora, esses dados devem ser definidos por grupo de trabalhadores que ficam expostos aos riscos de forma idêntica ou similar. Aliás, a definição dos Grupos Homogêneos de exposição é fundamental num programa de higiene ocupacional, pois será base para a definição da estratégia de avaliação quantitativa dos riscos. A formação errada desses grupos pode comprometer significativamente a qualidade do PPRA. Portanto, essa definição deve ser feita com bastante critério e exige estudo detalhado dos postos de trabalho, das atividades desenvolvidas, do processo de trabalho e dos dados de avaliação ambiental, pois, com base nos resultados, pode-se redefinir os Grupos Homogêneos.

Segundo a NR-09, quando não forem identificados os riscos ambientais nas fases de reconhecimento ou antecipação, o desenvolvimento poderá resumir-se somente na identificação, devendo ter registro e divulgação (subitem 9.1.2.1 da NR-9)

Entretanto, essa decisão exige bom conhecimento de higiene ocupacional e razoabilidade na análise, senão dificilmente o desenvolvimento do programa se resumirá apenas nas fases de antecipação e reconhecimento. Outro fator importante é que a avaliação quantitativa deve ser realizada para comprovar ou não a exposição ocupacional. Sendo assim, mesmo em situações nas quais o risco é baixo, sua quantificação é importante para comprovar objetivamente sua magnitude.

O modelo 2 mostra uma planilha de reconhecimento do risco com base na NR-9.

Modelo 2

Planilha de reconhecimento dos riscos

<table>
<tr><td colspan="2">RECONHECIMENTO</td></tr>
<tr><td>POSTO DE TRABALHO:</td><td>DATA DA REALIZAÇÃO:</td></tr>
<tr><td colspan="2">CARGO:</td></tr>
<tr><td colspan="2">GHE:</td></tr>
<tr><td>QUANT. TRABALHADORES EXPOSTOS:</td><td>TURNOS DE TRABALHO:</td></tr>
<tr><td>DESCRIÇÃO DAS ATIVIDADES:</td><td>ilustração fotográfica</td></tr>
<tr><td colspan="2">LOCAIS DE TRABALHO:</td></tr>
<tr><td colspan="2">IDENTIFICAÇÃO DOS RISCOS AMBIENTAIS/POSSÍVEIS DANOS À SAÚDE:</td></tr>
<tr><td colspan="2">CARACTERIZAÇÃO DA EXPOSIÇÃO:</td></tr>
<tr><td colspan="2">PRINCIPAIS FONTES GERADORAS:</td></tr>
<tr><td colspan="2">DESCRIÇÃO DAS MEDIDAS DE CONTROLE EXISTENTES:</td></tr>
<tr><td>COLETIVAS:</td><td>ADMINISTRATIVA/INDIVIDUAIS:</td></tr>
</table>

3.3 — Avaliação dos riscos e da exposição dos trabalhadores

A avaliação da exposição pode ser quantitativa ou qualitativa. A avaliação quantitativa é aquela em que o agente possui limite de exposição definido nas normas de higiene ocupacional. O subitem 9.3.4 da NR-09 estabelece que a avaliação quantitativa deverá ser realizada sempre que necessário para:

— comprovar o controle da exposição ou a inexistência de riscos identificados na fase de reconhecimento;

— dimensionar a exposição dos trabalhadores;

— subsidiar o equacionamento da medida de controle.

As avaliações quantitativas e qualitativas dos riscos ambientais devem ser descritas num relatório ou laudo técnico de avaliação dos riscos ambientais. Nesse laudo, deve ser descrita a metodologia utilizada nas avaliações, os instrumentos utilizados, os dados das avaliações por GHE, as conclusões sobre a exposição ocupacional aos riscos ambientais identificados no reconhecimento. Esse documento é fundamental no PPRA (Programa de Prevenção dos Riscos Ambientais) e em outros programas relacionados à higiene ocupacional, tais como PCMSO, PCA, PPR, PGR. Além disso, esse documento é a base para instruir os processos de aposentadoria especial e o preenchimento do PPP (Perfil Profissiográfico Previdenciário). Esse laudo também serve de base para a caracterização do direito ao adicional de insalubridade.

Entretanto, na prática, muitas vezes constatam-se equívocos sobre o laudo de avaliação dos riscos ambientais. Em algumas situações, o laudo é elaborado de forma complexa com grande quantidade de avaliações quantitativas, porém, sem objetividade e não conclusivo. Ou seja, muito restrito aos critérios técnicos de higiene ocupacional. Ora, no Brasil, a exposição ocupacional dos riscos ambientais, pode gerar o direito ao adicional de insalubridade e o direito à aposentadoria especial e, portanto, o técnico em higiene não pode ignorar esse fato em seu laudo. Em outras situações, verifica-se que o PPRA não tem laudo, restringindo-se apenas à identificação dos riscos e a algumas medições pontuais.

Vale destacar que, na avaliação dos riscos, o higienista deve definir a estratégia de avaliação conforme explicado nos capítulos II, III e IV, ou seja, o número de medições em cada grupo homogêneo de exposição, o tratamento e as análises dos dados, o planejamento das avaliações, entre outras.

A metodologia de avaliação, os limites de tolerância, os instrumentos de medição são definidos na NR-15. Contudo, diversos agentes não possuem critério de avaliação nessa norma, devendo, nesses casos, adotar-se a avaliação quantitativa comparada com limites de exposição recomendados pela ACGIH (*American Conference of Governmental Industrial Higienists*) ou ainda aqueles que venham a ser estabelecidos em negociação coletiva (subitem 9.3.5 letra “c”).

Em relação aos procedimentos de avaliação, devem ser observadas também as normas da FUNDACENTRO, NIOSH — *National Institute Occupational Safety Health*, OSHA — *Occupational Safety and Health Administration*, ISO — *International Standard Organization*, ABNT — Associação Brasileira de Normas Técnicas, entre outras.

Nos agentes em que não há limites estabelecidos, deve-se realizar sua avaliação qualitativa, observando-se, entre outros: a natureza do agente, a forma de contato e o tempo de exposição.

Outro aspecto fundamental na avaliação quantitativa é a adoção dos procedimentos técnicos na avaliação de campo e no Laboratório. Conforme mencionado nos capítulos específicos, os cuidados e a observância rigorosa dos procedimentos reduzem os erros da avaliação quantitativa, permitindo a definição da existência ou não dos riscos com mais exatidão.

É necessário também registrar todos os dados de levantamento de campo em planilhas, visando a documentar as ocorrências durante a avaliação, o nome do empregado monitorado, as condições climáticas, entre outros. Já no relatório final ou no laudo técnico, poderão ser registrados os principais dados obtidos, devendo também ser descritos em planilhas de forma a facilitar a compreensão do documento. A seguir, os modelos 3, 4, 5, 6, 7, 8 de planilha de avaliação quantitativa, os quais podem ser utilizados no laudo de avaliação quantitativa.

Modelo 3

Planilha de avaliação de ruído

AVALIAÇÃO QUANTITATIVA DE RUÍDO					
POSTO DE TRABALHO:			DATA DE REALIZAÇÃO:		
GHE:					
Ref. histograma	Dose	Leq dB(A)	Jornada de trabalho	NEN dB(A)	Limite de tolerância dB(A)
Observação:					

Modelo 4

Planilha de avaliação de vibração

AVALIAÇÃO QUANTITATIVA DE VIBRAÇÃO	
POSTO DE TRABALHO:	DATA DE REALIZAÇÃO:
GHE:	
Ref. histograma	Tempo de exposição
Aeq (m/s^2)	A(8) m/s^2
Observação:	

Modelo 5

Planilha de avaliação de calor

CALOR							
ATIVIDADES	TBN °C	TG °C	TBS °C	IBUTG °C	METABOLISMO Kcah	TEMPO (min)	DATA
OBSERVAÇÕES:							

Modelo 6

Planilha de avaliação de poeira

AVALIAÇÃO DE POEIRA								
Código do filtro	Data da coleta	Vazão l/min	Tempo de coleta (min)	Volume amostrado m^3	Peso de amostra mg	Concentração mg/m^3	Limite de Tolerância mg/m^3 NR-15	% quartzo
Condições de coleta								

Modelo 7

Planilha de avaliação de gases e vapores

GASES E VAPORES									
POSTO DE TRABALHO:					DATA DE REALIZAÇÃO:				
GHE:									
AMOSTRAGENS INSTANTÂNEAS									
AMOSTRAGENS/ SUBSTÂNCIAS	01	02	03	04	05	LIMITE TOLERÂNCIA (ppm)		VALOR MÁXIMO (PPM)	CONCENTRAÇÃO MÉDIA
	06	07	08	09	10	NR-15	ACGIH		
OBSERVAÇÕES:									

Modelo 8

Planilha de avaliação contínua de gases e vapores

AVALIAÇÃO CONTÍNUA DE GASES E VAPORES							
Código do filtro	Substância	Vazão l/min	Tempo de coleta (min)	Peso de amostra mg	Concentração mg/m³	Limite de Tolerância mg/m³	
						NR -15	ACGIH
Condições de coleta							

Modelo 9

Planilha de avaliação fumos metálicos

FUMOS METÁLICOS								
Código do filtro	Vazão Média l/min	Tempo de Amostragem (min)	Volume Amostrado (/m³)	Substâncias	Concentrações (mg/m³)	Limites mg/m³		Data Coleta
						NR-15	ACGIH	
OBSERVAÇÕES:								

3.4 — Estabelecimento de prioridades e metas de controle

Conforme vimos anteriormente, o resultado da avaliação quantitativa tem a finalidade de subsidiar medidas de controle visando à eliminação ou à neutralização dos riscos. Assim, a prioridade na implantação dessas medidas é função do grau de exposição. A maior gravidade da exposição ao risco ocupacional terá prioridade na implantação do controle, exemplo: a concentração de poeira 10 vezes acima do limite requer adoção urgente de medidas de controle, enquanto numa concentração ligeiramente superior ao nível de ação a implantação de medidas pode ser planejada dentro do cronograma do programa num prazo mais dilatado.

Da mesma forma, a definição das metas a serem alcançadas com as medidas devem ser estabelecidas de acordo com os dados da avaliação quantitativa. Assim, por exemplo, a adoção de um isolamento de uma fonte de ruído pode alcançar meta de proteger a exposição de 30% dos trabalhadores.

Portanto, o estabelecimento de prioridades e metas são fundamentais no equacionamento das medidas de controle.

3.5 — Implantação das medidas de controle e avaliação de sua eficácia

Essa etapa é a mais importante do programa, pois o seu objetivo principal é a prevenção dos riscos ocupacionais passíveis de afetar a saúde dos trabalhadores. O controle dos fatores de risco ambientais pode ser feito por meio de medidas relativas ao ambiente (coletiva), administrativas ou de organização do trabalho e controle aplicado aos trabalhadores, tais como: Equipamento de Proteção Individual (EPI) e exames médicos.

Segundo a NR-09, as medidas de controle visando a eliminar, minimizar ou controlar os riscos ambientais devem ser aplicadas nas seguintes situações:

— quando for identificado, na etapa de antecipação, risco potencial à saúde;

— quando for constatado, na fase de reconhecimento, risco evidente à saúde;

— quando os resultados das avaliações quantitativas da exposição dos trabalhadores excederem os valores dos limites previstos na NR-15 ou, na ausência destes, os valores de limite de exposição ocupacional adotados pela ACGIH ou aqueles que venham a ser estabelecidos em negociação coletiva de trabalho, desde que mais rigorosos do que os critérios técnico-legais estabelecidos;

— quando, no controle médico da saúde, ficar constatado o nexo causal entre danos observados na saúde dos trabalhadores e a situação de trabalho a que eles ficam expostos.

a) Medidas de proteção coletivas

A NR-09 determina que o estudo, o desenvolvimento e a implantação de medida de proteção coletiva deverá obedecer a seguinte hierarquia:

— Eliminação ou redução da utilização ou formação de agentes prejudiciais à saúde; essas medidas atuam na causa da geração do risco. Entre essas medidas citamos: a substituição de areia seca em operação de jateamento (Portaria n. 99/04 do MTE); substituição de ar comprimido em operação de limpeza.

— Prevenção da liberação ou disseminação desses agentes no ambiente. Exemplo: isolamento ou barreira acústica em fontes geradoras de ruído; sistema de operações geradoras de poeira ou gases.

— Redução dos níveis ou concentração desses agentes no ambiente. Exemplo: ventilação diluidora adequada de forma a diminuir a concentração de vapores no ambiente; manutenção adequada de forma a evitar vazamentos ou vibração de partes móveis de máquinas.

Ressalta-se que a norma estabelece as principais medidas coletivas, pois o detalhamento só é possível com o estudo do caso concreto. A norma determina também a importância do treinamento dos trabalhadores quanto aos procedimentos que assegurem a sua eficiência e suas eventuais limitações de proteção. Muitas vezes, o local de trabalho possui medidas de controle adequadas, porém ineficientes devido à negligência do empregador e seus prepostos ou do trabalhador. Exemplos: um trator com cabine fechada e ar-condicionado com defeito obrigando o trabalhador a operá-lo com janela aberta; o trabalhador que se curva dentro da cabine de exaustão para executar a operação.

A NR-09 determina que as medidas coletivas são prioritárias e somente na hipótese de o empregador ou de a instituição comprovar sua inviabilidade técnica ou quando elas não forem suficientes ou encontrarem-se em fase de estudo, planejamento ou implantação ou, ainda, em caráter complementar ou emergencial, é que deverão ser adotadas outras medidas conforme a hierarquia: medida administrativa ou organização do trabalho e equipamento de proteção individual — EPI (subitem 9.3.5.4 da NR-9).

b) Medidas de caráter administrativo ou organização do trabalho

A NR-09 não detalha nem define de maneira geral essas medidas. Esse tipo de controle, quando aplicado adequadamente, constitui-se numa ferramenta eficiente na redução da exposição. Contudo, sua adoção esbarra na resistência dos administradores, pois normalmente interfere no processo produtivo. Portanto, o comprometimento da alta gerência com a proteção dos trabalhadores é fundamental para êxito de tais medidas.

Outro ponto importante nesse controle é o custo bem inferior ao das medidas coletivas. Entre as medidas administrativas, destacam-se:

— Limitação de tempo de exposição: como vimos, os limites de tolerância são em função do tempo de exposição, além da probabilidade de ocorrência do dano de integridade física. Essa medida pode ser aplicada com sucesso, especialmente na exposição ao calor, à vibração e à radiação, vez que o controle com EPI nesses agentes é limitado. O estudo do processo de trabalho, do tempo de execução, da pausa de descanso e do estabelecimento de rodízio pode reduzir a exposição a limites de tolerância. Na implantação dessa medida, é importante o acompanhamento de especialista em ergonomia.

— Procedimentos adequados: os procedimentos seguros na realização das operações também constituem medidas eficazes no controle dos riscos. Essas medidas exigem treinamentos e conscientização dos trabalhadores na execução segura do trabalho. Assim, por exemplo, o uso desnecessário de ar comprimido em operação de limpeza é procedimento eficaz na redução do ruído e da poeira.

c) Equipamentos de Proteção Individual — EPI

Não sendo possível eliminar ou minimizar o risco por meio de medidas coletivas e administrativas, deve-se adotar o uso de EPI. A eficiência dessa medida de controle, às vezes, é controvertida entre os profissionais da área de saúde do trabalhador, bem como entre auditores fiscais e os operadores de direito, gerando, muitas vezes, interpretações e análises divergentes desse meio de controle.

A NR-09 estabelece que, no âmbito do programa, esse tipo de controle deve considerar as normas legais e administrativas em vigor, devendo sua aplicar observar, no mínimo:

a) Seleção do EPI adequado tecnicamente ao risco a que o trabalhador está exposto e a atividade exercida, considerando-se a eficiência necessária para o controle da exposição ao risco e o conforto oferecido segundo a avaliação do trabalhador usuário.

b) Programa de treinamento dos trabalhadores quanto à sua correta utilização e à orientação sobre as limitações de proteção que o EPI oferece.

c) Estabelecimento de normas ou procedimentos para promover o fornecimento, o uso, a guarda, a higienização, a conservação, a manutenção e a reposição do EPI, visando a garantir as condições de proteção originalmente estabelecidas.

d) Caracterização das funções ou das atividades dos trabalhadores, com a respectiva identificação dos EPIs utilizados para os riscos ambientais.

Desse modo, o PPRA deve estabelecer critérios e mecanismos de avaliação da eficácia das medidas de proteção implantadas, considerando os dados obtidos nas avaliações realizadas e no controle médico da saúde prevista na NR-07. Além desses itens, devem ser observadas as disposições contidas na NR-06 da Portaria n. 3.214/78.

O EPI, contudo, é limitado no controle de alguns agentes ambientais, tais como: calor, agentes biológicos, vibração, entre outros. Assim, conforme vimos nos capítulos específicos, é necessário critério objetivo de atenuação do EPI, possibilitando a aferição de que a concentração ou a intensidade dos agentes diminui abaixo do limite de tolerância, como ocorre, por exemplo, com o ruído. Em situações nas quais não há quantificação da concentração do agente, como no contato com substâncias químicas, deve-se selecionar o EPI adequado, de acordo com sua finalidade de proteção definida no certificado de aprovação (CA).

Após a seleção e a definição do fator de proteção do EPI, é importante estabelecer os procedimentos no controle dos EPIs estabelecidos pelas normas, tais como: treinamento da importância do uso, periodicidade de troca, higienização, entre outros.

d) Controle médico

Segundo o subitem 9.1.3, o PPRA deve estar articulado com as demais Normas Regulamentadoras, em especial com o PCMSO — Programa de Controle Médico e Saúde Ocupacional. Os dados de avaliação quantitativa e qualitativa são a base para o médico coordenador estabelecer o controle médico dos trabalhadores, conforme determina a NR-07. Ademais, os exames médicos constituem um critério importante na avaliação da eficácia das medidas de controle adotadas, especialmente quando o controle é feito por meio de EPI (subitem 9.3.5.6 da NR-09). Assim, por exemplo, se um empregado apresenta perda auditiva na sua audiometria, pressupõe-se que o EPI não é eficaz na proteção da exposição ao ruído.

3.6 — Nível de ação

Segundo o subitem 9.3.6.1, considera-se nível de ação o valor acima do qual devem ser iniciadas as ações preventivas de forma a minimizar a probabilidade de que as exposições a agentes ambientais ultrapassem os limites de exposição. As ações devem incluir o monitoramento periódico da exposição, a informação aos trabalhadores e o controle médico.

Portanto, o nível de ação é limite, onde devem ser indicadas as medidas preventivas. A NR-09 define nível de ação somente para agentes químicos e ruído. Para os agentes químicos, o nível de ação corresponde à metade do limite de exposição. No caso do agente ruído, a NR-9 determina que o nível de ação corresponde à exposição superior à dose 0,50 ou 50%. Esse valor equivale a 80 dB (A). Para o agente vibração, a NHO9 recomenda nível de ação de 0,50 m/s^2 para vibração de corpo inteiro e 2,5 m/s^2 para vibração de mão e braço.

O nível de ação representa alerta à exposição ocupacional, devendo o agente ser monitorado periodicamente, e o controle médico do trabalhador, exposto, além de outras medidas preventivas, a critério do responsável técnico pela implementação do PPRA.

3.7 — Monitoramento dos riscos

Segundo a NR-09, o monitoramento da exposição dos trabalhadores e das medidas de controle deve ser feito por meio da avaliação sistemática e repetitiva a um dado risco, visando à introdução ou a modificação das medidas de controle, sempre que necessário.

Como vimos nos capítulos anteriores, deve-se estabelecer a estratégia de avaliação dos agentes ambientais, bem como o tratamento estatístico dos dados. Primeiramente, com os dados do monitoramento inicial, o responsável pelo PPRA deverá estabelecer a frequência do monitoramento dos agentes, com a repetição das medições e seu tratamento adequado visando definir com mais exatidão a existência ou não do risco e, por via de consequência, o planejamento adequado do monitoramento. Assim, por exemplo, uma substância avaliada repetidamente, a qual apresenta uma concentração média com 95% de confiança inferior ao nível de ação, poderá ser monitorada em menor frequência, por exemplo, a cada 2 anos. É importante salientar, no entanto, que é o responsável pelo programa que deverá estabelecer frequência de avaliação, podendo, para tal, recorrer às normas da OSHA, NIOSHA e à Instrução Normativa 1 de 20/12/95 do MTE entre outras.

Outras situações que exigem monitoramento são: introdução de medidas de controle, alteração operacional, mudança no processo de trabalho, mudança do *lay-out*, entre outros.

Portanto, muitas vezes o empregador tende a realizar monitoramento por ocasião da análise global do programa e, dessa forma, o monitoramento se dá no mesmo período. Ora, essa prática constitui uma estratégia incorreta, vez que não contempla as variações da intensidade ou concentração dos agentes ao longo tempo. Mais uma vez, é importante salientar que análise global anual do PPRA não significa necessariamente realizar todas as avaliações ambientais nos locais de trabalho nesse período.

No Capítulo III, item 5, foi descrita com exemplos práticos a estratégia de avaliação de agentes químicos e o tratamento estatístico dos dados.

3.8 — Registro e divulgação dos dados

Deverá ser mantido pelo empregador ou pela instituição um registro de dados, estruturado de forma a constituir-se um histórico técnico e administrativo do desenvolvimento do PPRA (subitem 9.3.8.1da NR-09). Os dados deverão ser mantidos pelo período mínimo de 20 anos (subitem 9.3.8.2 NR-9).

O histórico das avaliações dos riscos, bem como a evolução das medidas de controle, são fundamentais, pois irão determinar a eficiência das medidas e a exposição ocupacional ao longo do tempo. Assim, a possível ocorrência de doença do trabalho poderá ser comprovada ou não pelas autoridades competentes, pelos peritos, entre outros especialistas na matéria, por intermédio do histórico do programa. Daí a finalidade dessa norma de exigir a manutenção do histórico dos dados durante o período de 20 anos.

Outra exigência da NR-9, embora de forma restrita, é a publicidade dos dados determinada no subitem 9.3.8.3 da NR-09, exigindo que o registro desses dados deve estar sempre disponível aos trabalhadores interessados ou a seus representantes e às autoridades.

4 — RESPONSABILIDADE / ÂMBITO DO PPRA

A responsabilidade de estabelecer, implementar e assegurar o cumprimento do PPRA como atividade permanente na empresa é do empregador (empresa ou instituição). Ele deverá garantir que, na ocorrência de riscos ambientais nos locais de trabalho que coloquem em situação de grave e iminente risco um ou mais trabalhadores, estes possam interromper de imediato as suas atividades, comunicando o fato ao superior hierárquico direto, para as devidas providências.

Cabe destacar, também, que em situações de risco grave e iminente, o estabelecimento, o setor de serviço, a máquina ou o equipamento poderão ser interditados ou embargados (obra) pela autoridade competente do MTE, nos termos da NR-3 da Portaria n. 3.214/78.

Já os trabalhadores devem colaborar na implementação e na execução do PPRA e participar delas; seguir as orientações recebidas nos treinamentos e informar ao seu supervisor hierárquico direto ocorrências que, ao seu julgamento, possam implicar riscos à saúde do trabalhador. Os trabalhadores devem colaborar também na busca de medidas de controle, pois eles conhecem as características de seu posto de trabalho, operações executadas e sofrem os efeitos da exposição ao risco ocupacional. Aliás, o subitem 9.6.2 estabelece que o conhecimento e a percepção que os trabalhadores obtêm do processo de trabalho e dos riscos ambientais presentes, incluindo os dados consignados nos mapas de risco previsto na NR-05, devam ser considerados para fins de planejamento e execução do PPRA em todas as suas fases.

As ações do PPRA devem ser desenvolvidas no âmbito de cada estabelecimento da empresa, sendo sua abrangência e sua profundidade dependentes das características dos riscos e das necessidades de controle (subitem 9.12.1 NR-09). Além disso, segundo a NR-09, sempre que vários empregadores realizarem simultaneamente atividades no mesmo local de trabalho terão o dever de executar ações integradas para aplicar as medidas previstas no PPRA, visando à proteção de todos os trabalhadores expostos aos riscos ambientais gerados. Essa situação ocorre especialmente com as empresas terceirizadas e, a nosso ver, a norma é bem genérica nessa exigência de ação integrada, alem de não definir a responsabilidade de cada empresa. Assim, por exemplo, uma empresa contratada, muitas vezes, não pode implementar medidas coletivas na instalação da empresa contratante. Desse modo, esse tipo de medida não deveria ser da responsabilidade da contratada.

5 — INFORMAÇÕES

Segundo o subitem 9.5.1, os trabalhadores interessados terão o direito de apresentar propostas e receber informações e orientações a fim de assegurar a proteção dos riscos ambientais identificados na execução do PPRA.

Os empregadores deverão informar os trabalhadores de maneira apropriada e suficiente sobre os riscos ambientais que possam originar-se nos locais de trabalho e sobre os meios disponíveis para prevenir ou limitar tais riscos e para proteger-se deles.

A informação dos riscos ocupacionais e os meios de controle existentes muitas vezes constituem-se em uma tarefa complexa do PPRA, tendo em vista que, no Brasil, a exposição ocupacional aos agentes físicos, químicos e biológicos pode gerar direito ao adicional de insalubridade e à aposentadoria especial, que, por sua vez, implica contribuição adicional ao INSS. Desse modo, se as informações não forem adequadas, poderá prejudicar as ações do PPRA, podendo, inclusive, resultar em conflitos entre os trabalhadores e o empregador. Portanto, as informações constituem-se em um dos pontos fundamentais do programa, devendo o responsável técnico pela execução estabelecer procedimentos por meio de palestras, treinamento e outros meios de comunicação interna da empresa.

6 — RESPONSABILIDADE TÉCNICA DO PROGRAMA

Segundo a NR-9, a elaboração, a implementação, o acompanhamento e a avaliação do PPRA poderão ser feitos pelo Serviço Especializado em Segurança e Medicina do Trabalho — SESMT — ou por pessoa ou por equipe de pessoas que, a critério do empregador, sejam capazes de desenvolver o disposto nessa norma.

Verifica-se que a redação da NR-9 pode gerar interpretações bem controvertidas, se não for examinada com bastante cuidado. Como vimos anteriormente, o serviço de higiene ocupacional exige a participação da equipe multidisciplinar, tais como: engenheiros, médicos, químicos, técnicos de segurança, entre outros. Assim, a norma, ao estabelecer que a responsabilidade do PPRA, a critério do empregador, poderá ser de pessoa capaz de desenvolver o programa, pode levar o intérprete a pensar que qualquer um, até mesmo sem nenhuma formação na matéria, pode ser responsável pelo programa. Nesse caso, a interpretação mais razoável é no sentido de que o empregador pode delegar a um preposto a responsabilidade de implementar e gerenciar as ações do programa, vez que o comprometimento da direção é fundamental no desenvolvimento do PPRA. Todavia, a gestão técnica deverá ser dos profissionais do SESMT. Vale ressaltar que somente o empregador tem o poder de escolha, ou seja, não há participação dos trabalhadores, CIPA, entre outros.

O PPRA, a nosso ver, deve ser elaborado por equipe multidisciplinar na empresa coordenada pelo SESMT; poderá contar com assessoria de profissionais ou empresas especializadas especialmente no reconhecimento, avaliação qualitativa e quantitativa dos agentes.

Nas empresas que não possuem SESMT, o PPRA deverá estar a cargo da empresa especializada ou de profissional com bons conhecimentos de higiene ocupacional. Lembramos que a seleção da empresa ou do profissional é fundamental na elaboração e na implementação de um PPRA eficiente.

Outra divergência observada na interpretação é sobre a responsabilidade técnica do programa, isto é, técnico ou somente engenheiro ou médico. O art. 195 da CLT determina que as perícias de insalubridade e periculosidade devem ser feitas por médico do trabalho ou engenheiro de segurança. No mesmo sentido, o art. 58, § 1º, estabelece que a comprovação da exposição do segurado aos agentes físicos, químicos e biológicos para fins de aposentadoria especial deverá ser feita por laudo emitido por médico do trabalho ou engenheiro de Segurança do Trabalho. Sendo assim, considerando que os dados das avaliações quantitativas e qualitativas do PPRA irão subsidiar os laudos de aposentadoria especial e insalubridade, nesse caso esses profissionais devem ser responsáveis. No entanto, a gestão do programa pode ser feita por profissional de nível médio (técnico de segurança) ou superior preferencialmente do SESMT, conforme determina o subitem 9.3.1.1 da NR-9. Contudo, é fundamental o conhecimento em Higiene Ocupacional, pois a definição da estratégia de avaliação, a implantação e o acompanhamento de medidas de controle, as informações, entre outras ações, exigem dedicação e formação na matéria. Aliás, no SESMT de organizações de médio e grande porte, a meu ver, deveria haver pelo menos um higienista.

Finalmente, destaca-se que o Ministério do Trabalho e Emprego, por meio de Nota Técnica DSST/n. 06/2003 e da Nota Técnica DSST/n. 02/2004, resultante de consultas de profissionais e de sindicatos, emitiu parecer no sentido de prevalência do subitem 9.3.1.1 da NR-9, não exigindo Anotação de Responsabilidade Técnica — ART — do responsável pelo PPRA — ver anexo.

7 — OUTROS PROGRAMAS

Além do PPRA, há programas normalizados ou não envolvendo Higiene Ocupacional, entre os quais mencionamos:

a) PGR — Programa de Gerenciamento de Risco

O PGR é um programa específico para mineração, previsto na NR-22 da Portaria n. 3.214/78. Esse programa é mais amplo, pois, além dos riscos físicos, químicos e biológicos, também são contemplados a ergonomia, os riscos decorrentes de energia elétrica, entre outros.

Segundo a NR-22, as empresas que implantarem o PGR desobrigam-se da exigência do PPRA.

— Desenvolvimento do PGR

Conforme o subitem 22.3.7.1 da NR-22, o PGR deve incluir as seguintes etapas:

a) antecipação e identificação de fatores de risco, levando-se em conta, inclusive, as informações do Mapa de Risco elaborado pela CIPAMIN, quando houver;

b) avaliação dos fatores de risco e da exposição dos trabalhadores;

c) estabelecimento de prioridades, metas e cronograma;

d) acompanhamento das medidas de controle implementadas;

e) monitorização da exposição aos fatores de riscos;

f) registro e manutenção dos dados por, no mínimo, 20 anos;

g) avaliação periódica do programa.

Portanto, o PGR deve conter as mesmas etapas do PPRA, ou seja, antecipação e identificação de fatores de risco, avaliação dos fatores de risco e da exposição dos trabalhadores, que pode ser quantitativa e qualitativa, controle e monitoramento, devendo ser estabelecidos prioridades, metas e o cronograma. Ademais, o registro e a manutenção dos dados bem como a avaliação periódica do programa são idênticos ao previsto no PPRA, sendo que as alterações e as complementações deverão ser apresentadas e discutidas no CIPAMIM, para o acompanhamento das medidas de controle (subitem 22.3.7.1.1).

— PCMAT — Programa de Condições e Meio Ambiente de Trabalho na Indústria da Construção

O PCMAT é um programa de gerenciamento de riscos específicos para a indústria da construção civil. Da mesma forma que o PGR, é mais amplo, abrangendo todos os fatores de risco, inclusive aqueles previstos no PPRA, conforme determina o subitem 18.3.1.1 da NR-18.

O PCMAT deve contemplar as exigências contidas na NR-9 — PPRA — Programa de Prevenção de Riscos Ambientais (subitem 18.3.2)

Esse programa é obrigatório nos estabelecimentos com 20 empregados ou mais (subitem 18.3.1). Na elaboração e na implementação do PPRA, a NR-09 determina que poderá ser feito pelo SESMT ou pessoa ou equipe de pessoas que, a critério do empregador, sejam capazes de desenvolvê-lo, ao passo que na elaboração e na execução do PCMAT, o subitem 18.3.2 da NR-18 estabelece que esse mister é de responsabilidade do profissional habilitado na área de Segurança do Trabalho.

— PPR — Programa de Proteção Respiratória

Esse programa é restrito à exposição a agentes químicos e tem como base legal a Instrução Normativa n. 1 de 11.4.1994. Segundo essa norma, na implantação do PPR, o empregador deverá seguir, além do disposto nas normas regulamentadoras, no que couber, as recomendações da FUNDACENTRO contidas na publicação intitulada Programa de Proteção Respiratória — recomendação, seleção e uso de respiradores — e também as normas brasileiras, quando houver, expedidas no âmbito do Conselho Nacional de Metrologia, Normalização e Qualidade Industrial — CONMETRO.

Na exposição a poeira, gases e vapores, fumos e névoas, quando não for possível o controle de engenharia (enclausuramento, ventilação, substituição, entre outros) ou enquanto essas medidas estiverem sendo implantadas em situações de emergência, devem ser usados respiradores apropriados.

Segundo a publicação da FUNDACENTRO, o PPR mínimo aceitável deve fazer referência explícita, no mínimo, aos tópicos: administração do programa, existência de procedimentos operacionais escritos, exame médico do candidato ao uso de respirador, seleção de respiradores, treinamento, uso de barba, ensaios de vedação, manutenção, inspeção, higienização e guarda dos respiradores, uso de respiradores para fuga emergenciais, resgates e avaliação periódica do programa.(25)

— PCA — Programa de Conservação Auditiva

O programa de conservação auditiva é restrito ao agente ruído, podendo ser integrante do PPRA ou feito separado, especialmente nas empresas onde a exposição a esse agente é mais grave. As etapas desse programa devem ser similares às do PPRA, ou seja, antecipação, reconhecimento, avaliação e controle do ruído, devendo ser incluídos os procedimentos dos exames audiométricos, além de outros a critério do coordenador.

— Sistemas de Gestão e Saúde e Segurança Ocupacionais

Nos últimos anos, tem crescido a implantação de sistema de gestão de saúde e segurança. Esse sistema é bem mais amplo que os anteriores, pois muitas vezes integram também os programas de qualidade e meio ambiente. As orientações básicas do sistema de gestão de saúde e segurança estão contidas na norma britânica BS (*British Standard*) 8800 e OHSAS (*Ocupational Health and Safety Assessment Series*).

(25) TORLONI, Maurício (Coord.). *Programa de proteção respiratória, seleção e uso de respiradores*. São Paulo: FUNDACENTRO, 2002.

APÊNDICE

PRINCIPAIS NORMAS LEGAIS SOBRE HIGIENE OCUPACIONAL

A seguir estão transcritas as principais normas legais sobre higiene ocupacional. Cabe ressaltar que as normas examinadas no livro, como exemplo, o anexo 1 da NR-15, não foram reproduzidas nesse tópico.

NORMA REGULAMENTADORA — NR-03 EMBARGO OU INTERDIÇÃO

3.1. O Delegado Regional do Trabalho ou Delegado do Trabalho Marítimo, conforme o caso, à vista de laudo técnico do serviço competente que demonstre grave e iminente risco para o trabalhador, poderá interditar estabelecimento, setor de serviço, máquina ou equipamento, ou embargar obra, indicando na decisão tomada, com a brevidade que a ocorrência exigir, as providências que deverão ser adotadas para prevenção de acidentes do trabalho e doenças profissionais.

3.1.1. Considera-se grave e iminente risco toda condição ambiental de trabalho que possa causar acidente do trabalho ou doença profissional com lesão grave à integridade física do trabalhador.

NORMA REGULAMENTADORA — NR 05 COMISSÃO INTERNA DE PREVENÇÃO DE ACIDENTES — CIPA

DAS ATRIBUIÇÕES

5.16. A CIPA terá por atribuição:

a) identificar os riscos do processo de trabalho, e elaborar o mapa de riscos, com a participação do maior número de trabalhadores, com assessoria do SESMT, onde houver;

b) elaborar plano de trabalho que possibilite a ação preventiva na solução de problemas de segurança e saúde no trabalho;

c) participar da implementação e do controle da qualidade das medidas de prevenção necessárias, bem como da avaliação das prioridades de ação nos locais de trabalho;

d) realizar, periodicamente, verificações nos ambientes e condições de trabalho visando à identificação de situações que venham a trazer riscos para a segurança e saúde dos trabalhadores;

e) realizar, a cada reunião, avaliação do cumprimento das metas fixadas em seu plano de trabalho e discutir as situações de risco que foram identificadas;

f) divulgar aos trabalhadores informações relativas à segurança e saúde no trabalho;

g) participar, com o SESMT, onde houver, das discussões promovidas pelo empregador, para avaliar os impactos de alterações no ambiente e processo de trabalho relacionados à segurança e saúde dos trabalhadores;

h) requerer ao SESMT, quando houver, ou ao empregador, a paralisação de máquina ou setor onde considere haver risco grave e iminente à segurança e saúde dos trabalhadores;

i) colaborar no desenvolvimento e implementação do PCMSO e PPRA e de outros programas relacionados à segurança e saúde no trabalho;

j) divulgar e promover o cumprimento das Normas Regulamentadoras, bem como cláusulas de acordos e convenções coletivas de trabalho, relativas à segurança e saúde no trabalho;

NORMA REGULAMENTADORA — NR-07
PROGRAMA DE CONTROLE MÉDICO DE SAÚDE OCUPACIONAL — PCMSO

7.1. Do objeto.

7.1.1. Esta Norma Regulamentadora — NR estabelece a obrigatoriedade de elaboração e implementação, por parte de todos os empregadores e instituições que admitam trabalhadores como empregados, do Programa de Controle Médico de Saúde Ocupacional — PCMSO, com o objetivo de promoção e preservação da saúde do conjunto dos seus trabalhadores.

7.2. Das diretrizes.

7.2.1. O PCMSO é parte integrante do conjunto mais amplo de iniciativas da empresa no campo da saúde dos trabalhadores, devendo estar articulado com o disposto nas demais NR.

7.2.2. O PCMSO deverá considerar as questões incidentes sobre o indivíduo e a coletividade de trabalhadores, privilegiando o instrumental clínico-epidemiológico na abordagem da relação entre sua saúde e o trabalho.

7.2.3. O PCMSO deverá ter caráter de prevenção, rastreamento e diagnóstico precoce dos agravos à saúde relacionados ao trabalho, inclusive de natureza subclínica, além da constatação da existência de casos de doenças profissionais ou danos irreversíveis à saúde dos trabalhadores.

7.2.4. O PCMSO deverá ser planejado e implantado com base nos riscos à saúde dos trabalhadores, especialmente os identificados nas avaliações previstas nas demais NR.

7.4. Do desenvolvimento do PCMSO.

7.4.1. O PCMSO deve incluir, entre outros, a realização obrigatória dos exames médicos:

a)admissional;

b)periódico;

c)de retorno ao trabalho;

d)de mudança de função;

e)demissional.

7.4.2. Os exames de que trata o item 7.4.1 compreendem:

a)avaliação clínica, abrangendo anamnese ocupacional e exame físico e mental;

b)exames complementares, realizados de acordo com os termos específicos nesta NR e seus anexos.

7.4.2.1. Para os trabalhadores cujas atividades envolvem os riscos discriminados nos *Quadros I* e *II* desta NR, os exames médicos complementares deverão ser executados e interpretados com base nos critérios constantes dos referidos quadros e seus anexos. A periodicidade de avaliação dos indicadores biológicos do Quadro I deverá ser, no mínimo, semestral, podendo ser reduzida a critério do médico coordenador, ou por notificação do médico agente da inspeção do trabalho, ou mediante negociação coletiva de trabalho.

7.4.2.2. Para os trabalhadores expostos a agentes químicos não constantes dos *Quadros I* e *II*, outros indicadores biológicos poderão ser monitorizados, dependendo de estudo prévio dos aspectos de validade toxicológica, analítica e de interpretação desses indicadores.

QUADRO I

PARÂMETROS PARA CONTROLE BIOLÓGICO DA EXPOSIÇÃO A ALGUNS AGENTES QUÍMICOS

Agentes Químicos	Indicador Biológico		VR	IBMP	Método Analítico	Amostragem	Interpretação	Vigência
	Material Biológico	Análise						
Anilina	Urina Sangue	p-aminofenol	Até 2%	50 mg/g creat. 5%	CG E	FJ FJ 0-1	EE SC+	
Arsênico	Urina	Arsênico	Até 10 µg/g creat.	50 µg/g creat.	E ou EAA	FS+ T-6	EE	
Cádmio	Urina	Cádmio	Até 2 µg/g creat.	5 µg/g creat.	EAA	NC T-6	SC	
Chumbo Inorgânico	Sangue	Chumbo e	Até 40 µg/100 ml	60 µg/100 ml	EAA	NC T-1	SC	
	Urina	Ác. delta amino levulínico ou	Até 4,5 mg/g creat.	10 mg/g creat.	E	NC T-1	SC	
	Sangue	Zincoprotoporfirina	Até 40 µg/100 ml	100 µg/100 ml	HF	NC T-1	SC	
Chumbo Tetraetila	Urina	Chumbo	Até 50 µg/g creat.	100 µg/g creat.	EAA	FJ 0-1	EE	
Cromo Hexavalente	Urina	Cromo	Até 5 µg/g creat.	30 µg/ creat.	EAA	FS	EE	
Diclorometano	Sangue	Carboxiemoglobina	Até 1% NF	3,5% NF	E	FJ 0-1	SC+	
Dimetilformamida	Urina	N-Metilformamida		40 mg/g creat.	CG ou CLAD	FJ	EE	P-18
Dissulfeto de Carbono	Urina	Ácido 2-Tio-Tiazolidina		5 mg/g creat.	CG ou CLAD	FJ	EE	P-24
Ésteres Organofosforados e Carbonatos	Sangue	Acetil-colinesterase Eritrocitária ou		30% de depressão da atividade inicial		NC	SC	
			Determinar a atividade pré-ocupacional	50% de depressão da atividade inicial		NC	SC	
		Colinesterase Eritrocitária e plasmática (sangue total)		25% de depressão da atividade inicial		NC	SC	
Estireno	Urina	Ácido mandélico e/ou		0,8 g/g creat.	CG ou CLAD	FJ	EE	
		Ácido fenil-glioxílico		240 mg/g creat.	CG ou CLAD	FJ	EE	
Etil-Benzeno	Urina	Ácido mandélico		1,50,8 g/g creat. 240 mg/g creat	CG ou CLAD	FS	EE	

Agentes Químicos	Indicador Biológico		VR	IBMP	Método Analítico	Amostragem	Interpretação	Vigência
	Material Biológico	Análise						
Fenol	Urina	Fenol	20 mg/g creat.	250 mg/g creat.	CG ou CLAD	FJ 0-1	EE	
Flúor e Fluoretos	Urina	Fluoreto	Até 0,5 mg/g	3 mg/g creat. no início da jornada e 10 mg/g creat. no final da jornada	IS	PP+	EE	
Mercúrio Inorgânico	Urina	Mercúrio	Até 5 µg/g creat.	250 mg/g creat.	EAA	PU T-12	EE	
Metanol	Urina	Metanol	Até 5 mg/l	15 mg/l	CG	FJ 0-1	EE	
Metil-Etil-Cetona	Urina	Metil-Etil-Cetona		2 mg/l	CG	FJ	EE	P-12
Monóxido de Carbono	Sangue	Carboxiemoglobina	Até 1% NF	3,5% NF	E	FJ 0-1	SC+	P-12
N-Hexano	Urina	2,5 Hexanodiona		5 mg/g creat.	CG	FJ	EE	P-18
Nitrobenzeno	Sangue	Metaemoglobina	Até 2%	5%	E	FJ 0-1	SC+	P-18
Pentaclorofenol	Urina	Pentaclorofenol		2 mg/g creat.	CG ou CLAD	FS+	EE	P-18
Tetracloroetileno	Urina	Ác. Tricloroacético		3,5 mg/l	E	FS+	EE	P-18
Tolueno	Urina	Ác. Hipúrico	Até 1,5 g/g creat.	2,5 g/g creat.	CG ou CLAD	FJ 0-1	EE	P-18
Tricloroetano	Urina	Triclorocompostos Totais		40 mg/g creat.	E	FS	EE	P-18
Tricloroetileno	Urina	Triclorocompostos Totais		300 mg/g creat.	E	FS	EE	P-18
Xileno	Urina	Ác. Metil-Hipúrico		1,5 g/g creat.	CG ou CLAD	FJ	EE	P-18

QUADRO I

(ANEXO I)

Abreviaturas:

IBMP — Índice Biológico Máximo Permitido: é o valor máximo do indicador biológico para o qual se supõe que a maioria das pessoas ocupacionalmente expostas não corre risco de dano à saúde. A ultrapassagem deste valor significa exposição excessiva;

VR — Valor de Referência da Normalidade: valor possível de ser encontrado em populações não expostas ocupacionalmente;

NF — Não Fumantes.

Método Analítico Recomendado:

E — Espectrofotometria Ultravioleta/Visível;

EAA — Espectrofotometria de Absorção Atômica;

CG — Cromatografia em Fase Gasosa;

CLAD — Cromatografia Líquida de Alto Desempenho;

IS — Eletrodo Ion Seletivo;

HF — Hematofluorômetro.

Condições de Amostragem:

FJ — Final do último dia de jornada de trabalho (recomenda-se evitar a primeira jornada da semana);

FS — Final do último dia de jornada da semana;

FS+ — Início da última jornada da semana;

PP+ — Pré e pós a 4ª jornada de trabalho da semana;

PU — Primeira urina da manhã;

NC — Momento de amostragem "não crítico": pode ser feita em qualquer dia e horário, desde que o trabalhador esteja em trabalho contínuo nas últimas 4 (quatro) semanas sem afastamento maior que 4 (quatro) dias;

T-1 — Recomenda-se iniciar a monitorização após 1 (um) mês de exposição;

T-6 — Recomenda-se iniciar a monitorização após 6 (seis) meses de exposição;

T-12 — Recomenda-se iniciar a monitorização após 12 (doze) meses de exposição;

0-1 — Pode-se fazer a diferença entre pré e pós-jornada.

Interpretação:

EE — O indicador biológico é capaz de indicar uma exposição ambiental acima do limite de tolerância, mas não possui, isoladamente, significado clínico ou toxicológico próprio, ou seja, não indica doença, nem está associado a um efeito ou disfunção de qualquer sistema biológico;

SC — Além de mostrar uma exposição excessiva, o indicador biológico tem também significado clínico ou toxicológico próprio, ou seja, pode indicar doença, estar associado a um efeito ou uma disfunção do sistema biológico avaliado;

SC+ — O indicador biológico possui significado clínico ou toxicológico próprio, mas, na prática, devido à sua curta meia-vida biológica, deve ser considerado como EE.

Vigência:

P-12 — A inspeção do trabalho passará a exigir a avaliação deste indicador biológico 12 (doze) meses após a publicação desta norma;

P-18 — A inspeção do trabalho passará a exigir a avaliação deste indicador biológico 18 (dezoito) meses após a publicação desta norma;

P-24 — A inspeção do trabalho passará a exigir a avaliação deste indicador biológico 24 (vinte e quatro) meses após a publicação desta norma.

Recomendação:

Recomenda-se executar a monitorização biológica no coletivo, ou seja, monitorizando os resultados do grupo de trabalhadores expostos a riscos quantitativamente semelhantes.

QUADRO II

PARÂMETROS PARA MONITORIZAÇÃO DA EXPOSIÇÃO OCUPACIONAL A ALGUNS RISCOS À SAÚDE

Risco	Exame Complementar	Periodicidade	Método de Execução	Critério de Interpretação	Observações
Ruído					
Aerodispersoides Fibrogênicos	Telerradiografia do Tórax Espirometria	Admissional e Anual Admissional e Bienal	Radiografia em posição postero-anterior (PA). Técnica preconizada pela OIT, 1980 Técnica preconizada pela American Thoracic Society, 1987	Classificação internacional da OIT para radiografias	
Aerodispersoides Não Fibrogênicos	Telerradiografia do Tórax Espirometria	Admissional e Trienal, se exposição < 15 anos Bienal, se exposição > 15 anos Admissional e Bienal	Radiografia em posição postero-anterior (PA). Técnica preconizada pela OIT, 1980 Técnica preconizada pela American Thoracic Society, 1987	Classificação internacional da OIT para radiografias	
Condições Hiperbáricas	Radiografias de articulações coxofemorais e escapulo-umerais	Admissional e Anual			Ver Anexo B, do Anexo n. 6 da NR-15
Radiações Ionizantes	Hemograma completo e Contagem de Plaquetas	Admissional e Semestral			
Hormônios Sexuais Femininos	Apenas em homens; Testosterona total ou plasmática livre LH e FSH	Admissional e Semestral			
Benzeno	Hemograma Completo e Plaquetas	Admissional e Semestral			

ANEXO I — QUADRO II

DIRETRIZES E PARÂMETROS MÍNIMOS PARA AVALIAÇÃO E ACOMPANHAMENTO DA AUDIÇÃO EM TRABALHADORES EXPOSTOS A NÍVEIS DE PRESSÃO SONORA ELEVADOS

(redação dada pela Portaria n. 19 de 09 de Abril de 1998)

1. Objetivos

1.1. Estabelecer diretrizes e parâmetros mínimos para a avaliação e o acompanhamento da audição do trabalhador através da realização de exames audiológicos de referência e sequenciais.

1.2. Fornecer subsídios para a adoção de programas que visem à prevenção da perda auditiva induzida por níveis de pressão sonora elevados e à conservação da saúde auditiva dos trabalhadores.

2. Definições e Caracterização

2.1. Entende-se por perda auditiva por níveis de pressão sonora elevados as alterações dos limiares auditivos, do tipo sensorioneural, decorrente da exposição ocupacional sistemática a níveis de pressão sonora elevados. Tem como características principais a irreversibilidade e a progressão gradual com o tempo de exposição ao risco. A sua história natural mostra, inicialmente, o acometimento dos limiares auditivos em uma ou mais frequências da faixa de 3.000 a 6.000 Hz. As frequências mais altas e mais baixas poderão levar mais tempo para serem afetadas. Uma vez cessada a exposição, não haverá progressão da redução auditiva.

2.2. Entende-se por exames audiológicos de referência e sequenciais o conjunto de procedimentos necessários para avaliação da audição do trabalhador ao longo do tempo de exposição ao risco, incluindo:

a. anamnese clínico-ocupacional;

b. exame otológico;

c. exame audiométrico realizado segundo os termos previstos nesta norma técnica.

d. outros exames audiológicos complementares solicitados a critério médico.

3. Princípios e procedimentos básicos para a realização do exame audiométrico

3.1. Devem ser submetidos a exames audiométricos de referência e sequenciais, no mínimo, todos os trabalhadores que exerçam ou exercerão suas atividades em ambientes cujos níveis de pressão sonora ultrapassem os limites de tolerância estabelecidos nos anexos 1 e 2 da NR 15 da Portaria 3.214 do Ministério do Trabalho, independentemente do uso de protetor auditivo.

3.2. O audiômetro será submetido a procedimentos de verificação e controle periódico do seu funcionamento.

3.2.1. Aferição acústica anual.

3.2.2. Calibração acústica, sempre que a aferição acústica indicar alteração, e, obrigatoriamente, a cada 5 anos.

3.2.3. Aferição biológica é recomendada precedendo a realização dos exames audiométricos. Em caso de alteração, submeter o equipamento à aferição acústica.

3.2.4. Os procedimentos constantes dos itens 3.2.1 e 3.2.2 devem seguir o preconizado na norma ISSO 8253-1, e os resultados devem ser incluídos em um certificado de aferição e/ou calibração que acompanhará o equipamento.

3.3. O exame audiométrico será executado por profissional habilitado, ou seja, médico ou fonoaudiólogo, conforme resoluções dos respectivos conselhos federais profissionais.

3.4. Periodicidade dos exames audiométricos.

3.4.1. O exame audiométrico será realizado, no mínimo, no momento da admissão, no 6º (sexto) mês após a mesma, anualmente a partir de então, e na demissão.

3.4.1.1. No momento da demissão, do mesmo modo como previsto para a avaliação clínica no item 7.4.3.5 da NR -7, poderá ser aceito o resultado de um exame audiométrico realizado até:

a. 135 (cento e trinta e cinco) dias retroativos em relação à data do exame médico demissional de trabalhador de empresa classificada em grau de risco 1 ou 2;

b. 90 (noventa) dias retroativos em relação à data do exame médico demissional de trabalhador de empresa classificada em grau de risco 3 ou 4.

3.4.2. O intervalo entre os exames audiométricos poderá ser reduzido a critério do médico coordenador do PCMSO, ou por notificação do médico agente de inspeção do trabalho, ou mediante negociação coletiva de trabalho.

3.5. O resultado do exame audiométrico deve ser registrado em uma ficha que contenha, no mínimo:

a. nome, idade e número de registro de identidade do trabalhador;

b. nome da empresa e a função do trabalhador;

c. tempo de repouso auditivo cumprido para a realização do exame audiométrico;

d. nome do fabricante, modelo e data da última aferição acústica do audiômetro;

e. traçado audiométrico e símbolos conforme o modelo constante do Anexo 1;

f. nome, número de registro no conselho regional e assinatura do profissional responsável pelo exame audiométrico.

3.6. Tipos de exames audiométricos

O trabalhador deverá ser submetido a exame audiométrico de referência e a exame audiométrico sequencial na forma abaixo descrita:

3.6.1. Exame audiométrico de referência, aquele com o qual os sequenciais serão comparados e cujas diretrizes constam dos subitens abaixo, deve ser realizado:

a. quando não se possua um exame audiométrico de referência prévio:

b. quando algum exame audiométrico sequencial apresentar alteração significativa em relação ao de referência, conforme descrito nos itens 4.2.1, 4.2.2 e 4.2.3 desta norma técnica.

3.6.1.1. O exame audiométrico será realizado em cabina audométrica, cujos níveis de pressão sonora não ultrapassem os níveis máximos permitidos, de acordo com a norma ISO 8253.1.

3.6.1.1.1. Nas empresas em que existir ambiente acusticamente tratado, que atenda à norma ISO 8253.1, a cabina audiométrica poderá ser dispensada.

3.6.1.2. O trabalhador permanecerá em repouso auditivo por um período mínimo de 14 horas até o momento de realização do exame audiométrico.

3.6.1.3. O responsável pela execução do exame audiométrico inspecionará o meato acústico externo de ambas as orelhas e anotará os achados na ficha de registro. Se identificada alguma anormalidade, encaminhará ao médico responsável.

3.6.1.4. Vias, frequências e outros testes complementares.

3.6.1.4.1. O exame audiométrico será realizado, sempre, pela via aérea nas frequências de 500, 1.000, 2.000, 3.000, 4.000, 6.000 e 8.000 Hz.

3.6.1.4.2. No caso de alteração detectada no teste pela via aérea ou segundo a avaliação do profissional responsável pela execução do exame, o mesmo será feito, também, pela via óssea nas frequências de 500, 1.000, 2.000, 3.000 e 4.000 Hz.

3.6.1.4.3. Segundo a avaliação do profissional responsável, no momento da execução do exame, poderão ser determinados os limiares de reconhecimento de fala (LRF).

3.6.2. Exame audiométrico sequencial, aquele que será comparado com o de referência, aplica-se a todo trabalhador que já possua um exame audiométrico de referência prévio, nos moldes previstos no item 3.6.1.

As seguintes diretrizes mínimas devem ser obedecidas:

3.6.2.1. Na impossibilidade da realização do exame audiométrico nas condições previstas no item 3.6.1.1, o responsável pela execução do exame avaliará a viabilidade de sua realização em um ambiente silencioso, através do exame audiométrico em 2 (dois) indivíduos, cujos limiares auditivos, detectados em exames audiométricos de referência atuais, sejam conhecidos. Diferença de limiar auditivo, em qualquer frequência e em qualquer um dos 2 (dois) indivíduos examinados, acima de 5 dB(NA) (nível de audição em decibel) inviabiliza a realização do exame no local escolhido.

3.6.2.2. O responsável pela execução do exame audiométrico inspecionará o meato acústico externo de ambas as orelhas e anotará os achados na ficha de registro.

3.6.2.3. O exame audiométrico será feito pela via aérea nas frequências de 500, 1.000, 2.000, 3.000, 4.000, 6.000 e 8.000 Hz.

4. Interpretação dos resultados do exame audiométrico com finalidade de prevenção

4.1. A interpretação dos resultados do exame audiométrico de referência deve seguir os seguintes parâmetros:

4.1.1. São considerados dentro dos limites aceitáveis, para efeito desta norma técnica de caráter preventivo, os casos cujos audiogramas mostram limiares auditivos menores ou iguais a 25 dB(NA), em todas as frequências examinadas.

4.1.2. São considerados sugestivos de perda auditiva induzida por níveis de pressão sonora elevados os casos cujos audiogramas, nas frequências de 3.000 e/ou 4.000 e/ou 6.000 Hz, apresentam limiares auditivos acima de 25 dB(NA) e mais elevados do que nas outras frequências testadas, estando estas comprometidas ou não, tanto no teste da via aérea quanto da via óssea, em um ou em ambos os lados.

4.1.3. São considerados não sugestivos de perda auditiva induzida por níveis de pressão sonora elevados os casos cujos audiogramas não se enquadram nas descrições contidas nos itens 4.1.1 e 4.1.2 acima.

4.2. A interpretação dos resultados do exame audiométrico sequencial deve seguir os seguintes parâmetros:

4.2.1. São considerados sugestivos de desencadeamento de perda auditiva induzida por níveis de pressão sonora elevados os casos em que os limiares auditivos em todas as frequências testadas no exame audiométrico de referência e no sequencial permanecem menores ou iguais a 25 dB(NA), mas a comparação do audiograma sequencial com o de referência mostra uma evolução dentro dos moldes definidos no item 2.1 desta norma, e preenche um dos critérios abaixo:

a. a diferença entre as médias aritméticas dos limiares auditivos no grupo de frequências de 3.000, 4.000 e 6.000 Hz iguala ou ultrapassa 10 dB(NA);

b. a piora em pelo menos uma das frequências de 3.000, 4.000 ou 6.000 Hz iguala ou ultrapassa 15 dB(NA).

4.2.2. São considerados, também sugestivos de desencadeamento de perda auditiva induzida por níveis de pressão sonora elevados, os casos em que apenas o exame audiométrico de referência apresenta limiares auditivos em todas as frequências testadas menores ou iguais a 25 dB(NA), e a comparação do audiograma sequencial com o de referência mostra uma evolução dentro dos moldes definidos no item 2.1 desta norma, e preenche um dos critérios abaixo:

a. a diferença entre as médias aritméticas dos limiares auditivos no grupo de frequência de 3.000, 4.000 e 6.000 Hz iguala ou ultrapassa 10 dB(NA);

b. a piora em pelo menos uma das frequências de 3.000, 4.000 ou 6.000 Hz iguala ou ultrapassa 15 dB(NA).

4.2.3. São considerados sugestivos de agravamento da perda auditiva induzida por níveis de pressão sonora elevados os casos já confirmados em exame audiométrico de referência, conforme item 4.1.2., e nos quais a comparação de exame audiométrico sequencial com o de referência mostra uma evolução dentro dos moldes definidos no item 2.1 desta norma, e preenche um dos critérios abaixo:

a. a diferença entre as médias aritméticas dos limiares auditivos no grupo de frequência de 500, 1.000 e 2.000 Hz, ou no grupo de frequências de 3.000, 4.000 e 6.000 Hz iguala ou ultrapassa 10 dB(NA);

b. a piora em uma frequência isolada iguala ou ultrapassa 15 dB(NA).

4.2.4. Para fins desta norma técnica, o exame audiométrico de referência permanece o mesmo até o momento em que algum dos exames audiométricos sequenciais for preenchido algum dos critérios apresentados em 4.2.1, 4.2.2 ou 4.2.3. Uma vez preenchido por algum destes critérios, deve-se realizar um novo exame audiométrico, dentro dos moldes previstos no item 3.6.1 desta norma técnica, que será, a partir de então, o novo exame audiométrico de referência. Os exames anteriores passam a constituir o histórico evolutivo da audição do trabalhador.

5. Diagnóstico da perda auditiva induzida por níveis de pressão sonora elevados e definição da aptidão para o trabalho.

5.1. O diagnóstico conclusivo, o diagnóstico diferencial e a definição da aptidão para o trabalho, na suspeita de perda auditiva induzida por níveis de pressão sonora elevados, estão a cargo do médico coordenador do PCMSO de cada empresa, ou do médico encarregado pelo mesmo para realizar o exame médico, dentro dos moldes previstos na NR — 7, ou, na ausência destes, do médico que assiste ao trabalhador.

5.2. A perda auditiva induzida por níveis de pressão sonora elevados, por si só, não é indicativa de inaptidão para o trabalho, devendo-se levar em consideração na análise de cada caso, além do traçado audiométrico ou da evolução sequencial de exames audiométricos, os seguintes fatores:

a. a história clínica e ocupacional do trabalhador;

b. o resultado da otoscopia e de outros testes audiológicos complementares;

c. a idade do trabalhador;

d. o tempo de exposição pregressa e atual a níveis de pressão sonora elevados;

e. os níveis de pressão sonora a que o trabalhador estará, está ou esteve exposto no exercício do trabalho;

f. a demanda auditiva do trabalho ou da função;

g. a exposição não ocupacional a níveis de pressão sonora elevados;

h. a exposição ocupacional a outro(s) agente(s) de risco ao sistema auditivo;

i. a exposição não ocupacional a outro(s) agentes de risco ao sistema auditivo;

j. a capacitação profissional do trabalhador examinado;

k. os programas de conservação auditiva aos quais tem ou terá acesso o trabalhador.

6. Condutas Preventivas

6.1. Em presença de trabalhador cujo exame audiométrico de referência se enquadre no item 4.1.2, ou algum dos exames audiométricos sequenciais se enquadre no item 4.2.1 ou 4.2.2 ou 4.2.3, o médico coordenador do PCMSO, ou o encarregado pelo mesmo do exame médico, deverá:

a. definir a aptidão do trabalhador para a função, com base nos fatores ressaltados no item 5.2 desta norma técnica;

b. incluir o caso no relatório anual do PCMSO;

c. participar da implantação, aprimoramento e controle de programas que visem à prevenção da progressão da perda auditiva do trabalhador acometido e de outros expostos ao risco, levando-se em consideração o disposto no item 9.3.6 da NR-9;

d. disponibilizar cópias dos exames audiométricos aos trabalhadores.

6.2. Em presença de trabalhador cujo exame audiométrico de referência se enquadre no item 4.1.3, ou que algum dos exames audiométricos sequenciais se enquadre nos itens 4.2.1.a., 4.2.1.b, 4.2.2.a, 4.2.2.b, 4.2.3.a ou 4.2.3.b, mas cuja evolução foge dos moldes definidos no item 2.1 desta norma técnica, o médico coordenador do PCMSO, ou o encarregado pelo mesmo do exame médico, deverá:

a. verificar a possibilidade da presença concomitante de mais de um tipo de agressão ao sistema auditivo;

b. orientar e encaminhar o trabalhador para avaliação especializada;

c. definir sobre a aptidão do trabalhador para função;

d. participar da implantação, aprimoramento, e controle de programas que visem à prevenção da progressão da perda auditiva do trabalhador acometido e de outros expostos ao risco, levando-se em consideração o disposto no item 9.3.6 da NR-9.

e. disponibilizar cópias dos exames audiométricos aos trabalhadores.

ANEXO I

TRAÇADO AUDIOMÉTRICO

ORELHA DIREITA
Frequência em kHz

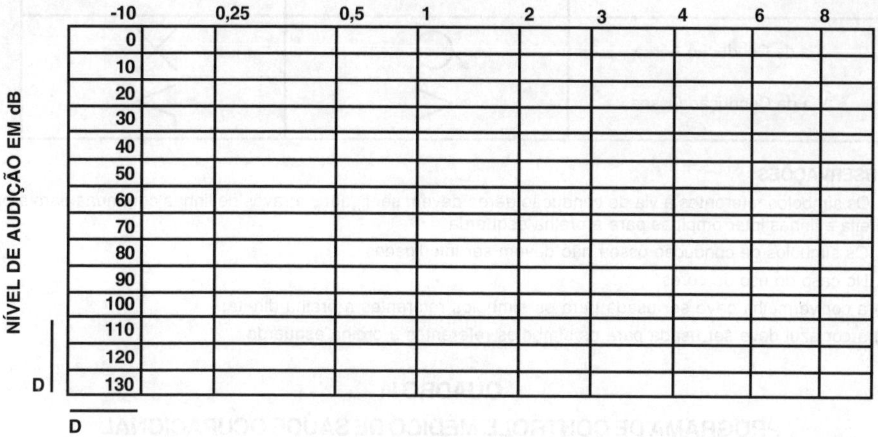

ORELHA ESQUERDA
Frequência em kHz

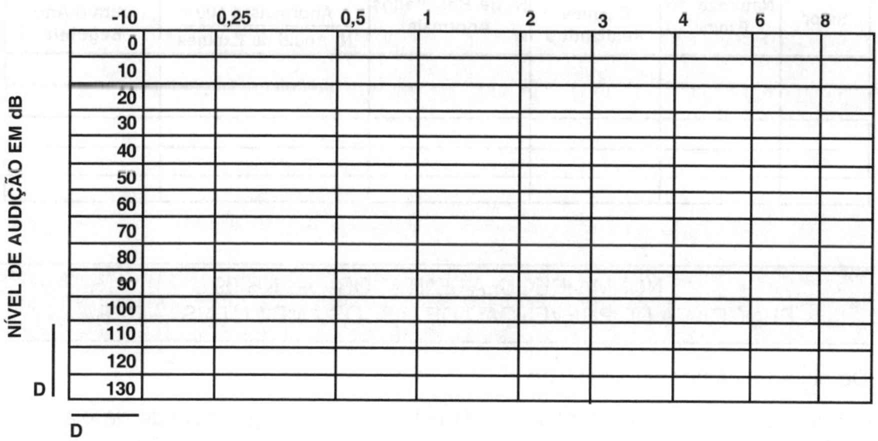

A distância entre cada oitiva de frequência deve corresponder a uma variação de 20 dB no eixo do nível de audição (D).

SÍMBOLOS

RESPOSTAS PRESENTES	ORELHA DIREITA	ORELHA ESQUERDA
Via de Condução Aérea	O	X
Via de Condução Óssea	<	>
Via de Condução Aérea	O	X
Via de Condução Óssea	<	>

OBSERVAÇÕES

1. Os símbolos referentes à via de condução aérea devem ser ligados através de linhas contínuas para a orelha direita e linhas interrompidas para a orelha esquerda.

2. Os símbolos de condução óssea não devem ser interligados.

3. No caso do uso de cores:

a) a cor vermelha deve ser usada para os símbolos referentes à orelha direita;

b) a cor azul deve ser usada para os símbolos referentes à orelha esquerda.

QUADRO III

PROGRAMA DE CONTROLE MÉDICO DE SAÚDE OCUPACIONAL RELATÓRIO ANUAL

Responsável:				**Data:** **Assinatura:**	
Setor	**Natureza do Exame**	**N. Anual de Exames Realizados**	**N. de Resultados Anormais**	**N. de Resultados Anormais X 100 / N. Anual de Exames**	**N. de Exames para o Ano Seguinte**

NORMA REGULAMENTADORA — NR-09
PROGRAMA DE PREVENÇÃO DE RISCOS AMBIENTAIS — PPRA

9.1. Do objeto e campo de aplicação.

9.1.1. Esta Norma Regulamentadora — NR estabelece a obrigatoriedade da elaboração e implementação, por parte de todos os empregadores e instituições que admitam trabalhadores como empregados, do Programa de Prevenção de Riscos Ambientais — PPRA, visando à preservação da saúde e da integridade dos trabalhadores, através da antecipação, reconhecimento, avaliação e consequente controle da ocorrência de riscos ambientais existentes ou que venham a existir no ambiente de trabalho, tendo em consideração a proteção do meio ambiente e dos recursos naturais.

9.1.2. As ações do PPRA devem ser desenvolvidas no âmbito de cada estabelecimento da empresa, sob a responsabilidade do empregador, com a participação dos trabalhadores, sendo sua abrangência e profundidade dependentes das características dos riscos e das necessidades de controle.

9.1.2.1. Quando não forem identificados riscos ambientais nas fases de antecipação ou reconhecimento, descritas nos itens 9.3.2 e 9.3.3, o PPRA poderá resumir-se às etapas previstas nas alíneas "a" e "f" do subitem 9.3.1.

9.1.3. O PPRA é parte integrante do conjunto mais amplo das iniciativas da empresa no campo da preservação da saúde e da integridade dos trabalhadores, devendo estar articulado com o disposto nas demais NR, em especial com o Programa de Controle Médico de Saúde Ocupacional — PCMSO previsto na NR 7.

9.1.4. Esta NR estabelece os parâmetros mínimos e diretrizes gerais a serem observados na execução do PPRA, podendo os mesmos ser ampliados mediante negociação coletiva de trabalho.

9.1.5. Para efeito desta NR, consideram-se riscos ambientais os agentes físicos, químicos e biológicos existentes nos ambientes de trabalho que, em função de sua natureza, concentração ou intensidade e tempo de exposição, são capazes de causar danos à saúde do trabalhador.

9.1.5.1. Consideram-se agentes físicos as diversas formas de energia a que possam estar expostos os trabalhadores, tais como: ruído, vibrações, pressões anormais, temperaturas extremas, radiações ionizantes, radiações não ionizantes, bem como o infrassom e o ultrassom.

9.1.5.2. Consideram-se agentes químicos as substâncias, compostos ou produtos que possam penetrar no organismo pela via respiratória, nas formas de poeiras, fumos, névoas, neblinas, gases ou vapores, ou que, pela natureza da atividade de exposição, possam ter contato ou ser absorvido pelo organismo através da pele ou por ingestão.

9.1.5.3. Consideram-se agentes biológicos as bactérias, fungos, bacilos, parasitas, protozoários, vírus, entre outros.

9.2. Da estrutura do PPRA.

9.2.1. O Programa de Prevenção de Riscos Ambientais deverá conter, no mínimo, a seguinte estrutura:

a) planejamento anual com estabelecimento de metas, prioridades e cronograma;

B) estratégia e metodologia de ação;

c) forma do registro, manutenção e divulgação dos dados;

d) periodicidade e forma de avaliação do desenvolvimento do PPRA.

9.2.1.1. Deverá ser efetuada, sempre que necessário e pelo menos uma vez ao ano, uma análise global do PPRA para avaliação do seu desenvolvimento e realização dos ajustes necessários e estabelecimento de novas metas e prioridades.

9.2.2. O PPRA deverá estar descrito num documento-base contendo todos os aspectos estruturais constantes do item 9.2.1.

9.2.2.1. O documento-base e suas alterações e complementações deverão ser apresentados e discutidos na CIPA, quando existente na empresa, de acordo com a NR-5, sendo sua cópia anexada ao livro de atas desta Comissão.

9.2.2.2. O documento-base e suas alterações deverão estar disponíveis de modo a proporcionar o imediato acesso às autoridades competentes.

9.2.3. O cronograma previsto no item 9.2.1 deverá indicar claramente os prazos para o desenvolvimento das etapas e cumprimento das metas do PPRA.

9.3. Do desenvolvimento do PPRA.

9.3.1. O Programa de Prevenção de Riscos Ambientais deverá incluir as seguintes etapas:

a) antecipação e reconhecimento dos riscos;

b) estabelecimento de prioridades e metas de avaliação e controle;

c) avaliação dos riscos e da exposição dos trabalhadores;

d) implantação de medidas de controle e avaliação de sua eficácia;

e) monitoramento da exposição aos riscos;

f) registro e divulgação dos dados.

9.3.1.1. A elaboração, implementação, acompanhamento e avaliação do PPRA poderão ser feitas pelo Serviço Especializado em Engenharia de Segurança e em Medicina do Trabalho — SESMT ou por pessoa ou equipe de pessoas que, a critério do empregador, sejam capazes de desenvolver o disposto nesta NR.

9.3.2. A antecipação deverá envolver a análise de projetos de novas instalações, métodos ou processos de trabalho, ou de modificação dos já existentes, visando a identificar os riscos potenciais e introduzir medidas de proteção para sua redução ou eliminação.

9.3.3. O reconhecimento dos riscos ambientais deverá conter os seguintes itens, quando aplicáveis:

a) a sua identificação;

b) a determinação e localização das possíveis fontes geradoras;

c) a identificação das possíveis trajetórias e dos meios de propagação dos agentes no ambiente de trabalho;

d) a identificação das funções e determinação do número de trabalhadores expostos;

e) a caracterização das atividades e do tipo da exposição;

f) a obtenção de dados existentes na empresa, indicativos de possível comprometimento da saúde decorrente do trabalho;

g) os possíveis danos à saúde relacionados aos riscos identificados, disponíveis na literatura técnica;

h) a descrição das medidas de controle já existentes.

9.3.4. A avaliação quantitativa deverá ser realizada sempre que necessária para:

a) comprovar o controle da exposição ou a inexistência riscos identificados na etapa de reconhecimento;

b) dimensionar a exposição dos trabalhadores;

c) subsidiar o equacionamento das medidas de controle.

9.3.5. Das medidas de controle.

9.3.5.1. Deverão ser adotadas as medidas necessárias suficientes para a eliminação, a minimização ou o controle dos riscos ambientais sempre que forem verificadas uma ou mais das seguintes situações:

a) identificação, na fase de antecipação, de risco potencial à saúde;

b) constatação, na fase de reconhecimento de risco evidente à saúde;

c) quando os resultados das avaliações quantitativas da exposição dos trabalhadores excederem os valores dos limites previstos na NR 15 ou, na ausência destes os valores limites de exposição ocupacional adotados pela American Conference of Governmental

Industrial Higyenists — ACGIH, ou aqueles que venham a ser estabelecidos em negociação coletiva de trabalho, desde que mais rigorosos do que os critérios técnico-legais estabelecidos;

d) quando, através do controle médico da saúde, ficar caracterizado o nexo causal entre danos observados na saúde os trabalhadores e a situação de trabalho a que eles ficam expostos.

9.3.5.2. O estudo desenvolvimento e implantação de medidas de proteção coletiva deverão obedecer à seguinte hierarquia:

a) medidas que eliminam ou reduzam a utilização ou a formação de agentes prejudiciais à saúde;

b) medidas que previnam a liberação ou disseminação desses agentes prejudiciais à saúde;

c) medidas que reduzam os níveis ou a concentração desses agentes no ambiente de trabalho.

9.3.5.3. A implantação de medidas de caráter coletivo deverá ser acompanhada de treinamento dos trabalhadores quanto os procedimentos que assegurem a sua eficiência e de informação sobre as eventuais limitações de proteção que ofereçam;

9.3.5.4. Quando comprovado pelo empregador ou instituição, a inviabilidade técnica da adoção de medidas de proteção coletiva ou quando estas não forem suficientes ou encontrarem-se em fase de estudo, planejamento ou implantação ou ainda em caráter complementar ou emergencial, deverão ser adotadas outras medidas obedecendo-se à seguinte hierarquia:

a) medidas de caráter administrativo ou de organização do trabalho;

b) utilização de Equipamento de Proteção Individual — EPI.

9.3.5.5. A utilização de EPI no âmbito do programa deverá considerar as Normas Legais e Administrativas em vigor e envolver no mínimo:

a) seleção do EPI adequado tecnicamente ao risco a que o trabalhador está exposto e à atividade exercida, considerando-se a eficiência necessária para o controle da exposição ao risco e o conforto oferecido segundo avaliação do trabalhador usuário;

b) programa de treinamento dos trabalhadores quanto à sua correta utilização e orientação sobre as limitações de proteção que o EPI oferece;

c) estabelecimento de normas ou procedimento para promover o fornecimento, o uso, a guarda, a higienização, a conservação, a manutenção e a reposição do EPI, visando a garantir as condições de proteção originalmente estabelecidas;

d) caracterização das funções ou atividades dos trabalhadores, com a respectiva identificação dos EPI utilizado para os riscos ambientais.

9.3.5.6. O PPRA deve estabelecer critérios e mecanismos de avaliação da eficácia das medidas de proteção implantadas considerando os dados obtidos nas avaliações realizadas e no controle médico da saúde previsto na NR-7.

9.3.6. Do nível de ação.

9.3.6.1. Para os fins desta NR, considera-se nível de ação o valor acima do qual devem ser iniciadas ações preventivas de forma a minimizar a probabilidade de que as exposições a agentes ambientais ultrapassem os limites de exposição. As ações devem incluir o monitoramento periódico da exposição, a informação aos trabalhadores e o controle médico.

9.3.6.2. Deverão ser objeto de controle sistemático as situações que apresentem exposição ocupacional acima dos níveis de ação, conforme indicado nas alíneas que seguem:

a) para agentes químicos, a metade dos limites de exposição ocupacional considerados de acordo com a alínea "c" do subitem 9.3.5.1;

b) para o ruído, a dose de 0,5 (dose superior a 50%), conforme critério estabelecido na NR 15, Anexo I, item 6.

9.3.7. Do monitoramento.

9.3.7.1. Para o monitoramento da exposição dos trabalhadores e das medidas de controle, deve ser realizada uma avaliação sistemática e repetitiva da exposição a um dado risco, visando à introdução ou modificação das medidas de controle, sempre que necessário.

9.3.8. Do registro de dados.

9.3.8.1. Deverá ser mantido pelo empregador ou instituição um registro de dados, estruturado de forma a constituir um histórico técnico e administrativo do desenvolvimento do PPRA.

9.3.8.2. Os dados deverão ser mantidos por um período mínimo de 20 (vinte) anos.

9.3.8.3. O registro de dados deverá estar sempre disponível aos trabalhadores interessados ou seus representantes e para as autoridades competentes.

9.4. Das responsabilidades.

9.4.1. Do empregador:

I — estabelecer, implementar e assegurar o cumprimento do PPRA como atividade permanente da empresa ou instituição.

9.4.2. Dos trabalhadores:

I — colaborar e participar na implantação e execução do PPRA;

II — seguir as orientações recebidas nos treinamentos oferecidos dentro do PPRA;

III — informar ao seu superior hierárquico direto ocorrências que, a seu julgamento, possam implicar risco à saúde dos trabalhadores.

9.5. Da informação.

9.5.1. Os trabalhadores interessados terão o direito de apresentar propostas e receber informações e orientações a fim de assegurar a proteção aos riscos ambientais identificados na execução do PPRA.

9.5.2. Os empregadores deverão informar os trabalhadores de maneira apropriada e suficiente sobre os riscos ambientais que possam originar-se nos locais de trabalho e sobre os meios disponíveis para prevenir ou limitar tais riscos e para proteger-se dos mesmos.

9.6. Das disposições finais.

9.6.1. Sempre que vários empregadores realizem, simultaneamente, atividades no mesmo local de trabalho terão o dever de executar ações integradas para aplicar as medidas previstas no PPRA visando à proteção de todos os trabalhadores expostos aos riscos ambientais gerados.

9.6.2. O conhecimento e a percepção que os trabalhadores têm do processo de trabalho e dos riscos ambientais presentes, incluindo os dados consignados no Mapa de Riscos, previsto na NR 5, deverão ser considerados para fins de planejamento e execução do PPRA em todas as suas fases.

9.6.3. O empregador deverá garantir que, na ocorrência de riscos ambientais nos locais de trabalho que coloquem em situação de grave e iminente risco um ou mais trabalhadores, os mesmos possam interromper de imediato as suas atividades, comunicando o fato ao superior hierárquico direto para as devidas providências.

NOTA TÉCNICA / DSST / n. 06/2003

"Responsável pela elaboração do Programa de Prevenção de Riscos Ambientais — PPRA"

Em resposta a várias consultas formuladas a esta Coordenação de Normatização, deste Departamento de Segurança e Saúde no Trabalho, a respeito da designação do responsável pela elaboração do Programa de Prevenção de Riscos Ambientais — PPRA, da Norma Regulamentadora NR — 9, da Portaria SSST/ MTb N. 25/94, temos a informar o que segue:

Em resolução n. 437/99, o CONFEA — Conselho Federal de Engenharia, Arquitetura e Agronomia definiu como Profissional habilitado, para a elaboração, do PPRA, o Engenheiro ou Arquiteto especializado em Segurança do Trabalho.

O item da Norma Regulamentadora em comento, que trata do desenvolvimento do PPRA, no subitem 9.3.1.1 estabelece que "a elaboração, implementação, acompanhamento e avaliação do PPRA poderão ser feitas pelo Serviço Especializado em Engenharia de Segurança e em Medicina do Trabalho — SESMT ou por pessoa ou grupo de pessoas que, **a critério do empregador,** sejam capazes de desenvolver o disposto nesta NR." (destaque nosso)

A competência do Auditor Fiscal do Trabalho traduz-se essencialmente no cumprimento dos dispositivos legais que definem critérios de proteção à saúde laboral dos trabalhadores. Cabe ao Auditor Fiscal do Trabalho zelar pelo cumprimento das Normas Regulamentadoras de Segurança e Medicina do Trabalho.

A Norma Regulamentadora NR — 9 define claramente em que consiste o PPRA — Programa de Prevenção de Riscos Ambientais no item 9.1 — do objeto e campo de aplicação, 9.2 — da estrutura do PPRA, 9.3 — do desenvolvimento do PPRA, 9.4 — das responsabilidades, 9.5 — da informação e 9.6 — das disposições finais.

No exercício da fiscalização dos ambientes de trabalho, cabe ao AFT decidir pela aceitação ou não do documento referente ao PPRA, precisamente em relação ao seu conteudo e sua aplicação prática.

Não é nossa competência institucional a fiscalização do exercício dos profissionais registrados em seus conselhos específicos.

É o entendimento que julgamos apropriado e que deve nortear o posicionamento deste Departamento.

Brasília, 23 de abril de 2003

Danilo Fernandes Costa / Coordenador-Geral de Normatização

NOTA TÉCNICA / DSST / N. 02/04

"Cobrança de PPRA e respectiva Anotação de Responsabilidade Técnica — ART em fiscalização"

Interessado: Sindicato dos Técnicos de Segurança no Estado do Paraná — SINTESPAR

Trata-se de Ofício do CREA/PR, Regional de Maringá, no qual está expressa uma comunicação de fiscalização por parte daquele órgão para a "verificação de Laudo de PPRA e a respectiva Anotação de Responsabilidade Técnica — ART", e cuja cópia foi enviada a esta Secretaria de Inspeção do Trabalho pelo SINTESPAR em 08 de dezembro de 2003.

Dispõe o subitem 9.3.1.1 da Norma Regulamentadora NR-09 (Programa de Prevenção de Riscos Ambientais — PPRA); "A elaboração, implementação, acompanhamento e avaliação do PPRA poderão ser feitas pelo Serviço Especializado em Engenharia de Segurança e em Medicina do Trabalho — SESMT ou por pessoa ou equipe de pessoas que, a critério do empregador, sejam capazes de desenvolver o disposto nesta NR".

Sem embargo, é competência exclusiva e restrita ao Ministério do Trabalho e Emprego a fiscalização do desenvolvimento do PPRA.

Diante do exposto, concluímos que, de parte da fiscalização deste Ministério, não haverá nenhuma cobrança adicional ao que estabelece a norma consolidada supramencionada.

Brasília, 18 de fevereiro de 2004

Virgílio César Romeiro Alves — Auditor Fiscal do Trabalho — Diretor do DSST

NORMA REGULAMENTADORA — NR-12
MÁQUINAS E EUIPAMENTOS

ANEXO I

MOTOSSERRAS

1. FABRICAÇÃO, importação, venda, locação e uso de motosserras. É proibida a fabricação, importação, venda, locação e uso de motosserras que não atendam às disposições contidas neste Anexo, sem prejuízo dos demais dispositivos legais e regulamentares sobre segurança e saúde no trabalho.

2. ....

3. ....

4. RUÍDOS E VIBRAÇÕES. Os fabricantes e importadores de motosserras instalados no País introduzirão, nos catálogos e manuais de instruções de todos os modelos de motosserras, os seus níveis de ruído e vibração e a metodologia utilizada para a referida aferição.

5. MANUAL DE INSTRUÇÕES. Todas as motosserras fabricadas e importadas serão comercializadas com Manual de Instruções contendo informações relativas à segurança e à saúde no trabalho especialmente:

a) riscos de segurança e saúde ocupacional;

b) instruções de segurança no trabalho com o equipamento, de acordo com o previsto nas Recomendações Práticas da Organização Internacional do Trabalho — OIT;

c) especificações de ruído e vibração;

d) penalidades e advertências

NORMA REGULAMENTADORA — NR-15
ATIVIDADES E OPERAÇÕES INSALUBRES

15.1. São consideradas atividades ou operações insalubres as que se desenvolvem:

15.1.1. Acima dos limites de tolerância previstos nos Anexos ns. 1, 2, 3, 5, 11 e 12;

15.1.2. Revogado pela Portaria n. 3.751, de 23.11.1990 (DOU 26.11.90)

15.1.3. Nas atividades mencionadas nos Anexos ns. 6, 13 e 14;

15.1.4. Comprovadas através de laudo de inspeção do local de trabalho, constantes dos Anexos n.s 7, 8, 9 e 10.

15.1.5. Entende-se por "Limite de Tolerância", para os fins desta Norma, a concentração ou intensidade máxima ou mínima, relacionada com a natureza e o tempo de exposição ao agente, que não causará dano à saúde do trabalhador, durante a sua vida laboral.

15.2. O exercício de trabalho em condições de insalubridade, de acordo com os subitens do item anterior, assegura ao trabalhador a percepção de adicional, incidente sobre o salário mínimo* da região, equivalente a:

15.2.1. 40% (quarenta por cento), para insalubridade de grau máximo;

15.2.2. 20% (vinte por cento), para insalubridade de grau médio;

15.2.3. 10% (dez por cento), para insalubridade de grau mínimo;

15.3. No caso de incidência de mais de um fator de insalubridade, será apenas considerado o de grau mais elevado, para efeito de acréscimo salarial, sendo vedada a percepção cumulativa.

15.4. A eliminação ou neutralização da insalubridade determinará a cessação do pagamento do adicional respectivo.

15.4.1. A eliminação ou neutralização da insalubridade deverá ocorrer:

a) com a adoção de medidas de ordem geral que conservem o ambiente de trabalho dentro dos limites de tolerância;

b) com a utilização de equipamento de proteção individual.

15.4.1.1. Cabe à autoridade regional competente em matéria de segurança e saúde do trabalhador, comprovada a insalubridade por laudo técnico de engenheiro de segurança do trabalho ou médico do trabalho, devidamente habilitado, fixar adicional devido aos empregados expostos à insalubridade quando impraticável sua eliminação ou neutralização.

15.4.1.2. A eliminação ou neutralização da insalubridade ficará caracterizada através de avaliação pericial por órgão competente, que comprove a inexistência de risco à saúde do trabalhador.

15.5. É facultado às empresas e aos sindicatos das categorias profissionais interessadas requererem ao Ministério do Trabalho, através das DRTs, a realização de perícia em estabelecimento ou setor deste, com o objetivo de caracterizar e classificar ou determinar atividade insalubre.

15.5.1. Nas perícias requeridas às Delegacias Regionais do Trabalho, desde que comprovada a insalubridade, o perito do Ministério do Trabalho indicará o adicional devido.

15.6. O perito descreverá no laudo a técnica e a aparelhagem utilizadas.

ANEXO N. 13

AGENTES QUÍMICOS

1. Relação das atividades e operações envolvendo agentes químicos, consideradas, insalubres em decorrência de inspeção realizada no local de trabalho. Excluam-se desta relação as atividades ou operações com os agentes químicos constantes dos Anexos 11 e 12.

ARSÊNICO

Insalubridade de grau máximo

Extração e manipulação de arsênico e preparação de seus compostos. Fabricação e preparação de tintas à base de arsênico.

Fabricação de produtos parasiticidas, inseticidas e raticidas contendo compostos de arsênico.

Pintura a pistola com pigmentos de compostos de arsênico, em recintos limitados ou fechados.

Preparação do Secret.

Produção de trióxido de arsênico.

Insalubridade de grau médio

Bronzeamento em negro e verde com compostos de arsênico.

Conservação e peles e plumas; depilação de peles à base de compostos de arsênico.

Descoloração de vidros e cristais à base de compostos de arsênico.

Emprego de produtos parasiticidas, inseticidas e raticidas à base de compostos de arsênico.

Fabricação de cartas de jogar, papéis pintados e flores artificiais à base de compostos de arsênico.

Metalurgia de minérios arsenicais (ouro, prata, chumbo, zinco, níquel, antimônio, cobalto e ferro).

Operações de galvanotécnica à base de compostos de arsênico.

Pintura manual (pincel, rolo e escova) com pigmentos de compostos de arsênico em recintos limitados ou fechados, exceto com pincel capilar.

Insalubridade de grau mínimo

Empalhamento de animais à base de compostos de arsênico.

Fabricação de tafetá "sire".

Pintura a pistola ou manual com pigmentos de compostos de arsênico ao ar livre.

CARVÃO

Insalubridade de grau máximo

Trabalho permanente no subsolo em operações de corte, furação e desmonte, de carregamento no local de desmonte, em atividades de manobra, nos pontos de transferência de carga e de viradores.

Insalubridade de grau médio

Demais atividades permanentes do subsolo compreendendo serviços, tais como: operações de locomotiva, condutores, engatadores, bombeiros, madeireiros, trilheiros e eletricistas.

Insalubridade de grau mínimo

Atividades permanentes de superfícies nas operações a seco, com britadores, peneiras, classificadores, carga e descarga de silos, de transportadores de correia e de teleférreos.

CHUMBO

Insalubridade de grau máximo

Fabricação de compostos de chumbo, carbonato, arseniato, cromato mínio, litargírio e outros.

Fabricação de esmaltes, vernizes, cores, pigmentos, tintas, unguentos, óleos, pastas, líquidos e pós à base de compostos de chumbo.

Fabricação e restauração de acumuladores, pilhas e baterias elétricas contendo compostos de chumbo.

Fabricação e emprego de chumbo tetraetila e chumbo tetrametila.

Fundição e laminação de chumbo, de zinco velho cobre e latão.

Limpeza, raspagem e reparação de tanques de mistura, armazenamento e demais trabalhos com gasolina contendo chumbo tetraetila.

Pintura a pistola com pigmentos de compostos de chumbo em recintos limitados ou fechados.

Vulcanização de borracha pelo litargírio ou outros compostos de chumbo.

Insalubridade de grau médio

Aplicação e emprego de esmaltes, vernizes, cores, pigmentos, tintas, unguentos, óleos, pastas, líquidos e pós à base de compostos de chumbo.

Fabricação de porcelana com esmaltes de compostos de chumbo.

Pintura e decoração manual (pincel, rolo e escova) com pigmentos de compostos de chumbo (exceto pincel capilar), em recintos limitados ou fechados.

Tinturaria e estamparia com pigmentos à base de compostos de chumbo.

Insalubridade de grau mínimo

Pintura a pistola ou manual com pigmentos de compostos de chumbo ao ar livre.

CROMO

Insalubridade de grau máximo

Fabricação de cromatos e bicromatos.

Pintura a pistola com pigmentos de compostos de cromo, em recintos limitados ou fechados.

Insalubridade de grau médio

Cromagem eletrolítica dos metais.

Fabricação de palitos fosfóricos à base de compostos de cromo (preparação da pasta e trabalho nos secadores).

Manipulação de cromatos e bicromatos.

Pintura manual com pigmentos de compostos de cromo em recintos limitados ou fechados (exceto pincel capilar).

Preparação por processos fotomecânicos de clichês para impressão à base de compostos de cromo.

Tanagem a cromo.

FÓSFORO

Insalubridade de grau máximo

Extração e preparação de fósforo branco e seus compostos.

Fabricação de defensivos fosforados e organofosforados.

Fabricação de projéteis incendiários, explosivos e gases asfixiantes à base de fósforo branco.

Insalubridade de grau médio

Emprego de defensivos organofosforados.

Fabricação de bronze fosforado.

Fabricação de mechas fosforadas para lâmpadas de mineiros.

HIDROCARBONETOS E OUTROS COMPOSTOS DE CARBONO

Insalubridade de grau máximo

Destilação do alcatrão da hulha.

Destilação do petróleo.

Manipulação de alcatrão, breu, betume, antraceno, óleos minerais, óleo queimado, parafina ou outras substâncias cancerígenas afins.

Fabricação de fenóis, cresóis, naftóis, nitroderivados, aminoderivados, derivados halogenados e outras substâncias tóxicas derivadas de hidrocarbonetos cíclicos.

Pintura a pistola com esmaltes, tintas, vernizes e solventes contendo hidrocarbonetos aromáticos.

Insalubridade de grau médio

Emprego de defensivos organoclorados: DDT (diclorodifeniltricloretano) DDD (diclorodifenildicloretano), metoxicloro (dimetoxidifeniltricloretano), BHC (hexacloreto de benzeno) e seus compostos e isômeros.

Emprego de defensivos derivados do ácido carbônico.

Emprego de aminoderivados de hidrocarbonetos aromáticos (homólogos da anilina).

Emprego de cresol, naftaleno e derivados tóxicos.

Emprego de isocianatos na formação de poliuretanas (lacas de desmoldagem, lacas de dupla composição, lacas protetoras de madeira e metais, adesivos especiais e outros produtos à base de poliisocianetos e poliuretanas).

Emprego de produtos contendo hidrocarbonetos aromáticos como solventes ou em limpeza de peças.

Fabricação de artigos de borracha, de produtos para impermeabilização e de tecidos impermeáveis à base de hidrocarbonetos.

Fabricação de linóleos, celuloides, lacas, tintas, esmaltes, vernizes, solventes, colas, artefatos de ebonite, guta-percha, chapéus de palha e outros à base de hidrocarbonetos.

Limpeza de peças ou motores com óleo diesel aplicado sob pressão (nebulização).

Pintura a pincel com esmaltes, tintas e vernizes em solvente contendo hidrocarbonetos aromáticos.

MERCÚRIO

Insalubridade de grau máximo

Fabricação e manipulação de compostos orgânicos de mercúrio.

SILICATOS

Insalubridade de grau máximo

Operações que desprendam poeira de silicatos em trabalhos permanentes no subsolo, em minas e túneis (operações de corte, furação, desmonte, carregamentos e outras atividades exercidas no local do desmonte e britagem no subsolo).

Operações de extração, trituração e moagem de talco.

Fabricação de material refratário, como refratários para fôrmas, chaminés e cadinhos; recuperação de resíduos.

SUBSTÂNCIAS CANCERÍGENAS

Para as substâncias ou processos as seguir relacionados, não deve ser permitida nenhuma exposição ou contato, por qualquer via:

— 4-amino difenil (p-xenilamina);

— Produção de Benzidina

— Betanaftilamina;

— 4-nitrodifenil,

Entende-se por nenhuma exposição ou contato significa hermetizar o processo ou operação, através dos melhores métodos praticáveis de engenharia, sendo que o trabalhador deve ser protegido adequadamente de modo a não permitir nenhum contato com o carcinogênio.

Sempre que os processos ou operações que envolvem as 4 (quatro) substâncias citadas não forem hermetizados, será considerada como situação de risco grave e iminente para o trabalhador, além de insalubridade de grau máximo.

Para o Benzeno deve ser observado o disposto no anexo 13-A.

OPERAÇÕES DIVERSAS

Insalubridade de grau máximo

Operações com cádmio e seus compostos, extração, tratamento, preparação de ligas, fabricação e emprego de seus compostos, solda com cádmio, utilização em fotografia com luz ultravioleta, em fabricação de vidros, como antioxidante, em revestimentos metálicos, e outros produtos.

Operações com as seguintes substâncias:

— Éter bis (cloro-metílico)

— Benzopireno

— Berílio

— Cloreto de dimetil-carbamila

— 3,3' — dicloro-benzidina

— Dióxido de vinil ciclohexano

— Epicloridrina

— Hexametilfosforamida

— 4,4' — metileno bis (2-cloro anilina)

— 4,4' — metileno dianilina

— Nitrosaminas

— Propano sultone

— Betapropiolactona

— Tálio

— Produção de trióxido de amônio ustulação de sulfeto de níquel.

Insalubridade de grau médio

Aplicação a pistola de tintas de alumínio.

Fabricação de pós de alumínio (trituração e moagem).

Fabricação de emetina e pulverização de ipeca.

Fabricação e manipulação de ácido oxálico, nítrico sulfúrico, bromídrico, fosfórico, pícrico.

Metalização a pistola.

Operações com o timbó.

Operações com bagaço de cana nas fases de grande exposição à poeira.

Operações de galvanoplastia: douração, prateação, niquelagem, cromagem, zincagem, cobreagem, anodização de alumínio.

Telegrafia e radiotelegrafia, manipulação em aparelhos do tipo Morse e recepção de sinais em fones.

Trabalhos com escórias de Thomás: remoção, trituração, moagem e acondicionamento.

Trabalho de retirada, raspagem a seco e queima de pinturas.

Trabalhos na extração de sal (salinas).

Fabricação e manuseio de álcalis cáusticos.

Trabalhos em convés de navios.

Insalubridade de grau mínimo

Fabricação e transporte de cal e cimento nas fases de grande exposição a poeiras.

Trabalhos de carregamento, descarregamento ou remoção de enxofre ou sulfitos em geral, em sacos ou a granel.

ANEXO N. 13-A

BENZENO

1. O presente Anexo tem como objetivo regulamentar ações, atribuições e procedimentos de prevenção da exposição ocupacional ao benzeno, visando à proteção da saúde do trabalhador, visto tratar-se de um produto comprovadamente cancerígeno.

2. O presente Anexo se aplica a todas as empresas que produzem, transportam, armazenam, utilizam ou manipulam benzeno e suas misturas líquidas contendo 1% (um por cento) ou mais de volume e aquelas por elas contratadas, no que couber.

2.1. O presente Anexo não se aplica às atividades de armazenamento, transporte, distribuição, venda e uso de combustíveis derivados de petróleo.

3. Fica proibida a utilização do benzeno, a partir de 1º de janeiro de 1997, para qualquer emprego, exceto nas indústrias e laboratórios que:

a) o produzem;

b) o utilizem em processos de síntese química;

c) o empreguem em combustíveis derivados de petróleo;

d) o empreguem em trabalhos de análise ou investigação realizados em laboratório, quando não for possível sua substituição;

e) o empreguem como azeótropo na produção de álcool anidro, até a data a ser definida para a sua substituição.

3.1. As empresas que utilizam o benzeno como azeótropo na produção de álcool anidro deverão encaminhar à Secretaria de Segurança e Saúde no Trabalho — SSST/MTb proposta de substituição do benzeno até 31 de dezembro de 1996.

3.2. As empresas que utilizam benzeno em atividades que não as identificadas nas alíneas do item 3 e que apresentem inviabilidade técnica ou econômica de sua substituição deverão comprová-la quando da elaboração do Programa de Prevenção da Exposição Ocupacional ao Benzeno — PPEOB.

3.3. As empresas de produção de álcool anidro e aquelas proibidas de utilizarem o benzeno deverão, até a efetiva substituição do produto, adequar os seus estabelecimentos ao abaixo relacionado, conforme previsto no presente Anexo:

a) cadastramento dos estabelecimentos junto à SSST/MTb;

b) procedimentos da Instrução Normativa n. 02 sobre "Vigilância da Saúde dos Trabalhadores na Prevenção da Exposição Ocupacional ao Benzeno";

c) levantamento de todas as situações onde possam ocorrer concentrações elevadas de benzeno, com dados qualitativos que contribuam para a avaliação ocupacional dos trabalhadores;

d) procedimentos para proteção coletiva e individual dos trabalhadores, do risco de exposição ao benzeno nas situações críticas verificadas no item anterior, através de medidas tais como: organização do trabalho, sinalização apropriada, isolamento de área, treinamento específico, ventilação apropriada, proteção respiratória adequada e proteção para evitar contato com a pele.

4. As empresas que produzem, transportam, armazenam, utilizam ou manipulam benzeno e suas misturas líquidas contendo 1% (um por cento) ou mais de volume deverão, no prazo máximo de 90 (noventa) dias da data de publicação desta Portaria, ter seus estabelecimentos cadastrados junto à Secretaria de Segurança no Trabalho — SSST do Ministério do Trabalho.

4.1. O cadastramento da empresa junto à Secretaria de Segurança e Saúde no Trabalho do Ministério do Trabalho, conforme estabelecido pelo art. 4º da presente Portaria, será concedido mediante as seguintes informações:

a) identificação da empresa (nome, endereço, CGC, ramo de atividade e Classificação Nacional de Atividade Econômica — CNAE);

b) número de trabalhadores por estabelecimento;

c) nome das empresas fornecedoras de benzeno, quando for o caso;

d) utilização a que se destina o benzeno;

e) quantidade média de processamento mensal.

4.2. A comprovação de cadastramento deverá ser apresentada quando da aquisição do benzeno junto ao fornecedor.

4.3. As fornecedoras de benzeno só poderão comercializar o produto para empresas cadastradas.

4.4. As empresas constantes deverão manter, por 10 (dez) anos, uma relação atualizada das empresas por elas contratadas que atuem nas áreas incluídas na caracterização prevista no PPEOB, contendo:

— identificação da contratada;

— período de contratação;

— atividade desenvolvida;

— número de trabalhadores.

4.5. A SSST/MTb poderá suspender, temporária ou definitivamente, o cadastro da empresa, sempre que houver comprovação de irregularidade grave.

4.6. Os projetos de novas instalações em que se aplicam o presente Anexo devem ser submetidos à aprovação da SSST/MTb.

5. As empresas que produzem, transportam, armazenam, utilizam ou manipulam benzeno e suas misturas líquidas contendo 1% (um por cento) ou mais de volume deverão apresentar à SSST/MTb, no prazo máximo de 180 (cento e oitenta) dias, após a publicação desta Portaria, o Programa da Prevenção da Exposição Ocupacional ao Benzeno — PPEOB.

5.1. Ficam excluídas desta obrigatoriedade as empresas produtoras de álcool anidro e aquelas proibidas de utilizarem o benzeno.

5.2. O PPEOB, elaborado pela empresa, deve representar o mais elevado grau de compromisso de sua diretoria com os princípios e diretrizes da prevenção da exposição dos trabalhadores ao benzeno devendo:

a) ser formalizado através de ato administrativo oficial do ocupante do cargo gerencial mais elevado;

b) ter indicação de um responsável pelo Programa que responderá pelo mesmo junto aos órgãos públicos, às representações dos trabalhadores específicas para o benzeno e ao sindicato profissional da categoria.

5.3. No PPEOB deverão estar relacionados os empregados responsáveis pela sua execução, com suas respectivas atribuições e competências.

5.4. O conteúdo do PPEOB deve ser aquele estabelecido pela Norma Regulamentadora n. 9 — Programa de Prevenção de Riscos Ambientais, com a redação dada pela Portaria n. 25, de 29.12.94, acrescido de:

— caracterização das instalações contendo benzeno ou misturas que o contenham em concentração maior do que 1% (um por cento) em volume;

— avaliação das concentrações de benzeno para verificação da exposição ocupacional e vigilância do ambiente de trabalho segundo a Instrução Normativa — IN n. 01;

— ações de vigilância à saúde dos trabalhadores próprios e de terceiros, segundo a Instrução Normativa — IN n. 02;

— descrição do cumprimento das determinações da Portaria e acordos coletivos referentes ao benzeno;

— procedimentos para o arquivamento dos resultados de avaliações ambientais previstas na IN n. 01 por 40 (quarenta) anos;

— adequação da proteção respiratória ao disposto na Instrução Normativa n. 01, de 11.4.94;

— definição dos procedimentos operacionais de manutenção, atividades de apoio e medidas de organização do trabalho necessárias para a prevenção da exposição ocupacional ao benzeno. Nos procedimentos de manutenção deverão ser descritos os de caráter emergencial, rotineiros e preditivos, objetivando minimizar possíveis vazamentos ou emissões fugitivas;

— levantamento de todas as situações onde possam ocorrer concentrações elevadas de benzeno, com dados qualitativos e quantitativos que contribuam para a avaliação ocupacional dos trabalhadores;

— procedimentos para proteção coletiva e individual dos trabalhadores, do risco de exposição ao benzeno nas situações críticas verificadas no item anterior, através de medidas tais como: organização do trabalho, sinalização apropriada, isolamento de área, treinamento específico, ventilação apropriada, proteção respiratória adequada e proteção para evitar contato com a pele;

— descrição dos procedimentos usuais nas operações de drenagem, lavagem, purga de equipamentos, operação manual de válvulas, transferências, limpezas, controle de vazamentos, partidas e paradas de unidades que requeiram procedimentos rigorosos de controle de emanação de vapores e prevenção de contato direto do trabalhador com o benzeno;

— descrição dos procedimentos e recursos necessários para o controle da situação de emergência, até o retorno à normalidade;

— cronograma detalhado das mudanças que deverão ser realizadas na empresa para a prevenção da exposição ocupacional ao benzeno e a adequação ao Valor de Referência Tecnológico;

— exigências contratuais pertinentes, que visem adequar as atividades de empresas contratadas à observância do Programa de contratante;

— procedimentos específicos de proteção para o trabalho do menor de 18 (dezoito) anos, mulheres grávidas ou em período de amamentação.

6. Valor de Referência Tecnológico — VRT se refere à concentração de benzeno no ar considerada exequível do ponto de vista técnico, definido em processo de negociação tripartite. O VRT deve ser considerado como referência para os programas de melhoria contínua das condições dos ambientes de trabalho. O cumprimento do VRT é obrigatório e não exclui risco à saúde.

6.1. O princípio da melhoria contínua parte do reconhecimento de que o benzeno é uma substância comprovadamente carcinogênica, para a qual não existe limite seguro de exposição. Todos os esforços devem ser dispendidos continuamente no sentido de buscar a tecnologia mais adequada para evitar a exposição do trabalhador ao benzeno.

6.2. Para fins de aplicação deste Anexo, é definida uma categoria de VRT.

VRT-MPT que corresponde à concentração média de benzeno no ar ponderada pelo tempo, para uma jornada de trabalho de 8 (oito) horas, obtida na zona de respiração dos trabalhadores, individualmente ou de Grupos Homogêneos de Exposição — GHE, conforme definido na Instrução Normativa n. 01.

6.2.1 Os valores Limites de Concentração — LC a serem utilizados na IN n. 01, para o cálculo do Índice de Julgamento "I", são os VRT-MPT estabelecidos a seguir.

7. Os valores estabelecidos para os VRT-MPT são:

— 1,0 (um) ppm para as empresas abrangidas por este Anexo (com exceção das empresas siderúrgicas, as produtoras de álcool anidro e aquelas que deverão substituir o benzeno a partir de 1º.01.97).

— 2,5 (dois e meio) ppm para as empresas siderúrgicas.

7.1. O Fator de Conversão da concentração de benzeno de ppm para mg/m3 é: 1ppm = 3,19 mg/m3 nas condições de 25 °C, 101 kPa ou 1 atm.

7.2. Os prazos de adequação das empresas aos referidos VRT-MPT serão acordados entre as representações de trabalhadores, empregadores e de governo.

7.3. Situações consideradas de maior risco ou atípicas devem ser obrigatoriamente avaliadas segundo critérios de julgamento profissional que devem estar especificados no relatório da avaliação.

7.4. As avaliações ambientais deverão seguir o disposto na Instrução Normativa n. 01 "Avaliação das Concentrações de Benzeno em Ambientes de Trabalho".

8. Entende-se como Vigilância da Saúde o conjunto de ações e procedimentos que visam à detecção, o mais precocemente possível, de efeitos nocivos induzidos pelo benzeno à saúde dos trabalhadores.

8.1. Estas ações e procedimentos deverão seguir o disposto na Instrução Normativa n. 02 sobre "Vigilância da Saúde dos Trabalhadores na Prevenção da Exposição Ocupacional ao Benzeno".

9. As empresas abrangidas pelo presente Anexo, e aquelas por elas contratadas quando couber, deverão garantir a constituição de representação específica dos trabalhadores para o benzeno objetivando a acompanhar a elaboração, implantação e desenvolvimento do Programa de Prevenção da Exposição Ocupacional ao Benzeno.

9.1. A organização, constituição, atribuições e treinamento desta representação serão acordadas entre as representações dos trabalhadores e empregadores.

10. Os trabalhadores das empresas abrangidas pelo presente Anexo, e aquelas por elas contratadas, com risco de exposição ao benzeno, deverão participar de treinamento sobre os cuidados e as medidas de prevenção.

11. As áreas, recipientes, equipamentos e pontos com risco de exposição ao benzeno deverão ser sinalizadas com os dizeres — "Perigo: Presença de Benzeno — Risco à Saúde" e o acesso a estas áreas deverá ser restringido às pessoas autorizadas.

12. A informação sobre os riscos do benzeno à saúde deve ser permanente, colocando-se à disposição dos trabalhadores uma "Ficha de Informações de Segurança sobre Benzeno", sempre atualizada.

13. Será de responsabilidade dos fornecedores de benzeno, assim como dos fabricantes e fornecedores de produtos contendo benzeno, a rotulagem adequada, destacando a ação cancerígena do produto, de maneira facilmente compreensível pelos trabalhadores e usuários, incluindo obrigatoriamente instrução de uso, riscos à saúde e doenças relacionadas, medidas de controle adequadas, em cores contrastantes, de forma legível e visível.

14. Quando da ocorrência de situações de emergência, situação anormal que pode resultar em uma imprevista liberação de benzeno que possa exceder o VRT-MPT, devem ser adotados os seguintes procedimentos:

a) após a ocorrência de emergência, deve-se assegurar que a área envolvida tenha retornado à condição anterior através de monitorizações sistemáticas. O tipo de monitorização deverá ser avaliado dependendo da situação envolvida;

b) caso haja dúvidas das condições das áreas, deve-se realizar uma bateria padronizada de avaliação ambiental nos locais e dos grupos homogêneos de exposição envolvidos nestas áreas;

c) o registro da emergência deve ser feito segundo o roteiro que se segue:

— descrição da emergência — descrever as condições em que a emergência ocorreu indicando:

— atividade;

— local, data e hora da emergência;

— causas da emergência;

— planejamento feito para o retorno à situação normal;

— medidas para evitar reincidências;

— providências tomadas a respeito dos trabalhadores expostos.

15. Os dispositivos estabelecidos nos itens anteriores, decorrido o prazo para sua aplicação, são de autuação imediata, dispensando prévia notificação, enquadrando-se na categoria "I-4", prevista na NR 28.

OPERAÇÕES DIVERSAS

Insalubridade de grau máximo

Operações com cádmio e seus compostos:

— extração, tratamento, preparação de ligas, fabricação e emprego de seus compostos, solda com cádmio, utilização em fotografia com luz ultravioleta, em fabricação de vidros, como antioxidante em revestimentos metálicos, e outros produtos.

Operações com as seguintes substâncias:

— éterbis (cloro-metílico);

— benzopireno;

— berílio;

— cloreto de dimetil-carbamila;

— 3,3' — dicloro-benzidina;

— dióxido de venil ciclohexano;

— epicloridrina;

— hexametilfosforamida;

— 4,4'— metileno bis (2-cloro anilina);

— 4,4'— metileno dianilina;

— nitrosaminas;

— propano sultone;

— beta-propiolactona; e

— tálio.

Produção de trióxido de amônio — ustulação de sulfeto de níquel.

Insalubridade de grau médio

Aplicação a pistola de tintas de alumínio.

Fabricação de pós de alumínio (trituração e moagem).

Fabricação de emetina e pulverização de ipeca.

Fabricação e manipulação de ácido oxálico, nítrico e sulfúrico, bromídrico, fosfórico, pícrico.

Metalização a pistola.

Operações com bagaço de cana nas fases de grande exposição à poeira.

Operações com o timbó.

Operações de galvanoplastia: douração, prateação, niquelagem, cromagem, zincagem, cobreagem, anodização de alumínio.

Telegrafia e radiotelegrafia, manipulação em aparelhos do tipo Morse e recepção de sinais em fones.

Trabalhos com escórias de Thomas: remoção, trituração, moagem e acondicionamento.

Trabalho de retirada, raspagem a seco e queima de pinturas.

Trabalhos na extração de sal (salinas).

Fabricação e manuseio de álcalis cáusticos.

Trabalho em convés de navios.

Insalubridade de grau mínimo

Fabricação e transporte de cal e cimento nas fases de grande exposição à poeira.

Trabalhos de carregamento, descarregamento ou remoção de enxofre ou sulfitos em geral, em sacos ou granel.

NORMA REGULAMENTADORA — NR-17
ERGONOMIA

17.5. Condições ambientais de trabalho.

17.5.1. As condições ambientais de trabalho devem estar adequadas às características psicofisiológicas dos trabalhadores e à natureza do trabalho a ser executado.

17.5.2. Nos locais de trabalho onde são executadas atividades que exijam solicitação intelectual e atenção constantes, tais como: salas de controle, laboratórios, escritórios, salas de desenvolvimento ou análise de projetos, dentre outros, são recomendadas as seguintes condições de conforto:

a) níveis de ruído de acordo com o estabelecido na NBR 10152, norma brasileira registrada no INMETRO;

b) índice de temperatura efetiva entre 20oC (vinte) e 23oC (vinte e três graus centígrados);

c) velocidade do ar não superior a 0,75m/s;

d) umidade relativa do ar não inferior a 40 (quarenta) por cento.

17.5.2.1. Para as atividades que possuam as características definidas no subitem 17.5.2, mas não apresentam equivalência ou correlação com aquelas relacionadas na NBR 10152, o nível de ruído aceitável para efeito de conforto será de até 65 dB (A) e a curva de avaliação de ruído (NC) de valor não superior a 60 dB.

17.5.2.2. Os parâmetros previstos no subitem 17.5.2 devem ser medidos nos postos de trabalho, sendo os níveis de ruído determinados próximos à zona auditiva e as demais variáveis na altura do tórax do trabalhador.

17.5.3. Em todos os locais de trabalho deve haver iluminação adequada, natural ou artificial, geral ou suplementar, apropriada à natureza da atividade.

17.5.3.1. A iluminação geral deve ser uniformemente distribuída e difusa.

17.5.3.2. A iluminação geral ou suplementar deve ser projetada e instalada de forma a evitar ofuscamento, reflexos incômodos, sombras e contrastes excessivos.

17.5.3.3. Os níveis mínimos de iluminamento a serem observados nos locais de trabalho são os valores de iluminâncias estabelecidos na NBR 5413, norma brasileira registrada no INMETRO.

17.5.3.4. A medição dos níveis de iluminamento previstos no subitem 17.5.3.3 deve ser feita no campo de trabalho onde se realiza a tarefa visual, utilizando-se de luxímetro com fotocélula corrigida para a sensibilidade do olho humano e em função do ângulo de incidência.

17.5.3.5. Quando não puder ser definido o campo de trabalho previsto no subitem 17.5.3.4, este será um plano horizontal a 0,75m (setenta e cinco centímetros) do piso.

ANEXO I

TRABALHO DOS OPERADORES DE CHECKOUT

2.3. Em relação ao ambiente físico de trabalho e ao conjunto do posto de trabalho, deve-se:

a) manter as condições de iluminamento, ruído, conforto térmico, bem como a proteção contra outros fatores de risco químico e físico, de acordo com o previsto na NR-17 e outras normas regulamentadoras;

b) proteger os operadores de checkout contra correntes de ar, vento ou grandes variações climáticas, quando necessário;

c) utilizar superfícies opacas, que evitem reflexos incômodos no campo visual do trabalhador.

ANEXO II

TRABALHO EM TELEATENDIMENTO/TELEMARKETING

3. Equipamentos dos Postos de Trabalho

3.1.3. Os *head-sets* devem:

a) ....

b) ....

c) ....

d) permitir ajuste individual da intensidade do nível sonoro e ser providos de sistema de proteção contra choques acústicos e ruídos indesejáveis de alta intensidade, garantindo o entendimento das mensagens.

4. Condições Ambientais de Trabalho

4.1. Os locais de trabalho devem ser dotados de condições acústicas adequadas à comunicação telefônica, adotando-se medidas tais como o arranjo físico geral e dos postos de trabalho, pisos e paredes, isolamento acústico do ruído externo, tamanho, forma, revestimento e distribuição das divisórias entre os postos, com o fim de atender o disposto no item 17.5.2, alínea "a" da NR-17.

4.2.1. Devem ser implementados projetos adequados de climatização dos ambientes de trabalho que permitam distribuição homogênea das temperaturas e fluxos de ar utilizando, se necessário, controles locais e/ou setorizados da temperatura, velocidade e direção dos fluxos.

4.2.2. As empresas podem instalar higrômetros ou outros equipamentos que permitam ao trabalhador acompanhar a temperatura efetiva e a umidade do ar do ambiente de trabalho.

4.3. Para a prevenção da chamada "síndrome do edifício doente", devem ser atendidos:

a) o Regulamento Técnico do Ministério da Saúde sobre "Qualidade do Ar de Interiores em Ambientes Climatizados", com redação da Portaria MS n. 3.523, de 28 de agosto de 1998 ou outra que a venha substituir;

b) os Padrões Referenciais de Qualidade do Ar Interior em ambientes climatizados artificialmente de uso público e coletivo, com redação dada pela Resolução RE n. 9, de 16 de janeiro de 2003, da ANVISA — Agência Nacional de Vigilância Sanitária, ou outra que a venha substituir, à exceção dos parâmetros físicos de temperatura e umidade definidos no item 4.2 deste Anexo;

c) o disposto no item 9.3.5.1 da Norma Regulamentadora n. 9 (NR 9).

8.2.1. No sentido de promover a saúde vocal dos trabalhadores, os empregadores devem implementar, entre outras medidas:

a) modelos de diálogos que favoreçam micropausas e evitem carga vocal intensiva do operador;

b) redução do ruído de fundo.

NORMA REGULAMENTADORA — NR-18
CONDIÇÕES E MEIO AMBIENTE DE TRABALHO
NA INDÚSTRIA DA CONSTRUÇÃO

18.3. Programa de Condições e Meio Ambiente de Trabalho na Indústria da Construção — PCMAT.

18.3.1. São obrigatórios a elaboração e o cumprimento do PCMAT nos estabelecimentos com 20 (vinte) trabalhadores ou mais, contemplando os aspectos desta NR e outros dispositivos complementares de segurança.

18.3.1.1. O PCMAT deve contemplar as exigências contidas na NR 9 — Programa de Prevenção e Riscos Ambientais.

18.3.2. O PCMAT deve ser elaborado e executado por profissional legalmente habilitado na área de segurança do trabalho.

18.3.4. Documentos que integram o PCMAT:

a) memorial sobre condições e meio ambiente de trabalho nas atividades e operações, levando-se em consideração riscos de acidentes e de doenças do trabalho e suas respectivas medidas preventivas;

b) projeto de execução das proteções coletivas em conformidade com as etapas de execução da obra;

c) especificação técnica das proteções coletivas e individuais a serem utilizadas;

d) cronograma de implantação das medidas preventivas definidas no PCMAT;

e) *layout* inicial do canteiro de obras, contemplando, inclusive, previsão de dimensionamento das áreas de vivência;

f) programa educativo contemplando a temática de prevenção de acidentes e doenças do trabalho, com sua carga horária

NORMA REGULAMENTADORA — NR-22
SEGURANÇA E SAÚDE OCUPACIONAL NA MINERAÇÃO

22.3.7. Cabe à empresa ou Permissionário de Lavra Garimpeira elaborar e implementar o Programa de Gerenciamento de Riscos — PGR, contemplando os aspectos desta Norma, incluindo, no mínimo, os relacionados a:

a) riscos físicos, químicos e biológicos;

b) atmosferas explosivas;

c) deficiências de oxigênio;

d) ventilação;

e) proteção respiratória, de acordo com a Instrução Normativa n. 1, de 11.4.94, da Secretaria de Segurança e Saúde no Trabalho;

f) investigação e análise de acidentes do trabalho;

g) ergonomia e organização do trabalho;

h) riscos decorrentes do trabalho em altura, em profundidade e em espaços confinados;

i) riscos decorrentes da utilização de energia elétrica, máquinas, equipamentos, veículos e trabalhos manuais;

j) equipamentos de proteção individual de uso obrigatório, observando-se no mínimo o constante na Norma Regulamentadora n. 6;

l) estabilidade do maciço;

m) plano de emergência e

n) outros resultantes de modificações e introduções de novas tecnologias.

22.3.7.1. O Programa de Gerenciamento de Riscos — PGR deve incluir as seguintes etapas:

a) antecipação e identificação de fatores de risco, levando-se em conta, inclusive, as informações do Mapa de Risco elaborado pela CIPAMIN, quando houver;

b) avaliação dos fatores de risco e da exposição dos trabalhadores;

c) estabelecimento de prioridades, metas e cronograma;

d) acompanhamento das medidas de controle implementadas;

e) monitorização da exposição aos fatores de riscos;

f) registro e manutenção dos dados por, no mínimo, vinte anos e

g) avaliação periódica do programa.

22.3.7.1.2. O Programa de Gerenciamento de Riscos deve considerar os níveis de ação acima dos quais devem ser adotadas medidas preventivas, de forma a minimizar a probabilidade de ultrapassagem dos limites de exposição ocupacional, implementando-se princípios para o monitoramento periódico da exposição, informação dos trabalhadores e o controle médico, considerando as seguintes definições:

a) limites de exposição ocupacional são os valores de limites de tolerância previstos na Norma Regulamentadora n.15 ou, na ausência destes, valores que venham a ser estabelecidos em negociação coletiva, desde que mais rigorosos que aqueles;

b) níveis de ação para agentes químicos são os valores de concentração ambiental correspondentes à metade dos limites de exposição, conforme definidos na alínea "a" anterior e;

c) níveis de ação para ruído são os valores correspondentes a dose de zero vírgula cinco (dose superior a cinquenta por cento), conforme critério estabelecido na Norma Regulamentadora n.15, Anexo I, item 6.

22.3.7.1.3 Desobrigam-se da exigência do PPRA as empresas que implementarem o PGR.

22.17 Proteção contra Poeira Mineral

22.17.1. Nos locais onde haja geração de poeiras na superfície ou no subsolo, a empresa ou Permissionário de Lavra Garimpeira deverá realizar o monitoramento periódico da exposição dos trabalhadores, através de grupos homogêneos de exposição e das medidas de controle adotadas, com o registro dos dados observando-se, no mínimo, o Quadro I.

ANEXO I

QUADRO I

Número de trabalhadores a serem amostrados em função do número de trabalhadores do Grupo Homogêneo de Exposição, conforme disposto no item 22.17.1.

N(*)	n
8	7
9	8
10	9
11-12	10
13-14	11
15-17	12
18-20	13
21-24	14
25-29	15
30-37	16
38-49	17
50	18
ACIMA DE 50	22

Onde:
N = número de trabalhadores do Grupo Homogêneo de Exposição
n = número de trabalhadores a serem amostrados
(*) se N menor ou igual a 7, n = N

22.17.1.1. Grupo Homogêneo de Exposição corresponde a um grupo de trabalhadores, que experimentam exposição semelhante, de forma que o resultado fornecido pela avaliação da exposição de qualquer trabalhador do grupo seja representativo da exposição do restante dos trabalhadores do mesmo grupo.

22.17.2. Quando ultrapassados os limites de tolerância à exposição a poeiras minerais, devem ser adotadas medidas técnicas e administrativas que reduzam, eliminem ou neutralizem seus efeitos sobre a saúde dos trabalhadores e considerados os níveis de ação estabelecidos nesta Norma.

22.17.3. Em toda mina deve estar disponível água em condições de uso, com o propósito de controle da geração de poeiras nos postos de trabalho, onde rocha ou minério estiver sendo perfurado, cortado, detonado, carregado, descarregado ou transportado.

22.17.3.1. As operações de perfuração ou corte devem ser realizados por processos umidificados para evitar a dispersão da poeira no ambiente de trabalho.

22.17.3.2. Caso haja impedimento de umidificação, em função das características mineralógicas da rocha, impossibilidade técnica ou quando a água acarretar riscos adicionais, devem ser utilizados dispositivos ou técnicas de controle, que impeçam a dispersão da poeira no ambiente de trabalho.

22.17.4. Os equipamentos geradores de poeira com exposição dos trabalhadores devem utilizar dispositivos para sua eliminação ou redução e ser mantidos em condições operacionais de uso.

22.17.5. As superfícies de máquinas, instalações e pisos dos locais de trânsito de pessoas e equipamentos, devem ser periodicamente umidificados ou limpos, de forma a impedir a dispersão de poeira no ambiente de trabalho.

22.17.6. Os postos de trabalho, que sejam enclausurados ou isolados, devem possuir sistemas adequados, que permitam a manutenção das condições de conforto previstas na

Norma Regulamentadora n. 17, especialmente as constantes no subitem 17.5.2. da citada NR e que possibilitem trabalhar com o sistema hermeticamente fechado.

22.31. Equipamentos Radioativos

22.31.1. As minerações que utilizem fontes ou medidores radioativos em seus processos devem obedecer às Diretrizes Básicas e de Radioproteção da Comissão Nacional de Energia Nuclear — CNEN, especialmente nas NE ns. 3.01/83; 6.02/84; 3.02/88; 3.03/88 e alterações posteriores.

22.31.2. A empresa que utilizar fontes ou medidores radioativos deverá manter à disposição da fiscalização seu Plano de Radioproteção, os resultados de exposição dos trabalhadores e dos levantamentos radiométricos, além dos certificados de calibração dos aparelhos de medição.

22.31.3. Todas as fontes radioativas e áreas com possibilidade de expor os trabalhadores a taxas de doses acima das permitidas para indivíduos do público devem ser mantidas sinalizadas.

22.31.4. Os trabalhadores sujeitos à exposição a radiações ionizantes e os que transitem por áreas onde haja fontes radioativas devem ser informados sobre os equipamentos, seu funcionamento e seus riscos.

22.31.5. Os trabalhos envolvendo radiações ionizantes devem possuir orientação de um Supervisor de Radioproteção habilitado pela CNEN.

22.31.6. As fontes radioativas suplementares e as fora de uso devem estar armazenadas segundo as normas da CNEN.

NORMA REGULAMENTADORA — NR-25
RESÍDUOS INDUSTRIAIS

25.1. Resíduos gasosos.

25.1.1. Os resíduos gasosos deverão ser eliminados dos locais de trabalho através de métodos, equipamentos ou medidas adequadas, sendo proibido o lançamento ou a liberação nos ambientes de trabalho de qualsquer contaminantes gasosos sob a forma de matéria ou energia, direta ou indiretamente, de forma a serem ultrapassados os limites de tolerância estabelecidos pela Norma Regulamentadora — NR 15.

25.1.2. As medidas, métodos, equipamentos ou dispositivos de controle do lançamento ou liberação dos contaminantes gasosos deverão ser submetidos ao exame e à aprovação dos órgãos competentes do Ministério do Trabalho, que, a seu critério exclusivo, tomará e analisará amostras do ar dos locais de trabalho para fins de atendimento a estas Normas.

25.1.3. Os métodos e procedimentos de análise dos contaminantes gasosos estão fixados na Norma Regulamentadora — NR 15.

25.1.4. Na eventualidade de utilização de métodos de controle que retirem os contaminantes gasosos dos ambientes de trabalho e os lancem na atmosfera externa, ficam as emissões resultantes sujeitas às legislações competentes nos níveis federal, estadual e municipal.

25.2. Resíduos líquidos e sólidos.

25.2.3. Os resíduos sólidos e líquidos de alta toxicidade, periculosidade, os de alto risco biológico e os resíduos radioativos deverão ser dispostos com o conhecimento e a aquiescência e auxílio de entidades especializadas/públicas ou vinculadas e no campo de sua competência.

31.3.3. Cabe ao empregador rural ou equiparado:

a)..

b) realizar avaliações dos riscos para a segurança e saúde dos trabalhadores e, com base nos resultados, adotar medidas de prevenção e proteção para garantir que todas as atividades, lugares de trabalho, máquinas, equipamentos, ferramentas e processos produtivos sejam seguros e em conformidade com as normas de segurança e saúde;

c) promover melhorias nos ambientes e nas condições de trabalho, de forma a preservar o nível de segurança e saúde dos trabalhadores.

d) informar aos trabalhadores:

1. os riscos decorrentes do trabalho e as medidas de proteção implantadas, inclusive em relação a novas tecnologias adotadas pelo empregador;

2. os resultados dos exames médicos e complementares a que foram submetidos, quando realizados por serviço médico contratado pelo empregador;

3. os resultados das avaliações ambientais realizadas nos locais de trabalho.

k) permitir que representante dos trabalhadores, legalmente constituído, acompanhe a fiscalização dos preceitos legais e regulamentares sobre segurança e saúde no trabalho;

l) adotar medidas de avaliação e gestão dos riscos com a seguinte ordem de prioridade:

1. eliminação dos riscos;

2. controle de riscos na fonte;

3. redução do risco ao mínimo através da introdução de medidas técnicas ou organizacionais e de práticas seguras inclusive através de capacitação;

4. adoção de medidas de proteção pessoal, sem ônus para o trabalhador, de forma a complementar ou caso ainda persistam temporariamente fatores de risco.

31.8. Agrotóxicos, Adjuvantes e Produtos Afins

31.8.1. Para fins desta norma são considerados:

a) trabalhadores em exposição direta, os que manipulam os agrotóxicos e produtos afins, em qualquer uma das etapas de armazenamento, transporte, preparo, aplicação, descarte, e descontaminação de equipamentos e vestimentas;

b) trabalhadores em exposição indireta, os que não manipulam diretamente os agrotóxicos, adjuvantes e produtos afins, mas circulam e desempenham suas atividade de trabalho em áreas vizinhas aos locais onde se faz a manipulação dos agrotóxicos em qualquer uma das etapas de armazenamento, transporte, preparo, aplicação e descarte, e descontaminação de equipamentos e vestimentas, e ou ainda os que desempenham atividades de trabalho em áreas recém-tratadas.

31.8.2. É vedada a manipulação de quaisquer agrotóxicos, adjuvantes e produtos afins que não estejam registrados e autorizados pelos órgãos governamentais competentes.

31.8.3. É vedada a manipulação de quaisquer agrotóxicos, adjuvantes e produtos afins por menores de dezoito anos, maiores de sessenta anos e por gestantes.

31.8.3.1. O empregador rural ou equiparado afastará a gestante das atividades com exposição direta ou indireta a agrotóxicos imediatamente após ser informado da gestação.

31.8.4. É vedada a manipulação de quaisquer agrotóxico, adjuvantes e produtos afins, nos ambientes de trabalho, em desacordo com a receita e as indicações do rótulo e bula, previstos em legislação vigente.

31.8.5. É vedado o trabalho em áreas recém-tratadas, antes do término do intervalo de reentrada estabelecido nos rótulos dos produtos, salvo com o uso de equipamento de proteção recomendado.

31.8.6. É vedada a entrada e permanência de qualquer pessoa na área a ser tratada durante a pulverização aérea.

31.8.7. O empregador rural ou equiparado, deve fornecer instruções suficientes aos que manipulam agrotóxicos, adjuvantes e afins, e aos que desenvolvam qualquer atividade em áreas onde possa haver exposição direta ou indireta a esses produtos, garantindo os requisitos de segurança previstos nesta norma.

31.8.8. O empregador rural ou equiparado, deve proporcionar capacitação sobre prevenção de acidentes com agrotóxicos a todos os trabalhadores expostos diretamente.

31.8.8.1. A capacitação prevista nesta norma deve ser proporcionada aos trabalhadores em exposição direta mediante programa, com carga horária mínima de vinte horas, distribuídas em no máximo oito horas diárias, durante o expediente normal de trabalho, com o seguinte conteúdo mínimo:

a) conhecimento das formas de exposição direta e indireta aos agrotóxicos;

b) conhecimento de sinais e sintomas de intoxicação e medidas de primeiros socorros;

c) rotulagem e sinalização de segurança;

d) medidas higiênicas durante e após o trabalho;

e) uso de vestimentas e equipamentos de proteção pessoal;

f) limpeza e manutenção das roupas, vestimentas e equipamentos de proteção pessoal.

31.8.8.2. O programa de capacitação deve ser desenvolvido a partir de materiais escritos ou audiovisuais e apresentado em linguagem adequada aos trabalhadores e assegurada a atualização de conhecimentos para os trabalhadores já capacitados.

31.8.8.3. São considerados válidos os programas de capacitação desenvolvidos por órgãos e serviços oficiais de extensão rural, instituições de ensino de nível médio e superior em ciências agrárias e Serviço Nacional de Aprendizagem Rural — SENAR, entidades sindicais, associações de produtores rurais, cooperativas de produção agropecuária ou florestal e associações de profissionais, desde que obedecidos os critérios estabelecidos por esta norma, garantindo-se a livre escolha de quaisquer destes pelo empregador.

31.8.8.4. O empregador rural ou equiparado deve complementar ou realizar novo programa quando comprovada a insuficiência da capacitação proporcionada ao trabalhador.

31.8.9. O empregador rural ou equiparado, deve adotar, no mínimo, as seguintes medidas:

a) fornecer equipamentos de proteção individual e vestimentas adequadas aos riscos, que não propiciem desconforto térmico prejudicial ao trabalhador;

b) fornecer os equipamentos de proteção individual e vestimentas de trabalho em perfeitas condições de uso e devidamente higienizados, responsabilizando-se pela descontaminação dos mesmos ao final de cada jornada de trabalho, e substituindo-os sempre que necessário;

c) orientar quanto ao uso correto dos dispositivos de proteção;

d) disponibilizar um local adequado para a guarda da roupa de uso pessoal;

e) fornecer água, sabão e toalhas para higiene pessoal;

f) garantir que nenhum dispositivo de proteção ou vestimenta contaminada seja levado para fora do ambiente de trabalho;

g) garantir que nenhum dispositivo ou vestimenta de proteção seja reutilizado antes da devida descontaminação;

h) vedar o uso de roupas pessoais quando da aplicação de agrotóxicos.

31.8.10. O empregador rural ou equiparado deve disponibilizar a todos os trabalhadores informações sobre o uso de agrotóxicos no estabelecimento, abordando os seguintes aspectos:

a) área tratada: descrição das características gerais da área da localização, e do tipo de aplicação a ser feita, incluindo o equipamento a ser utilizado;

b) nome comercial do produto utilizado;

c) classificação toxicológica;

d) data e hora da aplicação;

e) intervalo de reentrada;

f) intervalo de segurança/período de carência;

g) medidas de proteção necessárias aos trabalhadores em exposição direta e indireta;

h) medidas a serem adotadas em caso de intoxicação.

31.8.10.1. O empregador rural ou equiparado deve sinalizar as áreas tratadas, informando o período de reentrada.

31.8.11. O trabalhador que apresentar sintomas de intoxicação deve ser imediatamente afastado das atividades e transportado para atendimento médico, juntamente com as informações contidas nos rótulos e bulas dos agrotóxicos aos quais tenha sido exposto.

31.8.12. Os equipamentos de aplicação dos agrotóxicos, adjuvantes e produtos afins, devem ser:

a) mantidos em perfeito estado de conservação e funcionamento;

b) inspecionados antes de cada aplicação;

c) utilizados para a finalidade indicada;

d) operados dentro dos limites, especificações e orientações técnicas.

31.8.13. A conservação, manutenção, limpeza e utilização dos equipamentos só poderão ser realizadas por pessoas previamente treinadas e protegidas.

31.8.13.1. A limpeza dos equipamentos será executada de forma a não contaminar poços, rios, córregos e quaisquer outras coleções de água.

31.8.14. Os produtos devem ser mantidos em suas embalagens originais, com seus rótulos e bulas.

31.8.15. É vedada a reutilização, para qualquer fim, das embalagens vazias de agrotóxicos, adjuvantes e produtos afins, cuja destinação final deve atender à legislação vigente.

31.8.16. É vedada a armazenagem de agrotóxicos, adjuvantes e produtos afins a céu aberto.

31.8.17. As edificações destinadas ao armazenamento de agrotóxicos, adjuvantes e produtos afins devem:

a) ter paredes e cobertura resistentes;

b) ter acesso restrito aos trabalhadores devidamente capacitados a manusear os referidos produtos;

c) possuir ventilação, comunicando-se exclusivamente com o exterior e dotada de proteção que não permita o acesso de animais;

d) ter afixadas placas ou cartazes com símbolos de perigo;

e) estar situadas a mais de trinta metros das habitações e locais onde são conservados ou consumidos alimentos, medicamentos ou outros materiais, e de fontes de água;

f) possibilitar limpeza e descontaminação.

31.8.18. O armazenamento deve obedecer às normas da legislação vigente, às especificações do fabricante constantes dos rótulos e bulas, e às seguintes recomendações básicas:

a) as embalagens devem ser colocadas sobre estrados, evitando contato com o piso, com as pilhas estáveis e afastadas das paredes e do teto;

b) os produtos inflamáveis serão mantidos em local ventilado, protegido contra centelhas e outras fontes de combustão.

31.8.19. Os agrotóxicos, adjuvantes e produtos afins devem ser transportados em recipientes rotulados, resistentes e hermeticamente fechados.

31.8.19.1. É vedado transportar agrotóxicos, adjuvantes e produtos afins, em um mesmo compartimento que contenha alimentos, rações, forragens, utensílios de uso pessoal e doméstico.

31.8.19.2. Os veículos utilizados para transporte de agrotóxicos, adjuvantes e produtos afins devem ser higienizados e descontaminados, sempre que forem destinados para outros fins.

31.8.19.3. É vedada a lavagem de veículos transportadores de agrotóxicos em coleções de água.

31.8.19.4. É vedado transportar simultaneamente trabalhadores e agrotóxicos, em veículos que não possuam compartimentos estanques projetados para tal fim.

31.9. Meio Ambiente e resíduos

31.9.1. Os resíduos provenientes dos processos produtivos devem ser eliminados dos locais de trabalho, segundo métodos e procedimentos adequados que não provoquem contaminação ambiental.

31.9.2. As emissões de resíduos para o meio ambiente devem estar de acordo com a legislação em vigor sobre a matéria.

31.9.3. Os resíduos sólidos ou líquidos de alta toxicidade, periculosidade, alto risco biológico e os resíduos radioativos deverão ser dispostos com o conhecimento e a orientação dos órgãos competentes e mantidos sob monitoramento.

31.9.4. Nos processos de compostagem de dejetos de origem animal, deve-se evitar que a fermentação excessiva provoque incêndios no local.

NORMA REGULAMENTADORA — NR-32
SEGURANÇA E SAÚDE NO TRABALHO EM
ESTABELECIMENTOS DE ASSISTÊNCIA À SAÚDE

32.4. Medidas de proteção

32.4.1. As medidas de proteção devem ser adotadas a partir do resultado da avaliação, previstas no PPRA.

32.4.2. Caso os resultados da avaliação demonstrem que a exposição, ou a possível exposição, refere-se somente aos agentes biológicos classificados no grupo 1, do anexo I, devem ser adotadas as medidas citadas nos itens 32.8.1, 32.8.3, 32.8.4 e 32.10.18.

32.4.3. Nos laboratórios, a avaliação de risco prevista no PPRA deve determinar a escolha do nível de biossegurança a ser adotado, conforme estabelecido na Resolução de Diretoria Colegiada n. 50, de 21 de fevereiro de 2002, da ANVISA, Ministério da Saúde.

32.4.4. Os equipamentos de proteção individual — EPI, descartáveis ou não, deverão ser armazenados em número suficiente nos locais de trabalho, de forma a garantir o imediato fornecimento ou reposição, sempre que necessário.

32.4.5. Em todos os locais de trabalho onde se utilizem materiais pérfuro-cortantes, deve ser mantido recipiente apropriado para o seu descarte, conforme o estabelecido na NBR 13853, norma brasileira registrada no INMETRO.

32.4.5.1. Os trabalhadores que utilizarem objetos pérfuro-cortantes devem ser os responsáveis pelo seu descarte.

32.4.6. O limite máximo de enchimento do recipiente deve estar localizado 5 cm abaixo do bocal.

32.4.6.1. O recipiente deve ser mantido o mais próximo possível da realização do procedimento.

32.4.6.2. O recipiente deve ser posicionado de forma que a abertura possa ser visualizada pelos trabalhadores.

32.4.7. É vedado o reencape de agulhas.

32.4.8. Deve ser mantida a rotulagem original dos produtos químicos utilizados nos estabelecimentos de assistência à saúde.

32.4.9. Todo recipiente contendo produto químico manipulado ou fracionado deve ser identificado, de forma legível, por etiqueta com o nome do produto, composição química, sua concentração, data de envase e de validade.

32.4.10. É vedado o procedimento de reutilização das embalagens de produtos químicos.

32.4.11. Todo produto químico utilizado em estabelecimentos de assistência à saúde deve ter uma ficha toxicológica e constar do PPRA, previsto na NR-09.

32.4.11.1. A ficha toxicológica conterá, no mínimo: a) as características do produto: usos, propriedades físicas e químicas, formas de estocagem, métodos de avaliação qualitativa e quantitativa do ar; b) os riscos: toxicologia, incêndio e/ou explosão; e c) as medidas de proteção: coletiva, individual e controle médico da saúde dos trabalhadores.

32.4.11.2. Uma cópia da ficha deve ser mantida no local onde o produto é utilizado.

32.4.12. O empregador deve destinar local apropriado para a manipulação ou fracionamento de produtos químicos.

32.4.12.1. É vedada a realização de procedimentos de manipulação ou fracionamento de produtos químicos em qualquer local que não o apropriado para este fim.

32.4.12.2. Excetua-se a preparação de associação de medicamentos para administração imediata aos pacientes.

32.4.12.3. O local deve dispor, no mínimo, de:

a) sinalização gráfica de fácil visualização para identificação do ambiente conforme NR-26;

b) equipamentos que garantam a concentração dos produtos químicos no ar, abaixo dos limites de tolerância estabelecidos na NR-15, observando-se o nível de ação previsto na NR-9;

c) equipamentos que garantam a exaustão do produto químico o mais próximo possível da fonte emissora, de forma a não potencializar a exposição de qualquer trabalhador, envolvido ou não no processo de trabalho, não devendo ser utilizado o equipamento tipo coifa;

d) chuveiro e lava-olhos; e

e) equipamentos de proteção individual à disposição dos trabalhadores.

32.4.17.7. Nos locais onde são utilizados gases ou vapores anestésicos, de forma a manter a concentração ambiental dos agentes abaixo dos limites de tolerância prevista na legislação vigente, devem ser instalados:

a) sistema de exaustão o mais próximo possível da fonte emissora; e

b) sistema de ventilação.

32.4.18. sem prejuízo do cumprimento do disposto na legislação vigente, os Equipamentos de Proteção Individual — EPI devem atender as seguintes exigências:

a) garantir a proteção da pele, mucosas, via respiratória e digestiva do trabalhador;

b) ser avaliados diariamente quanto ao estado de conservação e segurança; e

c) estar armazenados em locais de fácil acesso e em quantidade suficiente para imediata substituição, segundo as exigências do procedimento ou em caso de contaminação ou dano.

32.4.20. Gestão em segurança no trabalho

32.4.20.1. Nas atividades suscetíveis de apresentarem risco de exposição aos agentes biológicos, visando identificar riscos potenciais e introduzir medidas de proteção para sua redução ou eliminação, o PPRA, previsto na NR-9, deve-se atender o disposto nos subitens seguintes:

32.4.20.1.1. Na fase de reconhecimento, conter, no mínimo, os seguintes tópicos:

I. Identificação teórica dos agentes biológicos mais prováveis, considerando:

a) as fontes de exposição;

b) os reservatórios;

c) as vias de transmissão;

d) as vias de entrada;

e) a quantidade, volume ou concentração do agente no material manipulado;

f) a resistência do agente biológico;

g) a possibilidade da presença de cepas multirresistentes;

h) a possibilidade de desinfecção; e

i) os estudos epidemiológicos e outras informações científicas.

II. Avaliação do local de trabalho e do trabalhador exposto, considerando:

a) a descrição do local de trabalho;

b) os fatores relativos à organização e aos procedimentos de trabalho;

c) a possibilidade de disseminação do material infectado;

d) a identificação das funções e dos trabalhadores expostos;

e) a identificação nominal dos trabalhadores expostos aos agentes classificados nos grupos 3 e 4 do anexo I desta NR;

f) a frequência de exposição;

g) o nível de conhecimento do risco pelo trabalhador, segundo sua formação inicial e as informações recebidas;

h) a possibilidade da adoção de medidas preventivas, assim como o acompanhamento de sua aplicação; e

i) a possibilidade de avaliação dos níveis de exposição quando possível a identificação ou quantificação do agente biológico no local de trabalho.

III. A avaliação deve ser efetuada pelo menos 01 (uma) vez ao ano e:

a) sempre que se produza uma mudança nas condições de trabalho, que possa alterar a exposição dos trabalhadores; e

b) quando for detectado trabalhador vítima de infecção ou doença com suspeita de nexo causal com a exposição aos agentes biológicos.

32.4.20.2. Para as atividades que impliquem uma exposição aos agentes biológicos pertencentes aos vários grupos, ou quando ainda não foi possível identificar os riscos, estes devem ser avaliados com base no perigo representado por todos os agentes biológicos identificados ou prováveis.

32.4.20.3. Os documentos que compõem o PPRA deverão estar sempre disponíveis aos trabalhadores interessados ou aos seus representantes.

32.4.20.4. A descrição detalhada dos riscos inerentes às atividades de estocagem, manuseio, preparo, transporte, administração e descarte das drogas de risco deverá constar, especificamente, do PPRA.

32.4.22. Gestão em saúde no trabalho

32.4.22.1. O PCMSO, além do previsto na NR 7, deve contemplar, ainda:

a) avaliação dos riscos biológicos;

b) localização das áreas de risco elevado segundo os parâmetros do Anexo I;

c) identificação nominal dos trabalhadores expostos aos agentes biológicos classificados nos grupos 3 e 4, do anexo I, desta NR;

d) vigilância médica dos trabalhadores expostos; e

e) programa de vacinação.

32.4.22.2. Em caso de risco de exposição acidental aos agentes biológicos deve constar do PCMSO, no mínimo:

a) procedimentos a serem adotados para prevenir a soroconversão, o desenvolvimento de doenças ou, se for o caso, o diagnóstico precoce das mesmas;

b) medidas para descontaminação do local de trabalho;

c) tratamento médico de emergência para os trabalhadores expostos e lesionados;

d) identificação de recursos humanos e suas respectivas responsabilidades;

e) relação dos estabelecimentos de saúde que podem prestar assistência aos trabalhadores acidentados;

f) formas de transporte dos acidentados; e

g) relação dos estabelecimentos de assistência à saúde depositários de soros imune, vacinas, medicamentos necessários, material e insumos especiais.

32.4.22.3. O PCMSO deve estar à disposição dos trabalhadores, bem como da inspeção do trabalho.

32.4.22.4. No caso da ocorrência de acidentes de trabalho envolvendo a exposição aos agentes biológicos, com ou sem afastamento do trabalhador, deve ser emitida a Comunicação de Acidente de Trabalho — CAT.

32.4.22.5. O empregador deve: a) garantir a desinfecção adequada dos instrumentos de trabalho de utilização coletiva; e b) providenciar recipientes e meios de transporte adequados para materiais infecto contagiosos, fluídos e tecidos orgânicos.

32.4.22.6. Sempre que houver vacinas eficazes contra os agentes biológicos a que os trabalhadores estão, ou poderão estar, expostos, o empregador deve disponibilizá-las gratuitamente aos trabalhadores não imunizados.

32.4.22.7. O empregador deve fazer o controle da eficácia da vacinação e providenciar, se necessário, seu reforço.

32.4.22.8. O empregador deve assegurar que os trabalhadores sejam informados das vantagens e efeitos colaterais, assim como, dos riscos a que estará exposto por falta ou recusa de vacinação.

32.4.22.9. A vacinação deve obedecer às recomendações do Ministério da Saúde.

32.4.22.10. A vacinação deve ser registrada no prontuário clínico individual do trabalhador.

32.4.22.11. Na elaboração e implementação do PCMSO, devem ser consideradas as informações contidas nas fichas toxicológicas dos produtos químicos a que estão expostos os trabalhadores.

32.6. Radiação ionizante

32.6.1. O atendimento das exigências desta NR, com relação a radiação ionizante, não desobriga o empregador de observar as disposições estabelecidas pelas normas da Comissão Nacional de Energia Nuclear — CNEN.

32.6.2. Nenhum trabalhador deve ser exposto à radiação ionizante sem que: a) seja neces sário; b) tenha conhecimento dos riscos radiológicos associados ao seu trabalho; c) esteja adequadamente treinado para o desempenho seguro de suas funções; e d) esteja usando os EPI necessários à prevenção dos riscos a que estará exposto.

32.6.3. Toda trabalhadora gestante deve ser afastada das áreas controladas.

32.6.4. Cabe ao empregador:

a) manter um supervisor de radioproteção, com certificado de qualificação em conformidade com a norma específica da CNEN;

b) promover treinamento específico para os trabalhadores da instalação radiativa, que garanta o exercício das atividades em condições seguras;

c) proceder novo treinamento sempre que ocorrerem alterações das condições de trabalho;

d) anotar no registro individual do trabalhador os treinamentos ministrados;

e) fornecer ao trabalhador, por escrito e mediante recibo, as instruções relativas aos riscos da exposição e aos regulamentos de radioproteção adotados na instalação radiativa; e

f) dar ciência dos resultados das doses referentes às exposições de rotina, acidentais e de emergências, por escrito e mediante recibo, a cada trabalhador e ao médico coordenador do PCMSO ou médico encarregado dos exames médicos previstos na NR-7.

32.6.5. É obrigatório elaborar um Plano de Radioproteção para toda instalação radioativa contendo, no mínimo, as seguintes informações:

a) identificação da instalação e da sua equipe de direção;

b) função, classificação e descrição das áreas da instalação;

c) descrição da equipe, instalações e equipamentos de radioproteção;

d) descrição das fontes de radiação e dos correspondentes sistemas de controle e segurança, com detalhamento das atividades envolvendo sua aplicação e demonstração da otimização da radioproteção;

e) função e qualificação dos trabalhadores da instalação;

f) descrição dos programas e procedimentos relativos à monitoração individual, de área e do meio ambiente;

g) descrição do sistema de gerência de rejeitos radioativos, estando a sua eliminação sujeita aos limites autorizados ou estabelecidos em norma específica da CNEN;

h) estimativa de taxas de dose para cada tipo de radiação em condições de exposição de rotina;

i) descrição do serviço e controle médico dos trabalhadores, incluindo planejamento médico em caso de acidentes;

j) programa de treinamento dos trabalhadores;

k) descrição dos tipos de acidentes admissíveis, incluindo o sistema de detecção dos mesmos, destacando o acidente mais provável e o de maior porte, com detalhamento da árvore de falhas, quando houver e suas probabilidades;

l) planejamento de procedimentos a serem adotados em situações de emergência até o completo restabelecimento da situação normal; e

m) instruções gerais a serem fornecidas por escrito aos trabalhadores, de forma a garantir a execução dos respectivos trabalhos em segurança.

32.6.5.1. O Plano de Radioproteção deve ter o ciente expresso do empregador e do Supervisor de Radioproteção, e estar arquivado no local de trabalho e à disposição da inspeção do trabalho.

32.6.6. Cada trabalhador da instalação radiativa deve ter um registro individual atualizado, o qual deve ser conservado, no mínimo, por 30 (trinta) anos após o término de sua ocupação, contendo as seguintes informações:

a) identificação, endereço e nível de instrução;

b) datas de admissão e de saída do emprego;

c) funções associadas às fontes de radiação com as respectivas áreas de trabalho, os riscos radiológicos a que esteve exposto, horários e períodos de ocupação;

d) dosímetros individuais empregados;

e) doses recebidas nos períodos de monitoração, doses anuais e doses integradas no período de ocupação na instalação;

f) treinamentos necessários e treinamentos realizados;

g) estimativas de incorporações;

h) relatórios sobre exposições de emergências e de acidentes;

i) históricos radiológicos anteriores; e

j) nome e endereço do chefe imediato atual.

32.6.6.1. O registro individual dos trabalhadores deve ser mantido no local de trabalho e estar à disposição da inspeção do trabalho.

32.6.7. O prontuário clínico individual, previsto pela NR-7 deve ser mantido atualizado e ser conservado por toda a vida do trabalhador e, no mínimo, por 30 (trinta) anos após o término de sua ocupação.

32.6.8. O Serviço de Radioproteção deve ser o único órgão ou serviço autorizado pela direção da instalação radiativa para a execução das atividades de radioproteção especificadas nesta NR.

32.6.9. O Serviço de Radioproteção deve possuir instalações para:

a) acomodação do pessoal;

b) higiene pessoal;

c) troca e guarda de vestimentas;

d) descontaminação externa de pessoas;

e) aferição, ajuste, guarda e descontaminação de equipamentos; e

f) elaboração e arquivamento de documentos e registros;

32.6.10. O Serviço de Radioproteção deve possuir, no mínimo, os seguintes equipamentos para:

a) monitoração individual dos trabalhadores, de área e ambiental;

b) ensaio de instrumentos;

c) proteção individual;

d) descontaminação externa de pessoas e superfícies; e

e) pronta comunicação entre pessoas da instalação e de instituições externas relevantes para o caso de notificação e tomada de decisão em emergências.

32.6.11. O acompanhamento de trabalhadores das áreas controladas deve ser executado através de monitoração individual, avaliação das doses e supervisão médica.

32.6.12. O médico coordenador do PCMSO ou o encarregado pelos exames médicos previstos na NR-7 deve possuir experiência e conhecimento relativo aos efeitos e à terapêutica, associados aos acidentes com radiações ionizantes.

32.6.13. Cabe ao empregador disponibilizar e tornar obrigatório o uso de dosímetros individuais por qualquer pessoa durante a sua permanência em áreas controladas.

32.6.14. A monitoração individual deve atender, no mínimo, aos seguintes requisitos:

a) utilizar tantos dosímetros quantos forem necessários para a avaliação de doses de regiões do corpo em separado quando existir o risco de exposição não homogênea do corpo humano;

b) adotar as providências para a imediata avaliação dos dosímetros individuais dos trabalhadores envolvidos em exposições de emergência ou acidentes, ou suspeita da ocorrência dos mesmos;

c) estabelecer um programa de controle de qualidade dos dosímetros individuais mediante inspeções, aferições e ajustes; e

d) providenciar a calibração e, quando necessário, a avaliação dos dosímetros individuais em instituições autorizadas pela CNEN.

32.6.15. As áreas restritas da instalação radiativa devem ser providas de meios adequados para o controle de seu acesso, sendo este permitido somente a pessoas devidamente autorizadas pela direção da instalação radiativa e sob controle do Serviço de Radioproteção.

32.6.16. As áreas restritas da instalação radiativa devem estar devidamente sinalizadas, em conformidade com as normas específicas da CNEN, em especial quanto aos seguintes aspectos:

a) utilização do símbolo internacional de presença de radiação na entrada e saída das áreas restritas e nos locais onde existem fontes de radiação;

b) identificação e classificação das áreas, perfeitamente visíveis na entrada e saída das mesmas;

c) identificação das fontes de radiação e dos rejeitos, nas suas embalagens, recipientes ou blindagens;

d) visualização do valor de taxas de dose e datas de medição em pontos de referência significativos, próximos às fontes de radiação, nos locais de permanência e trânsito dos trabalhadores;

e) identificação de vias de circulação, entrada e saída para condições normais de trabalho e para situações de emergência;

f) localização de equipamentos de segurança e instrumentos de medição para radioproteção;

g) aviso sobre a presença e identificação de contaminação e de altos níveis de radiação, com datas de medição;

h) visualização dos procedimentos a serem obedecidos em situações de acidentes ou de emergência; e

i) presença e identificação de sistemas de alarmes sonoros e visuais para situações de acidentes ou de emergência, ou para condições de trabalho envolvendo altos níveis de exposição.

32.6.17. Deve ser estabelecido e executado um programa de monitoração contínua para todas as áreas restritas da instalação radiativa, tanto para condições normais de trabalho como para situações de emergência.

32.6.18. Do Serviço de Medicina Nuclear

32.6.18.1. As áreas restritas de Serviço de Medicina Nuclear devem ter pisos e paredes impermeáveis que permitam sua descontaminação.

32.6.18.2. O laboratório de manipulação e armazenamento de fontes radioativas em uso, deve ser construído com material impermeável que possibilite sua descontaminação, constituído de pisos e paredes com cantos arredondados e provido de:

a) bancadas lisas, de fácil descontaminação, recobertas com plástico e papel absorvente;

b) cuba com, no mínimo, 40 cm de profundidade; e

c) torneiras sem controle manual.

32.6.18.3. Nos casos de fontes voláteis, como por exemplo, o Iodo-131, ou de serviços que realizem estudos de ventilação pulmonar, é obrigatória a instalação de sistema de exaustão.

32.6.18.4. Nos locais onde são manipulados e armazenados materiais radioativos ou rejeito, deve ser vedado:

a) comer, beber, fumar ou aplicar cosméticos; e

b) armazenar alimentos, bebidas e bens pessoais.

32.6.18.5. Os trabalhadores envolvidos na manipulação de materiais radioativos e marcação de fármacos devem usar luvas descartáveis, avental de chumbo e guarda-pó.

32.6.18.6. Ao término da jornada de trabalho, deve ser realizada a monitoração das superfícies, utilizando-se monitor de contaminação.

32.6.18.6.1. O mesmo procedimento deve ser feito nas luvas e nas mãos dos trabalhadores responsáveis pela manipulação de radiofármacos.

32.6.18.7. O local para armazenamento de rejeitos radiativos deve:

a) ser localizado em área de acesso controlado;

b) ser sinalizado;

c) possuir blindagem adequada; e

d) ser constituído de compartimentos, que possibilitem a segregação dos rejeitos por grupo de radionuclídeos, com meia-vida física próxima e por estado físico.

32.6.18.8. O quarto destinado à internação de paciente para administração de radiofármacos deve possuir:

a) paredes e pisos com cantos arredondados, revestidos de materiais impermeáveis, que permitam sua descontaminação;

b) sanitário privativo;

c) biombo blindado junto ao leito;

d) sinalização; e

e) acesso controlado.

32.6.18.9. O Plano de Radioproteção do Serviço de Medicina Nuclear deve atender ao disposto no item 32.6.5 e abordar ainda os seguintes tópicos:

a) organização e gerenciamento relacionados com a segurança radiológica, devendo ser estabelecidas as obrigações do responsável pela radioproteção e pelo manuseio do material radioativo;

b) os critérios de seleção de pessoal e os programas de treinamento específicos e de reciclagem;

c) controle radiológico ocupacional, devendo ser estabelecidos:

I. os controles relacionados com as fontes de radiação tais como: controle de acesso e sinalização específica, dispositivos de segurança, dispositivos e controles administrativos;

II. os níveis de referência;

III. os programas de monitoração dos locais de trabalho, individual e avaliação dos dados; e

IV. os procedimentos para atuação em emergência contendo a identificação das situações potenciais de acidentes e a avaliação das mesmas.

32.6.19. Dos Serviços de Radioterapia

32.6.19.1. A remoção e a colocação de fontes seladas em cabeçotes de equipamentos de teleterapia devem ser realizadas por empresas autorizadas pela CNEN e na presença de um representante da mesma.

32.6.19.2. O Plano de Radioproteção do Serviço de Radioterapia deve, além de atender ao disposto no item 32.6.5, conter as informações sobre:

a) os procedimentos de radioproteção utilizados durante as sessões de radioterapia, incluindo a monitoração da área com paciente internado, nos casos de braquiterapia;

b) o inventário das fontes de braquiterapia existentes; e

c) os procedimentos empregados para o transporte interno e externo de material radioativo, incluindo os adquiridos.

32.6.19.3. Os Serviços de Radioterapia devem adotar, no mínimo, os seguintes dispositivos de segurança:

a) salas de tratamento possuindo portas com intertravamento que previnam o acesso indevido de pessoas durante tratamentos, interrompendo a irradiação quando forem abertas e somente possibilitando reinício do tratamento a partir da sala de controle;

b) dispositivos luminosos indicadores de radiação, na sala de controle e dentro da sala de tratamento, em posição visível de modo a possibilitar a verificação da operação de equipamentos;

c) implementação de medidas especiais de segurança no sentido de prevenir a remoção acidental ou não autorizada de fontes, a ocorrência de incêndios e inundações; e

d) identificação de fontes de radiação, facilmente visível, nas blindagens, recipientes e cápsulas.

32.6.19.4. O preparo de fontes seladas somente pode ser realizado em recinto fechado, especialmente preparado para tal, com ventilação adequada, observando-se ainda, as seguintes medidas de prevenção:

a) somente permitir a presença de pessoas diretamente envolvidas com a atividade de preparo de fontes seladas; e

b) proibição de fumar, beber, comer e praticar qualquer atividade de higiene ou cuidado pessoal não relacionada com a preparação das fontes seladas.

32.6.19.5. Somente pessoas especificamente autorizadas pela direção do Serviço de Radioterapia serão responsáveis pelo armazenamento, uso, envio e recebimento de fontes seladas.

32.6.19.6. É expressamente proibido o manuseio de fontes seladas diretamente com os dedos.

32.6.19.7. O deslocamento de fontes seladas deve ser realizado de modo a expor o menor número possível de pessoas, em conformidade com o princípio da otimização.

32.6.19.8. Quando utilizados para o transporte de fontes seladas, os recipientes devem estar sinalizados com o símbolo de presença de radiação e marcados com atividade máxima permitida para o tipo de radionuclídeo a ser deslocado.

32.6.19.9. As vestimentas de pacientes e as roupas de cama devem ser monitoradas, após o término do tratamento, para constatação de ausência de fontes seladas.

32.6.19.10. Os operadores de fontes seladas para braquiterapia devem possuir treinamento para manipulação apropriada, mediante simuladores de fontes.

32.6.19.11. Os ambulatórios e camas destinados a pacientes em tratamento com fontes seladas devem ser segregados em alas ou salas.

32.6.19.11.1. As alas ou salas devem contar sempre com a equipe de saúde treinada em princípios de radioproteção.

32.10. Das disposições gerais

32.10.1. Nos estabelecimentos de assistência à saúde, devem ser atendidas:

a) condições de conforto relativas aos níveis de ruído de acordo com o estabelecido na NBR 10152, norma brasileira registrada no INMETRO; e

b) iluminação adequada, conforme o estabelecido na Norma Regulamentadora 17 — Ergonomia.

ANEXO I

Classificação dos agentes biológicos em grupos

a) Grupo 1: os que apresentam baixa probabilidade de causar doenças ao homem;

b) Grupo 2: os que podem causar doenças ao homem e constituir perigo aos trabalhadores, sendo diminuta a probabilidade de se propagar na coletividade e para as quais existem, geralmente, meios eficazes de profilaxia ou tratamento;

c) Grupo 3: os que podem causar doenças graves ao homem e constituir um sério perigo aos trabalhadores, com risco de se propagarem na coletividade e existindo, geralmente, profilaxia e tratamento eficaz;

d) Grupo 4: os que causam doenças graves ao homem e que constituem um sério perigo aos trabalhadores, com elevadas possibilidades de propagação na coletividade e para as quais não existem geralmente meios eficazes de profilaxia ou de tratamento.

32.2.2.1. A relação dos agentes biológicos classificados nos grupos 2, 3 e 4 encontra-se no anexo II desta NR.

32.2.2.2. Cada agente biológico deve ser necessariamente incluído em um grupo.

32.2.2.3. O agente biológico que não puder ser rigorosamente classificado num dos grupos definidos anteriormente deve ser enquadrado no grupo mais elevado no qual possa ser incluído.

ANEXO II

Relação de classificação dos Agentes Biológicos

1. Este anexo apresenta uma lista de agentes biológicos, classificados nos grupos 2, 3 e 4, de acordo com os critérios citado no item 32.2.2 desta NR. Para algumas informações adicionais, utilizamos os seguintes símbolos.

A: possíveis efeitos alérgicos

T: produção de toxinas

V: vacina eficaz disponível

(*): normalmente, não infeccioso através do ar

"**spp**": outras espécies do gênero, além das explicitamente indicadas, podendo constituir um risco para a saúde.

Na classificação por gênero e espécie podem ocorrer três situações

a) aparece na lista um gênero com mais de uma espécie junto com a referência geral "spp". Neste caso estão indicadas as espécies prevalentes conhecidas como patogênicas para o homem, junto com a referência geral "spp" de que outras espécies também podem apresentar risco. Por exemplo: Campylobacter fetus, Campylobacter jejuni, Campylobacter spp.

b) aparece na classificação somente o gênero, por exemplo: Prevotella spp indica que somente deverão ser consideradas as espécies patogênicas para o homem e que as cepas e espécies não patogênicas estão excluídas.

c) uma única espécie aparece na lista, por exemplo: Rochalimaea quintana indica especificamente que este agente é patógeno.

2. Na classificação dos agentes considerou-se os possíveis efeitos para os trabalhadores sadios. Não foram considerados os efeitos particulares para os trabalhadores cuja sensibilidade possa estar afetada, como nos casos de patologia prévia, medicação, transtornos imunológicos, gravidez ou lactação.

3. Para a classificação correta dos agentes utilizando-se esta lista, deve-se considerar que:

a) a não inclusão na lista de um determinado agente não significa que o mesmo seja classificado no grupo 1. Se o agente biológico ao qual o trabalhador está exposto é conhecido, porém não se encontra na lista, deve-se estudar suas características, de acordo com o item 32.2.2 desta NR, e classificá-lo como grupo 1, apenas quando não tenha características infecciosas para o homem. Antes de definir que um agente pertence ao grupo 1 por não constar da lista, deve-se verificar se não consta um sinônimo do mesmo.

b) os organismos geneticamente modificados não estão incluídos na lista.

c) no caso dos agentes em que estão indicados apenas o gênero, deve-se considerar excluídas as espécies e cepas não patogênicas para o homem.

d) todos os vírus isolados em seres humanos, porém não incluídos na lista, devem ser classificados como grupo 2, salvo quando exista recomendação contrária.

AGENTES BIOLÓGICOS	**Classificação (grupos)**	**Notas**
Bactérias		
Acinetobacter baumannii (anteriormente *Acinetobacter calcoaceticus*)	2	
Actinobacillus spp	2	
Actinomadura madurae	2	
Actinomadura pelletieri	2	
Actinomyces gerencseriae	2	
Actinomyces israelii	2	
Actinomyces pyogenes (anteriormente *Corynebacterium pyogenes*)	2	
Actinomyces spp	2	
Aeromonas hydrophyla	2	
Amycolata autotrophica	2	
Archanobacterium haemolyticum (*Corynebacterium haemolyticum*)	2	
Bacillus anthracis	3	
Bacteroides fragilis	2	
Bartonella (Rochalimea) spp	2	
Bartonella bacilliformis	2	
Bartonella henselae	2	
Bartonella quintana	2	

AGENTES BIOLÓGICOS	Classificação (grupos)	Notas
Bartonella vinsonii	2	
Bordetella bronchiseptica	2	
Bordetella parapertussis	2	
Bordetella pertussis	2	V
Borrelia anserina	2	
Borrelia burgdorferi	2	
Borrelia duttonii	2	
Borrelia persicus	2	
Borrelia recurrentis	2	
Borrelia spp	2	
Borrelia theileri	2	
Borrelia vincenti	2	
Brucella abortus	3	
Brucella canis	3	
Brucella melitensis	3	
Brucella suis	3	
Burkholderia mallei (Pseudomonas mallei)	3	
Burkholderia pseudomallei (Pseudomonas pseudomallei)	3	
Campylobacter coli	2	
Campylobacter fetus	2	
Campylobacter jejuni	2	
Campylobacter septicum	2	
Campylobacter spp	2	
Cardiobacterium hominis	2	
Chlamydia pneumoniae	2	
Chlamydia trachomatis	2	
Chlamydia psittaci (cepas aviárias)	3	
Clostridium botulinum	3	T
Clostridium chauvoei	2	
Clostridium haemolyticum	2	
Clostridium histolyticum	2	
Clostridium novyi	2	
Clostridium perfringens	2	
Clostridium septicum	2	
Clostridium spp	2	
Clostridium tetani	2	T, V
Corynebacterium diphtheriae	2	T, V
Corynebacterium equi	2	
Corynebacterium haemolyticum	2	
Corynebacterium minutissimum	2	
Corynebacterium pseudotuberculosis.	2	
Corynebacterium pyogenes	2	
Corynebacterium renale	2	
Corynebacterium spp	2	
Coxiella burnetii	3	
Dermatophilus congolensis	2	

AGENTES BIOLÓGICOS	Classificação (grupos)	Notas
Edwardsiella tarda	2	
Ehrlichia sennetsu (*Rickettsia sennetsu*)	2	
Ehrlichia spp	2	
Eikenella corrodens	2	
Enterobacter aerogenes/cloacae	2	
Enterococcus spp	2	
Erysipelothrix rhusiopathiae	2	
Escherichia coli (todas as cepas enteropatogênicas, enterotoxigênicas, enteroinvasivas e detentoras do antígeno K 1)	2	
Escherichia coli, cepas verocitotóxicas (por exemplo, O157:H7 ou O103)	3	(*), T
Francisella tularensis (tipo A)	3	
Haemophilus ducreyi	2	
Haemophilus equigenitalis	3	
Haemophilus influenzae	2	
Helicobacter pylori	2	
Klebsiella oxytoca	2	
Klebsiella pneumoniae	2	
Klebsiella spp	2	
Legionella pneumophila	2	
Legionella spp	2	
Leptospira interrogans (todos os sorotipos)	2	
Listeria monocytogenes	2	
Listeria ivanovii	2	
Moraxella spp	2	
Mycobacterium asiaticum	2	
Mycobacterium avium/intracellulare	2	
Mycobacterium bovis (exceto a cepa BCG)	3	V
Mycobacterium chelonae	2	
Mycobacterium fortuitum	2	
Mycobacterium kansasii	2	
Mycobacterium leprae	2	
Mycobacterium malmoense	2	
Mycobacterium marinum	2	
Mycobacterium paratuberculosis	2	
Mycobacterium scrofulaceum	2	
Mycobacterium simiae	2	
Mycobacterium szulgai	2	
Mycobacterium tuberculosis	3	V
Mycobacterium xenopi	2	
Mycoplasma caviae	2	
Mycoplasma hominis	2	
Mycoplasma pneumoniae	2	
Neisseria gonorrhoeae	2	
Neisseria meningitidis	2	V
Nocardia asteroides	2	
Nocardia brasiliensis	2	
Nocardia farcinica	2	

AGENTES BIOLÓGICOS	Classificação (grupos)	Notas
Nocardia nova	2	
Nocardia otitidiscaviarum	2	
Nocardia transvalensis	2	
Pasteurella multocida	2	
Pasteurella multocida tipo B (amostra *buffalo* e outras cepas virulentas)	3	
Pasteurella spp	2	
Peptostreptococcus anaerobius	2	
Plesiomonas shigelloides	2	
Porphyromonas spp	2	
Prevotella spp	2	
Proteus mirabilis	2	
Proteus penneri	2	
Proteus vulgaris	2	
Providencia alcalifaciens	2	
Providencia rettgeri	2	
Providencia spp	2	
Pseudomonas aeruginosa	2	
Rhodococcus equi	2	
Rickettsia akari	3	(*)
Rickettsia australis	3	
Rickettsia canada	3	(*)
Rickettsia conorii	3	
Rickettsia Montana	3	(*)
Rickettsia prowazekii	3	
Rickettsia rickettsii	3	
Rickettsia siberica	3	
Rickettsia tsutsugamushi	3	
Rickettsia typhi (*Rickettsia mooseri*)	3	
Salmonella arizonae	2	
Salmonella enteritidis	2	
Salmonella typhimurium	2	
Salmonella paratyphi A, B, C	2	V
Salmonella typhi	2	(*), V
Salmonella spp	2	
Serpulina spp	2	
Shigella boydii	2	
Shigella dysenteriae	2	
Shigella flexneri	2	
Shigella sonnei	2	
Staphylococcus aureus	2	
Streptobacillus moniliformis	2	
Streptococcus pneumoniae	2	
Streptococcus pyogenes	2	
Streptococcus suis	2	
Streptococcus spp	2	
Treponema carateum	2	

AGENTES BIOLÓGICOS	Classificação (grupos)	Notas
Treponema pallidum	2	
Treponema pertenue	2	
Treponema spp	2	
Vibrio cholerae (01 e 0139)	2	
Vibrio parahaemolyticus	2	
Vibrio vulnificus	2	
Vibrio spp	2	
Yersinia enterocolitica	2	
Yersinia pestis	3	V
Yersinia pseudotuberculosis	2	
Yersinia spp	2	
Vírus		
Herpesvirus de cobaias	2	O
Shope fibroma vírus	2	O
Vírus da Doença hemorrágica de coelhos	4	
Vírus da Enterite viral de patos, gansos e cisnes	4	
Vírus da Febre catarral maligna de bovinos e cervos	4	
Vírus da Hepatite viral do pato tipos 1, 2 e 3	4	
Vírus da Leucemia de Hamsters	2	O
Vírus da Leucose Bovina Enzoótica	2	O
Vírus da lumpy skin	4	
Vírus do Sarcoma Canino	2	
Vírus do Tumor Mamário de camundongos	2	
Vírus Lucke (vírus de rãs)	2	
Adenoviridae	2	
Adenovírus 1 aviário — Vírus CELO	2	O
Adenovírus 2 — Vírus Símio 40 (Ad2-SV40)	2	O+
Adenovírus 7 — Vírus Símio 40 (Ad7-SV40)	2	O
Arenaviridae:		
* Complexos virais LCM-Lassa (arenavírus do Velho Continente)		
Vírus Lassa	4	
Vírus da coriomeningite linfocítica (cepas neurotrópicas)	3	
Vírus da coriomeningite linfocítica (outras cepas)	2	
* Complexos virais Tacaribe (arenavírus do Novo Mundo):		
Vírus Amapari	2	
Vírus Flechal	2	
Vírus Guanarito	4	
Vírus Junin	4	
Vírus Latino	2	
Vírus Machupo	4	
Vírus Paraná	2	
Vírus Pichinde	2	
Vírus Sabiá	4	
Astroviridae	2	
Birnavirus: incluindo Picobirnavirus, Picotrinavirus	2	

AGENTES BIOLÓGICOS	Classificação (grupos)	Notas
Bunyaviridae:		
Vírus Belém	2	
Vírus Mojuí dos Campos	2	
Vírus Pará	2	
Vírus Santarém	2	
Vírus Turlock	2	
* Grupo *Anopheles* A		
Vírus Arumateua	2	
Vírus Caraipé	2	
Vírus Lukuni	2	
Vírus Tacaiuma	2	
Vírus Trombetas	2	
Vírus Tucurui	2	
* Grupo Bunyamwera		
Vírus Iaco	2	
Vírus Kairi	2	
Vírus Macauã	2	
Vírus Maguari	2	
Vírus Sororoca	2	
Vírus Taiassuí	2	
Vírus Tucunduba	2	
Vírus Xingu	2	
* Grupo da encefalite da Califórnia		
Vírus Inkoo	2	
Vírus La Crosse	2	
Vírus Lumbo	2	
Vírus San Angelo	2	
Vírus Snow hare	2	
Vírus Tahyna	2	
* Grupo Melão		
Vírus Guaroa	2	
Vírus Jamestown Canyon	2	
Vírus Keystone	2	
Vírus Serra do Navio	2	
Vírus South River	2	
Vírus Trivittatus	2	
* Grupo C		
Vírus Apeu	2	
Vírus Caraparu	2	
Vírus Itaqui	2	
Vírus Marituba	2	
Vírus Murutucu	2	
Vírus Nepuyo	2	
Vírus Oriboca	2	
* Grupo Capim		
Vírus Acara	2	

AGENTES BIOLÓGICOS	Classificação (grupos)	Notas
Vírus Benevides	2	
Vírus Benfica	2	
Vírus Capim	2	
Vírus Guajará	2	
Vírus Moriche	2	
* Grupo Guamá		
Vírus Ananindeua	2	
Vírus Bimiti	2	
Vírus Catú	2	
Vírus Guamá	2	
Vírus Mirim	2	
Vírus Moju	2	
Vírus Timboteua	2	
* Grupo Simbu		
Vírus Jatobal	2	
Vírus Oropouche	2	
Vírus Utinga	2	
Caliciviridae:		
Vírus da Hepatite E	2	(*)
Vírus Norwalk	2	
Outros Caliciviridaes	2	
Coronaviridae:		
Vírus humanos, gastroenterite de suínos, hepatite murina, *Coronavirus* bovinos, peritonite infecciosa felina, bronquite infecciosa aviária, *Coronavirus* de caninos, ratos e coelhos	2	
Filoviridae:		
Vírus Ebola	4	
Vírus de Marburg	4	
Flaviviridae:		
Vírus Bussuquara	2	
Vírus Cacipacoré	2	
Vírus da Dengue tipos 1-4	2	
Vírus da Encefalite B japonesa	3	V
Vírus da Encefalite da Austrália (Encefalite do Vale Murray)	3	
Vírus da Encefalite da primavera-verão russa	4	V, (a)
Vírus da Encefalite de São Luís	2	
Vírus da Encefalite da Europa Central	4	(*) V, (a)
Vírus da Febre amarela	3	V
Vírus da Febre hemorrágica de Omsk	4	(a)
Vírus da Floresta de Kyasanur	4	V, (a)
Vírus da Hepatite C	2	(*)
Vírus do Nilo Ocidental	2	
Vírus Ilhéus	2	
Vírus Kunjin	2	
Vírus Powassan	3	
Vírus Rocio	3	

AGENTES BIOLÓGICOS	Classificação (grupos)	Notas
Vírus Sal Vieja	3	
Vírus San Perlita	3	
Vírus Spondweni	3	
Hantavírus:		
Vírus Andes	3	
Vírus Dobrava (Belgrado)	3	
Vírus Hantaan (Febre hemorrágica da Coreia)	3	
Vírus Juquitiba	3	
Vírus Prospect Hill	2	
Vírus Puumala	2	
Vírus Seoul	3	
Vírus Sin Nombre	3	
Hepadnaviridae:		
Vírus da hepatite B	2	(*) V,
Vírus da hepatite D (Delta)	2	(*) V, (b)
Herpesviridae:		
Citomegalovírus	2	
Herpes simplex vírus tipos 1 e 2	2	
Herpesvírus de Ateles (Rhadinovirus)	3	
Herpesvírus de Saimiri (Rhadinovirus)	3	
Herpesvírus humano 7 (HHV7)	2	
Herpesvírus humano 8 (HHV8)	2	
Herpesvírus simiae (vírus B)	4	
Herpesvírus varicellazoster	2	
Vírus da Doença de Marek	2	O
Vírus Epstein-Barr	2	O
Vírus linfotrópico humano B (HBLV-HHV6)	2	
Nairovírus:		
Vírus da Febre hemorrágica da Crimeia/Congo	4	
Vírus Hazara	2	
Oncornavirus: Vírus C e D	3	
Orthomyxoviridae:		
Vírus da Influenza tipos A, B e C	2	V (c)
Ortomixovirus transmitidos por carrapatos: Vírus Dhori e Thogoto	2	
Papovaviridae:		
Polyoma vírus	2	O
Shope papilloma vírus	2	O
Vírus BK e JC	2	
Vírus do Papiloma bovino	2	O
Vírus do Papiloma humano	2	
Vírus Símio 40 (SV40)	2	
Paramyxoviridae:		
Pneumovírus	2	
Vírus da Cachumba	2	V
Vírus da Doença de Newcastle (amostras não asiáticas)	2	

AGENTES BIOLÓGICOS	Classificação (grupos)	Notas
Vírus da Parainfluenza tipos 1 a 4	2	
Vírus do Sarampo	2	V
Vírus Nipah	2	
Vírus Respiratório Sincicial	2	
Parvoviridae:		
Parvovírus humano (B 19)	2	
Phlebovirus:		
Uukuvirus	2	
Vírus Alenquer	2	
Vírus Ambé	2	
Vírus Anhangá	2	
Vírus Ariquemes	2	
Vírus Belterra	2	
Vírus Bujarú	2	
Vírus Candirú	2	
Vírus de Toscana	2	
Vírus Icoarací	2	
Vírus Itaituba	2	
Vírus Itaporanga	2	
Vírus Jacundá	2	
Vírus Joa	2	
Vírus Morumbi	2	
Vírus Munguba	2	
Vírus Nápoles	2	
Vírus Oriximina	2	
Vírus Pacuí	2	
Vírus Serra Norte	2	
Vírus Tapará	2	
Vírus Toscana	2	
Vírus Turuna	2	
Vírus Uriurana	2	
Vírus Urucuri	2	
Picornaviridae:		
Poliovírus	2	V
Rinovírus	2	
Vírus Coxsackie	2	
Vírus da Aftosa com seus diversos tipos e variantes	4	
Vírus da Conjuntivite Hemorrágica Aguda (AHC)	2	
Vírus da Hepatite A (enterovírus humano tipo 72)	2	V
Vírus ECHO	2	
Poxviridae:		
Parapoxvirus	2	
Poxvirus de caprinos, suínos e aves	2	
Vírus Buffalopox	2	(d)
Vírus Cotia	2	

AGENTES BIOLÓGICOS	Classificação (grupos)	Notas
Vírus Cowpox (e relacionados isolados de felinos domésticos e animais selvagens)	2	
Vírus da varíola (major, minor)	4	V
Vírus da varíola alastrim	4	
Vírus da varíola do camelo	4	
Vírus do Nódulo dos ordenhadores	2	
Vírus *Molluscum contagiosum*	4	V
Vírus Monkeypox (varíola do macaco)	3	
Vírus Orf	2	
Vírus Vaccinia	2	
Vírus Whitepox ("vírus da varíola")	4	V
Vírus Yatapox: Tana	2	
Vírus Yatapox: Yaba	2	O+
Reoviridae:		
Coltivirus	2	
Orbivirus	2	
Orthoreovirus tipos 1, 2 e 3	2	
Reovírus isolados na Amazônia dos grupos Changuinola e Corriparta	2	
Rotavirus humanos	2	
Vírus Ieri	2	
Vírus Itupiranga	2	
Vírus Tembé	2	
Retroviridae:		
HIV — Vírus da Imunodeficiência Humana	3	(*)
Rous Sarcoma Vírus	2	O
Vírus da Leucemia de Gibões (GaLV)	2	O+
Vírus da Leucemia de Murinos	2	O
Vírus da Leucemia de ratos	2	O
Vírus da Leucemia Felina (FeLV)	2	O+
Vírus da Leucose Aviária	2	O
Vírus do Sarcoma de murinos	2	O
Vírus do Sarcoma de Símios (SSV-1)	2	O+
Vírus do Sarcoma Felino (FeSV)	2	O+
Vírus Linfotrópicos das células T humana (HTLV-1 e HTLV-2)	3	(*)
Vírus Símio Mason-Pfizer	2	O
Vírus SIV	3	(*), (e)
Rhabdoviridae:		
Vírus Aruac	2	
Vírus da Raiva	3	V, (*)
Vírus Duvenhage	2	
Vírus Inhangapi	2	
Vírus Xiburema	2	
* Grupo da Estomatite Vesicular		
Vírus Alagoas VSV-3	2	
Vírus Carajás	2	
Vírus Cocal VSV-2	2	

AGENTES BIOLÓGICOS	Classificação (grupos)	Notas
Vírus Indiana VSV-1	2	
Vírus Juruna	2	
Vírus Marabá	2	
Vírus Maraba VSV-4	2	
Vírus Piry	2	
* Grupo Hart Park		
Vírus Hart Park	2	
Vírus Mosqueiro	2	
* Grupo Mussuril		
Vírus Cuiabá	2	
Vírus Marco	2	
* Grupo Timbó		
Vírus Chaco	2	
Vírus Sena Madureira	2	
Vírus Timbó	2	
Togaviridae:		
* Alfavírus		
Vírus Aurá	2	
Vírus Bebaru	2	
Vírus Chikungunya	2	(*)
Vírus da Encefalomielite equina americana ocidental	2	V
Vírus da Encefalomielite equina americana oriental	2	V
Vírus da Encefalomielite equina venezuelana	3	V
Vírus do Bosque Semliki	2	
Vírus do Rio Ross	2	
Vírus Mayaro	2	
Vírus Mucambo	2	(*)
Vírus Onyongnyong	2	
Vírus Pixuna	2	
Vírus Una	2	
Outros alfavírus conhecidos	2	
* Rubivirus: Vírus da Rubéola	2	V
* Pestivirus: Vírus da Diarreia Bovina	2	
Prions: agentes não classificados associados a encefalopatias espongiformes transmissíveis		
Agente da Encefalopatia Espongiforme Bovina (BSE), *scrapie* e outras doenças animais afins	3	(*), (f)
Agente da Doença de Creutzfeldt-Jakob (CJD)	3	(*)
Agente da Insônia Familiar Fatal	3	(*)
Agente da Síndrome de Gerstmann-Sträussler-Scheinker	3	(*)
Agente do Kuru	3	(*)
Parasitas		
Acanthamoeba castellani	2	
Ancylostoma ceylanicum	2	
Ancylostoma duodenale	2	
Angiostrongylus cantonensis	2	
Angiostrongylus costaricensis	2	

AGENTES BIOLÓGICOS	Classificação (grupos)	Notas
Angiostrongylus spp	2	
Ascaris lumbricoides	2	A
Ascaris suum	2	A
Babesia divergens	2	
Babesia microti	2	
Balantidium coli	2	
Brugia malayi	2	
Brugia pahangi	2	
Brugia timori	2	
Capillaria philippinensis	2	
Capillaria spp	2	
Clonorchis sinensis	2	
Clonorchis viverrini	2	
Coccidia spp	2	
Cryptosporidium parvum	2	
Cryptosporidium spp	2	
Cyclospora cayetanensis	2	
Cysticercus cellulosae (cisto hidático, larva de *T. sollium*)	2	
Dactylaria galopava (*Ochroconis gallopavum*)	2	
Dipetalonema streptocerca	2	
Diphyllobothrium latum	2	
Dracunculus medinensis	2	
Echinococcus granulosus	2	(*)
Echinococcus multilocularis	2	(*)
Echinococcus vogeli	2	(*)
Emmonsia parva var. *crescens*	2	
Emmonsia parva var. *parva*	2	
Entamoeba histolytica	2	
Enterobius spp	2	
Exophiala (*Wangiella*) *dermatitidis*	2	
Fasciola gigantica	2	
Fasciola hepatica	2	
Fasciolopsis buski	2	
Fonsecaea compacta	2	
Fonsecaea pedrosoi	2	
Giardia lamblia (*Giardia intestinalis*)	2	
Giardia spp	2	
Heterophyes spp	2	
Hymenolepis diminuta	2	
Hymenolepis nana	2	
Isospora spp	2	
Leishmania brasiliensis	2	(*)
Leishmania donovani	2	(*)
Leishmania major	2	
Leishmania mexicana	2	
Leishmania peruviana	2	

AGENTES BIOLÓGICOS	Classificação (grupos)	Notas
Leishmania spp	2	
Leishmania tropica	2	
Leishmanla ethiopica	2	
Loa loa	2	
Madurella grisea	2	
Madurella mycetomatis	2	
Mansonella ozzardi	2	
Mansonella perstans	2	
Microsporidium spp	2	
Naegleria fowleri	2	
Naegleria gruberi	2	
Necator americanus	2	
Onchocerca volvulus	2	
Opisthorchis felineus	2	
Opisthorchis spp	2	
Paragonimus westermani	2	
Plasmodium cynomolgi	2	
Plasmodium falciparum	2	(*)
Plasmodium malariae	2	
Plasmodium ovale	2	
Plasmodium spp (humano e símio)	2	
Plasmodium vivax	2	
Sarcocystis suihominis	2	
Scedosporium apiospermum (*Pseudallescheria boidii*)	2	
Scedosporium prolificans (*inflatum*)	2	
Schistosoma haematobium	2	
Schistosoma intercalatum	2	
Schistosoma japonicum	2	
Schistosoma mansoni	2	
Schistosoma mekongi	2	
Strongyloides spp	2	
Strongyloides stercoralis	2	
Taenia saginata	2	
Taenia solium	2	(*)
Toxocara canis	2	
Toxoplasma gondii	2	
Trichinella spiralis	2	
Trichuris trichiura	2	
Trypanosoma brucei brucei	2	
Trypanosoma brucei gambiense	2	
Trypanosoma brucei rhodesiense	2	(*)
Trypanosoma cruzi	2	
Wuchereria bancrofti	2	
Fungos		
Acremonium falciforme	2	E
Acremonium kiliense	2	E

AGENTES BIOLÓGICOS	Classificação (grupos)	Notas
Acremonium potronii	2	E
Acremonium recifei	2	E
Acremonium roseogriseum	2	E
Alternaria anamorfo de *Pleospora infectoria*	2	E
Aphanoascus fulvescens	2	E
Aspergillus amstelodami	2	E
Aspergillus caesiellus	2	E
Aspergillus candidus	2	E
Aspergillus carneus	2	E
Aspergillus flavus	2	
Aspergillus fumigatus	2	
Aspergillus glaucus	2	E
Aspergillus oryzae	2	E
Aspergillus penicillioides	2	E
Aspergillus restrictus	2	E
Aspergillus sydowi	2	E
Aspergillus terreus	2	E
Aspergillus unguis	2	E
Aspergillus versicolor	2	E
Beauveria bassiana	2	E
Blastomyces dermatitidis (Ajellomyces dermatitidis)	2	A
Candida albicans	2	A
Candida lipolytica	2	E
Candida pulcherrima	2	E
Candida ravautii	2	F
Candida tropicalis	2	
Candida viswanathii	2	E
Chaetoconidium spp	2	E
Chaetomium spp	2	E
Chaetosphaeronema larense	2	E
Cladophialophora bantiana (*Xylophora bantiana, Cladosporium bantianum* ou *C. trichoides*)	2	
Cladophialophora carrioni (*Cladosporium carrioni*)	2	
Cladosporium cladosporioides	2	E
Coccidioides immitis	3	A
Conidiobolus incongruus	2	E
Coprinus cinereus	2	E
Cryptococcus neoformans	2	
Cryptococcus neoformans var. *gattii (Filobasidiella bacillispora)*	2	A
Cryptococcus neoformans var. *neoformans* (*Filobasidiella neoformans* var. *neoformans*)	2	A
Cunninghamella geniculata	2	E
Curvularia pallescens	2	E
Curvularia senegalensis	2	E
Cylindrocarpon tonkinense	2	E
Drechslera spp	2	E

AGENTES BIOLÓGICOS	Classificação (grupos)	Notas
Emmonsia parva var. *crescens*	2	
Emmonsia parva var. *parva*	2	
Epidermophyton floccosum	2	A
Epidermophyton spp	2	
Exophiala (*Wangiella*) *dermatitidis*	2	
Exophiala moniliae	2	E
Fonsecaea compacta	2	
Fonsecaea pedrosoi	2	
Fusarium dimerum	2	E
Fusarium nivale	2	E
Geotrichum candidum	2	E
Hansenula polymorpha	2	E
Histoplasma capsulatum duboisii	3	
Histoplasma capsulatum var capsulatum (Ajellomyces capsulatus)	3	
Lasiodiplodia theobramae	2	E
Madurella grisea	2	
Madurella mycetomatis	2	
Madurella spp	2	
Microascus desmosporus	2	E
Microsporum aldouinii	2	A
Microsporum canis	2	A
Microsporum spp	2	A
Mucor rouxianus	2	E
Mycelia sterilia	2	E
Mycocentrospora acerina	2	E
Neotestudina rosatii	2	
Oidiodendron cerealis	2	E
Paecilomyces lilacinus	2	E
Paecilomyces variotti	2	E
Paecilomyces viridis	2	E
Paracoccidioides brasiliensis (na fase de esporulação, apresenta maior risco de infecção)	2	
Penicillium chrysogenum	2	E
Penicillium citrinum	2	E
Penicillium commune	2	E
Penicillium expansum	2	E
Penicillium marneffei	2	A
Penicillium spinulosum	2	E
Phialophora hoffmannii	2	E
Phialophora parasitica	2	E
Phialophora repens	2	E
Phoma hibérnica	2	E
Phyllosticta ovalis	2	E
Phyllosticta spp	2	E
Pneumocystis carinii	2	
Pyrenochaeta unguis-hominis	2	E

AGENTES BIOLÓGICOS	Classificação (grupos)	Notas
Rhizoctonia spp	2	E
Rhodotorula pilimanae	2	E
Rhodotorula rubra	2	E
Scedosporium apiospermum (*Pseudallescheria boidii*)	2	
Scedosporium prolificans (*inflatum*)	2	
Schizophyllum commune	2	E
Scopulariops acremonium	2	E
Scopulariops brumptii	2	E
Sporothrix schenckii	2	
Stenella araguata	2	E
Taeniolella stilbospora	2	E
Tetraploa spp	2	E
Trichophyton rubrum	2	
Trichophyton spp	2	
Trichosporon capitatum	2	E
Tritirachium oryzae	2	E
Volutella cinerescens	2	E

Fontes:

1. Brasil (2004) **Diretrizes Gerais para o trabalho em contenção com material biológico. Série A: Normas e Manuais Técnicos.** Ministério da Saúde, Secretaria de Ciência, Tecnologia e Insumos Estratégicos, Brasília: Ministério da Saúde, 60p.

2. UE (2000) Council Directive 2000/54/EC. **OJ L 262, 17.10.2000, 21p.**

3. ABSA (2005) Risk Group Classification for Infectious Agents.

<http://www.absa.org/resriskgroup.html>, acessado em 11 de julho de 2005.

(a) Encefalites transmitidas por carrapatos.

(b) O vírus da hepatite D é patogênico apenas na presença de infecção simultânea ou secundária causada pelo vírus da hepatite B. Assim, a vacinação de pessoas que não sejam portadoras do vírus da hepatite B também imuniza contra a hepatite D (Delta).

(c) Apenas para os tipos A e B.

(d) Dois vírus estão identificados: um é o buffalopox tipo e o outro é uma variante do vírus Vaccinia.

(e) Pode-se identificar dois virus distintos sob este epígrafe: um gênero «buffalopox» vírus e uma variante de "vaccinia" vírus.

(f) Variante de "cowpox".

(g) Variante de "vaccinia".

(h) Não existe atualmente nenhuma prova de doença humana provocada por outro retrovírus de origem símico. Como medida de prevenção, recomenda-se um nível 3 de contenção para os trabalho no qual possa ocorrer exposição a estes retrovírus.

(i) Não há provas conclusivas de infecciones humanas causadas pelos agentes responsáveis pelas TSE nos animais. Entretanto, para o laboratório se recomendam medidas de contenção para os agentes classificados no grupo de risco 3(*) como medida de prevenção, exceto para o trabalho em laboratório relacionado com o agente identificado da tembladera (scrapie) dos ovinos, para o qual é suficiente o nível 2 de contenção.

Tradução do Guia Técnica para la evaluación y prevención de los riesgos relacionados com la Exposición a Agentes Biológicos

Do Instituto Nacional de Seguridad e Higiene em el Trabajo — Ministério de Trabajo y Asuntos Sociales

NORMA REGULAMENTADORA — NR-33
SEGURANÇA E SAÚDE NO TRABALHO EM ESPAÇOS CONFINADOS

33.3.2. Medidas técnicas de prevenção:

a) identificar, isolar e sinalizar os espaços confinados para evitar a entrada de pessoas não autorizadas;

b) antecipar e reconhecer os riscos nos espaços confinados;

c) proceder à avaliação e controle dos riscos físicos, químicos, biológicos, ergonômicos e mecânicos;

d) prever a implantação de travas, bloqueios, alívio, lacre e etiquetagem;

e) implementar medidas necessárias para eliminação ou controle dos riscos atmosféricos em espaços confinados;

f) avaliar a atmosfera nos espaços confinados, antes da entrada de trabalhadores, para verificar se o seu interior é seguro;

g) manter condições atmosféricas aceitáveis na entrada e durante toda a realização dos trabalhos, monitorando, ventilando, purgando, lavando ou inertizando o espaço confinado;

h) monitorar continuamente a atmosfera nos espaços confinados nas áreas onde os trabalhadores autorizados estiverem desempenhando as suas tarefas, para verificar se as condições de acesso e permanência são seguras;

i) proibir a ventilação com oxigênio puro;

j) testar os equipamentos de medição antes de cada utilização; e

k) utilizar equipamento de leitura direta, intrinsecamente seguro, provido de alarme, calibrado e protegido contra emissões eletromagnéticas ou interferências de radiofrequência.

33.3.2.1. Os equipamentos fixos e portáteis, inclusive os de comunicação e de movimentação vertical e horizontal, devem ser adequados aos riscos dos espaços confinados;

33.3.2.2. Em áreas classificadas os equipamentos devem estar certificados ou possuir documento contemplado no âmbito do Sistema Brasileiro de Avaliação da Conformidade - INMETRO.

33.3.2.3. As avaliações atmosféricas iniciais devem ser realizadas fora do espaço confinado.

33.3.2.4. Adotar medidas para eliminar ou controlar os riscos de incêndio ou explosão em trabalhos a quente, tais como solda, aquecimento, esmerilhamento, corte ou outros que liberem chama aberta, faíscas ou calor.

33.3.3. Medidas administrativas:

....

o) garantir que todos os trabalhadores sejam informados dos riscos e medidas de controle existentes no local de trabalho; e

p) implementar um Programa de Proteção Respiratória de acordo com a análise de risco, considerando o local, a complexidade e o tipo de trabalho a ser desenvolvido.

33.3.4.10 Em caso de existência de Atmosfera Imediatamente Perigosa à Vida ou à Saúde — Atmosfera IPVS —, o espaço confinado somente pode ser adentrado com a utilização de máscara autônoma de demanda com pressão positiva ou com respirador de linha de ar comprimido com cilindro auxiliar para escape.

NORMA REGULAMENTADORA — NR-34
CONDIÇÕES E MEIO AMBIENTE DE TRABALHO NA INDÚSTRIA DA CONSTRUÇÃO E REPARAÇÃO NAVAL

34.5. Trabalho a Quente

34.5.1. Para fins desta Norma, considera-se trabalho a quente as atividades de soldagem, goivagem, esmerilhamento, corte ou outras que possam gerar fontes de ignição tais como aquecimento, centelha ou chama.

34.5.4. Controle de fumos e contaminantes

34.5.4.1. Para o controle de fumos e contaminantes decorrentes dos trabalhos a quente devem ser implementadas as seguintes medidas:

a) limpar adequadamente a superfície e remover os produtos de limpeza utilizados, antes de realizar qualquer operação;

b) providenciar renovação de ar a fim de eliminar gases, vapores e fumos empregados e/ou gerados durante os trabalhos a quente.

34.5.4.2. Sempre que ocorrer mudança nas condições ambientais estabelecidas as atividades devem ser interrompidas, avaliando-se as condições ambientais e adotando-se as medidas necessárias para adequar a renovação de ar.

34.5.4.3. Quando a composição do revestimento da peça ou dos gases liberados no processo de solda/aquecimento não for conhecida, deve ser utilizado equipamento autônomo de proteção respiratória ou proteção respiratória de adução por linha de ar comprimido, de acordo com o previsto no Programa de Proteção Respiratória — PPR.

34.5.5. Utilização de gases

34.5.5.1. Nos trabalhos a quente que utilizem gases devem ser adotadas as seguintes medidas:

a) utilizar somente gases adequados à aplicação, de acordo com as informações do fabricante;

b) seguir as determinações indicadas na Ficha de Informação de Segurança de Produtos Químicos — FISPQ;

c) usar reguladores de pressão calibrados e em conformidade com o gás empregado.

34.7. Trabalho com Exposição a Radiações Ionizantes

34.7.1. Devem ser adotadas medidas de segurança para execução dos serviços envolvendo radiações ionizantes (radiografia e gamagrafia), visando a proteger os trabalhadores, indivíduos do público e meio ambiente contra os efeitos nocivos da radiação.

34.7.5. Os seguintes documentos devem ser elaborados e mantidos atualizados no estabelecimento:

a) Plano de Proteção Radiológica, aprovado pela Comissão Nacional de Energia Nuclear — CNEN;

b) autorização para operação, expedida pela CNEN;

c) relação dos profissionais certificados pela CNEN para execução dos serviços;

d) certificados de calibração dos monitores de radiação, conforme regulamentação da CNEN;

e) certificados das fontes radioativas e as respectivas tabelas de decaimento.

34.7.6. No caso da execução dos serviços por terceiros, cópias dos documentos relacionados no item 34.7.5 devem permanecer na contratante, conforme período estabelecido pela CNEN.

34.7.7. O Plano de Proteção Radiológica deve estar articulado com os demais programas da empresa, especialmente com o Programa de Prevenção de Riscos Ambientais — PPRA e o Programa de Controle Médico de Saúde Ocupacional — PCMSO.

34.7.9. A contratante deve prover a guarda dos registros de dose para cada Indivíduo Ocupacionalmente Exposto — IOE.

34.7.9.1. Os registros devem ser preservados até os IOE atingirem a idade de setenta e cinco anos e, pelo menos, por trinta anos após o término de sua ocupação, mesmo que já tenham falecido.

34.7.10. Todos os serviços envolvendo radiações ionizantes (radiografia e gamagrafia) devem ser executados de maneira a expor o menor número de trabalhadores.

34.7.11. Devem ser aplicadas medidas preventivas de segurança nos serviços envolvendo radiações ionizantes.

34.7.11.1. Antes da exposição da fonte de radiação, devem ser tomadas as seguintes providências:

a) dotar o local onde é executada a radiografia e/ou gamagrafia do objeto de acessos e condições adequados;

b) isolar a área controlada, sinalizando-a com placas de advertência contendo o símbolo internacional de radiação ionizante e providenciando iluminação de alerta e controle nos locais de acesso.

34.7.11.2. Durante a exposição da fonte de radiação, devem ser adotadas as seguintes medidas:

a) monitoração individual de dose de radiação ionizante de todo o pessoal envolvido, por dispositivo de leitura direta e indireta, conforme o plano de proteção radiológica;

b) monitoração da área controlada quando do acionamento da fonte de radiação, por meio de medidor portátil de radiação, por profissional e equipamento certificados pela CNEN;

c) interrupção imediata da atividade e recolhimento da fonte em caso de detecção de exposição acima do limite, estabelecido pela CNEN observando que:

I. Os IOE deverão ser afastados e avaliados em conformidade com o Plano de Proteção Radiológica;

II. a área e o tempo de exposição devem ser redimensionados para o reinício da atividade;

d) direcionamento do feixe de radiação, sempre que possível, para o solo;

e) utilização obrigatória do colimador, ou, havendo inviabilidade técnica, registro do fato na PT pelo RIA responsável.

34.8. Trabalhos de Jateamento e Hidrojateamento

34.8.13. É proibido o jateamento de areia ou a utilização de materiais que contenham concentração de sílica superior ao permitido pela legislação vigente.

34.9. Atividades de Pintura

34.9.2. Devem ser implementadas as recomendações da FISPQ, treinando o trabalhador quanto a suas disposições.

34.9.3. É proibido consumir alimentos e portar materiais capazes de gerar centelha, fagulha ou chama na área da pintura e em seu entorno.

34.9.4. Deve ser providenciada renovação de ar para eliminar gases e vapores gerados durante o serviço de pintura, monitorando continuamente a concentração de contaminantes no ar.

34.9.4.1. Quando a concentração de contaminantes for igual ou superior a dez por cento do Limite Inferior de Explosividade — LIE, o serviço deve ser imediatamente interrompido e o compartimento evacuado, implementando-se ventilação adicional.

34.9.4.2. Os contaminantes devem ser direcionados para fora dos locais de trabalho, onde não haja fontes de ignição próxima, observando a legislação vigente.

34.9.5. Ao término do serviço, deve ser mantida a ventilação, avaliando-se a concentração dos gases, em conformidade com o LIE.

34.9.7. No local do serviço, deve ser disposta a quantidade de tinta necessária à utilização imediata.

34.9.8. Os vasilhames contendo resíduos de tintas ou solventes devem ser armazenados em local protegido, ventilado e sinalizado.

34.9.9. Os resíduos devem ser tratados, dispostos ou retirados dos limites do estabelecimento em conformidade com a legislação ambiental.

LEI N. 8.213 DE 24 DE JULHO DE 1991
DOU DE 14.8.1991

Subseção IV

Da Aposentadoria Especial

Art. 57. A aposentadoria especial será devida, uma vez cumprida a carência exigida nesta Lei, ao segurado que tiver trabalhado sujeito a condições especiais que prejudiquem a saúde ou a integridade física, durante 15 (quinze), 20 (vinte) ou 25 (vinte e cinco) anos, conforme dispuser a lei. (*Redação dada pela Lei n. 9.032, de 1995*)

§ 1º A aposentadoria especial, observado o disposto no *art. 33 desta Lei*, consistirá numa renda mensal equivalente a 100% (cem por cento) do salário-de-benefício. (*Redação dada pela Lei n. 9.032, de 1995*)

§ 2º A data de início do benefício será fixada da mesma forma que a da aposentadoria por idade, conforme o disposto no *art. 49.*

§ 3º A concessão da aposentadoria especial dependerá de comprovação pelo segurado, perante o Instituto Nacional do Seguro Social — INSS, do tempo de trabalho permanente, não ocasional nem intermitente, em condições especiais que prejudiquem a saúde ou a integridade física, durante o período mínimo fixado. (*Redação dada pela Lei n. 9.032, de 1995*)

§ 4º O segurado deverá comprovar, além do tempo de trabalho, exposição aos agentes nocivos químicos, físicos, biológicos ou associação de agentes prejudiciais à saúde ou à integridade física, pelo período equivalente ao exigido para a concessão do benefício. (*Redação dada pela Lei n. 9.032, de 1995*)

§ 5º O tempo de trabalho exercido sob condições especiais que sejam ou venham a ser consideradas prejudiciais à saúde ou à integridade física será somado, após a respectiva conversão ao tempo de trabalho exercido em atividade comum, segundo critérios estabelecidos pelo Ministério da Previdência e Assistência Social, para efeito de concessão de qualquer benefício. (*Incluído pela Lei n. 9.032, de 1995*)

§ 6º O benefício previsto neste artigo será financiado com os recursos provenientes da contribuição de que trata o *inciso II do art. 22 da Lei n. 8.212, de 24 de julho de 1991*, cujas alíquotas serão acrescidas de doze, nove ou seis pontos percentuais, conforme a atividade exercida pelo segurado a serviço da empresa permita a concessão de aposentadoria especial após quinze, vinte ou vinte e cinco anos de contribuição, respectivamente. (*Redação dada pela Lei n. 9.732, de 11.12.98*)

§ 7º O acréscimo de que trata o parágrafo anterior incide exclusivamente sobre a remuneração do segurado sujeito às condições especiais referidas no caput. (*Incluído pela Lei n. 9.732, de 11.12.98*)

§ 8º Aplica-se o disposto no *art. 46* ao segurado aposentado nos termos deste artigo que continuar no exercício de atividade ou operação que o sujeite aos agentes nocivos constantes da relação referida no *art. 58* desta Lei. (*Incluído pela Lei n. 9.732, de 11.12.98*)

Nota:

Art. 58. A relação dos agentes nocivos químicos, físicos e biológicos ou associação de agentes prejudiciais à saúde ou à integridade física considerados para fins de concessão da aposentadoria especial de que trata o artigo anterior será definida pelo Poder Executivo. (*Redação dada pela Lei n. 9.528, de 1997*)

§ 1º A comprovação da efetiva exposição do segurado aos agentes nocivos será feita mediante formulário, na forma estabelecida pelo Instituto Nacional do Seguro Social — INSS, emitido pela empresa ou seu preposto, com base em laudo técnico de condições ambientais do trabalho expedido por médico do trabalho ou engenheiro de segurança do trabalho nos termos da legislação trabalhista. (*Redação dada pela Lei n. 9.732, de 11.12.98*)

§ 2º Do laudo técnico referido no parágrafo anterior deverão constar informação sobre a existência de tecnologia de proteção coletiva ou individual que diminua a intensidade do agente agressivo a limites de tolerância e recomendação sobre a sua adoção pelo estabelecimento respectivo. (*Redação dada pela Lei n. 9.732, de 11.12.98*)

§ 3º A empresa que não mantiver laudo técnico atualizado com referência aos agentes nocivos existentes no ambiente de trabalho de seus trabalhadores ou que emitir documento de comprovação de efetiva exposição em desacordo com o respectivo laudo estará sujeita à penalidade prevista no *art. 133 desta Lei.* (*Incluído pela Lei n. 9.528, de 1997*)

§ 4º A empresa deverá elaborar e manter atualizado perfil profissiográfico abrangendo as atividades desenvolvidas pelo trabalhador e fornecer a este, quando da rescisão do contrato de trabalho, cópia autêntica desse documento. (*Incluído pela Lei n. 9.528, de 1997*)

INSTRUÇÃO NORMATIVA N. 1, DE 20 DE DEZEMBRO DE 1995
MINISTÉRIO DO TRABALHO

Anexo

Avaliação das Concentrações de Benzeno em Ambientes de Trabalho

1 — Objetivo

Esta Norma Técnica visa à determinação da concentração de Benzeno no ar nos ambientes de trabalho. Leva em consideração as possibilidades e limitações das determinações analíticas, estatísticas, bem como do julgamento profissional.

2 — Campos de aplicação

Esta Norma Técnica se aplica, exclusivamente, a determinação e avaliação das concentrações de Benzeno no ar em ambientes de trabalho.

3 — Definições

Para efeito desta Norma Técnica deve-se considerar as definições apresentadas a seguir:

a) Ambiente de trabalho

Considera-se como sendo a área definida pelos limites físicos da empresa.

b) Amostra de curta duração.

Para efeito dessa norma é aquela coletada durante um período de até 15 minutos.

c) Amostra instantânea

No escopo desta Norma Técnica, entende-se por amostra instantânea aquela coletada através do uso de instrumentos que permitem a determinação da concentração de Benzeno no ar representativa de um determinado local em um dado instante. O tempo total de coleta, nestes casos, deve ser inferior a 5 minutos.

d) Amostragem

É o processo de seleção de amostras, baseado em estudos e métodos estatísticos convenientes que possam oferecer resultados representativos da exposição ocupacional ou concentração ambiental.

e) Análise

Corresponde a todo o procedimento que conduz a quantificação da concentração de Benzeno em uma amostra.

f) Avaliação

Caracteriza-se pelo conjunto de ações necessárias para se realizar uma caracterização completa de um determinado ambiente ou da exposição ocupacional de trabalhadores.

g) Benzeno

Significa Benzeno líquido ou gasoso, registro CAS n. 71-43-2, registro ONU n. 1.114.

h) Coleta

Corresponde ao processo de se obter uma amostra de Benzeno no ar.

i) Concentração de Benzeno no ar

Corresponde à quantidade total de Benzeno por unidade de volume de ar. É expressa como massa por unidade de volume (m/v) ou volume por unidade de volume (v/v).

Para efeito desta norma, as unidades adotadas são respectivamente mg/m^3 e ml/m^3.

j) Concentração Média Ponderada no Tempo (Cmpt)

Corresponde à concentração de Benzeno obtida pelo somatório das concentrações ponderadas pelos respectivos tempos de duração das coletas, dividido pelo somatório dos tempos.

k) Distribuição log-normal

Significa que a distribuição de variáveis aleatórias tem a propriedade de que o logaritmo dos seus valores são normalmente distribuídos.

l) Grupo Homogêneo de Exposição (GHE)

Corresponde a um grupo de trabalhadores que experimentam exposição semelhante, de forma que o resultado fornecido pela avaliação da exposição de qualquer trabalhador do grupo seja representativo da exposição do restante dos trabalhadores do mesmo grupo.

m) Limites de Concentração (LC): Para efeito desta Norma Técnica, corresponde a um valor de concentração de Benzeno média ponderada no tempo, estabelecido pelo Ministério do Trabalho para fins de comparações.

n) Local de trabalho: Local onde o trabalhador desenvolve as suas atividades.

o) mg/m^3. Unidade de concentração correspondente a miligrama de Benzeno por metro cúbico de ar

p) Monitoramento: É o processo periódico e sistemático da avaliação ambiental de Benzeno.

q) ppm: Unidade de concentração correspondente a partes de Benzeno por milhão de partes de ar em volume. É equivalente a mililitros de vapor de Benzeno por metro cúbico de ar (ml/m^3), nas mesmas condições de pressão e temperatura.

r) Turno ou Jornada de trabalho: Refere-se ao período de tempo diário no qual o trabalhador exerce a sua atividade remunerada no ambiente de trabalho.

s) Zona de respiração: Região hemisférica com um raio de aproximadamente 30 cm das narinas.

t) Zona de trabalho: Corresponde a uma zona espacial ou organizacionalmente definida onde o trabalhador desenvolve sua(s) atividade(s). Uma zona de trabalho pode ser formada por um ou mais locais de trabalho.

4 — Avaliação

A avaliação das concentrações de Benzeno ar nos ambientes de trabalho visa atender aos seguintes objetivos:

— conhecer as exposições efetivas dos trabalhadores durante um determinado período de tempo;

— conhecer os níveis de concentração em locais determinados;

— diagnosticar fontes de emissão de Benzeno no ambiente de trabalho;

— avaliar a eficácia das Medidas de Controle adotadas;

— comparar os resultados com Limites de Concentração estabelecidos.

A avaliação de Benzeno nos ambientes de trabalho deve compreender as seguintes etapas:

4.1. Reconhecimento/Caracterização;

4.2. Estratégia de avaliação;

4.3. Avaliação inicial;

4.4. Interpretação dos resultados/julgamento profissional.

4.1. Reconhecimento/caracterização

A consulta aos trabalhadores e discussão com os mesmos é elemento fundamental para um correto reconhecimento/caracterização.

Esta etapa envolve a coleta inicial de informações, a visita aos locais de trabalho para observações detalhadas e a determinação dos GHE.

Os resultados obtidos nesta etapa são de vital importância para a determinação da Estratégia de Avaliação e dos Grupos Homogêneos de Exposição.

As informações levantadas devem incluir os procedimentos de operação normal, procedimentos para manutenção, procedimentos pré-operacionais e situações de emergência. Devem ser levantadas as seguintes informações:

4.1.1. Referentes ao processo produtivo e a planta industrial

a) relação de todos os equipamentos (bombas, tanques, vasos, colunas de extração, de destilação, de secagem, reatores etc.) que contenham ou por onde circule Benzeno puro ou em misturas, suas características e localização no processo ou planta industrial;

b) relação de todas as possíveis fontes de emissão de vapores de Benzeno para a atmosfera (flanges, selos de bombas, ventos, válvulas, etc.) identificando a sua localização no processo ou planta;

c) descrição do processo produtivo enfatizando as circunstâncias, fases do processo ou procedimentos que podem contribuir para a contaminação dos ambientes de trabalho pelo Benzeno;

d) quantidade de Benzeno processado e (Como matéria-prima, como produto e como solvente, quando for o caso);

e) parâmetros operativos, como temperatura e pressão, nas várias fases do processo e nos equipamentos contendo ou por onde circulem Benzeno;

f) diagrama de bloco ou fluxograma simplificado e layout da planta industrial contendo as disposições dos equipamentos e fontes relacionados nos itens “a” e “b” acima;

g) descrição dos locais de trabalho, enfatizando se são ambientes abertos ou fechados (se fechados, área e pé direito), a ventilação natural determinada e a existência ou não de equipamentos de proteção coletiva;

h) dados climáticos: temperatura do local de trabalho, umidade relativa do ar e direção dos ventos com as respectivas faixas de predominância;

i) interferência de áreas vizinhas aos locais de trabalho.

4.1.2. Referentes aos trabalhadores e processos de trabalho (pessoal próprio e contratados)

a) zonas de trabalho e posição dos trabalhadores em relação às fontes de emissão de Benzeno;

b) descrição das funções, dos procedimentos e das atividades dos trabalhadores, enfatizando o tempo e frequência de cada operação ou procedimento e identificando as atividades de Curta Duração;

c) duração da jornada e regime de trabalho;

d) número de trabalhadores totais expostos ao Benzeno e daqueles com atividades idênticas e que possam ser separados por grupos considerados de exposição similar;

e) trabalhadores (quantidade e identificação), a priori, como de maior risco de exposição;

f) atividades, procedimentos e zonas de trabalho, a priori, como de maior risco de exposição;

g) dados indicativos de possível comprometimento da saúde relativo a exposição ao Benzeno.

4.1.3. Avaliações pregressas de concentraçâo de Benzeno no ar:

a) resultado de todos os monitoramentos anteriores realizados (monitoramento pessoal e de área);

b) outras mediçôes já realizadas (de fontes de emissão, em situações de emergência, na avaliação de medidas de controle etc.). Outras informações também poderão ser utilizadas de modo orientativo para ajudarem na definição da estratégia de avaliação, na execução dos monitoramentos ou, mesmo, na interpretação dos resultados. São elas:

c) resultados de concentração de Benzeno no ar obtidos em processos de trabalho comparáveis (quando disponíveis);

d) cálculos matemáticos de dispersão (quando disponíveis).

4.2. Estratégia de Avaliação:

Esta etapa compreende a definição dos métodos de coleta, da duração da coleta e tempo de coleta/medição, do número mínimo de resultados exigidos, da escolha dos períodos para a realização das coletas/medições e a realização do diagnóstico inicial.

4.2.1. Métodos de coleta de amostras:

a) Coleta de amostra pessoal (ou individual)

Visa à determinação da concentração de Benzeno na zona de respiração do trabalhador, fornecendo, assim, resultados representativos da sua exposição. Caracteriza-se pelo fato de o sistema de coleta ser fixado no próprio trabalhador, na altura da zona de respiração (geralmente na lapela).

b) Coleta de amostra de área (ambiental ou de ponto fixo)

É aquela onde o sistema de coleta ou medição é posicionado em um ponto fixo no ambiente de trabalho, geralmente na altura média da zona de respiração dos trabalhadores. É geralmente utilizado com a finalidade de conhecer os níveis de concentração de Benzeno no ar de um determinado ambiente de trabalho aos quais os trabalhadores poderiam estar expostos, na avaliação da eficácia de medidas de controle ou quando se quer realizar avaliações em tempo real através do uso de monitores contínuos com sistemas de registro de resultados, acoplados ou não a sistemas de alarme.

As avaliações de área podem ser usadas para detectar variações sazonais, de ciclos de processo ou mudanças de eficiência de sistemas de proteção coletiva implementados.

As avaliações de área não devem ser consideradas como um substituto da avaliação pessoal, pois algumas atividades do trabalhador podem influenciar as concentrações na zona respiratória.

Para trabalhadores cujas atividades não gerem exposições adicionais ao Benzeno, a avaliação de área pode ser uma alternativa aceitável para uma estimativa das exposições ocupacionais.

Os pontos de coleta de amostras de área devem ser determinados através de critérios técnicos e discussão com os trabalhadores. Devem ser considerados os seguintes fatores: número e localização das fontes de emissão de Benzeno, direção dos ventos, zonas ou locais de trabalho e arranjo físico do local.

4.2.2. Duração da coleta e tempo de coleta/medição:

A duração da coleta se refere ao período avaliado. A duração da coleta será, no máximo, o turno inteiro de trabalho.

O tempo de coleta/medição é o tempo no qual ocorre a coleta de cada amostra de ar ou cada medição da concentração de Benzeno. O tempo de coleta/medição será, no máximo, igual à duração da coleta.

4.2.3. Técnica de coleta de amostras:

a) Amostra única: Nestes casos, uma única amostra de ar é coletada continuamente durante todo o período desejado. O tempo de coleta da amostra é iqual ao da duração da coleta. A concentração de Benzeno obtida já é representativa da concentração MPT do período. A concentração de Benzeno no ar é calculada pela equação abaixo:

$$C_{mpt} = \frac{\text{na amostra (mg)}}{\text{Volume de ar coletado (litros)}} \times 1000 \text{ (mg/m}^3\text{)}$$

b) Coletas de amostras consecutivas: Nestes casos, várias amostras de ar são coletadas durante o período desejado, sendo que o tempo total de coleta deverá ser igual ao da duração do período. As amostras são analisadas e os resultados de concentração de Benzeno em cada uma delas são utilizados para o cálculo da concentração MPT (C_{mpt}) para o período, utilizando a equação abaixo.

Está técnica de coleta é útil nos casos de existirem atividades diferenciadas ao longo da jornada, pois, além de possibilitar a comparação com o Limite de Concentração para o turno inteiro, permite conhecer as concentrações de Benzeno correspondentes a cada período/atividade amostrado.

$$Cmpt = \frac{C_1T_1 + C_2T_2 + ... + C_nT_n}{Tt}$$

Onde:

C_{mpt} = concentração MPT no período, em ppm ou mg/m^3.

C_n= concentração de Benzeno no ar obtida na amostra n, em ppm ou mg/m3.

T_n = tempo de coleta da amostra n, em minutos ou horas.

T_t = tempo total de coleta = T1 + T2 + ... + Tn.

Deverá ser aproximadamente igual ao tempo de duração do período

(ex.: 8 horas = 480 minutos).

c) Coletas parciais: Também nestes casos, várias amostras de ar são coletadas durante o período de trabalho, sendo que o tempo total de coleta é inferior ao da duração do período de trabalho escolhido. As amostras são analisadas e os resultados de concentração de Benzeno em cada uma delas são utilizados para o cálculo de concentração MPT para o período avaliado utilizando a mesma equação do item anterior. O tempo total, T_t, será igual à soma dos tempos de coleta de cada amostra. Para comparar o resultado de C_{mpt} obtido com o Limite de Concentração para o turno inteiro, é necessário que o tempo total de coleta cubra, pelo menos, 70% da jornada de trabalho (Ex.: 5, 6 horas para jornadas de 8 horas).

d) Coletas/medições instantâneas: As coletas/medições instantâneas só poderão ser usadas para a determinação da concentração média ambiental de Benzeno se houver um número mínimo de 8 coletas/medições no período de interesse (jornada inteira ou períodos das atividades/operações). Para avaliações de jornada inteira de trabalho só se deve usar esta técnica de coleta/medição quando for possível garantir que a distribuição da exposição ou concentração ambiental de Benzeno são uniformes ao longo da jornada.

Quando se deseja estimar a exposição de um trabalhador que desenvolve várias atividades diferentes ou muda de local ou zona de trabalho ao longo da jornada, devem ser realizadas um número mínimo de 8 coletas/medições em cada situação. As coletas/medições deverão ser realizadas na altura média da zona de respiração dos trabalhadores.

Para avaliações da jornada inteira de trabalho utilizando-se a coleta de amostras de curta duração, um número mínimo de 8 amostras deverão ser obtidas durante a jornada. Também neste caso, só se deve usar esta técnica de coleta quando for possível garantir que a distribuição da exposição ou concentração ambiental de Benzeno são uniformes ao longo da jornada.

Os momentos de coleta das amostras deverão ser escolhidos aleatoriamente, subdividindo-se o período de interesse em um número de subperíodos de tempo equivalente, no mínimo, ao tempo de coletas/medição. Ex.: Uma atividade que dura 2 horas (120 minutos) contém 8 subperíodos de 15 minutos, 12 de 10 minutos, 24 de 5 minutos etc.

Tomando-se como exemplo uma jornada de trabalho de 8 horas (480 minutos), durante a qual se deseja realizar 8 coletas de 15 minutos, deve-se proceder da seguinte forma:

1 — subdivide-se o período de 480 minutos em n subperíodos de 15 minutos:

Subperíodo	Intervalo	(hora)
01	08:00	08:15
02	08:15	08:30
03	08:30	08:45
"	"	
"	"	
31	16:00	16:15
32	16:15	16:30

2 — utiliza-se qualquer metodologia de escolha aleatória para selecionar os 8 subperíodos a serem avaliados.

Cada subperíodo estará associado ao seu intervalo de tempo. Procedimento análogo deverá ser utilizado para as coletas/medições dentro de períodos de tempo menores.

O resultado da concentração de Benzeno nestes casos corresponderá à Média Aritmética das Concentrações obtidas nas 8 coletas/medições no período amostrado. A Média Aritmética neste caso corresponde a MPT.

4.2.4. Número mínimo de resultados exigidos para uma avaliação

O número mínimo de resultados de MPT necessários para serem utilizados na avaliação estatística é de 5.

No caso da avaliação ambiental (amostragem de área), deve ser utilizado um número mínimo de 5 resultados em cada ponto escolhido como representativo do local de trabalho, na etapa de reconhecimento/caracterização.

Para a avaliação dos valores de curta duração devem ser obtidos um mínimo de 5 resultados em cada operação ou atividade e que haja a possibilidade de ocorrência de picos de concentração ou em cada período avaliado.

Para a avaliação de GHE deverão ser obtidos 5 resultados de MPT escolhendo-se aleatoriamente os períodos de coleta. A escolha aleatória poderá recair sobre um mesmo trabalhador ou em até 5 trabalhadores do mesmo GHE.

O número mínimo de resultados permite que possa haver uma confiança estatística aceitável nas avaliações realizadas.

4.2.5. Distribuição das amostras no tempo:

A escolha das épocas para a realização das coletas deve ser feita aleatoriamente, isto é, não será dada preferência especial a nenhum período, turno, dia, trabalhador, época do ano etc.

Situações consideradas de maior risco ou atípicas devem ser obrigatoriamente avaliadas. Vale, no entanto, a escolha aleatória dentro dessas situações.

4.2.6. Diagnóstico inicial:

Se as informações levantadas no item 4.1.3 não forem suficientes deverão ser complementadas por avaliações adicionais. Essas avaliações normalmente devem ser realizadas considerando-se os pontos ou situações críticas nos locais de trabalho.

Nesta fase é possível utilizar inúmeras ferramentas analíticas que não necessariamente as que serão empregadas na avaliação formal para efeito desta Norma Técnica.

4.2.7. Metodologia analítica:

a) A metodologia analítica tem que ser específica para a determinação da Concentração Atmosférica de Benzeno nos ambientes de trabalho, respeitando os Limites de Concentração estabelecidos pelo Ministério do Trabalho.

O resultado deve ser único com respeito à concentração do Benzeno.

b) A metodologia analítica deverá fornecer resultados nas mesmas unidades dos Limites de Concentração estabelecidos. Deve ter seu limite de detecção, sensibilidade e precisão ajustados para os referidos Limites.

c) A metodologia analítica deverá ser capaz de medir concentrações de Benzeno na faixa de um vigésimo (1/20) a três (3) vezes o Limite de Concentração MPT para o período em avaliação. E, quando não for possível, como no caso das amostras de curta duração, no mínimo um quinto (1/5) do Limite de Concentração MPT para o período em avaliação.

d) Se o procedimento analítico não for específico, o resultado de concentração total deverá ser reportado como sendo referente ao Benzeno.

e) A imprecisão como erro integral de toda a metodologia e erros acidentais durante o procedimento de monitoração não deve exceder a 25% (vinte e cinco por cento).

f) O procedimento analítico deverá ter sido validado em laboratório e no campo.

g) Os laboratórios deverão desenvolver Programas de Controle de Qualidade Laboratorial Interno e participar, sempre que possível, de Programas Externos para uma melhor confiabilidade dos seus resultados.

h) Poderão ser utilizadas metodologias analíticas da Associação Brasileira do Normas Técnicas (ABNT), de organismos internacionais de renome como, NIOSH, OSHA, ACGIH (EUA), DFG (Alemanha), entre outras, como referência.

i) No caso de se utilizar metodologias que requeiram o uso de bombas de amostragem de fluxo constante, os seguintes critérios deverão ser seguidos:

— as bombas devem ser calibradas contra qualquer sistema-padrão primário de calibração, ou padrão secundário devidamente aferido;

— a calibração deve ser feita antes e após cada coleta de amostra, obedecendo-se os critérios de correção dos valores de vazão;

— para efeito da avaliação estatística, só serão admitidas amostras cujas variações nos resultados das calibrações sejam de, no máximo, 5%, isto é, se o resultado absoluto da expressão:

$$\frac{\textit{Resultado da calibração inicial} - \textit{Resultado da calibração final}}{\textit{Resultado da calibração inicial}} \times 100 \leq 5\%$$

Caso o resultado seja maior que 5%, as amostras só poderão ser utilizadas para subsidiar o julgamento profissional.

4.3. Avaliação Inicial:

Baseado nas informações levantadas no item 4.1, deve-se planejar e executar uma avaliação inicial completa atendendo ao disposto no item 4.2.

Os resultados dessa avaliação inicial serão objeto de análise de acordo com o item 4.4.

4.4. Interpretação dos Resultados/Julgamento Profissional:

a) Para proceder a interpretação os resultados devem ser separados da seguinte forma:

— Avaliações individuais: para o turno inteiro, períodos determinados, especiais tais como: procedimentos, atividades e condições operacionais.

— Avaliações de área: para o turno inteiro, contínua, períodos determinados, especiais tais como: na verificação de eficiência de medidas de controle, fontes de emissão, estimativa de exposição ocupacional e condições operacionais.

Em cada caso devem ser separados os resultados de curta duração (curta exposição).

b) Para efeito desta Norma Técnica, se considera que os resultados de concentração média de Benzeno obedecem a uma distribuição log-normal.

c) Os resultados (mínimos de 5) deverão ser submetidos ao tratamento estatístico de acordo com o Apêndice, obtendo-se o Limite Superior de Confiança (LSC) para um intervalo de confiança de 95%. O valor do LSC passa a ser adotado como valor representativo da avaliação para fins de comparação com os limites de concentração de Benzeno.

d) Em seguida, calcula-se a relação:

$$\frac{\text{LSC (95\%)}}{\text{LC}} = \text{I}$$

Onde:

I = Índice de julgamento

LC = Limites de Concentração de Benzeno

Este índice I deve ser utilizado para desencadear medidas de controle e para balizar a frequência do monitoramento.

e) Recomenda-se que a frequência mínima para o monitoramento seja a seguinte:

$I \geq 1$, devem ser adotadas medidas de controle que conduzam a valores de $I <$ que 1.

Nesta situação, a frequência de monitoramento deve ser aquela necessária para a avaliação das medidas adotadas.

$0{,}5 \leq 1$, a frequência mínima de monitoramento deve ser de 16 semanas.

$0{,}25 \leq 1 < 0{,}5$, a frequência mínima de monitoramento deve ser de 32 semanas.

$I < 0{,}25$ a frequência mínima de monitoramento deve ser de 64 semanas.

f) Independente da avaliação do GHE, qualquer desvio dos resultados individuais em relação aos Limites de Concentração estabelecidos deverão ser investigados, relatando-se as possíveis causas e eventuais medidas recomendadas ou adotadas.

g) Caso haja qualquer alteração, seja tecnológica, operacional ou de procedimentos e atividades, que levem à suspeita de ocorrerem alterações significativas no referido índice, deve-se realizar uma nova avaliação.

h) Até a realização de uma nova avaliação, a situação a ser considerada como representativa do objeto da avaliação (exposição do trabalhador ou do GHE, ou a concentração ambiental de Benzeno) será aquela da última avaliação realizada.

i) Quando ocorrerem situações de emergência tais como respingos, vazamentos, rupturas ou outras falhas que possam levar a uma maior exposição ocupacional ou a um aumento na concentração ambiental de Benzeno, deverão ser realizados, logo após normalizada a situação, monitoramentos visando garantir que a situação retornou ao nível anterior. Caso a condição anterior à situação de emergência não seja alcançada, deve-se proceder uma nova avaliação padrão, ou seja, para determinar o novo valor de I.

j) Os monitoramentos realizados durante a situação de emergência servirão, apenas, para a caracterização da situação, visando ao direcionamento e avaliação das medidas corretivas implantadas.

k) A garantia de que os Limites de Concentração não serão ultrapassados pode ser atingida através do monitoramento contínuo com instrumentos de leitura direta (medição instantânea) acoplados a sistemas de pré-alarme e alarme principal que desencadeiam medidas de controle para baixar a concentração o mais rapidamente possível.

5. Relatório: Todos os dados e informações obtidos dentro do escopo desta Norma Técnica deverão ser registrados em relatório completo, contendo:

a) Informações obtidas no item 4.1 — Reconhecimento/Caracterização.

b) Determinação dos GHE acompanhada da justificativa técnica quanto a todos os critérios escolhidos.

c) Estratégia de avaliação adotada acompanhada de justificativa técnica quanto a todos os critérios escolhidos, inclusive do uso de monitores contínuos acoplados a sistema de alarme.

d) Metodologia analítica utilizada, incluindo:

— sistemas de coleta utilizados;

— equipamentos utilizados (bombas de amostragem, instrumentos de leitura direta, medidores de umidade relativa e temperatura, medidores de velocidade de vento etc.);

— método de análise adotado;

— cálculo dos resultados de concentração detalhados;

— informações gerais sobre a metodologia analítica conforme item 4.2.7 (limite de detecção, sensibilidade, especificidade, precisão, validação em campo, programas de controle de qualidade interno e externo que participa ou desenvolve etc.)

e) Resultados das avaliações e julgamento da situações.

Deverão estar relacionados:

— nome dos trabalhadores amostrados;

— os responsáveis pelas coletas;

— os responsáveis pelas análises laboratoriais;

— a instituição que realizou os monitoramentos;

— a instituição que realizou as análises das amostras;

— as datas e horários em que foram realizadas as coletas/medições;

— as condições operacionais e dos locais de trabalho durante os monitoramentos;

— todos os resultados de concentração obtidos.

— os resultados das avaliações realizadas conforme item 4.4, acompanhado dos respectivos cálculos;

— julgamento técnico do resultado final.

f) Recomendações gerais

Apêndice 1

Cálculos Estatísticos — Procedimento

Para cada situação avaliada, os resultados de concentração média de Benzeno (mínimo de 5) deverão ser tratados da forma descrita abaixo:

1) Os principais parâmetros a serem obtidos são:

— número de resultados totais =	n
— graus de liberdade (n -1) =	g
— maior resultado =	Max.*
— menor resultado =	Min.*
— média aritmética dos resultados =	MA*
— desvio-padrão da MA para (n -1) =	DP*
— logaritmo neperiano (ln) dos resultados =	$\ln(x_i)$
— média dos $\ln(x_i)$ =	M(ln)
— desvio-padrão de M(ln) para (n -1) =	DP(ln)
— média geométrica =	MG*
— desvio-padrão geométrico =	DPG*
— t(/2) de Student para 95% e g graus de liberdade =	t(/2)

Resultados não usados nos cálculos estatísticos, mas subsidiam o julgamento profissional.

2) Para efeito desta Norma Técnica, os resultados nulos ou abaixo do limite de detecção do método deverão ser considerados como sendo o valor correspondente à metade do limite de detecção (Ex. : Caso o limite de detecção da metodologia seja igual a 0,1 ppm, todos os resultados nulos ou abaixo desse valor serão considerados como sendo 0,05 ppm).

3) O grau de liberdade (g) é sempre o número total de resultados menos 1 (n — 1).

4) A média aritmética (MA) é igual a soma dos resultados dividido pelo número destes.

$$MA = \frac{X1 + X2 + ... + Xn}{n} \qquad \textbf{(1)}$$

(5) O desvio-padrão (DP) da média aritmética (MA) é igual a:

$$DP = \sqrt{\frac{1}{N-1}\sum_{i=1}^{n}(X1 - MA)^2} \qquad \textbf{(2)}$$

(6) Tanto a média aritmética MA quanto o seu desvio-padrão DP podem ser obtidos diretamente em qualquer calculadora científica, bastando, para isso, inserir todos os resultados Xn na função estatística da calculadora e pedir diretamente que a mesma forneça os resultados de MA e de DP, este último para n-1 graus de liberdade.

(7) O logaritmo neperiano ($\ln x_i$) dos resultados, a sua média, M(ln), e respectivo desvio--padrão, DP(ln), podem ser obtidos com auxílio da mesma calculadora.

(8) A média geométrica dos resultados, MG, e o desvio-padrão geométrico para n -1 graus de liberdade, $DPG_{(n-1)}$, são obtidos aplicando-se, na calculadora, a função exponencial (e_x) ou *antiln* (o intervalo de ln) sobre os resultados de M(ln) e DP(ln), respectivamente.

(9) A partir da Tabela Resumida da Distribuição t deste Apêndice obtém-se o t(/2) de Student para 95% de confiança, que corresponde ao valor crítico de t para 95% de intervalo de confiança considerando-se os dois lados da curva *(two sided confidence interval)*, que é simbolizado por (t/2).

(10) Os dados obtidos podem ser ordenados em uma tabela como a abaixo indicada (Tabela1).

(11) Com os dados obtidos, calcula-se o logaritmo neperiano do Limite Superior de Confiança (ln(LSC)) para um intervalo de confiança de 95% da concentração média verdadeira, através da equação abaixo.

$$ln(LSC) = (Min) + 0{,}5[DP(ln)]^2 + t\,(a/2{,}95\%)\left(\frac{DP(ln)}{\sqrt{n}}\right)$$

12) Em seguida, obtém-se o LSC como abaixo indicado:

$LSC(95\%) = \exp(\ln(LSC)) = e^{\ln(LSC)}$ **(4)**

Este valor significa que com 95% de confiança a concentração média verdadeira é menor que este limite.

13) Utiliza-se o LSC (95%) conforme procedimento descrito no item 4.4 desta Norma.

Tabela 1

Parâmetros estatísticos obtidos

Resultados (X_i)	lnX_i
X_1	lnX_1
X_2	lnX_2
"	"
"	"
"	"
X_n	lnX_n
MA	M(ln)
DP	DP(ln)
MG =	exp (M(ln)) ou $e^{M(ln)}$
DPG =	exp (DP(ln)) ou $e^{DP(ln)}$

Exemplo prático (Situação Simulada)

Avaliação de Benzeno no ar.

Resultados correspondem a MPT para um turno de 8 horas (amostragem única cobrindo toda a jornada de trabalho).

Limite de detecção do método = 0,1 ppm.

Resultados (ppm): < 0,1 ; 0,3; 0,4; 0,1; < 0,1; 0,5; 0,2; < 0,1; 0,2; 0,3; ou seja, n = l0.

Graus de liberdade (g) = l0 — 1 = 9.

Resultados (X_i)	lnX_i
0,05	-2,996
0,3	-1,204
0,4	-0,916
0,1	-2,303
0,05	-2,996
0,5	-0,693
0,2	-1,609
0,05	-2,996
0,2	-1,609
0,3	-1,204
MA = 0,22	M (ln) = -1,85
DP = 0,16	DP (ln) = 0,90
MG =	0,16
DPG=	2,5

Pela Tabela Resumida da Distribuição t, o valor de t(/2) para 9 graus de liberdade é 2,262. Utilizando-se as equações 3 e 4 deste Apêndice encontraremos os valores de ln(LSC) e LSC(95%), ou seja:

$$ln\ (LSC) = -\ 1{,}85 + 0{,}5\ [0{,}90]^2 + 2{,}262 \left[\frac{0{,}90}{\sqrt{10}}\right] \qquad \textbf{(3)}$$

logo,

ln(LSC) = — 0,80 e

LSC(95%) = $e^{0,80}$ = 0,45

O valor de LSC(95%) é utilizado juntamente com o LC, conforme o procedimento do item 4.4.

Tabela Resumida da Distribuição t

Grau de Liberdade	$t_{0,975}$	Grau de Liberdade	$t_{0,975}$
1	12,706	18	2,101
2	4,303	19	2,093
3	3,182	20	2,086
4	2,776	21	2,080
5	2,571	22	2,074
6	2,447	23	2,069
7	2,365	24	2,064
8	2,306	25	2,060
9	2,262	26	2,056
10	2,228	27	2,052
11	2,201	28	2,048
12	2,179	29	2,045
13	2,160	30	2,042
14	2,145	40	2,021
15	2,131	60	2,000
16	2,120	120	1,980
17	2,110	—	1,960

Bibliografia consultada:

1. Leidel N. A., Bush K. A. & Lynch, J. A., Occupational Exposure Sampling Strategy Manual, National Institute for Occupational Safety and Health (NIOSH), EUA, 1977.

2. American Industrial Hygiene Association (AHIA), A Strategy for Occupational Exposure Assesment, Hawkins N.C., Nonvood S. K. & Rock J. C. (Ed.), EUA, 1991.

3. TRGS 402, Ermifllung und Beurtleilung der Konzentrationen gefërlicher Stofle in der Lufl in Arbeitsbereichen (Determinação e Avaliação de Substâncias Perigosas a Saúde Contidas no Ar no Ambiente de Trabalho) — BMA — Ministério do Trabalho e da Ordem Social Alemão, Alemanha (Oc.) 1986.

4. Benzene, Federal Register1910.1028, Occupational Safety and Health Administration (OSHA), EUA, 1989.

5. Goelzer, B. Estratégias para Avaliação de Exposição no Ambiente de Trabalho a Contaminantes Atmosféricos, Revista OPA, Brasil, 1993.

6. AIDII, Guide Operative, di Igiene Industriale — Strategia di Controllo dei Fattori di Rischio Chimici negli Ambienti di Lavoro, Sordelli. D. & Nano G. (coord.), Itália.

Art. 2º Esta Instrução Normativa entra em vigor na data de sua publicação, revogadas as disposições em contrário.

ZUHER HANDAR

Secretário de Segurança e Saúde no Trabalho

INSTRUÇÃO NORMATIVA N. 1, DE 11 DE ABRIL DE 1994
EQUIPAMENTOS DE PROTEÇÃO RESPIRATÓRIA

A Secretaria de Segurança e Saúde no Trabalho, no uso de suas atribuições e,

CONSIDERANDO a necessidade de um controle eficaz dos ambientes de trabalho por parte das empresas, como condição a uma adequada política de segurança e saúde para os trabalhadores;

CONSIDERANDO que, quando as medidas de proteção coletiva adotadas no ambiente de trabalho não forem suficientes para controlar os riscos existentes, ou estiverem sendo implantadas, ou ainda em caráter emergencial, o empregador deverá adotar, entre outras, aquelas referentes à proteção individual que garantam condições adequadas de trabalho;

CONSIDERANDO as dúvidas suscitadas em relação aos trabalhadores quando da adoção de equipamentos de proteção respiratória por parte das empresas;

CONSIDERANDO a necessidade de disciplinar a utilização desses equipamentos, dentro de critérios e procedimentos adequados, quando adotados pelas empresas;

CONSIDERANDO os artigos 166 e 167 da Consolidação das Leis do Trabalho — CLT;

CONSIDERANDO a Norma Regulamentadora n. 06, da Portaria n. 3214 de 8.6.78, e alterações posteriores, resolve:

Baixar a presente Instrução Normativa — IN, estabelecendo Regulamento Técnico sobre uso de equipamentos de proteção respiratória.

Art. 1º O empregador deverá adotar um conjunto de medidas com a finalidade de adequar a utilização dos equipamentos de proteção respiratória — EPR, quando necessário para complementar as medidas de proteção coletiva implementadas, ou enquanto as mesmas estiverem sendo implantadas, com a finalidade de garantir uma completa proteção ao trabalhador contra os riscos existentes nos ambientes de trabalho.

§ 1º As medidas previstas neste artigo deverão observar os seguintes princípios:

I — o estabelecimento de procedimentos escritos abordando, no mínimo:

a) os critérios para a seleção dos equipamentos;

b) o uso adequado dos mesmos, levando em conta o tipo de atividade e as características individuais do trabalhador;

c) a orientação ao trabalhador para deixar a área de risco por motivos relacionados ao equipamento;

II — a indicação do equipamento de acordo com os riscos aos quais o trabalhador está exposto;

III — a instrução e o treinamento do usuário sobre os usos e as limitações do EPR;

IV — o uso individual dos equipamentos, salvo em situações específicas, de acordo com a finalidade dos mesmos;

V — a guarda, a conservação e a higienização adequada;

VI — o monitoramento apropriado e periódico das áreas de trabalho e dos riscos ambientais a que estão expostos os trabalhadores;

VII — o fornecimento somente a pessoas fisicamente capacitadas a realizar suas tarefas utilizando os equipamentos;

VIII — o uso somente de respiradores aprovados e indicados para as condições em que os mesmos forem utilizados;

IX — a adoção da proteção respiratória individual após a avaliação prévia dos seguintes parâmetros:

a) características físicas do ambiente de trabalho;

b) necessidade de utilização de outros EPI;

c) demandas físicas específicas das atividades de que o usuário está encarregado;

d) tempo de uso em relação à jornada de trabalho;

e) características específicas de trabalho tendo em vista possibilidade da existência de atmosferas imediatamente perigosas à vida ou à saúde;

X — a realização de exame médico no candidato ao uso do EPR, quando por recomendação médica, levando em conta, dentre outras, as disposições do inciso anterior, sem prejuízo dos exames previstos na NR 07;

§ 2º Para adequada observância dos princípios previstos neste artigo, o empregador deverá seguir, além do disposto nas Normas Regulamentadoras de Segurança e Saúde no Trabalho, no que couber, as recomendações da Fundação Jorge Duprat Figueiredo de Segurança e Medicina — FUNDACENTRO contidas na publicação intitulada "PROGRAMA DE PROTEÇÃO RESPIRATÓRIA — RECOMENDAÇÕES, SELEÇÃO E USO DE RESPIRADORES" e também as Normas Brasileiras, quando houver, expedidas no âmbito do Conselho Nacional de Metrologia, Normalização e Qualidade Industrial — CONMETRO.

Art. 2º A seleção dos EPR deverá observar, dentre outros, os valores dos fatores de proteção — FP atribuídos, contidos no Quadro I anexo à presente IN.

Parágrafo único. Em atmosferas contendo sílica e asbestos, além dos requisitos estabelecidos neste artigo, o empregador deverá observar, na seleção do respirador adequado, as indicações dos Quadros II e III, anexos à presente IN.

Art. 3º Os EPR somente poderão ser comercializados acompanhados de instruções impressas contendo, no mínimo, as seguintes informações:

I — a finalidade a que se destina;

II — a proteção oferecida ao usuário;

III — as restrições ao seu uso;

IV — a sua vida útil;

V — orientações sobre guarda, conservação e higienização.

Parágrafo único. As instruções referidas neste artigo deverão acompanhar a menor unidade comercializada de equipamentos.

Art. 4º Esta IN entra em vigor 120 dias após a data de sua publicação, ficando revogada a IN. SSST n. 01, de 13 de julho de 1993.

RAQUEL MARIA RIGOTTO

ANEXO

QUADRO I

FATORES DE PROTEÇÃO ATRIBUIDOS PARA EPR(1)

TIPO DE RESPIRADOR	TIPO DE COBERTURA DAS VIAS RESPIRATÓRIAS	
	Peça Semifacial	Peça Facial Inteira
Purificador de ar	10	10
Máscara autônoma de adução de ar (demanda)(2)	10	10
Linha de ar comprimido (demanda)	10	10

TIPO DE RESPIRADOR	TIPO DE COBERTURA DAS VIAS RESPIRATÓRIAS			
	Peça Semi-facial	Peça Facial Inteira	Capuz Capacete	Sem Vedação Facial
Purificador de ar motorizado	50	1000 (3)	1000	25
Linha de ar comprimido, de demanda, c/ pressão positiva	50	1000	–	–
Linha de ar comprimido, fluxo contínuo, máscara autônoma (circuito aberto ou fechado)	50	1000	1000	25

NOTAS

1 — Inclui a peça quarto facial, a peça semifacial filtrante e as peças semifaciais de elastômeros.

2 — A máscara autônoma de demanda não deve ser usada para situações de emergência, como incêndios.

3 — Os fatores de proteção apresentados são de respiradores com filtros P3 ou sorbentes (cartuchos químicos, pequenos ou grandes). Com filtros classe P2 deve-se usar Fator de Proteção atribuído = 100, devido às limitações do filtro.

4 — Em situações de emergência, onde as concentrações dos contaminantes possam ser estimadas, deve-se usar um fator de proteção atribuído não maior que 10.000.

5 — O fator de proteção atribuído não é aplicável para respiradores de fuga.

QUADRO II

RECOMENDAÇÕES DE EPI PARA SÍLICA CRISTALINA

CONCENTRAÇÃO AMBIENTAL	EQUIPAMENTO
Até 10 vezes o limite de tolerância	Respirador com peça semifacial ou peça semifacial filtrante. Filtros P1, P2 ou P3, de acordo com o diâmetro aerodinâmico das partículas.
Até 50 vezes o limite de tolerância	Respirador com peça facial inteira com Filtro P2 ou P3 (*) Respirador motorizado com peça semifacial e Filtro P2 Linha de ar de fluxo contínuo e peça semifacial Linha de ar de demanda e peça semifacial com pressão positiva
Até 100 vezes o limite de tolerância	Respirador com peça facial inteira com Filtro P2 ou P3 (*) Linha de ar de demanda com peça facial inteira Máscara autônoma de demanda
Até 1000 vezes o limite de tolerância	Respirador motorizado com peça facial inteira e Filtro P3 Capuz ou capacete monitorizado e Filtro P3 Linha de ar de fluxo contínuo e peça facial inteira Linha de ar de demanda e peça facial inteira com pressão positiva Máscara autônoma de pressão positiva
Maior que 1000 vezes o limite de tolerância	Linha de ar de demanda e peça facial inteira com pressão positiva e cilindro de fuga Máscara autônoma de pressão positiva

* Nota do Quadro II

* Para diâmetro aerodinâmico médio mássico maior ou igual a 2 micra, pode-se usar filtros classe P1, P2 ou P3. Para diâmetro maior que 2 micra deve-se usar o de classe P3.

QUADRO III

RECOMENDAÇÕES DE EPI PARA ASBESTOS

Até 2 fibras/cm3	Respirador com peça semifacial com filtro P2 ou peça semifacial filtrante
Até 10 fibras/cm3	Respirador com peça semifacial com filtro P3; Respirador motorizado com peça semifacial e filtro P2; Linha de ar de demanda e peça semifacial com pressão positiva
Até 100 fibras/cm3	Respirador com peça facial inteira e filtro P3; Linha de ar de fluxo contínuo com peça facial inteira; Linha de ar de demanda; Máscara autônoma de demanda
Até 200 fibras/cm3	Respirador motorizado com peça facial inteira e filtro P3; Linha de ar de fluxo contínuo com peça facial inteira; Linha de ar de demanda com peça facial inteira e pressão positiva; Capuz ou capacete motorizado com filtro P3; Linha de ar de fluxo contínuo com capuz ou capacete
Mais que 200 fibras/cm3	Linha de ar de fluxo contínuo com peça facial inteira e cilindro de escape; Linha de ar de demanda com peça facial inteira, pressão positiva e cilindro de escape; Máscara autônoma de demanda de pressão positiva

PORTARIA N. 99, DE 19 DE OUTUBRO DE 2004
(Publicada no DOU de 21.10.04, Seção 1)

"Proíbe o processo de trabalho de jateamento que utilize areia seca ou úmida como abrasivo."

A SECRETÁRIA DE INSPEÇÃO DO TRABALHO e o DIRETOR DO DEPARTAMENTO DE SEGURANÇA E SAÚDE NO TRABALHO, no uso de suas atribuições legais, conforme disposto no inciso II, do art. 14, e no inciso I, do art. 16, do Decreto n. 5.063/04, que aprova a Estrutura Regimental do Ministério do Trabalho e Emprego, e

Considerando que o processo de trabalho de jateamento com areia é gerador de uma elevada concentração de sílica cristalina (quartzo), responsável por uma alta incidência de quadros graves de silicose;

Considerando que a sílica cristalina é uma substância comprovadamente cancerígena e que trabalhadores com silicose estão mais propensos a contraírem câncer de pulmão;

Considerando que as medidas de controle da exposição à sílica cristalina nas atividades de jateamento com areia são comprovadamente inadequadas ou insuficientes;

Considerando a existência de tecnologia disponível para substituição do processo de trabalho de jateamento com areia;

Considerando que os estados do Rio de Janeiro, Santa Catarina e Paraná, já proibiram os sistemas de jateamento com areia; e

Considerando que é de responsabilidade do MTE estabelecer disposições complementares à lei sobre medidas de prevenção de acidentes e sobre proteção do trabalhador exposto a substâncias químicas nocivas,

RESOLVE:

Art. 1º Incluir o item "7", no título "Sílica Livre Cristalizada", do Anexo n. 12, da Norma Regulamentadora n. 15 — "Atividades e operações insalubres", com a seguinte redação:

"7. Fica proibido o processo de trabalho de jateamento que utilize areia seca ou úmida como abrasivo".

Art. 2º Esta Portaria entra em vigor 90 dias da sua publicação.

RUTH BEATRIZ VASCONCELOS VILELA

MÁRIO BONCIANI

PORTARIA N. 43, DE 11 DE MARÇO DE 2008
Ministério do Trabalho e Emprego (DOU de 13.3.08)

"Proíbe o processo de corte e acabamento a seco de rochas ornamentais e altera a redação do anexo 12 da Norma Regulamentadora n. 15"

A SECRETÁRIA DE INSPEÇÃO DO TRABALHO e a DIRETORA DO DEPARTAMENTO DE SEGURANÇA E SAÚDE NO TRABALHO, no uso de suas atribuições legais, tendo em vista o disposto no artigo 200 da Consolidação das Leis do Trabalho e no art. 2º da Portaria n. 3.214, de 08 de junho de 1978, resolvem:

Art. 1º Aprovar o item 8 no título "Sílica Livre Cristalizada" do Anexo 12 da Norma

Regulamentadora n. 15 — Atividades e Operações Insalubres, aprovada pela Portaria n. 3.214, de 08 de junho de 1978, com a seguinte redação:

"As máquinas e ferramentas utilizadas nos processos de corte e acabamento de rochasornamentais devem ser dotadas de sistema de umidificação capaz de minimizar ou eliminar a geração de poeira decorrente de seu funcionamento."

Art. 2º Ficam proibidas adaptações de máquinas e ferramentas elétricas que não tenham sido projetadas para sistemas úmidos.

Art. 3º Os empregadores devem providenciar a adequação às exigências desta Portaria no prazo de 18 (dezoito) meses.

Art. 4º Esta Portaria entra em vigor na data de sua publicação. * (Republicada por incorreção da original, publicada no DOU de 12.3.08, Seção 1, p. 99)

RUTH BEATRIZ VASCONCELOS VILELA

Secretária de Inspeção do Trabalho

JÚNIA MARIA DE ALMEIDA BARRETO

Diretora do Departamento de Segurança e Saúde no Trabalho

RESOLUÇÃO — RE/ANVISA N. 9, DE 16 DE JANEIRO DE 2003

ANEXO

ORIENTAÇÃO TÉCNICA ELABORADA POR GRUPO TÉCNICO ASSESSOR SOBRE PADRÕES REFERENCIAIS DE QUALIDADE DO AR INTERIOR EM AMBIENTES CLIMATIZADOS ARTIFICIALMENTE DE USO PÚBLICO E COLETIVO

I — HISTÓRICO

O Grupo Técnico Assessor de estudos sobre Padrões Referenciais de Qualidade do Ar Interior em ambientes climatizados artificialmente de uso público e coletivo, foi constituído pela Agência Nacional de Vigilância Sanitária — ANVISA, no âmbito da Gerência Geral de Serviços da Diretoria de Serviços e Correlatos e instituído por membros das seguintes instituições:

Sociedade Brasileira de Meio Ambiente e de Qualidade do Ar de Interiores/BRASINDOOR, Laboratório Noel Nutels Instituto de Química da UFRJ, Ministério do Meio Ambiente, Faculdade de Medicina da USP, Organização Panamericana de Saúde/OPAS, Fundação Oswaldo Cruz/FIOCRUZ, Fundação Jorge Duprat Figueiredo de Segurança e Medicina do Trabalho — FUNDACENTRO/MTb, Instituto Nacional de Metrologia Normalização e Qualidade Industrial/INMETRO, Associação Paulista de Estudos e Controle de Infecção Hospitalar/APECIH e, Serviço de Vigilância Sanitária do Ministério da Saúde/RJ, Instituto de Ciências Biomédicas — ICB/USP e Agência Nacional de Vigilância Sanitária.

Reuniu-se na cidade de Brasília/DF, durante o ano de 1999 e primeiro semestre de 2000, tendo como metas:

1. estabelecer critérios que informem a população sobre a qualidade do ar interior em ambientes climatizados artificialmente de uso público e coletivo, cujo desequilíbrio poderá causar agravos a saúde dos seus ocupantes;

2. instrumentalizar as equipes profissionais envolvidas no controle de qualidade do ar interior, no planejamento, elaboração, análise e execução de projetos físicos e nas ações de inspeção de ambientes climatizados artificialmente de uso público e coletivo.

Reuniu-se na cidade de Brasília/DF, durante o ano de 2002, tendo como metas:

1. Promover processo de revisão na Resolução ANVISA-RE 176/00

2. Atualizá-la frente à realidade do conhecimento no país.

3. Disponibilizar informações sobre o conhecimento e a experiência adquirida nos dois primeiros anos de vigência da RE 176.

II — ABRANGÊNCIA

O Grupo Técnico Assessor elaborou a seguinte Orientação Técnica sobre Padrões Referenciais de Qualidade do Ar Interior em ambientes climatizados artificialmente de uso público e coletivo, no que diz respeito a definição de valores máximos recomendáveis para contaminação biológica, química e parâmetros físicos do ar interior, a identificação das fontes poluentes de natureza biológica, química e física, métodos analíticos (Normas Técnicas 001, 002, 003 e 004) e as recomendações para controle (Quadros I e II).

Recomendou que os padrões referenciais adotadas por esta Orientação Técnica sejam aplicados aos ambientes climatizados de uso público e coletivo já existentes e aqueles a serem instalados. Para os ambientes climatizados de uso restrito, com exigências de filtros absolutos ou instalações especiais, tais como os que atendem a processos produtivos, instalações hospitalares e outros, sejam aplicadas as normas e regulamentos específicos.

III — DEFINIÇÕES

Para fins desta Orientação Técnica são adotadas as seguintes definições, complementares às adotadas na Portaria GM/MS n. 3.523/98:

a) Aerodispersoides: sistema disperso, em um meio gasoso, composto de partículas sólidas e/ou líquidas. O mesmo que aerosol ou aerossol.

b) ambiente aceitável: ambientes livres de contaminantes em concentrações potencialmente perigosas à saúde dos ocupantes ou que apresentem um mínimo de 80% dos ocupantes destes ambientes sem queixas ou sintomatologia de desconforto.

c) ambientes climatizados: são os espaços fisicamente determinados e caracterizados por dimensões e instalações próprias, submetidos ao processo de climatização, através de equipamentos.

d) ambiente de uso público e coletivo: espaço fisicamente determinado e aberto à utilização de muitas pessoas.

e) ar condicionado: é o processo de tratamento do ar, destinado a manter os requerimentos de Qualidade do Ar Interior do espaço condicionado, controlando variáveis como a temperatura, umidade, velocidade, material particulado, partículas biológicas e teor de dióxido de carbono (CO_2).

f) Padrão Referencial de Qualidade do Ar Interior: marcador qualitativo e quantitativo de qualidade do ar ambiental interior, utilizado como sentinela para determinar a necessidade da busca das fontes poluentes ou das intervenções ambientais.

g) Qualidade do Ar Ambiental Interior: Condição do ar ambiental de interior, resultante do processo de ocupação de um ambiente fechado com ou sem climatização artificial.

h) Valor Máximo Recomendável: Valor limite recomendável que separa as condições de ausência e de presença do risco de agressão à saúde humana.

IV — PADRÕES REFERENCIAIS

Recomenda os seguintes Padrões Referenciais de Qualidade do Ar Interior em ambientes climatizados de uso público e coletivo.

1 — O Valor Máximo Recomendável — VMR, para contaminação microbiológica deve ser $\leq$ 750 ufc/m3 de fungos, para a relação I/E 1,5, onde I é a quantidade de fungos no ambiente interior e E é a quantidade de fungos no ambiente exterior.

NOTA: A relação I/E é exigida como forma de avaliação frente ao conceito de normalidade, representado pelo meio ambiente exterior e a tendência epidemiológica de amplificação dos poluentes nos ambientes fechados.

1.1 — Quando o VMR for ultrapassado ou a relação I/E for > 1,5, é necessário fazer um diagnóstico de fontes poluentes para uma intervenção corretiva.

1.2 — É inaceitável a presença de fungos patogênicos e toxigênicos.

2 — Os Valores Máximos Recomendáveis para contaminação química são:

2.1 — 1000 ppm de dióxido de carbono — (CO2), como indicador de renovação de ar externo, recomendado para conforto e bem-estar.

2.2 — 80 µg/m 3 de aerodispersoides totais no ar, como indicador do grau de pureza do ar e limpeza do ambiente climatizado.

NOTA: Pela falta de dados epidemiológicos brasileiros é mantida a recomendação como indicador de renovação do ar o valor = 1000 ppm de Dióxido de carbono — CO2

3 — Os valores recomendáveis para os parâmetros físicos de temperatura, umidade, velocidade e taxa de renovação do ar e de grau de pureza do ar, deverão estar de acordo com a NBR 6401 — Instalações Centrais de Ar Condicionado para Conforto — Parâmetros Básicos de Projeto da ABNT — Associação Brasileira de Normas Técnicas5.

3.1 — a faixa recomendável de operação das Temperaturas de Bulbo Seco, nas condições internas para verão, deverá variar de 230C a 260C, com exceção de ambientes de arte que deverão operar entre 21,0C e 23,0C. A faixa máxima de operação deverá variar de 26,50C a 27,0C, com exceção das áreas de acesso que poderão operar até 28,0C. A seleção da faixa depende da finalidade e do local da instalação. Para condições internas para inverno, a faixa recomendável de operação deverá variar de 20,0C a 22,0C.

3.2 — a faixa recomendável de operação da Umidade Relativa, nas condições internas para verão, deverá variar de 40% a 65%, com exceção de ambientes de arte que deverão operar entre 40% e 55% durante todo o ano. O valor máximo de operação deverá ser de 65%, com exceção das áreas de acesso que poderão operar até 70%. A seleção da faixa depende da finalidade e do local da instalação. Para condições internas para inverno, a faixa recomendável de operação deverá variar de 35% a 65%.

3.3 — o Valor Máximo Recomendável — VMR de operação da Velocidade do Ar, no nível de 1,5m do piso, na região de influência da distribuição do ar é de menos 0,25 m/s.

3.4 — a Taxa de Renovação do Ar adequada de ambientes climatizados será, no mínimo, de 27 m3/hora/pessoa, exceto no caso específico de ambientes com alta rotatividade de pessoas. Nestes casos a Taxa de Renovação do Ar mínima será de 17 m3/hora/pessoa, não sendo admitido em qualquer situação que os ambientes possuam uma concentração de CO2, maior ou igual a estabelecida em IV-2.1, desta Orientação Técnica.

3.5 — a utilização de filtros de classe G1 é obrigatória na captação de ar exterior. O Grau de Pureza do Ar nos ambientes climatizados será obtido utilizando-se, no mínimo, filtros de classe G-3 nos condicionadores de sistemas centrais, minimizando o acúmulo de sujidades nos dutos, assim como reduzindo os níveis de material particulado no ar insuflado.

Os padrões referenciais adotados complementam as medidas básicas definidas na Portaria GM/MS n. 3.523/98, de 28 de agosto de 1998, para efeito de reconhecimento, avaliação e controle da Qualidade do Ar Interior nos ambientes climatizados. Deste modo poderão subsidiar as decisões do responsável técnico pelo gerenciamento do sistema de climatização, quanto a definição de periodicidade dos procedimentos de limpeza e manutenção dos componentes do sistema, desde que asseguradas as frequências mínimas para os seguintes componentes, considerados como reservatórios, amplificadores e disseminadores de poluentes.

Componente	Periodicidade
Tomada de ar externo	Limpeza mensal ou quando descartável até sua obliteração (máximo 3 meses)
Unidades filtrantes	Limpeza mensal ou quando descartável até sua obliteração (máximo 3 meses)
Bandeja de condensado	Mensal*
Serpentina de aquecimento	Desencrustação semestral e limpeza trimestral
Serpentina de resfriamento	Desencrustação semestral e limpeza trimestral
Umidificador	Desencrustação semestral e limpeza trimestral
Ventilador	Semestral
Plenum de mistura/casa de máquinas	Mensal

* Excetuando na vigência de tratamento químico contínuo que passa a respeitar a periodicidade indicada pelo fabricante do produto utilizado.

V — FONTES POLUENTES

Recomenda que sejam adotadas para fins de pesquisa e com o propósito de levantar dados sobre a realidade brasileira, assim como para avaliação e correção das situações encontradas, as possíveis fontes de poluentes informadas nos Quadros I e II.

QUADRO I

Possíveis fontes de poluentes biológicos

Agentes biológicos	Principais fontes em ambientes interiores	Principais medidas de correção em ambientes interiores
Bactérias	Reservatórios com água estagnada, torres de resfriamento, bandejas de condensado, desumidificadores, umidificadores, serpentinas de condicionadores de ar e superfícies úmidas e quentes	Realizar a limpeza e a conservação das torres de resfriamento; higienizar os reservatórios e bandejas de condensado ou manter tratamento contínuo para eliminar as fontes; eliminar as infiltrações; higienizar as superfícies
Fungos	Ambientes úmidos e demais fontes de multiplicação fúngica, como materiais porosos orgânicos úmidos, forros, paredes e isolamentos úmidos; ar externo, interior de condicionadores e dutos sem manutenção, vasos de terra com plantas	Corrigir a umidade ambiental; manter sob controle rígido vazamentos, infiltrações e condensação de água; higienizar os ambientes e componentes do sistema de climatização ou manter tratamento contínuo para eliminar materiais porosos contaminados; eliminar ou restringir vasos de plantas com cultivo em terra, ou substituir pelo cultivo em água (hidroponia); utilizar filtros G-1 na renovação do ar externo
Protozoários	Reservatórios de água contaminada, bandejas e umidificadores de condicionadores sem manutenção	Higienizar o reservatório ou manter tratamento contínuo para eliminar as fontes
Vírus	Hospedeiro humano	Adequar o número de ocupantes por m^2 de área com aumento da renovação de ar; evitar a presença de pessoas infectadas nos ambientes climatizados
Algas	Torres de resfriamento e bandejas de condensado	Higienizar os reservatórios e bandejas de condensado ou manter tratamento contínuo para eliminar as fontes
Pólen	Ar externo	Manter filtragem de acordo com NBR-6401 da ABNT
Artrópodes	Poeira caseira	Higienizar as superfícies fixas e mobiliário, especialmente os revestidos com tecidos e tapetes; restringir ou eliminar o uso desses revestimentos
Animais	Roedores, morcegos e aves	Restringir o acesso, controlar os roedores, os morcegos, ninhos de aves e respectivos excrementos

QUADRO II

Possíveis fontes de poluentes químicos

Agentes biológicos	**Principais fontes em ambientes interiores**	**Principais medidas de correção em ambientes interiores**
CO	Combustão (cigarros, queimadores de fogões e veículos automotores)	Manter a captação de ar exterior com baixa concentração de poluentes; restringir as fontes de combustão; manter a exaustão em áreas em que ocorre combustão; eliminar a infiltração de CO proveniente de fontes externas; restringir o tabagismo em áreas fechadas
CO_2	Produtos de metabolismo humano e combustão	Aumentar a renovação de ar externo; restringir as fontes de combustão e o tabagismo em áreas fechadas; eliminar a infiltração de fontes externas
NO_2	Combustão	Restringir as fontes de combustão; manter a exaustão em áreas em que ocorre combustão; impedir a infiltração de NO_2 proveniente de fontes externas; restringir o tabagismo em áreas fechadas
O_3	Máquinas copiadoras e impressoras a *laser*	Adotar medidas específicas para reduzir a contaminação dos ambientes interiores, com exaustão do ambiente ou enclausuramento em locais exclusivos para os equipamentos que apresentem grande capacidade de produção de O_3
Formaldeído	Materiais de acabamento, mobiliário, cola, produtos de limpeza domissanitários	Selecionar os materiais de construção, acabamento e mobiliário que possuam ou emitam menos formaldeído; usar produtos domissanitários que não contenham formaldeído
Material particulado	Poeira e fibras	Manter filtragem de acordo com NBR-6402 da ABNT; evitar isolamento termoacústico que possa emitir fibras minerais, orgânicas ou sintéticas para o ambiente climatizado; reduzir as fontes internas e externas; higienizar as superfícies fixas e mobiliários sem o uso de vassouras, escovas ou espanadores; selecionar os materiais de construção e acabamento com menor porosidade; adotar medidas específicas para reduzir a contaminação dos ambientes interiores (*vide* biológicos); restringir o tabagismo em áreas fechadas
Fumo de tabaco	Queima de cigarro, charuto, cachimbo, etc.	Aumentar a quantidade de ar externo admitido para renovação e/ou exaustão dos poluentes; restringir o tabagismo em áreas fechadas
COV	Cera, mobiliário, produtos usados em limpeza e domissanitários solventes, materiais de revestimento, tinha, cola, etc.	Selecionar os materiais de construção, acabamento, mobiliário; usar produtos de limpeza e domissanitários que não contenham COV ou que não apresentem alta taxa de volatilização e toxicidade
COS-V	Queima de combustíveis e utilização de pesticidas	Eliminar a contaminação por fontes pesticidas, inseticidas e a queima de combustíveis; manter a captação de ar exterior afastada de poluentes

Observações — Os poluentes indicados são aqueles de maior ocorrência nos ambientes de interior, de efeitos conhecidos na saúde humana e de mais fácil detecção pela estrutura laboratorial existente no país.

Outros poluentes que venham a ser considerados importantes serão incorporados aos indicados, desde que atendam ao disposto no parágrafo anterior.

VI — AVALIAÇÃO E CONTROLE

Recomenda que sejam adotadas para fins de avaliação e controle do ar ambiental interior dos ambientes climatizados de uso coletivo, as seguintes Normas Técnicas 001, 002, 003 e 004.

Na elaboração de relatórios técnicos sobre qualidade do ar interior, é recomendada a NBR-10.719 da ABNT — Associação Brasileira de Normas Técnicas.

1. World Health Organization. Indoor air quality: biological contaminants; Copenhagen, Denmark, 1983 (European Series n. 31).

2. American Society of Hearting, Refreigerating and Air Conditioning Engineers, Inc. ASHARAE Standard 62 — Ventilation for Acceptable Indoor Air Quality, 2001

3. Kulcsar Neto, F & Siqueira, LFG. Padrões Referenciais para Análise de Resultados de Qualidade Microbiológica do Ar em Interiores Visando a Saúde Pública no Brasil — Revista da Brasindoor. 2 (10): 4-21,1999.

4. Conselho Nacional do Meio Ambiente — CONAMA, Resolução n. 03 de 28.6.1990.

5. ABNT — Associação Brasileira de Normas Técnicas, NBR 6401 — Instalações Centrais de Ar Condicionado para Conforto — Parâmetros Básicos de Projeto, 1980.

6 Siqueira, LFG & Dantas, EHM. Organização e Métodos no Processo de Avaliação da Qualidade do Ar de Interiores — Revista da Brasindoor, 3 (1): 19-26, 1999.

7 Aquino Neto, F.R; Brickus, L.S.R. Padrões Referenciais para Análise de Resultados da Qualidade Físico-química do Ar de Interior Visando a Saúde Pública. Revista da Brasindoor, 3(2):4 -15,1999

NORMA TÉCNICA 001

Qualidade do Ar Ambiental Interior. Método de Amostragem e Análise de Bioaerosol em Ambientes Interiores.

MÉTODO ANALÍTICO

OBJETIVO: Pesquisa, monitoramento e controle ambiental da possível colonização, multiplicação e disseminação de fungos em ar ambiental interior.

DEFINIÇÕES:

Bioaerosol: Suspensão de micro-organismos (organismos viáveis) dispersos no ar.

Marcador epidemiológico: Elemento aplicável à pesquisa, que determina a qualidade do ar ambiental.

APLICABILIDADE: Ambientes de interior climatizados, de uso coletivo, destinados a ocupações comuns (não especiais).

MARCADOR EPIDEMIOLÓGICO: Fungos viáveis.

MÉTODO DE AMOSTRAGEM: Amostrador de ar por impactação com acelerador linear.

PERIODICIDADE: Semestral.

Ficha técnica do amostrador:

Amostrador: Impactador de 1, 2 ou 6 estágios. *Meio de Cultivo*: Agar Extrato de Malte, Agar Sabouraud Dextrose a 4%, Agar Batata Dextrose ou outro, desde que cientificamente validado. *Taxa de vazão*: fixa entre 25 a 35 l/min, sendo recomendada 28,3 l/min. *Tempo de Amostragem*: de 5 a 15 minutos, dependendo das especificações do amostrador. *Volume Mínimo*: 140 l *Volume Máximo*: 500 l *Embalagem*: Rotina de embalagem para proteção da amostra com nível de biossegurança 2 (recipiente lacrado, devidamente identificado com símbolo de risco biológico). *Transporte*: Rotina de embalagem para proteção de amostra com nível de biossegurança 2 (recipiente lacrado, devidamente identificado com símbolo de risco biológico). *Nota*: Em áreas altamente contaminadas, pode ser recomendável uma amostragem com tempo e volume menores.	
Calibração: Semestral	*Exatidão*: ± 0,02 l/min *Precisão*: ± 99,92%

ESTRATÉGIA DE AMOSTRAGEM:

— selecionar 01 amostra de ar exterior localizada fora da estrutura predial na altura de 1,50 m do nível da rua.

— Definir o número de amostras de ar interior, tomando por base a área construída climatizada dentro de uma mesma edificação e razão social, seguindo a tabela abaixo:

Área Construída (m²)	Número Mínimo de Amostras
Até 1.000	1
1.000 a 2.000	3
2.000 a 3.000	5
3.000 a 5.000	8
5.000 a 10.000	12
10.000 a 15.000	15
15.000 a 20.000	18
20.000 a 30.000	21
Acima de 30.000	25

— as unidades funcionais dos estabelecimentos com características epidemiológicas diferenciadas, tais como serviço médico, restaurantes, creches e outros, deverão ser amostrados isoladamente.

— os pontos amostrais deverão ser distribuídos uniformemente e coletados com o amostrador localizado na altura de 1,5 m do piso, no centro do ambiente ou em zona ocupada.

PROCEDIMENTO LABORATORIAL: Método de cultivo e quantificação segundo normatizações universalizadas. Tempo mínimo de incubação de 7 dias a 250°C, permitindo o total crescimento dos fungos.

BIBLIOGRAFIA: "Standard Methods for Examination of Water and Wastewater".

17 th ed. APHA, AWWA, WPC.F; "The United States Pharmacopeia". USP, XXIII ed., NF XVIII, 1985.

NIOSH — National Institute for Occupational Safety and Health, NIOSH Manual of Analytical Methods (NMAM), BIOAEROSOL SAMPLING (Indoor Air) 0800, Fourth Edition.

IRSST — Institute de Recherche en Santé et en Securité du Travail du Quebec, Canada, 1994.

Members of the Technicael Advisory Committee on Indoor Air Quality, Commission of Public Health Ministry of the Environment — Guidelines for Good Indoor Air Quality in Office Premises, Singapore.

NORMA TÉCNICA 002

Qualidade do Ar Ambiental Interior. Método de Amostragem e Análise da Concentração de Dióxido de Carbono em Ambientes Interiores.

MÉTODO ANALÍTICO

OBJETIVO: Pesquisa, monitoramento e controle do processo de renovação de ar em ambientes climatizados.

APLICABILIDADE: Ambientes interiores climatizados, de uso coletivo.

MARCADOR EPIDEMIOLÓGICO: Dióxido de carbono (CO_2).

MÉTODO DE AMOSTRAGEM: Equipamento de leitura direta.

PERIODICIDADE: Semestral.

FICHA TÉCNICA DOS AMOSTRADORES:

Amostrador: Leitura Direta por meio de sensor infravermelho não dispersivo ou célula eletroquímica.	
Calibração: Anual de acordo com especificação do fabricante.	*Faixa*: de 0 a 5.000 ppm *Exatidão*: ± 50 ppm + 2% do valor

ESTRATÉGIA DE AMOSTRAGEM:

— Definir o número de amostras de ar interior, tomando por base a área construída climatizada dentro de uma mesma edificação e razão social, seguindo a tabela abaixo:

Área Construída (m^2)	**Número Mínimo de Amostras**
Até 1.000	1
1.000 a 2.000	3
2.000 a 3.000	5
3.000 a 5.000	8
5.000 a 10.000	12
10.000 a 15.000	15
15.000 a 20.000	18
20.000 a 30.000	21
Acima de 30.000	25

— as unidades funcionais dos estabelecimentos com características epidemiológicas diferenciadas, tais como serviço médico, restaurantes, creches e outros, deverão ser amostrados isoladamente.

— os pontos amostrais deverão ser distribuídos uniformemente e coletados com o amostrador localizado na altura de 1,5 m do piso, no centro do ambiente ou em zona ocupada.

PROCEDIMENTO DE AMOSTRAGEM: As medidas deverão ser realizadas em horários de pico de utilização do ambiente.

NORMA TÉCNICA 003

Qualidade do Ar Ambiental Interior. Método de Amostragem. Determinação da Temperatura, Umidade e Velocidade do Ar em Ambientes Interiores.

MÉTODO ANALÍTICO

OBJETIVO: Pesquisa, monitoramento e controle do processo de climatização de ar em ambientes climatizados.

APLICABILIDADE: Ambientes interiores climatizados, de uso coletivo.

MARCADORES: Temperatura do ar (°C) Umidade do ar (%) Velocidade do ar (m/s).

MÉTODO DE AMOSTRAGEM: Equipamentos de leitura direta. Termo-higrômetro e Anemômetro.

PERIODICIDADE: Semestral.

FICHA TÉCNICA DOS AMOSTRADORES:

<table>
<tr><td colspan="2">Amostrador: Leitura Direta — Termo-higrômetro.
Princípio de operação:
Sensor de temperatura do tipo termorresistência.
Sensor de umidade do tipo capacitivo ou por condutividade elétrica.
Calibração: Anual
Faixa: 0°C a 70°C de temperatura
5% a 95% de temperatura
Exatidão: ± 0,8°C de temperatura
± 5% do valor medido de umidade
Amostrador. Leitura Direta – Anemômetro.
Princípio de operação: Preferencialmente de sensor de velocidade do ar do tipo fio aquecido ou fio térmico.</td></tr>
<tr><td>Calibração: Anual</td><td>Faixa: de 0 a 10 m/s
Exatidão: ± 0,1 m/s ± 4% do valor medido</td></tr>
</table>

ESTRATÉGIA DE AMOSTRAGEM:

— Definir o número de amostras de ar interior, tomando por base a área construída climatizada dentro de uma mesma edificação e razão social, seguindo a tabela abaixo:

Área Construída (m^2)	**Número Mínimo de Amostras**
Até 1.000	1
1.000 a 2.000	3
2.000 a 3.000	5
3.000 a 5.000	8
5.000 a 10.000	12
10.000 a 15.000	15
15.000 a 20.000	18
20.000 a 30.000	21
Acima de 30.000	25

— as unidades funcionais dos estabelecimentos com características epidemiológicas diferenciadas, tais como serviço médico, restaurantes, creches e outros, deverão ser amostrados isoladamente.

— os pontos amostrais deverão ser distribuídos uniformemente e coletados com o amostrador localizado na altura de 1,5 m do piso, no centro do ambiente ou em zona ocupada, para o Termo-higrômetro e no espectro de ação do difusor para o Anemômetro.

Norma Técnica 004

Qualidade do Ar Ambiental Interior. Método de Amostragem e Análise de Concentração de Aerodispersóides em Ambientes Interiores.

MÉTODO ANALÍTICO

OBJETIVO: Pesquisa, monitoramento e controle de aerodispersoides totais em ambientes interiores climatizados.

APLICABILIDADE: Ambientes de interior climatizados, de uso coletivo, destinados a ocupações comuns (não especiais).

MARCADOR EPIDEMIOLÓGICO: Poeira Total (µg/m3).

MÉTODO DE AMOSTRAGEM: Coleta de aerodispersoides por filtração (MB-3422 da ABNT).

PERIODICIDADE: Semestral.

FICHA TÉCNICA DO AMOSTRADOR:

<table>
<tr><td colspan="2">Amostrador: Unidade de captação constituída por filtros de PVC, diâmetro de 37 mm e porosidade de 5 µm de diâmetro de poro específico para poeira total a ser coletada; Suporte de filtro em disco de celulose; Porta-filtro em plástico transparente com diâmetro de 37 mm.
Aparelhagem: Bomba de amostragem, que mantenha ao longo do período de coleta a vazão inicial de calibração com variação de 5%.
Taxa de Vazão: 1,0 a 3,0 l/min, recomendado 2,0 l/min.
Volume Mínimo: 50 l
Volume Máximo: 400 l
Tempo de Amostragem: relação entre o volume captado e a taxa de vazão utilizada; Embalagem: Rotina</td></tr>
<tr><td>Calibração: Em cada procedimento de coletas e operado com bombas diafragmáticas.</td><td>Exatidão: ± 5% do valor medido</td></tr>
</table>

ESTRATÉGIA DE AMOSTRAGEM:

— Definir o número de amostras de ar interior, tomando por base a área construída climatizada dentro de uma mesma edificação e razão social, seguindo a tabela abaixo:

Área Construída (m^2)	**Número Mínimo de Amostras**
Até 1.000	1
1.000 a 2.000	3
2.000 a 3.000	5
3.000 a 5.000	8
5.000 a 10.000	12
10.000 a 15.000	15
15.000 a 20.000	18
20.000 a 30.000	21
Acima de 30.000	25

— as unidades funcionais dos estabelecimentos com características epidemiológicas diferenciadas, tais como serviço médico, restaurantes, creches e outros, deverão ser amostrados isoladamente.

— os pontos amostrais deverão ser distribuídos uniformemente e coletados com o amostrador localizado na altura de 1,5 m do piso, no centro do ambiente ou em zona ocupada.

PROCEDIMENTO DE COLETA: MB-3422 da ABNT.

PROCEDIMENTO DE CALIBRAÇÃO DAS BOMBAS: NBR — 10.562 da ABNT

PROCEDIMENTO LABORATORIAL: NHO 17 da FUNDACENTRO

VII — INSPEÇÃO

Recomenda que os órgãos competentes de Vigilância Sanitária com o apoio de outros órgãos governamentais, organismos representativos da comunidade e dos ocupantes dos ambientes climatizados, utilizem esta Orientação Técnica como instrumento técnico referencial, na realização de inspeções e de outras ações pertinentes nos ambientes climatizados de uso público e coletivo.

VIII — RESPONSABILIDADE TÉCNICA

Recomenda que os proprietários, locatários e prepostos de estabelecimentos com ambientes ou conjunto de ambientes dotados de sistemas de climatização com capacidade igual ou superior a 5 TR (15.000 kcal/h = 60.000 BTU/h), devam manter um responsável técnico atendendo ao determinado na Portaria GM/MS n. 3.523/98, além de desenvolver as seguintes atribuições:

a) providenciar a avaliação biológica, química e física das condições do ar interior dos ambientes climatizados;

b) promover a correção das condições encontradas, quando necessária, para que estas atendam ao estabelecido no art. 4º desta Resolução;

c) manter disponível o registro das avaliações e correções realizadas; e

d) divulgar aos ocupantes dos ambientes climatizados os procedimentos e resultados das atividades de avaliação, correção e manutenção realizadas.

Em relação aos procedimentos de amostragem, medições e análises laboratoriais, considera-se como responsável técnico, o profissional que tem competência legal para exercer as atividades descritas, sendo profissional de nível superior com habilitação na área de química (Engenheiro químico, Químico e Farmacêutico) e na área de biologia (Biólogo, Farmacêutico e Biomédico) em conformidade com a regulamentação profissional vigente no país e comprovação de Responsabilidade Técnica — RT, expedida pelo Órgão de Classe.

As análises laboratoriais e sua responsabilidade técnica devem obrigatoriamente estar desvinculadas das atividades de limpeza, manutenção e comercialização de produtos destinados ao sistema de climatização.

BIBLIOGRAFIA

ALEXANDRY, Frederico Groenewold. *O problema do ruído industrial e seu controle.* São Paulo: Fundacentro, 1978.

AMERICAN CONFERENCE OF GOVERNAMENTAL INDUSTRIAL HYGIENISTS — TLV_s e BEL_s Thereshold Lmit Values and Biological Expresure — ACGIH. Tradução ABHO (Associação de Higienista Ocupacional. São Paulo, 2011.

AMERICAN CONFERENCE OF GOVERNAMENTAL INDUSTRIAL HYGIENISTS – Industrial Ventilation. A Manual of Recomended Pratice, 14 ed. (1976)

BS 8800 — 1996 — Gudeto Occupacional Health and Safety Management Systems

CONSOLIDAÇÃO DAS LEIS DO TRABALHO - CLT/Compilação de Armando Casimiro Costa, Irany Ferrari, Melchíades Rodrigues Martins. 35 ed. São Paulo: LTr, 2011.

CUNHA, Irlon Ângelo da. *Exposição ocupacional à vibração em mãos e braços em marmorarias no município de São Paulo:* proposição de procedimento alternativo de medição. São Paulo: Ver, 2006.

FANTAZZINI, Mário Luiz. *Revista Proteção n. 77.* Novembro, 2002

FUNDACENTRO. *Curso para engenheiros de segurança.* São Paulo, 1973. v. 3.

_______. *Equipamentos de proteção individual.* ed.rev. São Paulo: FUNDACENTRO,1983.

GERGES, Samir N. Y. *Protetores auditivos.* 1. ed. Florianópolis: NR, 2003.

_______. *Ruído*: fundamentos e controle. 2. ed. Florianópolis: NR, 2000.

_______. *Introdução à higiene ocupacional.* São Paulo: FUNDACENTRO, 2001.

GOELZER, Berenice. *Avaliação de sobrecarga térmica no ambiente de trabalho.* São Paulo: ABPA, v. 2.

HERRERA, Concepción Serrano. *Estrategia de muestreo* — agentes químicos. España, Servicio Social de Higiene y Seguridad del Trabajo.

INTERNACIONAL ORGANIZATION FOR STANDARDIZATION. 550 2631/1. *Evaluation of human exposure to whole-body vibration.* Geneva, 1905.

INTERNACIONAL ORGANIZATION FOR STANDARDIZATION. Mechanical vibration and shock — Evaluation of human exposure to whole-body vibration. Part I: General reginments. Geneva, 1997.

INTERNACIONAL ORGANIZATION FOR STANDARDIZATION, Geneva. Mechanical vibration and shock — Evaluation of human exposure to whole-body vibration — Part I: General reginments. Geneva, 1997.

INTERNACIONAL ORGANIZATION FOR STANDARDIZATION. 550 5349. Mechanical vibration — guidelines for the measurement and assessment of human exposure to hand transmitted vibration. Geneva, 1986.

INSHT — INSTITUTO NACIONAL DE SEGURIDAD E HIGIENE. Nota Técnica de Prevenção NTP 270 — Evaluación de la exposición al ruido. Ministerio del Trabajo y Asuntos Sociales, Madri, Espanha.

INSTITUTO NACIONAL DE SEGURIDAD E HIGIENE EN EL TRABAJO, Guia Técnica para la Evaluación y Prevención relacionados a Agentes Químicos. Ministerio del Trabajo y Asuntos Sociales — Madrid — españa, 2001. Disponível em: http://www.insht.es/. acesso em 11/09/12

LEIDEL, N. A., BUSH, K. A e LYNCH, J. A. *Occupational exposure sampling strategy manual.* National Institute for Occupational Safety Health (NIOSH), EUA, 1977.

NORMA UNE-EN 689:1996. Atmósferas en el lugar de trabajo. Directrices para la evaluación de la exposición por inhalación de agentes químicos para la comparación con los valores límite y estrategia de la medición. AENOR. Associación Española de Normalización y Certificación. Madrid, 1996.

MARTINEZ, Manuel Garrido; TORÍO, Patrocínio. *El trabajo en ambientes con sobrecarga térmica.* Plan de estúdios del técnico de seguridad e higiene del trabajo.

MESQUITA, Armando Luis de Sousa; GUIMARÃES, Fernando de Araújo e NEFUSSI, Nelson. *Engenharia de ventilação industrial.* São Paulo: Cetesb, 1977.

NIOSH (National Institute for Occupational Safety Health). *Manual of analitycal methods,* 2003. Disponível em: <http://www.cdc.gov/niosh/>. Acesso em: 11/10/2012.

NORMA DE HIGIENE OCUPACIONAL — NHO 03 — Método de ensaio — Análise gravimétrica de aerodispersóides sólidos coletados sobre filtros e membrana. FUNDACENTRO, 2001.

NORMA DE HIGIENE OCUPACIONAL — NHO 08 — Coleta de material particulado sólido suspenso no ar de ambientes de trabalho. FUNDACENTRO, 2001.

NORMA DE HIGIENE OCUPACIONAL — NHO 04 — Método de ensaio – Método de coleta e análise de fibras em locais de trabalho — Análise de microscopia de contraste de fase. FUNDACENTRO, 2001.

NORMA DE HIGIENE OCUPACIONAL — NHO 01 — Avaliação da exposição ocupacional ao ruído. FUNDACENTRO, 1999.

NORMA DE HIGIENE OCUPACIONAL — NHO 05 — Procedimento Técnico — Avaliação da exposição ocupacional aos raios X no serviço de radiologia. FUNDACENTRO, 2001.

NORMA DE HIGIENE OCUPACIONAL — NHO 06 — Procedimento Técnico — Avaliação da exposição ocupacional ao calor. FUNDACENTRO, 2002.

NORMA DE HIGIENE OCUPACIONAL — NHO 09 — Procedimento Técnico — Avaliação da exposição ocupacional vibrações de corpo inteiro. FUNDACENTRO, 2012.

NORMA DE HIGIENE OCUPACIONAL — NHO 10 — Procedimento Técnico — Avaliação da exposição ocupacional ao calor — FUNDACENTRO, 2012

NORMA DE HIGIENE OCUPACIONAL — NHO 07 — Procedimento Técnico — Calibração de bombas de amostragem individual pelo método de bolha de sabão. FUNDACENTRO, 2002.

OCCUPATIONAL HEALTH AND SAFETY ASSESSMENT SERIES. OSHAS 18001 : 1999.

ORGANIZAÇÃO INTERNACIONAL DO TRABALHO — OIT. Enciclopédia de Salud y Seguridad del Trabajo. Madrid, Ministerio del Trabajo y Seguridad Social, 1989, 3 vols.

PABLO, José Augel Fernando *et alli. Manual de higiene industrial.* Fundación Mafre, 1991.

SALIBA, Tuffi Messias. *Manual prático de avaliação e controle de poeira e outros particulados* — PPRA. 5. ed. São Paulo: LTr, 2011.

SALIBA, Tuffi Messias; PAGANO, Sofia C. Reis Saliba. *Legislação de segurança, acidente do trabalho e saúde do trabalhador.* 7. ed. São Paulo: LTr, 2009.

SANTOS, Alcinéa Meigikos dos Anjos. *O tamanho das partículas de poeira suspensas no ar dos ambientes de trabalho.* Dissertação de Mestrado apresentada ao Curso de Pós-Graduação em Engenharia Metalúrgica e de Minas da Universidade Federal de Minas Gerais. Fundacentro. São Paulo, 2001. Disponível em: <http://www.fundacentro.gov.br>. Acesso em: 17/08/2011

SILVA, Benedito Remi. *Ventilação.* São Paulo: 1967.

SOTO, José Manuel Osvaldo Gana. *Riscos químicos.* São Paulo: Fundacentro, 1980.

STATISTICAL methods for the determination of noncompliance with occupational health standards. NIOSH — Technical Information Report, HEW Pub. n. 75-159, Cincinnati, april 1975.

TORLONI, Maurício (Coord.). *Programa de proteção respiratória*: seleção e uso de respiradores. São Paulo: Fundacentro, 2002.

VIEIRA SOBRINHO, Fernando. *Ventilação local exaustora em galvanoplastia.* São Paulo: Fundacentro, 1996. (Colaboração de Francisco Kulcsar Neto *et al.*)